Philosophie der Kostenrechnung

Dietrich Adam

Philosophie der Kostenrechnung

oder

Der Erfolg des F. S. Felix

Ein etwas anderes, »unwissenschaftliches«
Buch über Kostenrechnung

1997
Schäffer-Poeschel Verlag Stuttgart

Verfasser:

Prof. Dr. Dietrich Adam,
Institut für Industrie- und Krankenhausbetriebslehre,
Westfälische Wilhelms-Universität, Münster

Gedruckt auf chlorfrei gebleichtem, säurefreiem und alterungsbeständigem Papier

Die Deutsche Bibliothek – CIP-Einheitsaufnahme

Adam Dietrich:
Philosophie der Kostenrechnung : der Erfolg des F. S. Felix ;
ein etwas anderes »unwissenschaftliches« Buch über Kostenrechnung /
Dietrich Adam. - Stuttgart : Schäffer-Poeschel, 1997
ISBN 3-7910-1230-0

Dieses Werk einschließlich aller seiner Teile ist urheberrechtlich geschützt. Jede Verwertung außerhalb der engen Grenzen des Urheberrechtsgesetzes ist ohne Zustimmung des Verlages unzulässig und strafbar. Das gilt insbesondere für Vervielfältigungen, Übersetzungen, Mikroverfilmungen und die Einspeicherung und Verarbeitung in elektronischen Systemen.

© 1997 Schäffer-Poeschel Verlag für Wirtschaft • Steuern • Recht GmbH
Einbandgestaltung: Willy Löffelhardt
Satz: DTP + TEXT Eva Burri, Stuttgart
Druck und Verarbeitung: Franz Spiegel Buch GmbH, Ulm
Printed in Germany

Schäffer-Poeschel Verlag Stuttgart
Ein Tochterunternehmen der Verlagsgruppe Handelsblatt

Vorwort

Was dieses Buch will, und was es nicht will.

Dieses Buch soll kein Buch *zur* Kostenrechnung, sondern eines *über* Kostenrechnung sein. Damit meine ich folgendes: Im Vordergrund dieses Buches stehen nicht die Verfahren der Kostenrechnung; dafür gibt es viele sehr gute Bücher. Zweck dieses Buches ist es, etwas über die grundlegenden Konstruktionsprinzipien der Kostenrechnung zu vermitteln sowie ihre Stellung und Leistungsfähigkeit innerhalb des Controlling kritisch zu beleuchten.

Ich muß leider in Prüfungen immer wieder feststellen, daß Studierende mir zwar erklären können, wie ein Verfahren – etwa die Zuschlagskalkulation oder die Prozeßkostenrechnung oder die Abrechnung der Kosten im BAB – funktionieren; sie kennen auch mehrere Varianten von Target-Costing usw.; Schweigen bricht in den Prüfungen aber immer dann aus, wenn ich nach dem Sinn des Ganzen frage, wenn man mir erklären soll, warum Betriebswirte auf die dumme Idee verfallen sind, so etwas wie das Kostenkonstrukt zu erfinden, statt mit Ein- und Auszahlungen zu rechnen. Völliges Unverständnis ernte ich bei den Prüflingen, wenn ich danach frage, warum man für die Produktionsprogrammplanung auf Informationen der Kosten- und Leistungsrechnung zurückgreift, in der Investitionsrechnung aber mit Zahlungen arbeitet. Eine totale Verwirrung kann man mit einer Frage nach dem Sinn verursachungsgerechter Kostenverteilung anrichten. Und auch die Erklärung, warum Zinsen in der Investitions- und der Kostenrechnung unterschiedlich behandelt werden, läßt Untiefen erkennen.

Die langjährigen Prüfungserfahrungen zeigen mir: Es gelingt den Studierenden in der Regel nicht, die Kostenrechnung richtig in den betriebswirtschaftlichen Gesamtzusammenhang einzuordnen. Vielleicht ist es aber auch viel schlimmer, und die Lehrenden vermitteln diese Einsichten nicht oder unzulänglich. Die Studierenden lernen jedenfalls mechanisch Verfahren, ohne sich über deren Sinn und Unsinn ein Bild zu machen. Hier versucht das Buch, etwas gegenzusteuern. Deshalb wurde auch der Titel »Die Philosophie der Kostenrechnung« gewählt.

Dieses Buch ist bewußt unwissenschaftlich im Stil – aber absolut nicht in der Sache – geschrieben. Die heutige Generation von Studierenden kann überwiegend mit Fußnoten nichts mehr anfangen. Sie begreifen sie nicht als Aufforderung, neugierig weiterzulesen. Bücher mit dem Anschein derartiger Wissenschaftlichkeit werden unwillig, nur unter geistigem Zwang – und das auch nur kurz vor dem Examen – gelesen. Deshalb wurde auf Fußnoten in diesem Buch gänzlich verzichtet, zumal nur auf Inhalte der Literatur zurückgegriffen wird, die heute Allgemeingut sind oder die von mir selbst stammen. Das unwissenschaftliche Buch ist der Versuch, die trockene Materie der Kosten- und Leistungsrechnung etwas »aufzupeppen«. Vielleicht macht's ja dann mehr Spaß. Wenn dieses Ziel erreicht wird, heiligt der Zweck die Mittel.

Da Kostenrechnung ein Instrument der Komplexitätsreduktion, der Vereinfachung und damit auch der Unschärfe ist, wurde dieser Tatsache in den Abbildungen Rechnung getragen. Die Zeichnungen sind »perfekt unperfekt«. Sie sollen dazu anregen, nicht nach dem Detail zu suchen; sie sollen die generellen Linien und die Denkrichtung, eben die Philosophie, verdeutlichen helfen.

Das Buch ist in sehr kurzer Zeit entstanden, was nur möglich war, weil meine Mitarbeiterinnen und Mitarbeiter an der Verbesserung meiner Texte intensiv mitgearbeitet haben. Mein Dank gilt daher der ganzen Mannschaft des ikb Münster, insbesondere Herrn Dipl.-Kfm. U. Johannwille, der die Arbeiten koordiniert hat. Danken möchte ich auch meiner Frau, die wieder für Korrekturarbeiten eingespannt wurde, im Gegensatz zu meinen sonstigen Büchern diesmal aber Spaß beim Lesen hatte.

Telgte, im März 1997   Dietrich Adam

Inhalt

I. Die Chronik des Unternehmens F.S. Felix, Telgte 1

II. Felix wird Unternehmer in der heilen Welt des Controlling 7
1. Lektion: Zahlungen kenne ich, aber was sind Kosten und Leistungen? 9
2. Lektion: Felix entdeckt das Opportunitätsprinzip und erfindet einen neuen, merkwürdigen Kostenbegriff. 12

III. Vertreibung aus dem Paradies des Controlling 17
3. Lektion: Warenbestände – eine erste unangenehme Controllingerfahrung. 19
4. Lektion: Ein neues Konstrukt taucht auf: Die Kapitalbindung. 24
5. Lektion: Fixkosten und Gemeinkosten. Oder: Die Quadratur des Kreises. Willkommen im Club der Schizophrenen! 26

IV. Das Verursachungsprinzip, einer der schillerndsten Begriffe der BWL 35
6. Lektion: Das doppelte Lottchen. Oder: Wenn die Namen knapp werden, belege man zwei Dinge mit gleicher Bezeichnung; die Verwirrung ist dann perfekt. 37
7. Lektion: Genaueres über die Gemeinsamkeiten von Alexander dem Großen und Kostenrechnern. Schlüsselung der Gemeinkosten bei unterschiedlichen Formen der Kalkulation. 49
8. Lektion: Die Kernspaltung der Kosten. Oder: Kostenreagibilität und Kostenspaltung. 58
9. Lektion: Was ist ein Schizophrener? 69
10. Lektion: Eine Nachtübung mit zwei Flaschen Wein! 80

V. Die kostenrechnerischen Folgen der Investitionspolitik. Weitere Gemeinkostenprobleme! 89
11. Lektion: Kalkulatorische Abschreibungen. Oder: Investitions- contra Kostenrechnung. 91
12. Lektion: Nutzungsdauern sollte man lieber nicht fehlschätzen! 100
13. Lektion: Und wenn es nicht paßt, dann nimm den Hammer! Kalkulatorische Zinsen. 106

VI. Ein zum Verständnis der Dinge wesentlicher Exkurs 113
14. Lektion: Zwei Wege trennen sich wegen unterschiedlicher Bewertungsansichten. 115
15. Lektion: Faust und die Kostenrechnung. Drei Seelen wohnen, ach, in meiner Brust! 118

VII. Zusätzliche industrielle Kostenprobleme 123
16. Lektion: Chronik des Unternehmens F.S. Felix. Der Weg in die Komplexität. 125
17. Lektion: Die Schnapsfabrik. Verrechnung innerbetrieblicher Leistungen. Soll man Overheads umlügen? 137

VIII. Die entscheidungsorientierte Sicht der Kostenrechnung ... 155
18. Lektion: Operative Entscheidungsfelder – das Kerngeschäft der Kostenrechnung. 157
19. Lektion: Worauf es heute im Kostenmanagement ankommt! Kostenverwaltung oder Verhaltensbeeinflussung? Zwei Denkstile. 166
20. Lektion: Knappheit macht das Leben schwer. Oder: Seit wann ist das Alter der Schwiegermutter für die Kalkulation relevant? 174
21. Lektion: In der Zwickmühle – zwei mögliche Engpässe. Oder: Die »lineale Programmierung«. 191
22. Lektion: Über Trabis und Ferraris. Das Klagelied über die Deckungsbeitragsrechnung. Oder: Der Unverstand mit den Preisuntergrenzen für Zusatzaufträge. 197
23. Lektion: Gemeinsamkeiten zwischen einem Wurstfabrikanten und einem Entsorger. Gemeinkosten bei Kuppelproduktion. 205
24. Lektion: Achtung! Komplexitätsfalle! Eine neue Kostenrechnungserfahrung. 215
25. Lektion: Wenn es bei den Kosten dynamisch wird! Lern- oder Erfahrungskurve. 233

IX. Kostenkontrolle 243
26. Lektion: Über den Sinn von Kostenkontrollen. 245
27. Lektion: Wann und wo sollten Kosten »controlliert« werden? Da, wo sie entstehen – nur dort lassen sie sich auch vermeiden! 253
28. Lektion: Soll-Ist-Abweichungsanalyse. Oder: Wenn nicht einmal Spatzen satt werden. 258

**X. Und wenn sie nicht gestorben ist, dann lebt sie noch heute:
Die Kostenrechnung.** 271
29. Lektion: Die 10 Leitsätze des Unternehmens Florian S. Felix. 273
30. Lektion: Und das soll es gewesen sein? 275

I.
DIE CHRONIK DES UNTERNEHMENS F. S. FELIX IN TELGTE

Presseüberschriften in Deutschland aus dem Mai 2022

Münstersche Zeitung und Westfälische Nachrichten:
»Unternehmertum zahlt sich aus«

Das Managermagazin:
»Wie ein Bergmann Kostenrechnung lernte«

ZfB – Zeitschrift für Betriebswirtschaft:
»Kostenrechnungskenntnisse sind für ein florierendes Unternehmen eher schädlich«

Der virtuelle Kurier:
»Der Rückblick: Was war ›Kostenrechnung‹?«

Frankfurter Allgemeine:
»Vom Bergmann zum Millionär«

Rheinischer Merkur:
»Vom Ein-Mann-Unternehmen zum Arbeitgeber für 850 Beschäftigte«

Neue Züricher Zeitung:
»Bei Rockefeller in die Lehre gegangen«

Bild:
»Ein Bergmann läßt die Kröten tanzen«

Berliner Morgenpost:
»Was der XXL-Kanzler von 1989 meinte, als er blühende Landschaften sah«

Focus:
»Ohne ökonomische Vorkenntnisse zum Millionär«

Spiegel:
»Wie F.S.F. aus T. zum Millionär aufstieg«

Sehen wir uns einen dieser Zeitungsberichte einmal genauer an:

»Die Glocke« – Zeitung für Warendorf und Umgebung vom 17.05.2022:

Rückblick auf 25 Jahre Firmengeschichte:

Heute vor 25 Jahren veränderte sich das Leben des Konzernchefs Florian Sebastian Felix grundlegend. Auf einer Sportveranstaltung am 17.5.1997 – einem der heißesten Pfingstsonnabende des 20. Jahrhunderts – hatte Felix als Zuschauer eine Geschäftsidee, die noch heute Grundlage seines Firmenimperiums im Dienstleistungssektor ist. Als arbeitsloser Elektriker einer stillgelegten Zeche gründete er ein Dienstleistungsunternehmen, das heute europaweit mehr als 850 Beschäftigte zählt. Die Erfolgsstory dieses Unternehmens reicht von einer ersten Tageseinnahme von knapp 200,– DM zu einem Umsatz von ca. 170 Millionen Euro im Jahr 2021. Dem Firmenimperium gehören heute mehr als 30 Einzelfirmen an, die vom Konzerndach der F.S. Felix AG in Telgte gesteuert werden.

Zur Feier des Tages ist am Konzernsitz in Telgte ein großes Festzelt errichtet worden, und der Konzernchef hat außer seiner Mannschaft eine große Zahl von Wegbegleitern, Honoratioren, Geschäftsfreunden, Mitbewerbern und auch einige Berater zur Jubiläumsfeier eingeladen. Wir sprachen mit »Flori«, wie der Konzernchef liebevoll von seiner Mannschaft genannt wird. Auf unsere Frage, was ihn als Fast-Weltunternehmen zu dieser eher rustikalen Jubiläumsveranstaltung veranlaßt hat, antwortete er: »Unser Unternehmen ist in letzter Zeit leider etwas in die Jahre gekommen. Ich vermisse ein wenig die früher zu beobachtende Dynamik meiner Mannschaft. Leider sind auch bei uns die Strukturen und Denkweisen zunehmend erstarrt, und bei der Identifikation der Mitarbeiter mit dem Unternehmen glaube ich, Defizite zu erkennen. Das ist nicht gut für die Zukunft und muß abgestellt werden. Ich möchte diese Feier zum Anlaß nehmen, um die Mannschaft einmal an die Wurzeln des Unternehmens, seine Mythen und Geschichten zu erinnern. Das festigt bekanntlich den Zusammenhalt und stimmt auch nachdenklich. Vielleicht stellen wir dann liebgewordene Verhaltensweisen doch einmal wohlwollend in Frage, um für die Herausforderungen der Zukunft besser gerüstet zu sein. Sicherlich eignet sich für diese Rückbesinnung die eher ländliche Idylle des Telgter Umlandes besser als die Atmosphäre einer Großstadt.«

Und nun die Geschichte von Florian Sebastian Felix: Bis Mitte 1996 war der heute Sechzigjährige als Elektriker in einem Bergbauunternehmen des nördlichen Ruhrgebietes beschäftigt. Umstrukturierungen und Zechenschließungen brachten ihn um den Arbeitsplatz. Sein ganzer Lebensrhythmus war bis dahin darauf eingestellt, monatlich ein festes Gehalt mit nach Hause zu bringen; die Familie wußte genau, was sie sich leisten konnte und was nicht. Mit der Arbeitslosigkeit geriet das Haushaltsgefüge ins Wanken; überall mußte der Rotstift angesetzt werden. Außerdem langweilte sich Felix entsetzlich. Hobbies hatte er keine, die Reparatur- und Aufräumarbeiten im Haus waren bereits in den ersten drei Monaten der Arbeitslosigkeit erledigt. Felix ging sich und seiner Familie zunehmend auf die Nerven; denn nichts ist schlimmer, als keine Beschäftigung zu haben.

Zum Jahreswechsel 1996/97 sah er die Neujahrsansprache des damaligen XXL-Bundeskanzlers im Fernsehen. Das klang alles nicht sehr berauschend, was er da hörte. Industriearbeit werde in Zukunft immer rarer werden. Auch sei das Zeitalter fester Jobs weitgehend vorbei. Man müsse sich daran gewöhnen, im Leben mehrere Jobs nacheinander oder sogar gleichzeitig auszuüben. Im übrigen brauche Deutschland eine Offensive von Unternehmensgründungen, insbesondere im Dienstleistungssektor.

Wie aber sollte Felix als Elektriker ohne Meisterbrief unternehmerisch tätig werden? Er war es bislang gewohnt, nur auf Anweisung Strippen zu ziehen, Schalter zu setzen, Wartungsarbeiten und Reparaturen durchzuführen. Zudem verstand er vom Kaufmännischen überhaupt nichts. Auch seine Freunde rieten ihm: »Laß bloß die Finger vom Unternehmertum. Die gehen doch alle pleite, wie man in Ostdeutschland sehen kann.«

Es sollte sich aber zeigen, daß Felix doch über hinreichend unternehmerische Tugenden verfügte; er glaubte zunächst nur nicht an seine Potentiale. Er ist kreativ und mit einem gesunden – von keinem BWL-Studium verbogenen – Menschenverstand ausgestattet. Im Bergbau hat er gelernt anzupacken, er ist sparsam und neigt nicht zu unüberlegten Schnellschüssen. Nur fiel ihm zunächst beim besten Willen nichts Geeignetes als Betätigungsfeld ein. Er hatte dann aber doch eine kleine Idee, die sich im Laufe der Zeit als gar nicht so klein erweisen sollte.

Steigen wir in eine Zeitmaschine ein und lassen uns zum 17. Mai 1997 »zurückbeamen«, um das Ganze live mitzuerleben.

II.
FELIX WIRD UNTERNEHMER IN DER HEILEN WELT DES CONTROLLING

1. Lektion:
Zahlungen kenne ich,
aber was sind Kosten und Leistungen?

2. Lektion:
Felix entdeckt das Opportunitätsprinzip und erfindet
einen neuen, merkwürdigen Kostenbegriff.

1. Lektion:
Zahlungen kenne ich,
aber was sind Kosten und Leistungen?

Am Pfingstsonnabend 1997 geht Felix eigentlich aus Langeweile zu einer regionalen Sportveranstaltung, dem Sportwerbewochenende der SG Telgte. Heute findet eine Show der Jugendgruppen statt. Die Veranstaltung ist ganz interessant, und Felix geht richtig mit. Er hat sich schon lange nicht mehr so amüsiert wie an diesem Nachmittag. Nach zwei Stunden ist er richtig erschöpft und von der Sonne fast verbrannt. Wie schön wäre es jetzt, ein Eis zu essen oder ein kühles Getränk zu sich zu nehmen! Felix schaut in das weite Rund des Sportplatzes, aber es gibt nirgends eine Servicestation. Aus Gesprächen mit anderen Zuschauern muß er erkennen, daß nicht nur seine Bedürfnisse nicht befriedigt werden. Am späten Nachmittag unterhält er sich daher mit dem Veranstalter, warum es denn keine Getränke usw. gäbe, und erfährt, daß die Veranstaltung zu klein sei, um einen der Getränkekotten aus der Umgebung dazu zu bewegen, hier einen Stand aufzumachen. Florian bietet an, dieses Problem am zweiten Tag des Sportfestes selbst in die Hand zu nehmen.

Am Abend kauft er 50 Getränkedosen und 60 Riegel Eis ein, legt das Eis sofort in die heimische Truhe und steht frühmorgens um 4 Uhr auf, um auch noch die Getränke einige Stunden zu kühlen. Um 10 Uhr rückt er mit 30 Kilo Gepäck – drei Kühltaschen (davon zwei mit Getränken und eine mit Eis) – auf dem Sportplatz an.

Je Getränk hatte er Ausgaben von 0,60 DM, und für ein Eis mußte er 1,– DM bezahlen. Am Abend vorher hatte er mit seiner Frau Ingrid diskutiert, welchen Preis er auf dem Sportfest für seine Waren nehmen sollte. Der Wetterbericht versprach wieder große Hitze, was für eine gute Nachfrage sorgen würde. Aus den Erfahrungen des ersten Tages wußte er, daß mindestens 200 Leute das Sportfest besuchen würden. Diese Zahl würde am nächsten Tag gewiß noch ansteigen, da ein Fußballspiel zwischen der SG Telgte und der Reserve von Schalke 04 angesetzt ist. Er glaubt daher, daß seine Warenvorräte eher zu knapp sind; aber mehr kann er nicht tragen und auch nicht kühlen. Er hofft daher auf eine relativ hohe Zahlungsbereitschaft der Zuschauer und entschließt sich für einen Gewinnaufschlag von 100% auf seinen Einstandspreis.

Zu seinem Erstaunen sind seine Eisvorräte bereits um 12 Uhr erschöpft, und die letzte Getränkedose verschwindet um 13.20 Uhr aus seiner Kühltasche. Danach kann er sich in aller Ruhe den Rest des Sportfestes ansehen, ist aber genau so durstig wie am ersten Tag, da er sich selbst nichts zurückgelegt hat.

Abends macht er Kassensturz und findet 180,– DM in seiner Hosentasche. Am Vorabend hatte er für die Waren 90,– DM ausgegeben. Er findet, 90,– DM so nebenbei sei gar nicht schlecht für den Anfang. Dann kommt ihm die Idee, seinen Gesamtgewinn doch einmal in seine beiden Geschäftsbereiche Eis und Getränke aufzuteilen. Für die 50 Getränke erzielte er einen Gewinn von 30,– DM und für das Eis sogar 60,– DM. Er kann auch die Frage beantworten, was er an jedem Stück verdient hat: 0,60 DM für ein Getränk und 1,– DM für ein Eis. Diese Art der Rechnung gefällt ihm. Er ist ohne Schwierigkeiten in der Lage, den Stückerfolg, den Bereichserfolg und den Gesamterfolg zu bestimmen. Außerdem kann er ohne Schwierigkeiten ausmachen, wie sich sein Erfolg verändern würde, wenn er bei einer nächsten Veranstaltung mehr oder weniger von seinen Artikeln absetzen könnte.

Der erste Tag des Unternehmertums verlief in der heilen Welt des Controlling. Alles, was er an Waren gekauft hatte, wurde er auf dem Sportfest los. Es existieren also keine Lagerbestände für eine etwaige spätere Sportveranstaltung. Zudem hatte er nur Ausgaben, die sich proportional zur Einkaufsmenge verhielten. In dieser Situation lassen sich Stück-, Bereichs- und Gesamtgewinne problemlos bestimmen, und es ist klar, wie der Bereichs- und Gesamterfolg auf Änderungen der Mengen reagiert. Zwischen seinen Geschäftsaktivitäten auf verschiedenen Sportfesten gibt es dann keine Verbundeffekte, so daß jede Geschäftsaktivität, jedes verkaufte Stück und jedes Geschäftsfeld isoliert beurteilt werden kann.

Um den Gesamterfolg einer Geschäftsaktivität zu berechnen, müssen von den Einnahmen lediglich die gesamten Ausgaben abgezogen werden. Es genügt also eine rein zahlungsorientierte Rechnung. Für die Stückrechnung sind nur die Verkaufs- und Einkaufspreise für Getränke bzw. Eis zu saldieren. Je Eis fällt 1,– DM an Ausgaben an, und diese Ausgaben entsprechen in der heilen Welt des Controlling auch den Kosten. Bei diesen Kosten handelt es sich ausschließlich um Einzelkosten, da sie den Einkaufs- und Absatzmengen unmittelbar zugerechnet werden können; zugleich sind sie auch variable Kosten, da sie anzeigen, wie sich die Ausgaben bzw. Kosten verändern, wenn die Einkaufs- und Absatzmengen steigen oder sinken.

Für jedes Eis erzielt er eine Einnahme von 2,– DM, und dieser Betrag entspricht auch dem Stückerlös für seine Dienstleistung. In der heilen Welt des Controlling muß mithin auch nicht zwischen Einnahmen und Erlösen/Leistungen differenziert werden. Eigentlich ist in dieser Situation weder der Kosten- noch der Erlösbegriff erforderlich. Wird dennoch zwischen Ausgaben und Kosten bzw. Einnahmen und Erlösen unterschieden, liegen lediglich zwei verschiedene Sichten vor. Bei Ausgaben und Einnahmen werden nur die Zahlungsbewegungen betrachtet. Kosten dagegen sind der bewertete Güterverzehr, um die Leistung zu erstellen. Kosten bringen also den Güterverbrauch bzw. den Werteverzehr für die erbrachten Leistungen zum Ausdruck. Die Leistungen sind gewissermaßen das positive Gegenstück zum Werteverzehr. Um 2,– DM für ein Eis erzielen zu können, ist 1,– DM an Kosten erforderlich.

Zahlungsgrößen sind als Kassenbewegungen grundsätzlich real zu beobachten; bei Kosten handelt es sich hingegen um ein Konstrukt. Für Kosten ist es erforderlich, den für die Leistung notwendigen Faktorverbrauch zu bestimmen und diesen dann zu bewerten. In der heilen Welt des Controlling ist das aber überhaupt kein Problem; der Verbrauch läßt sich messen, und die Bewertung erfolgt zu Zahlungsgrößen. Es macht mithin keinerlei Probleme, die Kosten bestimmter Leistungen zu quantifizieren. Im Grunde ist es in der heilen Welt des Controlling überhaupt nicht nötig, zwischen Ausgaben und Kosten bzw. Einnahmen und Erlösen zu differenzieren. Der Kosten- und Erlösbegriff taucht daher in der BWL auch erst in Wirtschaftssituationen auf, die nicht mit der heilen Welt des Controlling übereinstimmen. Diese Situationen sollte Felix bald kennenlernen.

Felix hat dazugelernt...

1) Ausgaben und Einnahmen bzw. Auszahlungen und Einzahlungen bezeichnen die real beobachtbaren Kassenbewegungen des Unternehmens.

2) Kosten und Leistungen betreffen den betrieblichen Güterverzehr: Kosten sind der bewertete betriebliche Güterverzehr, um die betrieblichen Leistungen zu erstellen.

3) Der Kostenbegriff ist ein Konstrukt, das zunächst die notwendigen Faktorverbräuche bestimmt und dann bewertet. In einer Welt, in der keine Zahlungen für frühere oder spätere Perioden anfallen und in der alle Zahlungen den einzelnen Produkten direkt zugerechnet werden können (und damit variabel sind), ist keine Kostenrechnung erforderlich. Der Gesamterfolg sowie Bereichs- und Stückerfolge können mit zahlungsorientierten Rechnungen bestimmt werden.

2. Lektion:
Felix entdeckt das Opportunitätsprinzip und erfindet einen neuen, merkwürdigen Kostenbegriff.

Insbesondere die Informationen über die Reagibilität der Kosten bei Mengenänderungen begeistern den Jungunternehmer Felix. Er läßt den Verlauf des ersten Geschäftstages noch einmal vor seinem geistigen Auge Revue passieren und kommt zu der Erkenntnis, daß er insgesamt zu wenig Ware hatte; besonders knapp schien aber das Eis zu sein. Engpaß seiner Geschäftstätigkeit ist ganz offenbar seine Kühlkapazität. Leider paßt nicht mehr als ca. 30 Liter Kühlgut in die Truhe. Felix fragt sich nun, ob er diesen knappen Faktor sinnvoll auf seine beiden Geschäftsbereiche aufgeteilt hat. »Vielleicht läßt sich ja der Gewinn steigern, wenn die Aufteilung zwischen Eis und Getränken verändert wird.« Er könnte beispielsweise mehr Eis einlagern, müßte dann aber auf einige Getränkedosen verzichten. Er geht daher an die Truhe, um auszuprobieren, wieviel Eis er zusätzlich einlagern kann, wenn er 10 Getränkedosen herausnimmt. Diese Versuche führen ihn zu der Erkenntnis, daß ein Austauschverhältnis von 10 zu 20 besteht. Lagert er 10 Dosen weniger ein, passen 20 Eis mehr in die Truhe.

»Ist dieser Austausch erfolgsneutral?« fragt er sich. Er müßte in diesem Fall auf $10 \cdot 0,60 = 6,-$ DM Gewinn bei den Getränken verzichten und könnte dafür bei Eis $20 \cdot 1,- = 20,-$ DM mehr Gewinn erzielen. Sein Gewinn würde also insgesamt um 14,- DM steigen, wenn er statt 10 Dosen 20 Eis einlagert und verkauft. Er entschließt sich daher, beim nächsten Sportfest den Eisanteil zu vergrößern. Er erkennt aber: Wenn er sehr viel mehr Eis einlagert, könnte es sein, daß die Eisnachfrage hinter seinen Beständen zurückbleibt. Er bleibt dann auf dem Eis zum Teil sitzen, gleichzeitig fehlen ihm aber Getränke, die er noch absetzen könnte. Die veränderte Relation von Eis zu Getränken macht also nur Sinn, solange er das zusätzliche Eis auch absetzen kann. Da die Nachfrage stark von den Wetterverhältnissen abhängt, geht Felix für das nächste Sportfest erst einmal nur vorsichtig daran, die Mengenrelation zu ändern. Keinesfalls möchte er auf Ware sitzen bleiben, denn das würde bedeuten, daß er aus dem Paradies – der heilen Controllingwelt – wie einst Adam und Eva vertrieben wird.

Die Überlegungen mit den Austauschrelationen haben Felix auf eines der zentralen Gesetze der BWL gestoßen: Das Opportunitätsgesetz für knappe Faktoren. Für den Austausch sind in der heilen Welt des Controlling nicht die Stückgewinne von Eis und Getränken maßgebend, sondern die sogenannten relativen Stückgewinne. Dazu sind die Stückgewinne durch die Kapazitätsbeanspruchung des knappen Faktors zu teilen. Ist die Maßeinheit für die beanspruchte Kühlkapazität das Volumen einer Dose, dann ist für ein Eis nur der Raum einer halben Dose erforderlich. Damit ergeben sich folgende relative Stückgewinne: Eis 1,–/0,5 = 2,– DM je Volumeneinheit (Dose) und Getränke 0,6/1 = 0,60 DM je Dose. Bezogen auf das knappe Kühlvolumen bringt eine Kapazitätseinheit, die für Eis genutzt wird, damit mehr als dreimal soviel Gewinn wie für Getränke. Folglich sollte der Anteil von Eis erhöht werden, bis die – leider unsichere – Absatzgrenze für Eis erreicht ist.

Das Opportunitätsprinzip begegnet dem Jungunternehmer noch in einer anderen Form: Am nächsten Sonnabend ist wieder ein Sportfest. Leider hat er aber einer älteren Dame für diesen Tag versprochen, ihr im Garten zu helfen. Die verabredete Zeit fällt ausgerechnet in den Zeitraum des Sportfestes. Vereinbart wurde für die Gartenhilfe ein Betrag von 50,– DM. Auf diesen Betrag müßte er verzichten, wenn er sein Cateringunternehmen betreibt. Dafür hätte er aber dann das Vergnügen, ein Testspiel von Bayern München gegen Telgte zu sehen. Außerdem müßte er der alten Dame einen Ersatzmann stellen, denn versprochen ist versprochen, und mögliche künftige Kunden für Dienstleistungen verärgert man bei einer marktorientierten Unternehmensführung nicht. Er steht damit vor einem Wahlproblem und muß sich fragen, welche der beiden Betätigungen für den Sonnabend lukrativer ist.

Felix stellt deshalb für jede der beiden Tätigkeiten eine zahlungsorientierte Gewinnrechnung auf: Nach seinen Opportunitätserkenntnissen würde er es als vorsichtiger Unternehmer beim 2. Sportfest mit 40 Getränkedosen und 80 Eis versuchen. Dieses Mengenverhältnis schöpft seine Kühlkapazität wiederum völlig aus. Seine bisherige Preispolitik will er beibehalten und rechnet deshalb bei Eis mit einem Stückgewinn von 1,– DM und bei den Getränken mit 0,60 DM. Trifft seine Absatzerwartung zu, könnte er einen Gewinn von 104,– DM (40 · 0,60 + 80 · 1,–) erwarten. Dieser Gewinn ist allerdings unsicher. Hilft er der alten Dame, erzielt er mit Sicherheit 50,– DM. Das Absatzrisiko schätzt Felix nicht sehr hoch ein. Er entschließt sich daher, seinen Freund zu bitten, der alten Dame zu helfen. Diese nimmt das Angebot auch gerne an, da Felix ihr den Freund als erfahrenen Hobbygärtner zudem noch gut verkauft.

Die beiden Opportunitätsüberlegungen bringen Felix auf eine andere Idee, wie er seine Erfolgsrechnung aufmachen kann. Statt im Fall der Gartenarbeit zwei Rechnungen durchzuführen und die Ergebnisse zu vergleichen, könnte er den Zusatzgewinn bestimmen, der zu erzielen ist, wenn er seine Arbeitskraft in das Cateringunternehmen steckt. Ganz offenbar kann er dann einen Zusatzgewinn von 54,– DM über die bereits sichere Gewinnerwartung von 50,– DM erzielen. Dieses Gedankenspiel ist zwar ganz interessant, aber letztlich muß Felix dazu die gleichen Informationen berechnen wie vorher. Dennoch hat Felix mit seinem Gedankenspiel die Grundlage einer neuen Kosteninterpretation erfunden. In der Differenzbetrachtung rechnet er der Cateringtätigkeit den entgehenden Gewinn der Gartenarbeit von 50,– DM als »Opportunitätskosten« an. Felix hat damit den wertmäßigen Kostenbegriff entdeckt. Bei der neuen Kostendefinition kommen demnach zu den pagatorischen Kosten, mit denen er seine ersten Rechnungen durchgeführt hat, noch die Opportunitätskosten – entgangener Gewinn einer alternativen Verwendung seiner Arbeitskraft – hinzu.

Die neugewonnene Idee zum Kostenbegriff will der Jungunternehmer gleich auch auf den Austausch der Relation zwischen Getränken und Eis übertragen. Er erinnert sich: Mit einer Dose ist ein pagatorischer Gewinn von 0,60 DM zu erzielen. Der gleiche Kühlraum für Eis bringt aber pagatorisch 2,– DM. Da sein Kühlraum knapp ist, möchte er möglichst viel Eis verkaufen, muß dann aber auf Gewinne aus dem Dosengeschäft verzichten. Gelingt es ihm, statt einer Getränkedose zwei Eis loszuwerden, erzielt er für eine Volumeneinheit des umgewidmeten Kühlraums einen Zusatzgewinn von DM 1,40 gegenüber dem Getränkeverkauf. Je Eis sind das 0,70 DM. In seiner neuen Rechnung lastet er dem Eis den pagatorischen Gewinnverzicht bei Getränken als Opportunitätskosten an. Die Kosten für Eis setzen sich dann aus dem Einstandspreis von 1,– DM und dem pagatorischen Gewinnverzicht bei Getränken als Opportunitätskosten zusammen. Da eine Dose durch zwei Eis ersetzt wird, verrechnet er 0,30 DM als Opportunitätskosten je Eis und kommt zum wertmäßigen Stückgewinn von 0,70 DM. Kalkuliert er auf die gleiche Weise seine Kosten für Getränke, ergeben sich wertmäßige Kosten von 1,20 DM – Einstandspreis 0,60 DM und Opportunitätskosten je Volumeneinheit Kühlraum von nochmals 0,60 DM. Bei dieser wertmäßigen Kostendefinition erzielt er damit bei Getränken einen wertmäßigen Gewinn von null, da die Erlöse genau den wertmäßigen Kosten entsprechen.

Das Konstruktionsprinzip der wertmäßigen Kostendefinition ist so gewählt, daß der wertmäßige Gewinn der Vergleichsalternative genau auf null gestellt wird. Der wertmäßige Stückgewinn gibt damit den Zusatzgewinn gegenüber der alternativen Verwendung des knappen Faktors Kühlraum oder Arbeitskraft im ersten Beispiel wieder. Der wertmäßige Stückgewinn zeigt also an, ob Eis oder im ersten Fall der Betrieb des Cateringgeschäfts mehr abwirft als die Getränke oder die Gartenarbeit als Vergleichsalternativen. Am Vorzeichen des wertmäßigen Stückgewinns kann daher abgelesen werden, welche Entscheidungsalternative vorteilhaft ist. Bringt ein Geschäft weniger als die Vergleichsalternative (wertmäßiger Stückgewinn ist negativ), ist diese Alternative unvorteilhaft.

Seine neuen Erkenntnisse findet der Jungunternehmer zwar ganz interessant; er weiß allerdings im Augenblick noch nicht, was er damit in der heilen Welt des Controlling anfangen soll.

> **Felix erkennt den Wert der wertmäßigen Kosten...**
>
> 1) Um knappe Kapazitäten gewinnmaximal auf unterschiedliche Leistungen aufzuteilen, ist in der heilen Welt des Controlling nicht der absolute Stückgewinn, sondern der Stückgewinn bezogen auf eine Kapazitätseinheit entscheidungsrelevant. Dieser ergibt sich durch Division des Stückgewinns durch den Produktionskoeffizienten des Engpasses.
>
> 2) Der wertmäßige Kostenbegriff bezieht den mit der alternativen Verwendung der knappen Kapazitäten zu erzielenden Gewinn mit in die Kostendefinition ein:
> Die wertmäßigen Kosten eines Kalkulationsobjekts (z.B. Eis) entsprechen der Summe aus zusätzlichen Ausgaben (Grenzausgaben) und Opportunitätskosten für die beanspruchte knappe Kapazität je Einheit des Kalkulationsobjekts.
>
> 3) Ist in der heilen Welt des Controlling der wertmäßige Stückgewinn eines Geschäfts positiv, ist dieses Geschäft der Alternative vorzuziehen. Ein negativer wertmäßiger Stückgewinn zeigt unvorteilhafte Geschäfte an.
>
> 4) Die Aussagen 1 bis 3 gelten in dieser Form nur in der heilen Welt des Controlling. Wird unser Jungunternehmer im nächsten Kapitel aus dem Paradies verstoßen, tritt an die Stelle des Stückgewinns immer die Differenz zwischen Verkaufspreis und variablen Kosten.

III.
VERTREIBUNG AUS DEM PARADIES DES CONTROLLING

3. Lektion:
Warenbestände –
eine erste unangenehme Controllingerfahrung.

4. Lektion:
Ein neues Konstrukt taucht auf:
Die Kapitalbindung.

5. Lektion:
Fixkosten und Gemeinkosten.
Oder: Die Quadratur des Kreises.
Willkommen im Club der Schizophrenen!

3. Lektion:
Warenbestände –
eine erste unangenehme Controllingerfahrung.

Es sind einige Wochen ins Land gegangen. Felix hat auf fünf Veranstaltungen sein kleines Cateringunternehmen betrieben und bislang ca. 600,– DM Gewinn erzielt. Auf jeder Veranstaltung macht er aber die gleiche Erfahrung: Seine Warenbestände sind immer zu knapp bemessen. Ganz offenbar ist seine Einkaufslogistik *der* Engpaß seines Unternehmens. Er beschließt, daß es so nicht weitergehen kann, da er ganz offenbar mögliche Gewinne verschenkt.

Er erinnert sich gelesen zu haben, daß jede große Weltfirma einmal in einer Garage angefangen hat. Er schiebt deshalb sein Auto auf den Hof, reinigt die Garage gründlich und will den Raum für die Erweiterung seiner Kühlkapazitäten nutzen. Er empfindet es auch als lästig, immer 4 bis 5 Stunden vor einer zu beschickenden Veranstaltung die Getränke in die Truhe zu legen. Länger dürfen die Dosen nämlich nicht in der Truhe bleiben, weil sie sonst gefrieren und platzen. Er braucht deshalb Kühlschränke für die Getränke und Gefriermöglichkeiten für das Eis.

Seine Stammtischfreunde raten ihm aber ab, entsprechende Geräte zu kaufen. »Dann müßtest du einen Kredit aufnehmen und Zinsen zahlen«, meint Heinrich. Und Hans gibt zu bedenken: »Dafür sind bestimmt 3.000,– DM erforderlich, und du müßtest für diese Investitionen auch Abschreibungen über mehrere Jahre verrechnen. Du hast dann Fixkosten am Hals.« – »Jaja«, meint Heinrich eifrig, »das sind die Kosten, die ganz fix da sind und dann nicht mehr weggehen.« Hans, der ein abgebrochenes BWL-Studium hinter sich hat, zitiert aus der Erinnerung einen großen Alten der BWL, Eugen S. aus Köln: »Fixkosten schreien nach Sättigung. Du mußt dann permanent am Ball bleiben, um diese Kosten wieder einzuspielen. Das ist für dein noch auf sehr dünnen Beinchen stehendes Geschäft ein viel zu hohes Risiko.«

Felix will kein Geschrei von Kosten und entscheidet sich zunächst einmal für eine kreative Lösung: Bei den Aufräumarbeiten in den ersten drei Monaten seiner Arbeitslosigkeit hat er mehrmals Müll auf die Deponie gebracht. Dort stand ein Container, in dem die Bürger für 35,– DM je Gerät Truhen und Gefrierschränke entsorgen können. »Manche der dort entsorgten Geräte«, dachte er, »sehen viel besser aus als meine Truhe im Keller.« Am nächsten Sonnabend postiert er sich daher vor der Deponie, um entsorgende Bürger abzufangen. Er hat auch gleich mehrfach Glück und kann zwei Truhen von je 400 Liter Gefrierraum und sogar drei große

Kühlschränke auftun. Die Bürger sind sogar ganz beglückt, daß sie die Entsorgungskosten sparen können, und fahren ihm die Geräte auch noch in seine Garage. Am Wochenende – es gibt diesmal keine Veranstaltung, die er beschicken kann – überarbeitet und installiert er die Geräte. Dann geht er auf den Dachboden, wo er eine Geldkassette entdeckt hat, und schreibt darauf: »Kasse des Unternehmens F.S. Felix«. In diese Kasse legt er seine bisherigen Gewinne von 600,– DM als Startkapital für weitere Unternehmungen.

Danach besucht er seinen Freund Heiko, der eine Tankstelle gepachtet hat, und überredet diesen bei einer gemütlichen Flasche Bier zu einer Einkaufskooperation; denn Heiko hat als Gewerbetreibender eine Einkaufskarte für einen Großmarkt.

Die neue Einkaufsstrategie senkt seinen Einstandspreis für Dosen auf 0,40 DM und auf 0,60 DM für Eis. Heiko ist jedoch nur bereit, die Kooperation einzugehen, wenn Felix größere Mengen abnimmt. Er kauft deshalb 500 Dosen und 1.000 Eis und erhält von Heiko eine Rechnung über 800,– DM, die er binnen 10 Tagen mit 2% Skonto bezahlen soll. 30 Tage darf er sich Zeit lassen, wenn er auf das Skonto verzichtet. Felix nimmt sich vor, innerhalb von 10 Tagen zu zahlen. Da er in seiner Kasse aber nur 600,– DM hat, muß er also auf der zweitägigen Veranstaltung, die für das nächste Wochenende geplant ist, mindestens ca. 200,– DM einnehmen. Er nimmt sich vor, bei seinen bisherigen Preisen von 1,20 DM für eine Dose und 2,– DM für ein Eis zu bleiben.

Das nächste Wochenende verläuft recht erfolgreich: Am Sonnabend verkauft er 100 Dosen und 200 Eis. Der Sonntag ist mit 150 Dosen und 350 Eis noch erfolgreicher. Sonntag abend setzt er sich wieder hin, um Kassensturz zu machen. Seine Ergebnisse faßt er in einer Übersicht zusammen:

	Bestandsrechnung		Einnahmenrechnung	
	Getränke	Eis	Getränke	Eis
Anfangsbestand:	500	1000		
Verkauf:	250	550	300,–	1.100,–
Endbestand:	250	450		

Sein Kassenbestand hat sich damit von 600,– DM auf 2000,– DM erhöht, und er kann die Rechnung von Heiko pünktlich am Montag mit 2% Skonto zahlen. Er steckt sich daher für den nächsten Morgen 784,– DM ein, so daß der Kassenbestand auf 1.216,– DM sinkt.

3. Lektion

In der Nacht zum Montag grübelt Felix darüber nach, wie er den Gewinn des Wochenendes bestimmen soll. Seinen Einnahmen von 1.400,– DM steht eine Ausgabe von 784,– DM gegenüber. Er erwirtschaftete also einen finanziellen Überschuß von 616,– DM. In der heilen Welt des Controlling war der finanzielle Überschuß auch gleichzeitig sein Gewinn. Aber gilt das jetzt auch noch? Offenbar ist die Situation verändert, denn in der heilen Welt des Controlling gab es keine Lagerbestände. In seinen Ausgaben von 784,– DM stecken aber auch die Teile für die 250 Dosen und 450 Eis, die er noch in der Garage hat. »Das sind gewissermaßen vorgeleistete Zahlungen für spätere Veranstaltungen«, denkt er. Diese Ausgaben darf man sicher nicht dem Geschäft des letzten Wochenendes zurechnen; denn, wird er diese Bestände am nächsten Wochenende los, dann erzielt er dafür Einnahmen von 1.200,– DM, denen überhaupt keine Ausgaben gegenüberstehen würden.

Felix ist damit auf ein erstes Abgrenzungsproblem gestoßen. Er kann zwar ohne große Probleme den Gesamtgewinn bestimmen, wenn er die 500 Dosen und die 1.000 Eis verkauft – $500 \cdot 1{,}20 + 1000 \cdot 2{,}00 - 784{,}- = 1.816{,}-$ DM –, aber die Aufteilung dieses Totalgewinns auf die einzelnen Veranstaltungen wird zum Problem. Nach einigem Nachdenken entschließt er sich, die Ausgaben in zwei Teile aufzuspalten, einen Teil für die bereits abgesetzten Mengen und einen zweiten für die noch in der Garage liegenden Bestände. Für die verkauften 250 Dosen kommt er zu folgendem Ergebnis: $250 \cdot 0{,}40 \cdot 0{,}98 = 98{,}-$ DM anteilige Ausgaben abzüglich Skonto. Für das verkaufte Eis bestimmt er eine anteilige Ausgabe von $550 \cdot 0{,}60 \cdot 0{,}98 = 323{,}40$ DM. Die anteiligen gesamten Ausgaben für die Verkaufsmenge der Veranstaltung des letzten Wochenendes beläuft sich damit auf 421,40 DM. Dieser Ausgabenanteil entspricht seinem Faktoreinsatz für die Leistungen des Wochenendes; es sind seine pagatorischen Kosten. Zieht er diese anteiligen Ausgaben von den Einnahmen von 1.400,– DM ab, kommt er zu einem Gewinn von 978,60 DM für das letzte Wochenende.

Durch diese Rechnung wird Felix der Unterschied von Zahlungen und Kosten deutlicher als durch die Rechnung in der heilen Welt des Controlling. Durch den Verstoß aus dem Paradies des Controlling kommt er mit einer rein zahlungsorientierten Rechnung nicht mehr klar, wenn er den Teilerfolg einer Veranstaltung bestimmen will. Die Zahlungsrechnung kann nur den Gesamterfolg aller über die Lagerbestände verbundenen Veranstaltungen bestimmen. Will er aber auch die Teilerfolge der Einzelgeschäfte kennenlernen, muß er auf das Kostenkonstrukt zurückgreifen. Ihm ist nun auch klar, warum Kosten ein Konstrukt sind: Sie sind real nicht zu beobachten. Nötig ist erst eine Rechnung, die aus den Gesamtausgaben einen dem Wochenende zugehörigen Teil abspaltet. Pagatorische Kosten sind daher verteilte Ausgaben. Diese Verteilung ist im Fall von Warenbeständen noch relativ problemlos, weil sie proportional zur Verkaufsmenge und dem Lagerendbestand erfolgen kann.

Diese Partialrechnung für eine Veranstaltung ist aber trügerisch. Sie basiert auf der Annahme, daß die Lagerbestände in der Zukunft verkauft werden können, so daß die in den Beständen gebundenen Ausgaben von 784 – 421,40 = 362,60 DM später wieder freigesetzt werden können. Angenommen, Felix verliert seine Warenbestände durch höhere Gewalt (z.B. Feuer), dann ist der erreichte Teilerfolg von 978,60 DM wenig aussagekräftig, da sein Totalerfolg auf 616,– DM (978,60 DM – 362,60 DM oder 1.400,– DM Einnahmen – 784,– DM Ausgaben) schrumpft. Der Teilerfolg wäre dann höher als der Totalerfolg. Die Teilerfolgsrechnung steht also unter der stillschweigenden Prämisse: Die noch im Lagerbestand gebundenen Ausgaben können später wiedergewonnen werden.

Teilerfolgsrechnungen sind damit immer Konstrukte; ihr Ergebnis hängt von den Annahmen ab, die für die Abgrenzung der Geschäfte benutzt werden. Und hier gibt es im allgemeinen keine logisch eindeutigen Abgrenzungskriterien, wie sich später noch deutlicher zeigen wird. Bei Lagerbeständen ist die mengenproportionale Aufteilung der Ausgaben aber immerhin recht plausibel.

Über seine neuen Rechnungserkenntnisse unterhält sich Felix am Abend mit seinem Freund Hans (der mit dem abgebrochenen BWL-Studium), und dieser rät ihm, zum besseren Verständnis der zeitlichen Abgrenzungsproblematik von Geschäften und Erfolgen doch einmal in einer ganz alten »Kamelle« der Betriebswirtschaftslehre zu stöbern. In den neuen Büchern habe er das seinerzeit auch nicht verstanden. Dann habe ihm aber jemand das Buch »Einführung in die Privatwirtschaftslehre« von W. Rieger gegeben. Das sei nicht nur verständlich, sondern auch recht amüsant gewesen. Felix erinnert sich, dieses rote Buch früher auf dem Schreibtisch seines Großvaters gesehen zu haben, der BWL in Münster lehrte und darin immer wieder gerne las.

Für seine Teilerfolgsrechnung bei Beständen kommt Felix am nächsten Tag auf zwei formal unterschiedliche Rechnungsvarianten, die er später Gesamtausgaben- und Umsatzausgabenverfahren nennen wird.

– Beim Gesamtausgabenverfahren stellt er den gesamten Ausgaben von 784,– DM einen Betrag von 1.762,60 DM gegenüber. Dieser Betrag entspricht der Summe aus den realisierten Einnahmen/Erlösen von 1.400,– DM und den noch im Bestand gebundenen Ausgaben von

362,60 DM. Es ergibt sich ein Teilerfolg des Wochenendes von 978,60 DM.
– Beim Umsatzausgabenverfahren nimmt er nur den auf die Verkäufe entfallenden Ausgabenanteil – seine pagatorischen Kosten – von 421,40 DM in die Rechnung auf, vergleicht sie mit den Einnahmen (seinen Erlösen von 1.400,– DM) und kommt wiederum zum Ergebnis von 978,60 DM.

Durch diese beiden Rechnungsweisen hat er fast unbemerkt das Prinzip des Gesamtkosten- und des Umsatzkostenverfahrens entdeckt, das später in der Kostenrechnung eines Fertigungsbetriebs eine Rolle spielt. Er hat es nur auf Ausgaben statt auf Kosten angewendet.

Felix erkennt den Wert einer Kostenrechnung...

1) Eine Kostenrechnung ist anstelle einer Einnahmen- und Ausgabenrechnung erforderlich, wenn mit Ausgaben einer Periode Einnahmen in mehreren Perioden verbunden sind und der Periodenerfolg ermittelt werden soll.

2) Um den Periodenerfolg zu bestimmen, sind die Ausgaben nach einem bestimmten Schlüssel auf die einzelnen Perioden zu verteilen. Diese zeitliche Abgrenzung ist immer mit bestimmten Annahmen (z.B. über die Bewertung von Lagerbeständen) verbunden, so daß es kein logisch zwingendes Aufteilungsverfahren für die Ausgaben gibt. Periodenerfolgsrechnungen sind daher immer mehr oder weniger willkürlich bzw. von Annahmen abhängig.

3) Ist die Aufteilung der Ausgaben auf einzelne Perioden erfolgt, kann der Periodenerfolg formal auf zwei Weisen bestimmt werden, wenn in einer Periode nur Teile der beschafften Waren veräußert werden:
Beim Gesamtausgabenverfahren werden die gesamten Ausgaben einer Periode mit den in der Periode realisierten Einnahmen zuzüglich des noch im Lager gebundenen Anteils der Ausgaben dieser Periode verglichen.
Beim Umsatzausgabenverfahren wird von den realisierten Einnahmen der Periode nur der auf die Verkäufe entfallende Ausgabenanteil abgesetzt. Beide Verfahren führen zum gleichen Periodenerfolg.

4. Lektion:
Ein neues Konstrukt taucht auf: Die Kapitalbindung.

Als Folge der Warenbestände lernt Felix ein weiteres Konstrukt der Betriebswirtschaftslehre kennen: die Kapitalbindung. Durch den Kauf der Waren bei Heiko ist er mit der Ausgabe ursprünglich eine Kapitalbindung von insgesamt 784,– DM eingegangen. Er hat Geld in Sachwerte umgewandelt, in der Hoffnung, das gebundene Kapital (und möglichst noch mehr) zurückzugewinnen. Verteilt er seine Ausgaben mengenproportional auf Verkäufe und Bestände, gewinnt er am Wochenende ein investiertes Kapital von 421,40 DM zurück. In den Warenbeständen stecken dann noch 362,60 DM an anteiligen Ausgaben. Bei diesem Konstruktionsprinzip der Kapitalbindung ergibt sich das zu einem Zeitpunkt im Bestand gebundene Kapital immer durch die getätigten Ausgaben abzüglich der bis zu diesem Zeitpunkt verrechneten pagatorischen Kosten. Die Höhe der Kapitalbindung hängt damit indirekt vom Kostenkonstrukt ab. Die Kapitalbindung ist dann ein aus den Kosten resultierendes Konstrukt. Die kennengelernte Interpretation der Kapitalbindung wird traditionell in der Kostenrechnung benutzt. Auf dem gleichen Denkprinzip basiert auch die Bewertung von Beständen in der Bilanz. Kapitalbindung ist dann die Summe der Auszahlungen abzüglich der bereits verrechneten Kosten/Aufwendungen.

Angesichts seines Kassenbestandes am Montag mittag kommen Felix bei diesem Kapitalbindungskonstrukt aber einige Zweifel, denn nach beglichener Rechnung sind in der Kasse 1.216,– DM, und vor dem Einkauf hatte er nur einen Bestand von 600,– DM. Wenn er jetzt weniger als vorher in der Kasse finden würde, dann wäre ihm plausibel, meint er, wenn er noch eine Kapitalbindung hätte. Der am Wochenende erzielte finanzielle Überschuß von 616,– DM (Einnahmen von 1400,– DM gegenüber Ausgaben von 784,– DM) macht aber gerade deutlich, daß er weit mehr als das investierte Kapital zurückgewonnen hat. Diese Überlegungen stoßen Felix auf ein zweites Konstruktionsprinzip für Kapitalbindung. Bei dieser finanzwirtschaftlichen Interpretation entspricht die Kapitalbindung den bis zu einem Zeitpunkt getätigten Ausgaben abzüglich der bis zu einem bestimmten Zeitpunkt erzielten Einnahmen. Angenommen, die Geschäfte wären am Wochenende schlecht gelaufen und Felix wäre nur mit einer Einnahme von 450,– DM nach Hause zurückgekehrt, dann hätte er nach der finanzwirtschaftlichen Interpretation noch eine Kapitalbindung von 334,– DM (784,– DM Ausgaben abzüglich 450,– DM Einnahmen). Diese zweite Interpretation der Kapitalbindung wird in der Investitionsrechnung benutzt. Die Kapitalbindung ist in einer Anlage beispielsweise in dem Zeitpunkt gleich null, in dem die getätigten Ausgaben der Summe der Einnahmen entsprechen. Das gebundene Kapital ist dann zurückgewonnen bzw. amortisiert.

Angesichts der zwei völlig verschiedenen Kapitalbindungsdefinitionen schwant Felix Schlimmes: »Irgendwann werde ich bei weiter florierenden Geschäften auch Investitionen tätigen und dafür Kredite aufnehmen müssen. Die zu zahlenden Zinsen werden sich dann nach dem Kreditstand, also der finanzwirtschaftlichen Denkweise über Kapitalbindung, bestimmen. Wie um Gottes Willen soll ich dann diese Zinsen in eine Kostenrechnung einbeziehen, die von einem völlig anderen Kapitalbindungskonstrukt ausgeht?« So ist das eben in der realen Welt. Im Paradies des Controlling ohne Bestände bedarf es keiner Kostendefinition und keiner Kostenrechnung, und eine Kapitalbindung existiert auch nicht. Der Jungunternehmer hat eine Vorahnung, daß es noch schlimmer kommen wird. Er irrt sich nicht, denn am Horizont taucht das gemeine Gesindel der Gemeinkosten auf, und Felix überfällt eine stille Sehnsucht nach dem Paradies.

Wie war das noch ...?

Für die Kapitalbindung existieren in der BWL zwei völlig unterschiedliche Hypothesen:

1. Hypothese: Das zu einem bestimmten Zeitpunkt gebundene Kapital ist die Differenz zwischen den bis zu diesem Zeitpunkt getätigten Ausgaben und den bis dahin verrechneten Kosten. Nach dieser Interpretation beläuft sich die Kapitalbindung erst dann auf null, wenn sämtliche Ausgaben als Kosten verrechnet wurden. Diese Hypothese wird in der Kostenrechnung für die Berechnung von Zinsen benutzt.

2. Hypothese: Das gebundene Kapital ergibt sich aus der Differenz zwischen den bis zu einem bestimmten Zeitpunkt getätigten Ausgaben und den bis dahin realisierten Einnahmen. In diesem Fall ist das eingesetzte Kapital schon früher als bei der 1. Hypothese zurückgewonnen. Mit dieser Hypothese wird in der Investitionsrechnung gearbeitet.

5. Lektion:
Fixkosten und Gemeinkosten. Oder: Die Quadratur des Kreises. Willkommen im Club der Schizophrenen!

Nach gut zweimonatiger Testphase ist Felix überzeugt, mit seinem Cateringunternehmen auf dem richtigen Weg zu sein. Er will das Ganze nicht mehr nur als gelegentliche Betätigung auffassen, sondern meldet sein Unternehmen als Gewerbe an. In den letzten Wochen hat er zudem die Erfahrung gemacht, daß sein Sortiment mit Eis und Getränken zu eng ist. Er nimmt daher auch noch kleine Snacks wie Erdnüsse, Studentenfutter, Chips usw. in das Programm auf. Umgestellt wird auch seine Einkaufslogistik. Als Gewerbetreibender erhält er selbst Zutritt zu den Großmärkten, was seine Einstandspreise noch etwas senkt. Außerdem nimmt das Geschäft bei den Veranstaltungen einen Umfang an, den er nicht mehr allein bewältigen kann. Er stellt daher für die Veranstaltungen stundenweise eine Hilfskraft ein. Auch erkennt er, daß er bislang mit seinen Erfolgsrechnungen doch nicht ganz richtig gelegen hat, da er die Energiekosten für die Kühlung nicht erfaßt hat. Außerdem hat er auch keine Transportkosten für die Logistik angesetzt. Des weiteren muß er feststellen, daß die goldenen Zeiten vorbei sind, in denen die Veranstalter einen Jungunternehmer bedingungslos förderten. Sie verlangen neuerdings Standgebühren, was mit der Beseitigung der Abfälle aus den Dosen- und Eisverkäufen begründet wird. Außerdem holt er sich für das Kaufmännische eine Hilfe. Er findet einen Studenten, der diese Aufgabe im nächsten Jahr zu einem Festpreis übernehmen will.

Felix verschafft sich einen Überblick über die zukünftig zu erwartenden neuen Ausgaben bzw. pagatorischen Kosten und kommt zu folgender Erkenntnis:

– Für die Hilfskraft muß er mit einer Ausgabe pro Stunde von 15,– DM rechnen.
– Die Standgebühren schwanken je nach Größe der Veranstaltung zwischen 150,– und 200,– DM pro Tag.
– Bei der Industrie- und Handelskammer muß er einmal jährlich eine Umlage von 100,– DM zuzüglich 0,23% vom Gewerbeertrag entrichten.
– Für die Transportkosten der Waren will er zunächst nur die Benzinkosten sowie anteilige Reparatur- und Wartungsausgaben einrechnen. Sein Wagen braucht ca. 8,5 Liter je 100 km. Er stellt sich vor, die privat und geschäftlich zu fahrenden Kilometer in einem Fahrtenbuch

festzuhalten, um die Ausgaben kilometerproportional aufteilen zu können.
- Um den Energieverbrauch für die Kühlung zu erfassen, installiert er in der Garage einen alten Zähler, den er noch aus seiner Zeit in der Zeche hat. Je verbrauchter Kilowattstunde muß er 0,30 DM bezahlen. Außerdem ist eine jährliche Grundgebühr von 600,- DM fällig.
- Mit dem Studenten vereinbart er einen Betrag von 1.000,- DM pro Jahr für die Buchhaltungsaufgaben.

Diese sechs neuen Ausgaben bzw. pagatorischen Kosten seiner unternehmerischen Tätigkeit haben gegenüber den bisher kennengelernten Kosten einen ganz neuen Charakter. Bislang kannte er nur Kosten, die sich seinen Dienstleistungen direkt zurechnen ließen, also Einzelkosten der Dienstleistungen waren, und diese Kosten veränderten sich proportional mit den Mengen; es waren variable Kosten in bezug auf die Mengen. Bei den neuen sechs Ausgabenarten besteht keine innere Beziehung zwischen den Kosten und den Leistungen. Es handelt sich um Kosten, die für alle oder eine Reihe von Leistungen *gemein*sam anfallen. Immerhin haben diese Gemeinkosten aber noch eine positive Eigenschaft, sie lassen sich einem bestimmten Zeitraum – z.B. einem Jahr – noch eindeutig zurechnen. Abgrenzungsprobleme über die Zeit hinweg – wie sie später bei Investitionen noch auftreten werden – existieren Gott sei Dank noch nicht.

Unser Jungunternehmer verschafft sich daher einen Überblick über die Art dieser Kosten, in dem er sich

- über die Reagibilität der Kosten klar wird und ihnen die Attribute fix und variabel in bezug auf verschiedene Entscheidungen zuordnet und
- feststellt, in bezug auf welche Objekte es sich jeweils um Einzel- oder Gemeinkosten handelt.

Intuitiv ist ihm klar: In der BWL gibt es nicht generell fixe und variable Kosten, wenn die Kosten nach der Reagibilität analysiert werden; auch sind Kosten nicht eindeutig Gemein- oder Einzelkosten, wenn die Zurechnung der Kosten zu einzelnen Leistungen oder Objekten betrachtet wird. Es muß immer gefragt werden, in bezug auf welche Entscheidungen die Kosten fix bzw. variabel sind und auf welche Objekte sich Kosten direkt zurechnen lassen.

Kostenart	Gemeinkosten bzw. Einzelkosten	Fixkosten bzw. variable Kosten
Verkaufs-gehalt	Gemeinkosten für Dosen, Eis und Snacks, Einzelkosten je Veranstaltung	fix je Stunde, variabel mit der Stundenzahl
Standgebühr	Gemeinkosten für Dosen, Eis und Snacks, Einzelkosten je Veranstaltung	fix je Veranstaltung, variabel mit der Zahl der Veranstaltungen
Kammer-beiträge	Gemeinkosten für Dosen, Eis und Snacks und Gemeinkosten für alle Veranstaltungen	teils fix pro Jahr, teils variabel mit dem Gewerbeertrag
Transport-kosten	echte bzw. unechte Gemeinkosten für Dosen, Eis und Snacks und alle Veranstaltungen	teilweise variabel mit der Zahl gefahrener Kilometer, teils sprung-fix (Wartung)
Energie	echte bzw. unechte Gemeinkosten für Dosen und Eis, Einzelkosten der zu kühlenden Produktgruppe	teilweise variabel mit den Lagerbeständen von Dosen und Eis, teils fix pro Jahr (Grundgebühr)
Buchhaltung	Gemeinkosten für Dosen, Eis und Snacks und alle Veranstaltungen	fix in bezug auf die Absatzmengen

Beim variablen Teil der Energiekosten – Kosten für die verbrauchten Kilowattstunden – handelt es sich um unechte Gemeinkosten für Getränke und Eis. Sie können produktartenweise erfaßt werden, wenn Kühlschränke und Truhen an einen eigenen Zähler angeschlossen werden. Da Felix noch einen weiteren Zähler hat, entschließt er sich, den Energieverbrauch getrennt zu erfassen. Dann sind nur noch die Grundgebühren gemeinsame Kosten für Dosen und Eis, während die Kosten des Stromverbrauchs Einzelkosten bezüglich der Produktart, aber Gemeinkosten aller verkauften Einheiten dieser Produktart sind.

Die bei Felix auftretenden Kosten lassen sich damit unterschiedlichen Bezugsebenen als Einzelkosten zuordnen:

5. Lektion

- Einzelkosten einer Leistungseinheit: Diese Kosten (z.B. die Einstandspreise) können z.B. einem Eis oder einer Dose direkt zugerechnet werden.
- Einzelkosten einer Produktart: Hierbei handelt es sich um Kosten, die für alle verkauften oder produzierten Mengeneinheiten einer Produktart gemeinsam anfallen und daher z.B. einer einzelnen Dose nicht direkt zugerechnet werden können. Die Energiekosten bei getrennt erfaßtem Stromverbrauch sind in diese Kategorie einzuordnen: In bezug auf die einzelnen Leistungen – eine Dose oder ein Eis – handelt es sich um Gemeinkosten. Bezogen auf die Produktart lassen sie sich aber logisch eindeutig zuordnen. Folglich sind es Einzelkosten einer Produktart.
- Einzelkosten für Gruppen von Produktarten: Beispielsweise läßt sich die Grundgebühr für Energie nur der Leistungsgruppe »Getränke und Eis« zusammen eindeutig zuordnen. Eine logisch einwandfreie Aufspaltung auf die einzelnen Produktarten scheitert, so daß diese Kosten in bezug auf eine Produktart (und natürlich erst recht auf eine Mengeneinheit einer jeden Produktart) Gemeinkosten sind.
- Einzelkosten einer Veranstaltung: Das Gehalt der Verkaufshilfskraft gehört dazu. Diese Gehälter fallen gemeinsam für Eis, Getränke und Snacks an und sind daher Gemeinkosten in bezug auf Gruppen von Produktarten. Diese Kosten lassen sich aber als Einzelkosten der Veranstaltungen erfassen.
- Einzelkosten des Gesamtbetriebs: Beispielsweise fällt das Gehalt des Studenten für alle Veranstaltungen und alle Produktgruppen gemeinsam an, so daß es keiner Veranstaltung und keiner Produktart direkt zugerechnet werden kann. Es handelt sich folglich um Gemeinkosten der Veranstaltungen, der Produktarten und der Mengen der einzelnen Produkte.

Felix erkennt: Die Gemeinkosten lassen sich nach einer Hierarchie von Bezugsobjekten differenzieren. Die Frage ist dann immer, bis auf welche Stufe dieser Hierarchie sich die Kosten als Einzelkosten eindeutig zuordnen lassen. Die Bezugsgrößenhierarchie, die Felix gebildet hat, ist nicht zwingend. Situationsspezifisch – z.B. in einem Fertigungsbetrieb – sind auch andere Hierarchien denkbar.

Und eine weitere Erkenntnis überkommt Felix: Gemeinkosten begründen zwischen den betroffenen Leistungen stets einen Verbundeffekt. Ein derartiger Verbundeffekt bewirkt folgendes: Bei den sechs Gemeinkostenarten lassen sich Einzelleistungen nicht mehr isoliert auf ihren Erfolgsbeitrag hin beurteilen. Es kann eigentlich nur festgestellt werden, welche Kosten für ein bestimmtes Bündel von Leistungen innerhalb eines bestimmten Zeitraums insgesamt anfallen. Solange es sich um Gemeinkosten handelt, die sich einer Periode noch eindeutig zuordnen lassen, kann dann allein der Gesamterfolg dieser Periode logisch eindeutig bestimmt werden; und das auch nur, wenn Anfangs- und Endbestände der Periode identisch sind; denn sonst treten die früher diskutierten zeitlichen Abgrenzungsprobleme zwischen den Kosten des Verkaufs und dem Ausgabenanteil für die Bestände auf.

Existieren in der Bezugsgrößenhierarchie oberhalb der Einzelkosten für Produktarten keine weiteren Gemeinkosten, könnte die Kosten- und Erlösrechnung bis auf die Bezugsebene der Produktarten heruntergebrochen werden. Treten zusätzlich auch noch Gemeinkosten mehrerer Produktarten auf, läßt sich nur die gesamte Produktgruppe gemeinsam auf ihren Erfolgsbeitrag hin beurteilen. Kommen auch noch Gemeinkosten der Produktgruppen hinzu, ist nur noch der Erfolgsbeitrag einzelner Veranstaltungen logisch einwandfrei zu quantifizieren. Existieren dann auch noch Kosten, die nur dem Gesamtbetrieb sachgerecht zugeordnet werden können, kann nur noch der Jahreserfolg und nicht mehr der Erfolg einzelner Verkaufsveranstaltungen, Produktgruppen oder Einzelleistungen einwandfrei quantifiziert werden. Die Verbundeffekte beschränken damit die Analysemöglichkeiten des Erfolgs nach Bezugsobjekten.

Bei seinen sechs Gemeinkostenarten stellt Felix sichtlich traurig fest: Es ist für die Bezugsobjekte – eine einzelne Verkaufsveranstaltung, eine Leistungsart oder eine Mengeneinheit der einzelnen Leistungen – logisch unmöglich, deren Gewinn eindeutig zu bestimmen. Das könnte nur gelingen, wenn es möglich wäre, die Gemeinkosten auf Verkaufsveranstaltungen, Leistungsarten oder einzelne Leistungen logisch eindeutig aufzuspalten bzw. verursachungsgerecht zuzuordnen. Genau das ist aber bei Gemeinkosten ausgeschlossen, sonst wären sie keine Gemein-, sondern Einzelkosten. Felix stellt damit ernüchtert fest: Eine logisch eindeutige Kosten- und Erfolgsrechnung unterhalb der Ebene einer Jahresrechnung ist für ihn künftig unmöglich. Er kann folglich die Frage nicht mehr beantworten, was er an einem Eis oder an allen verkauften Eis zusammen verdient. Auch kann er den Erfolg einzelner Veranstaltungen nicht mehr berechnen.

Über diese Erkenntnisse ist unser Jungunternehmer sehr enttäuscht. Er sehnt sich in das Paradies des Controlling zurück; dort besaß er ein sehr schönes, einfaches und verläßliches Instrumentarium zur Erfolgsbeurteilung seiner Aktivitäten.

Aus Diskussionen mit seinen Stammtischfreunden weiß er, daß die dort vertretenen Unternehmer alle eine Kosten- und Erfolgsrechnung auf der Basis von Stückgewinnen haben. Er fragt sich, wie die das denn machen, wenn es doch logisch gar nicht geht. Und damit betritt er den Club der Schizophrenen, den »Club der Kostenrechner«. Kostenrechner leisten das Unmögliche: Sie deklarieren zwar bestimmte Kosten feinsäuberlich als Gemeinkosten; dann aber fangen sie mit logisch unhaltbaren Tricks an, die Gemeinkosten in Pseudo-Einzelkosten umzuwandeln. Sie legen die Kosten mit bestimmten Verrechnungsgrößen bis auf die Einzelleistungen um. Umlegen der Kosten nennen sie diesen Vorgang. Wir werden dafür die Bezeichnung »Umlügen« einführen, da diese Bezeichnung genauer zum Ausdruck bringt, was da eigentlich passiert.

Felix kommt zur zweiten Sichtweise der Kosten. In der ersten Sicht ging es allein um die Frage, ob sich bestimmte Kosten bestimmten Bezugsobjekten eindeutig zuordnen lassen. Bei der zweiten Frage gilt es festzustellen, ob und wie sich Kosten bei bestimmten Entscheidungen über die Bezugsgrößen verändern.

Die meisten der sechs Gemeinkosten haben die unangenehme Eigenschaft, daß sie sich mit der Absatzmenge überhaupt nicht verändern. Das Gehalt für den Buchhalter ist z.B. unabhängig von den abgesetzten Mengen. Oder die Kosten sind zwar veränderbar, aber nicht mit der Absatzmenge; sie hängen z.B. direkt vom Gewerbeertrag oder der Lagerbestandsentwicklung im Zeitablauf ab. Die beeinflußbaren Kosten lassen sich zudem nach dem Grad der Unbeweglichkeit unterscheiden. Die Kosten für den Studenten sind absolut fix pro Jahr, gleichgültig wie viele Veranstaltungen beschickt werden, welche Artikel ins Programm aufgenommen werden oder welche Mengen abgesetzt werden. Die Standgebühren sind hingegen über das Jahr betrachtet durchaus zu variieren. Sie hängen von der Anzahl und der Größe der beschickten Veranstaltungen ab. Noch größere Variabilität haben die Löhne der Verkaufshilfskraft. Sie sind fix je Stunde, über die gesamte Stundenzahl pro Jahr oder die Zahl der Veranstaltungen aber beeinflußbar.

Hinsichtlich der Reagibilität der Kosten lassen sich somit zwei Gruppen unterscheiden: Kosten, die bei bestimmten Entscheidungen fix sind, und Kosten, die verändert werden können. Bei den beeinflußbaren Kosten kann wiederum zwischen variablen und sprungfixen Kosten unterschieden werden. Variable Kosten ändern sich kontinuierlich mit Veränderungen der Bezugsgröße. Hierzu zählen die Einstandspreise für die Waren. Andere Kosten ändern sich sprunghaft; z.B. tritt bei den Standgebühren ein derartiger Sprung auf, wenn eine weitere Veranstaltung beschickt wird.

Felix erkennt, daß offenbar nicht generell zwischen fixen und variablen Kosten unterschieden werden kann. Es kommt immer darauf an, in bezug auf welche Entscheidung bzw. welches Bezugsobjekt Kosten fix oder variabel sind. Fixe Kosten einer Entscheidung können daher veränderliche Kosten in bezug auf eine andere Entscheidung sein.

Fixkosten – gleichgültig in bezug auf welche Entscheidung – sind grundsätzlich gleichzeitig Gemeinkosten. Sind beispielsweise fixe Kosten für den Verkauf von Eis vorhanden – das wäre der Fall, wenn Felix einen eigenen Eisverkäufer beschäftigen würde – dann sind diese Kosten zwar Einzelkosten der Produktart Eis, aber Gemeinkosten für alle verkauften Eis. Fixkosten sind immer bezogen auf mindestens eine Hierarchiestufe der Bezugsobjekte Gemeinkosten.

Fixe Kosten lassen sich noch danach unterscheiden, zu welchem Zeitpunkt über sie entschieden wurde bzw. entschieden werden kann. Gehen diese Kosten auf Entscheidungen zurück, die in der Vergangenheit liegen, läßt sich durch gegenwärtige Entscheidungen an ihnen nichts mehr verändern. Sie werden dann als »sunk costs« bezeichnet und sind bei der Zielsetzung Gewinnmaximierung oder Kostenminimierung für noch zu tätigende Entscheidungen irrelevant. Werden aber durch eine Entscheidung neue fixe Kosten begründet (sie werden dann meistens als sprungfix bezeichnet), sind diese Kosten selbstverständlich für die Entscheidung relevant, d.h., diese Kosten müssen im Gegensatz zu »sunk costs« in den Entscheidungskalkülen berücksichtigt werden.

Absolut fixe und sprungfixe Kosten haben die unangenehme Eigenschaft, sich nicht direkt mit der Menge der erbrachten Leistungen zu verändern. Bei variablem Leistungsniveau ist eine Beurteilung der Erfolgsänderung dann allein anhand der Differenz zwischen Preisen und variablen Kosten je Leistungseinheit – der Deckungsspanne – möglich. Diese Maßgröße für Erfolgsänderung ist zudem nur zutreffend, wenn keine sprungfixen Kosten bei bestimmten Leistungsmengen auftreten. Sollen daher bei Existenz von Fixkosten die Erfolgsänderungen beurteilt werden, die sich als Folge veränderter Leistungsmengen ergeben, sind die Kosten in fixe und variable Bestandteile zu spalten. Es ist daher eine Kostenspaltung nach variablen, sprungfixen und absolut fixen Kosten durchzuführen.

Unserem Jungunternehmer reicht es erst einmal. Er glaubt nicht daran, allein ein sinnvolles Controllinginstrument aufbauen zu können, das auch nach der Vertreibung aus dem Paradies noch sinnvolle Informationen liefert. Er entschließt sich daher, bei der IHK Münster eine Wocheneinheit des Seminars zur praktischen Unternehmensführung zu buchen; und zwar die Einheit zur Kostenrechnung. »Wenn schon Gemeinkosten da sind«, meint er, »dann kommt es auch auf eine siebte derartige Kostenart – Ausbildungskosten – nicht mehr an.« Er fährt daher im Februar 1998 für eine Woche in die Lüneburger Heide und erfährt dort etwas über den schillerndsten Begriff der BWL, das Verursachungsprinzip.

Wenn Kosten fix und auch noch gemein sind!

1) Die Unterscheidung zwischen Einzel- und Gemeinkosten betrifft die *Zurechenbarkeit* der Kosten zu einem Bezugsobjekt. Einzelkosten können einem Bezugsobjekt direkt zugerechnet werden, während Gemeinkosten nur einem Bündel von Bezugsobjekten zuzuordnen sind. Ob Kosten Einzel- oder Gemeinkosten sind, ist nicht absolut zu sagen, sondern hängt von der gewählten Ebene der Bezugsgrößenhierarchie ab. Kosten, die in bezug auf eine Produktart Gemeinkosten sind, können gleichzeitig in bezug auf eine in der Hierarchie darüberliegende Ebene – eine Veranstaltung oder eine Produktgruppe – Einzelkosten sein. Die Existenz von Gemeinkosten für eine Hierarchieebene von Bezugsobjekten erlaubt es grundsätzlich nicht mehr, einen isolierten Erfolgsbeitrag für Bezugsobjekte unterhalb dieser Hierarchieebene zu berechnen. Hierfür wäre es erforderlich, die Gemeinkosten auf die nachgeordneten Bezugsobjekte umzulegen. Dieser Anteil wird aber je nach Wahl des Verteilungsschlüssels unterschiedlich hoch sein, so daß man ein solches Verfahren auch als »Umlügen« bezeichnen kann.

2) Die Unterscheidung zwischen fixen und variablen Kosten bezieht sich auf die Reagibilität der Kosten bei Veränderung des Niveaus einer Bezugsgröße. Fixe Kosten ändern sich bei einer Variation der Bezugsgröße nicht, sprungfixe Kosten ändern sich sprunghaft, wenn die Bezugsgröße ihr Niveau verändert, und variable Kosten ändern sich kontinuierlich mit Veränderungen der Bezugsgröße. Auch die Begriffe fix und variabel hängen davon ab, welche Ebene der Bezugsgrößenhierarchie betrachtet wird, d.h., für jede Ebene der Bezugsgrößenhierarchie ist zwischen fixen und veränderlichen Kosten zu differenzieren.

IV.
DAS VERURSACHUNGSPRINZIP, EINER DER SCHILLERNDSTEN BEGRIFFE DER BWL

6. Lektion:
Das doppelte Lottchen. Oder: Wenn die Namen knapp werden, belege man zwei Dinge mit gleicher Bezeichnung; die Verwirrung ist dann perfekt.

7. Lektion:
Genaueres über die Gemeinsamkeiten von Alexander dem Großen und Kostenrechnern. Schlüsselung der Gemeinkosten bei unterschiedlichen Formen der Kalkulation.

8. Lektion:
Die Kernspaltung der Kosten.
Oder: Kostenreagibilität und Kostenspaltung.

9. Lektion:
Was ist ein Schizophrener?

10. Lektion:
Eine Nachtübung mit zwei Flaschen Wein!

6. Lektion:
Das doppelte Lottchen. Oder: Wenn die Namen knapp werden, belege man zwei Dinge mit gleicher Bezeichnung; die Verwirrung ist dann perfekt.

Felix freut sich auf sein erstes Unternehmerseminar. Gleichzeitig hat er aber auch gemischte Gefühle, ob er die Referenten – alles Universitätsprofessoren – überhaupt mit ihren wissenschaftlichen Ausdrucksweisen verstehen wird. Am Abend vor dem Seminar trifft er in der Hotelbar einen alten Seminarhasen, Herrn Pekeloh, seines Zeichens Fabrikant feiner Wurstwaren, der schon andere Wocheneinheiten besucht hat. Dieser versichert ihm:»Das sind alles ziemlich lockere Typen, sehr kundenorientiert, die man gut verstehen kann. Und wenn etwas unklar bleibt oder man anderer Ansicht ist: einfach zwanglos dazwischen fragen. Die lassen sich dadurch nicht aus dem Takt bringen.« Unser Seminarneuling ist erst einmal beruhigt.»Die versichern auch immer«, fährt sein Nachbar fort,»viel lieber mit Praktikern zu arbeiten als mit Studenten. Die Praktiker wissen, worum es geht, während die Studenten häufig von dem, was sie da studieren, auch nach dem Examen noch keine Ahnung haben. Außerdem zahlen die Praktiker noch dafür, was den Referenten auch gefällt.«

Am nächsten Morgen geht es nach einer halbstündigen Vorstellung aller 20 Seminarteilnehmer gleich zur Sache. Felix hört etwas über Gemein- und Einzelkosten sowie fixe und variable Kosten. Das ist ihm alles aus seiner praktischen Arbeit nicht fremd. Schließlich erklärt der Referent, Herr H. Ilke, das»Umlügen« von Kosten nach dem Verursachungsprinzip:

»Das Verursachungsprinzip ist ein doppeltes Lottchen, weil es nicht nur *ein* derartiges Prinzip, sondern derer gleich *zwei* gibt. Zu unterscheiden sind das strenge oder auch kausale Verursachungsprinzip und die finale Interpretation.

Die strenge Variante unterstellt zwischen den Kosten und den Leistungen einen kausalen Ursache-Wirkung-Zusammenhang. Werden die Leistungsmengen erhöht oder reduziert, dann ändern sich die Kosten. Dieses Prinzip fragt nach dem Ausmaß der Kostenänderungen als Folge steigender oder sinkender Leistungsmengen. Wenn sich beispielsweise die Leistungsmengen um 10% gegenüber einer Ausgangssituation erhöhen, um wieviel Prozent steigen dann die Kosten? Oder, wenn gegenüber einer Ausgangssituation zwei Leistungseinheiten weniger erbracht werden, um welchen DM-Betrag sinken die Kosten dann? Die kausale Interpretation fragt damit nach der Reagibilität der Kosten auf Mengenänderungen.

Bei dieser Interpretation des Verursachungsprinzips geht es also darum, die Frage zu beantworten: Welche Kosten sind in bezug auf die Leistungsmengen oder auch andere Entscheidungen zu den veränderbaren und welche zu den fixen Kosten zu rechnen? Bei Entscheidungen über die Leistungsmenge sind dann nur die Kosten relevant, die sich mit der Leistungsmenge verändern.

Es gibt daher nicht variable Kosten schlechthin, sondern man muß immer fragen, welche Entscheidung betrachtet wird. Dieses Prinzip geht davon aus, daß die Fixkosten auch wirklich fix sind, d.h. durch Entscheidungen über den Beschäftigungsumfang oder einen anderen Entscheidungsgegenstand nicht mehr verändert werden können. Dieses Prinzip gilt in dieser Form nur für operative Entscheidungen ...«, vernimmt Felix.

»Aha!« denkt er sich. »Also doch die Sache mit den Fremdworten.« – »Was ist operativ?« fragt er seinen Nachbarn, den er bereits vom Vorabend kennt. »Frag doch zurück«, hört er von diesem. Felix rafft sich auf, dem Professor eine Frage zu stellen: »Bitte, Herr Ilke, das mit operativ habe ich nicht verstanden. Wann sind Entscheidungen operativ?«

»Das will ich Ihnen erklären. Eine Entscheidungssituation wird als operativ bezeichnet, wenn Sie die Fixkosten nicht mehr verändern können. Das sind in der Regel kurzfristige Entscheidungen über Leistungsmengen oder auch Auftragsgrößen. In diesen Entscheidungssituationen sind keine Kapazitätsentscheidungen mehr zu treffen. Ein Industriebetrieb hat dann bereits seine Fertigungskapazitäten festgelegt. Klar ist auch, mit welchem Personalbestand er arbeitet. Im Vorstellungsgespräch haben Sie z.B. erläutert, daß Sie über eine bestimmte Kapazität an Kühl- und Gefrierraum verfügen. Solange Sie die Kapazitäten nicht durch Investitionen verändern, liegt insoweit eine operative Entscheidungssituation vor. Sie können nur Mengen einlagern und verkaufen, die Sie mit Ihrer Kühlkapazität verkraften können. Auch durch den für die Buchhaltung angeheuerten Studenten haben Sie sich eine bestimmte Kapazität für kaufmännische Tätigkeiten gesichert.«

»Wie ist das mit meiner Verkaufshilfskraft?« möchte Felix wissen. »Das sind doch auch Personalkapazitäten.« – »Richtig«, hört er als Antwort, »aber diese Entscheidung haben Sie durch die stundenweise Beschäftigung auf die Ebene operativer Entscheidungen verlagert. Sie können diese Kosten auf- und abbauen. Dabei entstehen dann je Stunde zwar kleinere Sprünge, aber stellen Sie sich vor, Sie bezahlen die Hilfskraft auch viertelstundenweise. Dann verändern sich auch diese Kosten fast kontinuierlich mit der Beschäftigungszeit. Diese Kosten lassen sich – wenn man nicht allzu päpstlich ist – den variablen Kosten in bezug auf die Beschäftigung zuordnen.«

Der Referent kommt auf die Idee, Felix möge ihm doch einmal aus seinem Geschäftsfeld ein Beispiel für variable Kosten nennen. Das fällt Felix nicht schwer, denn die Einstandspreise sind seine Traumkosten aus der heilen Welt des Controlling. Wenn er nur solche Kosten hätte, wäre er nicht hier.

Das mit der Reagibilität der Kosten wird dann auch noch an einer einfachen Zeichnung erläutert:

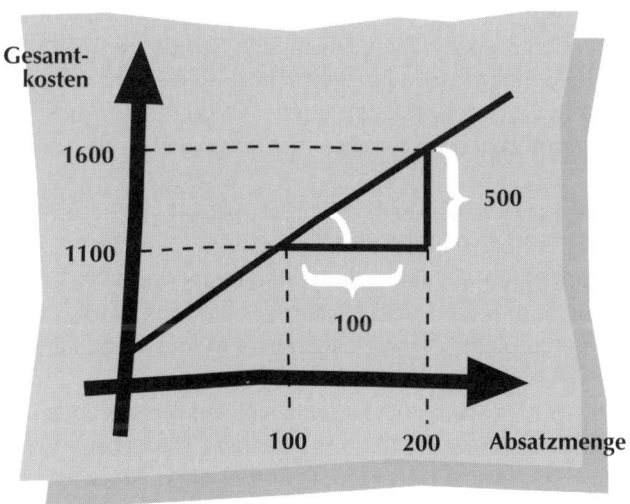

»Angenommen, Sie haben bei einer Menge von 100 ME Gesamtkosten von 1.100,– DM, und diese Kosten steigen auf 1.600,– DM, wenn Sie die Menge auf 200 Stück erhöhen, dann führt eine Zusatzmenge von 100 ME zu zusätzlichen Kosten von 500,– DM. Handelt es sich um eine lineare Kostenfunktion wie bei Ihnen, Herr Felix, verursacht jedes Stück zusätzliche Kosten von 5,– DM. Sie können dann auch die Frage beantworten, wieviel fixe Kosten in den 1.100,– DM bei einer Menge von 100 stecken; denn die ersten 100 Mengeneinheiten verursachen auch 5,– DM variable Kosten je Mengeneinheit. Also sind in den 1.100,– DM genau 600,– DM an Fixkosten enthalten.« Für diesen einfachen Fall ist unserem Jungunternehmer die Kostenspaltung bzw. die kausale Interpretation des Verursachungsprinzips klar.

»Kommen wir zur Zwillingsschwester von Lottchen – zu Lottchen II, der finalen Interpretation des Verursachungsprinzips. Dieses Prinzip hat nichts mit fixen und variablen Kosten zu tun, sondern bezieht sich auf die Gemeinkosten. Gemeinkosten sind – wie Sie wissen – Kosten, die für eine Gruppe von Leistungen gemeinsam anfallen. Diese Kosten lassen sich keiner einzelnen Leistung logisch zurechnen. Lottchen II verteilt diese Kosten daher über Kostenschlüssel willkürlich auf die Leistungen. Den Kostenrechnern gefällt diese Ausdrucksweise natürlich überhaupt nicht. Sie suchen aus der Situation heraus plausible Verteilungsschlüssel. Je plausibler ihnen die Verteilungsschlüssel erscheinen, um so eher genügt nach ihrer Ansicht die Verteilung der Gemeinkosten der finalen Auslegung des Verursachungsprinzips. Final wird diese Interpretation genannt, weil Kosten letztlich den Zweck haben, Leistungen hervorzubringen. Deshalb – so die Vorstellung – müssen letztlich alle Kosten irgendwie auf die Leistungen durchgerechnet, auf sie verteilt werden. Die finale Auslegung unterstellt damit zwischen Kosten und Leistungen eine Mittel-Zweck-Beziehung.

Daß diese Kostenzuteilung willkürlich ist, sehen Sie an folgendem: Verteilen wir die Kosten für den Buchhalter von Herrn Felix z.B. nach der Zahl der Buchungen auf seine drei Artikelgruppen, erhält jede Artikelgruppe einen bestimmten Anteil. Nehmen wir einmal an, daß die Zahl der Buchungen pro Artikelgruppe identisch ist; dann entfällt auf jede Artikelgruppe der gleiche Betrag.

Nehmen wir nun an, im nächsten Jahr fallen die gleichen Gesamtkosten für die Buchhaltung an, aber im Absatzprogramm ergeben sich Verschiebungen: Insgesamt setzt Herr Felix bei allen Artikeln weniger ab; aber das Ausmaß der Absatzschrumpfungen fällt bei den drei Artikelgruppen unterschiedlich stark aus – z.B. steigt der Anteil der Dosenbuchungen auf 50%, und der Anteil von Snack- bzw. Eisbuchungen sinkt auf 20% bzw. 30%. Dann werden Kosten von Snacks und Eis abgezogen und den Dosen zugeschlagen. Es wird damit so getan, als würde durch den steigenden Anteil der Getränke-Buchungen die Kosten für Getränke steigen. Tatsächlich ändern sich aber die Kosten insgesamt gar nicht; sie werden nur anders verteilt. Insgesamt ist die Umverteilung der Kosten ein Null-Summen-Spiel. Die Kostenentlastungen bei einigen Artikeln entsprechen in der Summe genau den zusätzlichen Kosten bei anderen. Obwohl sich insgesamt bei den Kosten damit überhaupt nichts tut, verändern sich die den einzelnen Artikeln zugeschlüsselten Kosten, was in der Regel dann auch zu anderen Stückkosten führt.

Lottchen II ist der typische Denkstil von Kostenrechnern, die entstandene Kosten verwalten, also auf Leistungen durchrechnen wollen. Dieses Prinzip wird daher auch als Vollkostenrechnung bezeichnet, weil die vollen – also alle – Kosten auf die Leistungen verteilt werden. Beim Denkstil Lottchen I – der kausalen Interpretation – wird immer nur ein Teil der Kosten – die variablen Kosten – auf die Leistungen verrechnet. Lottchen I führt daher zu Teilkostenrechnungen.

Die Aufgabe, die sich die Kostenrechner bei der finalen Auslegung vornehmen, ist grundsätzlich logisch unlösbar. Lösbar wäre sie nur, wenn zwischen Kosten und Leistungen eine kausale Beziehung bestehen würde. Von diesen Problemen lassen sich Kostenrechner aber grundsätzlich nicht abschrecken. Sie lösen das Problem wie Alexander der Große den Gordischen Knoten. Der ließ sich bekanntlich nicht lösen, man konnte ihn nur mit dem Schwert in Stücke hauen. Genau das machen Kostenrechner mit den Gemeinkosten. Ihre Schwerter sind die Kostenschlüssel, mit denen sie die Gesamtkosten einer Kostenart in Teile zerhacken. Je nachdem, welchen Schlüssel man anwendet, kommen für ein Bezugsobjekt – z.B. pro Produkt, für einen betrieblichen Verantwortungsbereich oder z.B. für eine Sportveranstaltung bei Herrn Felix – unterschiedliche Kostenanteile heraus.«

Nach einer kurzen Pause (der Referent hatte sich etwas in Rage geredet und mußte sich mit einem Glas Wasser abkühlen) fährt er mit einem Beispiel fort: »Sehen wir uns noch einmal die 1.000,– DM für den Buchhalter von Herrn Felix an. Diese Kosten müssen dann in einen Teil für Eis, Getränke und Snacks zerhackt werden. Diskutieren wir doch einmal, mit welchem Schlüssel wir das machen könnten. Einen Schlüssel – Buchungszahl – hatte ich gerade vorgeschlagen. Aber ich sehe Herrn Müller an, daß er damit nicht einverstanden ist.« Herr Müller, der schon etwas länger unruhig auf seinem Stuhl hin- und hergerutscht ist, hat nun endlich die Gelegenheit, seinen Protest zu äußern: »Sie kaufen doch die drei Artikel beim selben Händler. Wenn Sie dann jedesmal gleichzeitig alle Artikel einkaufen, haben Sie bei jedem Artikel die gleiche Buchungszahl; jeder Artikel wird dann mit den gleichen Kosten belastet. Ich sehe es als viel gerechter an, die 1.000,– DM nach der Menge eingekaufter Artikel im Jahr zu verteilen. Das Absatzvolumen von Dosen und Eis ist doch viel höher als das der Snacks.«

»Wie wollen sie denn diesen Verteilungsschlüssel operationalisieren?« will Herr Arnold – ein Entsorger – wissen. »Sie können doch die Stückzahlen der Dosen, des Eises und der Snacks nicht addieren.« – »Schön, sehe ich ein. Verteilen wir die 1.000,– DM doch nach dem Gewicht.« – »Welchem Gewicht, dem der eingekauften Mengen oder dem der verkauften Mengen?« will Herr Arnold wissen. – »Meine Herren, das ist doch alles Unfug«, ruft Herr Günther, ein Hotelbesitzer aus Münster. »Die einzig gerechte Kostenverteilung ist die nach Umsatzanteilen. Ein umsatzstarker Artikel kann doch einfach mehr von diesen Kosten vertragen.«

An dieser Stelle meldet sich der Professor, der bisher schmunzelnd zugehört hatte, wieder zu Wort: »Was Sie gerade vorschlagen, Herr Günther, ist eine spezielle Variante der finalen Interpretation. Sie wird in der Literatur als Tragfähigkeitsprinzip bezeichnet. Dieses Prinzip zeigt eigentlich sehr schön: Zwischen den Kosten und den Leistungen besteht keine Beziehung; deshalb wird der Umsatz als Verteilungsmaßstab gewählt. Erhöhen Sie dann beispielsweise bei einem Artikel die Preise, während Sie sie bei anderen senken, schlägt die Preispolitik dann auf die Kostenverteilung durch.

Ich glaube, meine Herren, wir brechen hier ab. Es ist wohl recht deutlich geworden, daß jeder über die Mittel-Zweck-Relation eine ganz andere Vorstellung haben kann. Zu einer Einigung kommen wir nie, weil jeder eine andere Ansicht darüber hat, was vernünftig ist. Vielleicht verstehen Sie nach dieser Diskussion besser, was ich vorher gemeint habe, als ich vom Umlügen der Kosten sprach. Da keine kausale Beziehung von Kosten und Leistungen besteht, erfindet jeder etwas anderes, was er für brauchbar oder plausibel oder gerecht hält. Die Frage, welche Art der Verteilung richtig ist, läßt sich aber überhaupt nicht beantworten. Die Schlüssel können immer nur mehr oder weniger einsichtig oder plausibel sein. Am plausibelsten sind sie sicher, wenn die Verteilung nach der zeitlichen oder mengenmäßigen Beanspruchung des Produktionsfaktors erfolgt.

Ich will das Umlügen der Kosten nochmals an zwei Beispielen beleuchten: Nehmen Sie an, ein Unternehmen hat Heizkosten und will die Kosten auf die Stellen innerhalb des Unternehmens verteilen, die Heizenergie beziehen. Wie soll es das machen? Sollen die Kosten nach der Rippenzahl der installierten Heizungen, nach der Fläche, dem Raumvolumen, nach den Wärmedurchgangswerten durch Wände, Decken und Böden oder der abgenommenen Wärmemenge verteilt werden? Am plausibelsten erscheint vielleicht der letzte verbrauchsorientierte Vorschlag. Aber messen Sie mal den Wärmeverbrauch. Um an diese Information zu kommen, müssen sie erst Verdampfer installieren, und das wird teuer. Zudem ist die Verbrauchsinformation auch nicht viel mehr wert als die anderen, da die erzeugte Wärmemenge von der genutzten abweicht. Je nach Streckenführung, Länge der Rohre und Isolierung treten unterschiedliche Wärmeverluste auf. Die Wärmeverluste für weiter entfernte Kostenstellen werden sicher höher sein als die für Stellen in unmittelbarer Nähe der Heizung. Die für eine Stelle erzeugte Wärmemenge ist damit allenfalls zu schätzen, aber nicht zu messen. Kosten für die Menge an Energie, die das Heizwerk für eine bestimmte Abnahmestelle erzeugt, ist sicher der einsichtigste Schlüssel, aber an diese Information ist kaum mit Sicherheit zu kommen. Je nach dem Informationsaufwand, den Sie zur Verrechnung der Heizkosten betreiben wollen, kommen Sie dann auf andere Schlüssel und damit zu anderen Kosten für eine Kostenstelle.

Dieser beanspruchungsorientierte Schlüssel ist auch nur einsichtig, soweit damit Heizkosten verteilt werden, die sich mit der Energieproduktion verändern. Das aber sind in bezug auf die Kostenstellen oder die Leistungen unechte Gemeinkosten. Würden wir den Aufwand für die Erfassung des Faktorverbrauchs steigern, könnten wir sie zu Einzelkosten machen. Für die Heizanlage entstehen aber auch fixe Kosten, warum sollen die nun nach der verbrauchten Heizenergie verteilt werden?«

»Ich würde das auch nicht für sinnvoll halten«, meldet sich Herr Günther zu Wort. »Ich habe den Eindruck, die Kosten der Heizungsanlage hängen zum Teil von der zeitlichen Nutzung und nicht von der erzeugten Energiemenge ab. Für mein Hotel haben wir deshalb diskutiert, ob wir nicht Räume wie die Bar oder die Gemeinschaftsräume, in denen wir die Heizung 24 Stunden am Tag andrehen, stärker mit den Fixkosten belasten sollen als die Hotelzimmer, die z.T. gar nicht beheizt werden müssen, weil es die Kunden kühl lieben. Jedenfalls mußten wir feststellen, daß ein Schlüssel nur mit Verbrauchsmengen an Energie und ein zweiter auch mit Aspekten unterschiedlicher Nutzungszeiten zu anderen Ergebnissen in der Kostenverteilung führten.«

»Sie belegen mit Ihrem Beispiel lediglich, daß es keinen logisch richtigen Schlüssel gibt«, erklärt der Referent. »Bei der Verteilung von Gemeinkosten handelt es sich immer um Willkür. Das will ich noch an einem weiteren Beispiel zeigen: Werden beispielsweise die Löhne des Verkaufsgehilfen von Herrn Felix nach dem Zeitanteil verrechnet, den er für Dosen, Eis und Snacks einsetzt, erscheint das auf den ersten Blick auch plausibel. Die meiste Zeit jedoch läuft der Verkäufer herum und trägt alle drei Artikel von einem möglichen Kunden zum nächsten, oder er wartet gar auf Käufer. Die Zeit läßt sich dann keinem der Artikel eindeutig zuordnen, da im Verkauf ein Verbundeffekt besteht. Verbrauchsorientierte Kostenschlüssel lassen sich daher in konkreten Situation nur sehr eingeschränkt bestimmen.

Das große Problem dieser Schlüssel sind zudem die Blindleistungen. Nehmen wir doch einmal an, wir könnten für die Verkaufshilfe von Herrn Felix die genutzten Zeiten für Dosen, Getränke und Snacks bestimmen. Was nutzt diese Information, wenn der Verkäufer die Hälfte seiner Zeit herumläuft oder auf Kunden wartet? Wir bezahlen ihn für die ganze Zeit und nicht nur die Zeitscheibe, in der er tatsächlich verkauft. Verteilen wir die Kosten für diese Blindleistung proportional zur Verkaufszeit für die drei Artikel, werden wir von einer zur nächsten Sportveranstaltung bemerken, daß bei weniger Zuschauern die Blindzeit groß ist und bei großen Veranstaltung geringer ausfällt. Die Folge ist: Jede genutzte Zeiteinheit auf kleinen Veranstaltungen kostet mehr als auf einer großen Veranstaltung. Wir schieben dann wiederum die Kosten willkürlich zwischen den Artikeln hin und her.

Halten wir abschließend fest, meine Herren: Gemeinkosten lassen sich nicht logisch richtig schlüsseln. Wenn das gelänge, wären sie keine Gemeinkosten. Lediglich für unechte Gemeinkosten gelingt es, sie zu Einzelkosten zu machen, wenn der Aufwand für die Erfassung des Verbrauchs der Faktoren erhöht wird, was aber im allgemeinen zu teuer ist. Nur für diese unechten Gemeinkosten ist dann auch die verbrauchsorientierte Verrechnung einsichtig.

Das Prinzip einer beanspruchungsgerechten Kostenverteilung als spezielle Ausdrucksform der finalen Interpretation«, so fährt der Professor fort, »wird beispielsweise in der Prozeßkostenrechnung angewendet. Aber dazu kommen wir später. Selbst wenn sich die Beanspruchung der Gemeinkosten durch bestimmte Objekte – Produkte, Stellen, Prozesse – eindeutig bestimmen läßt, hilft das im Sinne der kausalen Interpretation der Kostenverursachung auch nicht weiter; denn auch die beanspruchungsorientierte Verteilung der Kosten sagt überhaupt nichts über die Reagibilität der Kosten im Sinne von Lottchen I aus.

Schlüssel zur Verteilung von Gemeinkosten können daher immer nur mehr oder weniger plausibel sein. Es gibt Arten der Schlüsselung, die bar jeder Plausibilität sind. Das gilt z.B., wenn Gemeinkosten proportional zu den Einzelkosten auf Produkte verteilt werden, wie das in der Zuschlagskalkulation geschieht. Wenn daher in der finalen Interpretation von ›verursachungsgerecht‹ gesprochen wird, geht es im Kern darum, möglichst plausible, beanspruchungsorientierte Verteilungsschlüssel zu finden. Das setzt dann voraus, daß die Beanspruchung in Mengen oder Zeiten eindeutig bestimmt werden kann, was leider auch nicht immer gelingt.«

Nach dieser Diskussion herrscht unter den Teilnehmern beklommenes Schweigen. Auch Felix ist etwas verwirrt: »Wenn ich das eben alles richtig verstanden habe, dann bedeutet das doch auf meinen Fall übertragen, daß ich je nach Wahl des Schlüssels zu einem anderen Kostenanteil der 1.000,– DM für die Buchhaltung für Eis, Getränke und Snacks komme. Ist aber der Anteil dieser Kosten je nach Schlüssel für jede Produktart unterschiedlich, dann ergeben sich doch bei einer Division der Kosten durch die Artikelmenge je nach Schlüssel andere Stückkosten.« – »Ja«, sagt der erfahrene Seminarhase, Herr Pekeloh, »das haben Sie richtig erkannt. Da habe ich im letzten Seminar beim Referenten Madadam einen schönen Spruch gehört, der das nett umschreibt: Stückkosten werden von Kostenrechnern bekanntlich auch als Selbstkosten bezeichnet. Dieser Name wurde deshalb gewählt, weil man an diese Kosten selbst nicht glauben sollte. Dieses Umlügen der Kosten geht eben nach der Melodie: Sage mir, was an Kosten für ein Produkt herauskommen soll, und ich sage dir, welchen Schlüssel du verwenden mußt.«

»Was soll dann eine derartige Rechnung«, will Felix wissen, »wenn das Resultat Ergebnis meiner Willkür bei der Wahl der Schlüssel ist?« – »Eine berechtigte Frage«, stellt der Referent fest. »Wenn man Informationen erzeugt, dann mit der Absicht, daß sie für irgend etwas nützlich sind. Was also soll diese Kostenverrechnung, diese Durchrechnerei aller Kosten auf die Leistungen?«

Der Leiter des Controlling eines Maschinenbauunternehmens, Herr Meier, meldet sich daraufhin zu Wort und sagt: »Schließlich muß ich als Maschinenbauer doch wissen, wenn ich für einen Kunden eine Maschine entwerfe und baue, welche Kosten mir dadurch entstehen. Wir setzen die Kosteninformationen, die wir aus der Umlügerei – wie es der Referent nennt – gewinnen, zur Preisbildung ein. Auf die Selbstkosten schlagen wir unseren Gewinnaufschlag, und das ist unsere Preisforderung gegenüber dem Kunden.« – »Wo leben wir eigentlich?« erbost sich daraufhin Herr Müller. »Ich denke, wir sind in der Marktwirtschaft. Da richten sich die Preise nach Angebot und Nachfrage und nicht nach der Kosten-Plus-Methode. Sie können ja ruhig so kalkulieren, wie Sie wollen, aber was machen Sie denn, wenn die Zahlungsbereitschaft der Kunden geringer ist als Ihre Selbstkosten plus Gewinnaufschlag? Lassen Sie den Auftrag dann sausen?« – »Natürlich nicht«, gesteht Herr Meier, »dann kalkulieren wir noch mal scharf nach.« – »Aha, Sie drücken dann Teile der verrechneten Kosten von diesem Auftrag weg und lasten sie anderen an. Sie lügen die Kosten, die Sie schon umgelogen haben, dann nochmals um!«

Nach einiger Diskussion einigt man sich, daß diese Kalkulation als heuristisches Vorgehen interpretiert werden kann, eine erste Preisforderung zu stellen. Mit dieser Ansicht aber ist Felix überhaupt nicht einverstanden: »Meine Herren! Als ich mich entschlossen habe, unternehmerisch tätig zu werden, und mich fragte: ›Was soll ich denn für mein Eis und die Getränke auf der Sportveranstaltung für einen Preis nehmen?‹ – da habe ich aufs Thermometer geschaut und mich gefragt, wie viele Leute im Stadion sein werden und wieviel ihnen denn bei Hitze ein Eis oder ein Getränk wert sein mag. Zugegeben, etwas aus dem Bauch heraus habe ich mich dann entschieden, die Preise auf das Doppelte meiner Einstandspreise festzulegen. Rückschauend muß ich feststellen, daß ich leider zu pessimistisch war. Meine Warenbestände waren schnell weg, ich hätte einen höheren Preis nehmen sollen. Überlegungen, wie sie Herr Meier anstellt, sind mir völlig fremd.«

Es schließt sich dann noch eine kleine Diskussion darüber an, woher denn diese Denkweise der Kostenverteilung und der Kostenverwaltung eigentlich stammt. Und der Referent erklärt, daß sie das gedankliche Kind von Zentralverwaltungswirtschaften ist.»In dieser Wirtschaftsform müssen kostenorientierte Preise festgelegt werden; es ist dann notwendig, die Kosten irgendwie glaubhaft auf die Leistungen zu verrechnen. Anwendung findet diese Preisbildungsart heute beispielsweise noch in bestimmten Situationen für die Kalkulation öffentlicher Aufträge. In ein marktwirtschaftliches System paßt diese Denkweise eigentlich nicht; sie ist aber dennoch in der Praxis weit verbreitet.« – »Wahrscheinlich auch deshalb, weil die Verteilung der Kosten einem die heile Welt des Controlling vorgaukelt«, denkt Felix.

Der Referent fährt fort:»Wir werden noch sehen, wenn wir Entscheidungsrechnungen auf der Basis der kausalen Variante des Verursachungsprinzips durchführen, ist das meistens recht komplex. Wir müssen jeweils untersuchen, wie die konkreten Bedingungen der Entscheidungssituation aussehen, ob Kapazitäten beispielsweise knapp sind oder nicht, ob zwischen Produkten absatzwirtschaftliche Beziehungen existieren usw. Kostenrechnung wird in der Praxis häufig zur Komplexitätsreduktion eingesetzt, d.h., die diskutierten Verbundeffekte von Entscheidungen und die konkreten Entscheidungsbedingungen werden aus Vereinfachungsgründen unterdrückt, weil die Rechnungen zu schwierig und zu aufwendig sind. Viele empfinden die Kostenverteilung nach der finalen Interpretation als robustes heuristisches Mittel zum Komplexitätsabbau.«

»Diese Einstellung ist sicher vertretbar, wenn der Anteil der Gemeinkosten an den Gesamtkosten gering ist«, wirft Herr Pekeloh ein.»Die kausale und die finale Variante kommen dann weitgehend zu sehr ähnlichen Kosteninformationen. Das Problem vieler Betriebe besteht aber heute darin, daß ihre Kostenstrukturen immer gemeinkostenlastiger werden. Dann aber birgt der Denkstil der Kostenverwaltung große Gefahren in sich, da dann große Kostenteile künstlich proportionalisiert, also auf die Leistungsmengen umgerechnet werden.«

»Bei einem hohen Gemeinkostenanteil geht überhaupt das Interesse an Kostenrechnungen stark zurück«, erklärt der Professor,»weil die Gestaltung der Kosten kaum durch operative, sondern durch taktische bzw. strategische Entscheidungen erfolgt. Für derartige Entscheidungssituationen ist die Kostenrechnung als operatives Instrument aber nicht konzipiert.«

»Wofür kann man denn die Informationen aus der finalen Interpretation noch einsetzen?« will der Referent schließlich noch wissen. Herr Meier antwortet als erster: »Wenn wir am Ende einer Periode Warenbestände haben oder wenn Maschinen nur zum Teil in einem Jahr fertig geworden sind, bewerten wir die Bestände mit den Selbstkosten oder dem Teil der Selbstkosten, der bislang angefallen ist.« Herr Müller verkündet: »Wir setzen diese Kosten auch ein, um für bestimmte Verantwortungsbereiche die Kosten zu überwachen. Wir erstellen Budgets für Verantwortungsbereiche wie z.B. Kostenstellen, d.h., wir bestimmen die Einzelkosten und anteilige Gemeinkosten einer Stelle. Dieses Budget vergleichen wir am Ende eines Jahres mit den tatsächlich angefallenen Kosten und analysieren, worauf etwaige Differenzen zwischen Soll und Ist zurückzuführen sind.« – »Schön, man kann diese Kosten also auch für Wirtschaftlichkeitskontrollen einsetzen«, faßt der Referent zusammen. »Aber dazu kommen wir später.«

Er fährt fort: »Meine Herren! Abschließend zum Thema der Gemeinkostenschlüsselung will ich Ihnen noch eine wahre Geschichte erzählen. Als ich noch jung und schön und Assistent war, hatten wir einen Auftrag von einem Flugzeugbauer, der im Bundesauftrag Flugzeuge wartete und reparierte. Mit diesen Tätigkeiten konnten aber die Kapazitäten nicht ausgelastet werden, und daher wurden auch noch Wohnwagen produziert. Beim Bund mußte das Werk die entstandenen Kosten für die Wartung der Flugzeuge nachweisen und erhielt auf diese Kosten einen Gewinnaufschlag von 4% genehmigt. Der Vorsitzende dieses Unternehmens hatte erkannt, daß 4% auf 1.000,– DM besser sind als 4% auf 500,– DM. Zudem wußte er über das Umlügen von Kosten Bescheid. Er gab uns deshalb den Auftrag, die Kostenrechnung mit dem Ziel zu durchforsten, Schlüssel zu finden, durch die auf die Bundesaufträge höhere Gemeinkostenanteile verrechnet werden, was dann bei den Wohnwagen zu einer entsprechenden Entlastung führt. Kostenverteilung wurde damit in dieser Spezialsituation zum Mittel der Gewinnpolitik. Wir waren sehr erfolgreich, die gewinnsteigernden Schlüssel wurden gefunden und hatten auch vor den Prüfstellen des Bundes Bestand.«

»Meine Herren!«, so fährt der Seminarleiter nach einer kleinen Kunstpause fort. »Kommen wir auf die beiden Varianten des Verursachungsprinzips zurück. Es ist, glaube ich, deutlich geworden, daß die beiden Varianten dieses Prinzips ganz unterschiedlichen Zwecken dienen. Solange man die Informationen der finalen Interpretation des Verursachungsprinzips nicht für Entscheidungszwecke einsetzt, ist gegen die Rechnung noch nicht viel einzuwenden. Schizophren wird es erst, wenn die Informationen des Umlügungsprozesses so interpretiert werden, als stammten sie aus der kausalen Form des Verursachungsprinzips. Dann wird in den Planungsrechnungen so getan, als würden sich die Kosten entsprechend verändern, obwohl sie gerade das nicht tun. Es kann dann zu ganz erheblichen Fehlentscheidungen kommen.«

> **Woran man die doppelten Lottchen unterscheiden kann ...**
>
> Das Verursachungsprinzip existiert in zwei Varianten:
>
> 1) Die kausale Interpretation des Verursachungsprinzips ist entscheidungsorientiert. Sie untersucht, welche Kosten durch eine Entscheidung (z.B. über Leistungsmengen) verändert werden und welche nicht. Sie betreibt damit im Hinblick auf eine bestimmte Entscheidung Kostenspaltung. Nur die variablen Kosten werden durch operative Entscheidungen verändert, so daß auch nur diese der Entscheidung zugerechnet und für die Entscheidung als relevant betrachtet werden. Diese Interpretation führt zu Teilkostenrechnungen für kurzfristige Entscheidungen.
>
> 2) Die finale Interpretation ist verrechnungsorientiert. Sie versucht, die gesamten angefallenen Kosten den einzelnen Leistungen zuzuordnen. Dabei werden sämtliche Kosten, also auch die Gemeinkosten, die sich keiner einzelnen Leistung logisch zuordnen lassen, auf die Leistungen geschlüsselt. Diese Schlüsselung ist immer willkürlich. Gesucht sind plausible Schlüssel, die möglichst annähernd beanspruchungsorientiert sind. Diese Interpretation des Verursachungsprinzips führt zu Vollkostenrechnungen und ist für Entscheidungen grundsätzlich ungeeignet. Vertretbar für Entscheidungen ist die finale Interpretation allenfalls dann, wenn der Gemeinkostenanteil sehr gering ist. Diese Informationen der finalen Auslegung können für die Bestandsbewertung eingesetzt werden, und auch für die Wirtschaftlichkeitskontrolle sind sie bedingt geeignet.

7. Lektion:
Genaueres über die Gemeinsamkeiten von Alexander dem Großen und Kostenrechnern.
Schlüsselung der Gemeinkosten bei unterschiedlichen Formen der Kalkulation.

Nach einer kurzen Kaffeepause, in der Felix sich bemüht, seine Gedanken zu ordnen und die anderen Herren hitzig diskutieren, geht es auch schon weiter.

Bevor der Referent in den neuen Stoff einsteigen kann, nutzt Felix die Gelegenheit, um etwas mehr über die Beziehung zwischen Einzel- und Gemeinkosten einerseits und fixen und variablen Kosten andererseits zu erfahren: »Herr Ilke, gibt es Fälle, in denen Gemeinkosten nicht fix und Einzelkosten nicht variabel sind?«

»Das ist eine sehr berechtigte Frage«, verkündet der Referent. »Ich werde versuchen, Ihnen das ausführlich zu erklären. Zunächst einmal: Wenn wir die Beziehung zwischen diesen beiden Kostengruppen klären wollen, müssen wir die Betrachtung immer für eine bestimmte Ebene der Bezugsgrößenhierarchie durchführen. Bezogen auf eine Kostenstelle kann es sich um Einzel- oder Gemeinkosten bzw. um fixe oder veränderliche Kosten handeln. Gehen wir dann in der Bezugsgrößenhierarchie tiefer (etwa auf die Ebene einer Produktart), können Einzelkosten einer Stelle Gemeinkosten der Produktart sein. Das trifft beispielsweise für Abschreibungen zu. Die Löhne Ihrer Verkaufskraft, Herr Felix, sind Gemeinkosten für die Artikel, aber sie sind Einzelkosten einer Sportveranstaltung. Gleichzeitig sind sie mit der Zahl der Veranstaltungen variabel. Bei fixen Kosten muß man auch immer danach fragen, in bezug auf welches Objekt sie fix sind. Die Kosten für die Verkaufskraft sind beispielsweise je Veranstaltung fix, sie verändern sich aber mit der Zahl der Veranstaltungen.

Die Beziehungen zwischen den beiden Kostengruppen wollen wir einmal auf der Ebene einer Produktart klären. Einzelkosten einer Produktart sind dann immer auch variable Kosten. Bei den Gemeinkosten aus der Sichtweise einer einzelnen Produktart kann es sich um fixe oder variable Kosten handeln. Wenn mehrere Produkte auf einer Anlage gemeinsam gefertigt werden, sind die Abschreibungen meistens fixe Gemeinkosten.

Bei den Gemeinkosten aus der Sicht einer Produktart kann es sich aber auch um variable Kosten handeln. Zu unterscheiden sind dabei unechte und echte Gemeinkosten. Unechte Gemeinkosten könnten wir bei einer besseren Erfassungstechnik zu Einzelkosten einer Produktart machen. So könnten wir z.B. den Energieverbrauch an einer Maschine getrennt nach Produktarten aufzeichnen. Die Energiekosten sind dann Einzel- und variable Kosten einer Produktart. Wir können aber auch auf die getrennte Erfassung verzichten und rechnerisch versuchen, diese unechten Gemeinkosten nach der kausalen Variante des Verursachungsprinzips auf die Produkte aufzuspalten.

Echte variable Gemeinkosten liegen bei Kuppelproduktion vor. Bei Herrn Pekeloh verändern sich die Materialkosten für die eingekauften Schweinehälften mit der Zahl der Schweine. Sie sind Einzelkosten des Inputs. Diese Kosten lassen sich aber keiner der Wurstsorten direkt zurechnen. Die Materialkosten sind dann bezogen auf die Ausbringung verschiedener Wurstsorten variable Gemeinkosten.«

Herr Pekeloh, der sich gerade im Moment etwas gelangweilt hat, schreckt auf und fragt sich in Gedanken: »Hoffentlich will der nicht wissen, was sonst noch in meiner Wurst ist.« Aber er hat Glück, denn der Seminarleiter fährt fort:

»Sie sehen, man muß mit diesen Begriffen sehr sauber umgehen; d.h., es ist immer zu untersuchen: fix in bezug worauf und gemein für welche Arten von Leistungen. Umgangssprachlich wird in der BWL häufig nicht so genau differenziert. In den meisten Literaturquellen ist mit variablen Kosten beispielsweise variabel in bezug auf die Produktionsmenge und mit fix unveränderlich in bezug auf die Produktionsmenge einer Produktart gemeint.«

Die Seminarteilnehmer sind nach dieser strengen Differenzierung von Gemein- und Fixkosten doch etwas geschockt. Sie sind daher froh, daß der Referent an dieser Stelle erneut eine kleine Kaffeepause vorschlägt.

Nach zehn Minuten geht es weiter: »So, aufbauend auf dem gerade Gesagten wollen wir nun das Gemeinkostenproblem näher analysieren. Die Gemeinsamkeiten zwischen Kostenrechnern und Alexander dem Großen kennen Sie ja schon. Die bestehen darin, daß man Gordische Knoten wie Gemeinkosten nur mit dem Schwert lösen kann. Das kann man nun aber in unterschiedlicher Weise tun. Man kann mit der Mentalität von Schlächtern oder mit der eines Mikrochirurgen an die Sache herangehen.

Und damit kommen wir auf unterschiedliche Behandlungsformen des Gemeinkostenproblems in den verschiedenen Kalkulationsprinzipien. Es gibt eine Vielzahl dieser Prinzipien in der Vollkostenrechnung, denen jeweils ein anderer Differenzierungsgrad der Gemeinkosten bei der Schlüsselung zugrunde liegt. All diese Formen lassen sich auf eine Grundvorgehensweise zurückführen:

– Zunächst werden die verschiedenen Arten der Gemeinkosten z.T. durch ein mehrstufiges Verfahren auf einzelne Stufen des Leistungsprozes-

ses – z.B. Materialbereich, Fertigung, Verwaltung und Vertrieb – oder gar bis auf einzelne Leistungsarten verteilt.
– Diese Kosten je Leistungsart oder Teilstufe der Leistungsprozesse werden dann durch die Mengen dieser Leistungsart dividiert. Es wird also eine Durchschnittsrechnung angewandt. Deshalb bezeichnen manche die finale Variante des Verursachungsprinzips auch als Durchschnittsrechnung. Dieser Vorgang wird Proportionalisierung genannt. Die Proportionalisierung wird für ein Einproduktunternehmen bei der Divisionskalkulation am deutlichsten. Die Gesamtkosten werden einfach durch die Ausbringungsmenge dividiert, um zu den Stückkosten zu kommen.

Als Folge der Proportionalisierung stehen die Stückkosten der finalen Interpretation des Verursachungsprinzips im Gegensatz zu den Kosten der kausalen Interpretation, die sich aus einer Veränderungsrechnung oder Grenzbetrachtung ergeben.

In der allereinfachsten Form der Vollkostenrechnung für ein Mehrproduktunternehmen, der undifferenzierten Zuschlagsrechnung, fehlt die erste Stufe, die Verteilung von Kosten auf Leistungsarten. Vielmehr werden die Gesamtkosten aller Produkte zur Summe der Einzelkosten aller Produkte in Beziehung gesetzt. Die Gemeinkosten werden damit proportional zu den Einzelkosten verrechnet. Das ist die Variante von Kostenrechnern, die wie Schlächter an das Gemeinkostenproblem herangehen. Dieses Prinzip veranschaulicht die Grundvorgehensweise einer Vollkostenrechnung sehr deutlich.«

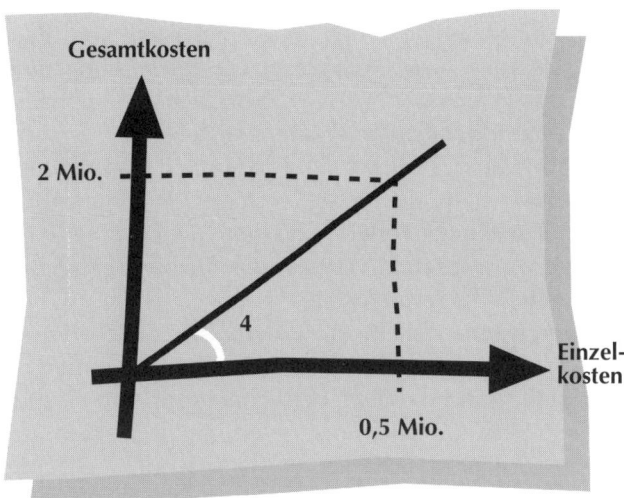

»Angenommen ein Betrieb hat bei 0,5 Mio. DM Einzelkosten für seine Leistungen 2 Mio. DM Gesamtkosten, also 1,5 Mio. DM Gemeinkosten, dann fallen 4,– DM Gesamtkosten bei 1,– DM Einzelkosten an. Die einfachste Form der Verrechnung der Gemeinkosten besteht darin, die Einzelkosten der verschiedenen Produkte mit 4 zu multiplizieren, um auf die Selbstkosten je Produktart zu schließen. Anders formuliert arbeitet der Betrieb dann mit einem Zuschlagsatz von 300% auf die Einzelkosten, um auf die Gesamtkosten zu kommen.

Bei dieser Form der Verrechnung wird unterstellt: Die Einzelkosten verursachen gewissermaßen die Gemeinkosten. Eine völlig abwegige Idee, da zwischen Gemeinkosten und Einzelkosten überhaupt kein innerer Zusammenhang besteht. In der Zuschlagsrechnung wird für die Kalkulation unterstellt, daß für alle Produkte die gleiche Relation von Gemein- und Einzelkosten besteht. Daß das unsinnig ist, wird bereits aus den Gemeinkosten der Firma F.S. Felix deutlich: Beispielsweise haben die Energiekosten für die Kühlung überhaupt nichts mit den Snacks zu tun, und für 1,– DM Einstandspreis bei Eis und Dosen werden sich auch bei beanspruchungsorientierter Schlüsselung nicht die gleichen Energiekosten einstellen. Die wertorientierte Verteilung der Gemeinkosten nach der undifferenzierten Zuschlagsrechnung muß damit als starker Verstoß gegen die finale Auslegung des Verursachungsprinzips gewertet werden, da dieser Schlüssel völlig unplausibel ist.

Diese Wertung ändert sich auch nicht bei einer differenzierten Zuschlagsrechnung: Der Unterschied einer differenzierten Zuschlagsrechnung zur gerade beschriebenen Form besteht nur darin, daß die Gemeinkosten nach den Stadien des Leistungsprozesses in mehrere Gruppen – Gemeinkosten für Material, Fertigungsgemeinkosten, Verwaltungs- und Vertriebsgemeinkosten – aufgeteilt werden. In jeder Gruppe findet dann eine Proportionalisierung statt. Die Gemeinkosten für Material und Fertigung werden proportional zu den Materialeinzelkosten bzw. den Lohneinzelkosten als Zuschlag verrechnet. Die Summe dieser beiden Einzel- und Gemeinkosten ergibt die Herstellkosten. Die gesamten Herstellkosten aller Produkte in einer Periode sind dann die Basis zur Proportionalisierung der Verwaltungs- und Vertriebsgemeinkosten. Als Summe ergeben sich schließlich die Selbstkosten.

Diese Rechnung unterstellt für alle Produkte die gleichen Zuschlagsätze, d.h., für alle Produkte wird mit der gleichen Relation von Gemein- und Einzelkosten gerechnet. Das Verrechnungsprinzip ist damit nicht beanspruchungsgerecht. In der Praxis wird häufig deutlich, daß einige Produkte den Gemeinkostenbereich für Material oder den Fertigungsbereich zeitlich stärker beanspruchen als andere, oder bestimmte Produkte sind verwaltungsintensiver oder belasten die Absatzkanäle stärker. Produkten mit geringer Beanspruchung der Gemeinkostenbereiche werden dann durch die wertbezogene Schlüsselung zu hohe Gemeinkosten zugeteilt. Sie tragen mehr Kosten als es nach der Beanspruchung gerecht erscheint und subventionieren dann die Produkte, deren Beanspruchung tatsächlich höher liegt.

Orientiert ein Unternehmen seine Preispolitik an den Selbstkosten, wie das bei Herrn Meier geschieht, dann werden Produkte mit hoher Beanspruchung der hinter den Gemeinkosten stehenden Kapazitäten zu billig verkauft, während Produkte mit niedriger Beanspruchung zu teuer angeboten werden. Diese Kostenverzerrung durch die wertorientierte Kostenverteilung wird auf die Absatzchancen durchschlagen. Der Absatz der Produkte, die bei wertorientierter Zurechnung gegenüber der beanspruchungsgerechten Verteilung zu viel Kosten abbekommen, wird tendenziell erschwert, während der der anderen erleichtert wird. Dieses Phänomen wird dann als Quersubventionierung bezeichnet. Das kann für Unternehmen ganz schlimme Folgen haben, wie wir später noch bei der Komplexitätskostenfalle sehen werden.

Dem Wunsch nach beanspruchungsorientierter Verrechnung der Gemeinkosten wird zunehmend entsprochen, je differenzierter die Verrechnung der Gemeinkosten erfolgt, je mehr plausible Schlüssel für die verschiedenen Gemeinkostenarten benutzt werden. Die Entwicklung der Kostenrechnung ist historisch zunächst in Fertigungsbetrieben vorangetrieben worden. Dementsprechend wurde zunächst die fertigungsnahe Gemeinkostenverrechnung verfeinert. Die Kostenstrukturen der Unternehmen haben sich dann als Folge steigender Komplexität der Auftragsabwicklung, der Fertigungssysteme, der Kunden- und Produktzahl, der Zahl zu verwaltender Teile usw. zunehmend hin zu einem stark wachsenden Anteil an Gemeinkosten für Logistik, Verwaltung und Management entwickelt. Es bedurfte daher einer verfeinerten Zurechnung dieser Kosten des indirekten Bereichs. Dazu sind im Prinzip die aus dem fertigungsnahen Bereich bekannten Vorgehensweisen durch die Prozeßkostenrechnung auf den indirekten Bereich übertragen worden. Die Prozeßkostenrechnung ist dann gewissermaßen die mikrochirurgische Variante der Verteilung von Gemeinkosten.

Meine Herren, für die verfeinerte Art der Gemeinkostenverrechnung sehen wir uns einmal die Gemeinkostenarten von Herrn Felix an. Herr Felix hat eine Folie entwickelt, auf der er die Gemeinkosten danach differenziert, in bezug auf was die Kosten als Einzelkosten einzustufen sind. Bei Herrn Felix gibt es vier Kostentypen:

- **Einzelkosten einer Produktart** – z.B. für Getränke oder Eis. Die Energiekosten bei getrennt erfaßtem Stromverbrauch sind dieser Kategorie zuzuordnen. In bezug auf die einzelne Leistung – eine Dose oder ein Eis – handelt es sich um Gemeinkosten. Bezogen auf die Produktart lassen sie sich logisch eindeutig zuordnen, so daß sie Einzelkosten einer Produktart sind. Für diese Kosten sind keine Verteilungsschlüssel erforderlich. Sie werden lediglich durch die Menge geteilt, um zur Belastung je Stück zu kommen.
- **Einzelkosten für Gruppen von Produktarten.** Die Grundgebühr für Energie läßt sich nur der Leistungsgruppe ›Getränke und Eis zusammen‹ eindeutig zuordnen. Eine logisch einwandfreie Aufspaltung auf die beiden Produktarten scheitert. Für diese Gemeinkosten ist ein Schlüssel erforderlich, um die Anteile der beteiligten Produktarten festzulegen.
- **Einzelkosten von Veranstaltungen.** Das Gehalt der Verkaufshilfskraft gehört zu dieser Art. Das Gehalt fällt für Eis, Getränke und Snacks gemeinsam an. Die Kosten lassen sich aber als Einzelkosten der Veranstaltungen erfassen. Um diese Kosten den Produkten zuzurechnen, ist wiederum ein Schlüssel notwendig.
- **Einzelkosten des Gesamtbetriebs.** Beispielsweise fällt das Gehalt des Studenten und der Kammerbeitrag für alle Veranstaltungen und alle Produktgruppen gemeinsam an und kann den drei Produktarten auch nur über einen Schlüssel zugerechnet werden.

Ziel der Schlüsselung ist es letztlich, alle Gemeinkosten den drei Produktarten beanspruchungsgerecht zuzuordnen. Wegen der besonders einfachen Unternehmensstruktur bei Herrn Felix ist es möglich, die drei letzten Gemeinkostenarten in einem Schritt unmittelbar den Produktarten zuzurechnen.

Bei Industriebetrieben ist das häufig schwieriger, so daß ein mehrstufiges Verfahren nötig wird. In einem 1. Schritt werden dazu die Gemeinkosten auf Kostenstellen verteilt. In einem 2. Schritt werden dann die Kosten von Hilfsstellen – sie erbringen für Hauptstellen innerbetriebliche Leistungen – weiter geschlüsselt. Sind die Gemeinkosten der Hauptstellen bekannt, werden sie z.B. durch die Maschinenlaufzeit dividiert, um einen Stundensatz zu bestimmen. Mit diesem Stundensatz wird dann in der Kalkulation gearbeitet. Beansprucht ein Produkt eine Hauptstelle 0,5 Stunden, wird dem Produkt ein halber Maschinenstundensatz angelastet.

Gemeinkosten für Verwaltung und Vertrieb werden in der Regel wieder über Zuschlagsätze auf die Herstellkosten verrechnet. Eine differenzierte Gemeinkostenverrechnung erfolgt damit nur für den engeren Fertigungsbereich, d.h., gegenüber der mehrstufigen Zuschlagskalkulation sind die Fertigungsgemeinkosten und die Materialgemeinkosten beanspruchungsorientierter verteilt. Für die Verwaltungs- und Vertriebsgemeinkosten bleibt es bei der wertabhängigen Schlüsselung.

Der Verwaltungs- und Vertriebssektor kann aber für eine beanspruchungsorientierte Verrechnung auch in Einzeltätigkeiten aufgebrochen werden, für die wiederum Stundensätze bestimmt werden (z.B. für Lagerverwaltung, Einkauf oder Fertigungssteuerung). Diese Einzeltätigkeiten werden auch als Prozesse bezeichnet. Die Kosten werden dann nach der Beanspruchung dieser Prozesse auf die Produkte geschlüsselt.

Der konkrete Weg der Verrechnung der Gemeinkosten hängt damit von der Art der Leistungserstellung und dem Differenzierungsgrad der Gemeinkostenarten in einem Unternehmen ab. Bei der pauschalen Rechnung einer undifferenzierten Zuschlagskalkulation werden alle Gemeinkosten in einen Topf geworfen. Die Prozeßkostenrechnung unterscheidet hingegen sehr viele Gemeinkostenarten in der Fertigung und im indirekten Bereich (Verwaltung, Management) und sucht für jede Gemeinkostenart einen beanspruchungsorientierten Schlüssel, um zu Kostensätzen für Teilleistungen – Prozesse – zu kommen. Mit dem Differenzierungsgrad steigen natürlich die Kosten für die Kostenrechnung. Es fragt sich daher im Einzelfall immer, ob die zusätzliche Differenzierung überhaupt Informationen hervorbringt, die einen Nutzen stiften.

Aus der hierarchischen Stufung der Bezugsgrößen wird auch noch eines deutlich. Je mehr Gemeinkosten auf der Ebene ›Einzelkosten des Gesamtbetriebs‹ anfallen, um so größer ist das Verschiebungspotential bei der Aufteilung der Kosten auf Produktarten durch die Schlüssel. Fallen beispielsweise nur Gemeinkosten einer Produktart an, kann keine Verschiebung mehr zwischen den Produktarten erfolgen. Je weiter von den Produkten entfernt in der Bezugshierarchie daher von Einzelkosten zu sprechen ist, um so stärker ist es möglich, über die Schlüssel die Kosten zwischen den Produkten hin und her zu schieben. Unternehmen können daher das Schlüsselungsproblem entschärfen, wenn es ihnen gelingt, aus Gemeinkosten einer Ebene Einzelkosten zu machen. Das kann beispielsweise geschehen, indem für bestimmte Produkte keine gemeinsame Fertigung mehr auf einer Anlage betrieben wird. Stehen für jedes Produkt eigene Ressourcen zur Verfügung, wird das Verschiebepotential geringer. Je kleiner der Gemeinkostenanteil bezogen auf die Produktartebene ist, um so leichter wird es möglich, den Erfolg einzelner Produktarten isoliert zu beurteilen.«

Felix Gedanken schweifen ab, und er fragt sich, ob sein Unternehmen jemals die Größe erreichen wird, um eine Prozeßkostenrechnung sinnvoll einzuführen. Keine Sorge, Felix, es wird, wie wir Zeitreisenden wissen. Der Dozent aber fährt fort:

»Diesen Zusammenhang nutzen heute viele Großunternehmen bewußt aus: Sie trennen die Ressourcen nach Bereichen und trennen sich von Aufgaben, die nicht zum Kerngeschäft gehören. Große Organisationseinheiten werden in möglichst viele unabhängige Einheiten aufgespalten. Dadurch werden aus vielen Gemeinkosten Einzelkosten der gebildeten kleinen Organisationseinheiten. Auf diesem Weg wird die Zurechnung von Kosten zu Teilaktivitäten eines Unternehmens verbessert und das Controlling fällt leichter. Man muß sich natürlich immer fragen, ob es wirtschaftlich vertretbar ist, kleine Einheiten mit eigenen Ressourcen zu bilden. Das kann nur sinnvoll sein, wenn die Einheiten diese Ressourcen gut auslasten.

So meine Herren! Ich sehe, einige Teilnehmer dieses Seminars rutschen schon wieder etwas unruhig auf den Stühlen herum. Daher machen wir jetzt auch Schluß für heute. Lassen Sie alles Gelernte noch einmal in problemfernter Feierabendatmosphäre sacken. Ich wünsche Ihnen noch einen schönen Resttag.«

8. Lektion

Felix hat verstanden ...

1) Zwischen variablen und fixen Kosten in bezug auf Beschäftigungsänderungen einerseits sowie Einzel- und Gemeinkosten in bezug auf eine Mengeneinheit andererseits besteht folgende Beziehung: Kostenträger-Einzelkosten sind immer auch variable Kosten. Kostenträger-Gemeinkosten sind überwiegend fix, können aber auch variable Bestandteile enthalten. Zu differenzieren ist noch zwischen unechten und echten Gemeinkosten. Unechte Gemeinkosten können durch eine bessere Erfassungstechnik zu Einzelkosten gemacht werden.

2) Die generelle Vorgehensweise bei der Vollkostenrechnung:
   - Erfassung der einzelnen Kostenarten (Kostenartenrechnung),
   - Verteilung der Kosten auf die einzelnen Stufen des Leistungsprozesses (Kostenstellenrechnung) über Schlüssel,
   - Verteilung der Kosten der einzelnen Kostenstellen auf eine Mengeneinheit der in diesen Kostenstellen bearbeiteten Produkte durch das Durchschnittsprinzip.

3) Einfachstes Verfahren der Vollkostenrechnung: Zuschlagskalkulation
   - Die in den einzelnen Kostenstellen anfallenden Gemeinkosten werden auf die einzelnen Produkte nach ihren Einzelkosten geschlüsselt:
     Material-Einzelkosten
     + Material-Gemeinkosten (in % der Einzelkosten)
     + Fertigungs-Einzelkosten (Fertigungslöhne)
     + Fertigungs-Gemeinkosten (in % der Fertigungslöhne)
     = Herstellkosten
     + Verwaltungs- und Vertriebs-Gemeinkosten (in % der Herstellkosten)
     = Selbstkosten
   - Kritik: Die Schlüsselung erfolgt nicht beanspruchungsgerecht, da die Gemeinkosten nicht durch die Einzelkosten verursacht werden. Es kann zu einer Quersubventionierung von Produkten kommen. Artikel mit hoher Beanspruchung erhalten zu geringe Kostenanteile zugeordnet.

4) Differenziertere Verfahren (z.B. die Prozeßkostenrechnung) versuchen, die Gemeinkosten beanspruchungsgerechter zu verteilen, indem sie konkret untersuchen, welche Aktivitäten (Prozesse) die Produkte in welchem Maße beanspruchen. Für jede Aktivität wird ein Kostensatz bestimmt, mit dem in der Artikelkalkulation gearbeitet wird.

8. Lektion:
Die Kernspaltung der Kosten.
Oder: Kostenreagibilität und Kostenspaltung

Am nächsten Morgen treibt der Referent die Truppe in der Manier eines Sklaventreibers weiter voran:

»Meine Herren« – in den Seminaren gibt es leider sehr selten weibliche Führungskräfte – »sehen wir uns doch einmal an, wie wir zu den Kosten der kausalen Interpretation des Verursachungsprinzips kommen. Es gibt grundsätzlich zwei Gruppen von Verfahren zur Kostenspaltung. Die erste Gruppe geht von den Istkosten aus, bei der zweiten Gruppe findet eine Kostenplanung statt. Die auf Istkosten basierenden Spaltungsansätze haben den großen Nachteil, daß die Kosten Unwirtschaftlichkeiten enthalten können. Diese Kosten eignen sich dann nur sehr bedingt für Planungszwecke.

Sehen wir uns zunächst die Methoden auf Istkostenbasis näher an. Die einfachste Form, die Zweipunktmethode von Schmalenbach kennen sie bereits. Dieses Verfahren wird auch – etwas hochtrabend – als mathematische Kostenspaltung bezeichnet.

Herr Pekeloh, erklären Sie uns doch diese Methode noch einmal. Wir haben sie ja bereits an früherer Stelle kennengelernt, als wir uns über das doppelte Lottchen unterhalten haben.« Herr Pekeloh erinnert sich und erklärt: »Diese Methode geht davon aus, daß wir für eine Kostenart oder eine Kostenstelle oder auch für ein Produkt die Istkosten für zwei Beschäftigungsniveaus kennen. Für eine Ausbringung von 100 bzw. 200 Mengeneinheiten – so das Beispiel von gestern – fallen 1.100,– und 1.600,– DM an. Die Kostendifferenz von 500,– DM wird dann durch die Leistungsdifferenz von 100 ME dividiert, und wir erhalten einen Betrag von 5,– DM Kostenveränderung bei einer Mengenänderung von 1 ME. Das sind die variablen Kosten unter der Voraussetzung, daß es sich um eine lineare Kostenfunktion handelt. In den 1.600,– DM bei einer Ausbringung von 200 ME stecken dann 5 · 200 = 1.000,– DM variable Kosten. Die mengenunabhängigen, fixen Kosten betragen damit 600,– DM.«

»Das lob ich mir«, ist der Referent zufrieden, »das ist nicht wie in den Vorlesungen in der Uni geistige Diaspora, nein die Herren Unternehmer passen auf.« Er fährt fort: »Die Rechnung, die uns Herr Pekeloh gerade in Erinnerung gerufen hat, weist leider einen Nachteil auf: Wir erhalten keinen Einblick in die Struktur der variablen Kosten, da es sich um ein globales Vorgehen handelt. Wir können nicht erkennen, wieviel von den 5,– DM auf Material oder auf Fertigungseinzelkosten entfallen. Für diese

Zusatzinformation ist es erforderlich, die Gesamtkosten nach Kostenarten differenziert zu betrachten. Für jede Kostenart ist dann isoliert eine entsprechende Kernspaltung durchzuführen.

Eventuell ist aber auch eine derartige kostenartenbezogene Rechnung noch unzureichend. Produkte müssen u.U. nacheinander in mehreren Fertigungsstufen bearbeitet werden. Um zu den variablen Material- oder Fertigungskosten einer Stelle zu kommen, sind die Kostenarten dann auch noch nach dem Ort der Kostenentstehung zu differenzieren. Bei zwei Bearbeitungsstufen sind folglich je zwei Kostenspaltungen für Material- und Fertigungskosten durchzuführen.

Eine Kostenspaltung auf Istkostenbasis ist immer nur sinnvoll, wenn keine innerbetrieblichen Leistungen von einer auf eine nachfolgende Stelle verrechnet werden. Dazu ein kleines Beispiel: Betrachtet seien die Forschungs- und Entwicklungskosten eines Unternehmens, die aus einem fixen Bestandteil von 1.000,– DM und einem mit den Entwicklungsstunden variablen Teil von 5,– DM pro Entwicklungsstunde bestehen. In zwei aufeinanderfolgenden Perioden fallen für jeweils 100 Entwicklungsstunden Kosten von 1.500,– DM an, die Gruppengemeinkosten für zwei Fertigungsstellen A und B sind, die Leistungen der F&E-Abteilung in Anspruch nehmen. In Periode 1 nehmen beide Fertigungsstellen jeweils 50 Entwicklungsstunden in Anspruch. In beiden Stellen sind dann in den Ist-Kosten jeweils 750,– DM anteilige F&E-Kosten enthalten. In der zweiten Periode benötigt Stelle A nur 30 Stunden, während für Stelle B 70 Stunden anfallen. Bei gleichen Gesamtkosten für F&E werden der Stelle A nur 450,– und der Stelle B 1.150,– DM angelastet.

Betrachten wir nur die Stelle A weiter: Aus der Sicht von A handelt es sich bei den beiden verrechneten F&E-Kostenanteilen jeweils um fixe, nicht mit der Zahl der Fertigungsstunden veränderliche Kosten. Nur ändert sich die Höhe des Kostenanteils von Jahr zu Jahr. Angenommen die Stelle A leistet in der 1. Periode 100 und in der 2. Periode 50 Fertigungsstunden, dann bezieht die Ist-Kostenrechnung die 750,– DM bei einer Leistung von 100 in die Kosten ein, und die 450,– DM stecken in den Ist-Kosten bei 50 Fertigungsstunden. Betrachten wir nur diese Kostenart für die Kostenspaltung in der Stelle A, ergibt sich die unsinnige Interpretation einer Kostenänderung von 450,– auf 750,– DM, wenn die Beschäftigung von 50 auf 100 ZE wächst. Es scheinen dann die Kosten um 300,– DM zu wachsen, wenn die Beschäftigung um 50 ZE zunimmt. Die Kostenspaltung führt zu einer Kostenfunktion von $K = 150 + 6 \cdot$ Fertigungsstunden. Die Zweipunktmethode schafft es dann, aus tatsächlich fixen Kostenanteilen für F&E, die sich durch die Schlüssel nur von einer zur anderen Periode verändern, teilweise variable Kosten zu zaubern.

Die ermittelte Kostenfunktion ist tatsächlich völliger Unfug. Diese Kostenfunktion scheint anzudeuten, daß sich die F&E-Kosten der Kostenstelle A pro Fertigungsstunde um 6,– DM ändern. Dem aber ist keineswegs so. Die F&E-Kosten verändern sich nur mit der Zahl der beanspruchten Entwicklungsstunden, die keinen direkten Bezug zur Zahl der Fertigungsstunden haben. Die F&E-Kosten sind also tatsächlich in bezug auf die Fertigungsstunden fixe Kosten. Eine Kostenspaltung auf Basis von Ist-Kosten einer Stelle scheitert damit grundsätzlich, wenn die Ist-Kosten auch innerbetriebliche Leistungen mit Fixkostenbestandteilen enthalten. Alle Methoden auf Istkostenbasis eignen sich nur dann, wenn aus den Ist-Kosten die Fixkostenbestandteile innerbetrieblicher Leistungen zuvor eliminiert wurden. Ist Ihnen das grundsätzliche Problem klar geworden?«

Ein zögerndes Nicken der Teilnehmer ist die Antwort. Der Referent kann allerdings nicht ergründen, ob der Grund für das Zögern mangelnde Einsicht oder körperliche Erschöpfung ist.

»Schön. Dann lassen Sie mich mit einer zweiten Methode der Kostenspaltung fortfahren. Diese basiert auch auf den Ist-Kosten; es wird aber unterstellt, daß nicht nur für zwei Beschäftigungsgrade die Kosteninformationen vorliegen. Bekannt sind etwa die Kosten für 10 verschiedene Ausbringungsmengen. Die Kostenfunktion wird dann durch eine Regressionsanalyse bestimmt. Mit Hilfe der Methode der kleinsten Quadrate wird eine Kostenfunktion gesucht, die die 10 Kostenpunkte am besten erklärt. Unterschiedlich bei der ersten und zweiten Methode ist damit im Grunde nur das mathematische Instrumentarium, mit dem die Auswertung vorgenommen wird. Die Zweipunktmethode ist gewissermaßen die vereinfachte Vorgehensweise. Ein Unterschied liegt allein darin, daß bei der zweiten Methode zufällige Kostenabweichungen auftreten können. Selbst wenn die Rechnung eine lineare Regressionsfunktion ergibt, liegen nicht alle tatsächlichen Kostenpunkte auf dieser Geraden. Es gibt Zufallsabweichungen, z.B. als Folge von Unwirtschaftlichkeiten.«

8. Lektion

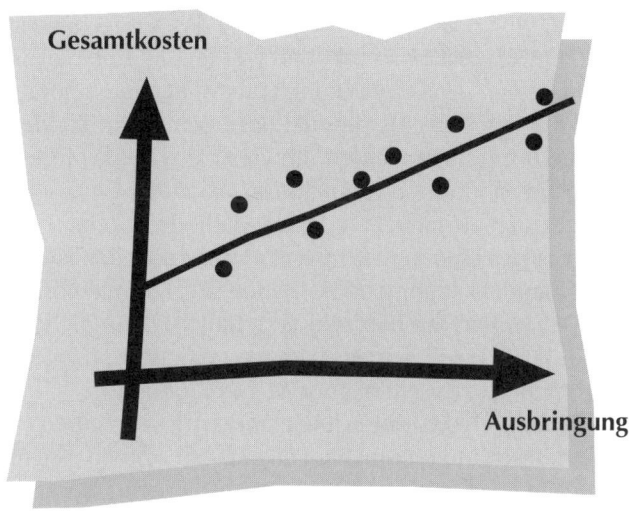

»Alle Methoden, die auf Ist-Kosten aufbauen, haben zudem ein weiteres Problem: Wenn die Kosteninformationen, mit denen die Spaltung betrieben wird, aus unterschiedlichen Perioden stammen, können in den Kosten Beschaffungspreisunterschiede stecken, die erst kompensiert werden müssen. Auch wenn von einer zur nächsten Periode das Fertigungsverfahren gewechselt wird, sind diese Kosten für die Spaltung völlig ungeeignet, da immer die Kosten einer Produktions- oder Leistungserstellungsweise gesucht werden.

Eine dritte Methode, das buchtechnische Verfahren, geht bei der Kostenspaltung mehr intuitiv vor. Man sieht sich dazu beispielsweise die Kosten für den Energieverbrauch an, schaut in den Vertrag mit dem E-Werk und stellt fest: Es ist eine jährliche Pauschale von 600,– DM zu zahlen. Diese Kosten sind offenbar fix. Zusätzlich gibt es einen Leistungspreis von 0,30 DM; das sind die variablen Kosten je KWh. Man muß sich dann noch eine Vorstellung davon verschaffen, wie viele KWh z.B. für eine produzierte Einheit benötigt werden. Dazu wird der Jahresstromverbrauch für die Getränkedosen von Herrn Felix durch die über das Jahr hinweg verkaufte Dosenzahl dividiert. Die Leistungsfähigkeit dieses Verfahrens ist natürlich nur sehr begrenzt. Es eignet sich insbesondere für Kostenarten, die eindeutig fix oder variabel sind.

Kommen wir nun zur zweiten Gruppe der Verfahren. Diese Gruppe versucht, durch exakte Verbrauchsanalysen, genaue Messungen oder technische Berechnungen das Verhalten der Kosten je Kostenart und Kostenstelle zu studieren. Bei diesen Methoden soll das Mengengerüst der Kosten technisch möglichst exakt erhoben werden. Es sollen also die Produktionskoeffizienten – Faktorverbrauch pro Mengeneinheit – festgestellt werden. Diese Form kann als produktionstheoretische Fundierung der Kostenspaltung bezeichnet werden. Im Grunde wird das Instrumentarium der Produktionstheorie – Produktionsfunktionen – eingesetzt, um auf die variablen Kosten zu schließen. Diese Methode ist relativ aufwendig. Unsere Studenten müssen sich mit dieser Materie sehr intensiv im Grundstudium auseinandersetzen, was bei ihnen auf ›grenzenlose Begeisterung‹ stößt. Wir wollen das hier sehr kurz halten, denn die Quantifizierung der Produktionskoeffizienten ist im wesentlichen ein ingenieurtechnisches, und nicht so sehr ein ökonomisches Problem.

Ist bekannt, daß sich die Kosten linear ändern, genügt eine Verbrauchsanalyse für ein Beschäftigungsniveau. Die Kosten werden also nur für ein Beschäftigungsniveau geplant. Ist von nicht-linearen Kostenverläufen auszugehen, sind die Analysen für mehrere Beschäftigungsgrade erforderlich, um den Kostenverlauf bei Beschäftigungsänderungen näherungsweise zu bestimmen. Der Vorteil der zweiten Verfahrensgruppe gegenüber den auf Ist-Kosten basierenden Spaltungen ist darin zu sehen, daß über die Kostenplanung Unwirtschaftlichkeiten aus den Verbrauchsgrößen eliminiert werden können.

Die Ergebnisse der Kostenspaltung – gleichgültig mit welcher Spaltungsmethode gearbeitet wird – können in unterschiedlicher Form aufbereitet werden. Am einfachsten ist es, direkt die variablen Kosten je Kostenart und Stelle für ein Produkt oder eine andere Bezugsgröße – z.B. Beschäftigungszeit – anzugeben. In der Praxis finden sich aber häufig zwei andere Aufbereitungsformen: Spaltungssätze und Variatoren.

Den Unterschied will ich wieder an dem einleitenden Beispiel mit einer Beschäftigung von 100 und 200 ME und Kosten von 1.100,– bzw. 1.600,– DM erklären. Wir hatten gesehen, daß für die Kostenfunktion Fixkosten von 600,– DM und variable Kosten von 5,– DM je ME gelten. Bezogen auf die Gesamtkosten von 1.600,– DM bei 200 ME ist das ein Fixkostenanteil von 600/1600 = 0,375. 37,5% der Kosten sind damit fix. Der Nachteil dieser Aufarbeitungsform des Spaltungsergebnisses liegt darin, daß der Spaltungssatz vom Beschäftigungsniveau abhängt. Bei 100 ME gilt 600/1100 = 54,5%. Je geringer die Beschäftigung wird, um so größer wird folglich der Spaltungssatz. Diese Aufbereitung hat daher nur einen Sinn, wenn ein fester Bezugspunkt – beispielsweise die Kapazitätsgrenze – als Bezugsbasis gewählt wird.

Den gleichen Nachteil haben auch die Variatoren: Ein Variator gibt an, um wieviel Prozent die Kosten sich verändern, wenn die Menge um

10% steigt oder fällt. Bei einer Ausgangsbeschäftigung von 100 ME mit 1.100,– DM und variablen Kosten von 5,– DM je Mengeneinheit ergibt sich bei 10%iger Mengenänderung eine Kostenveränderung von 50,– DM. Die Kostenänderung von 50,– DM wird zum Ausgangsbetrag von 1.100,– DM in Beziehung gesetzt. Es gilt dann ein Variator von 50/1.100 = 4,5454%. Also steigen oder sinken die Kosten an der Stelle 100 ME um 4,5454%, wenn sich die Beschäftigung um 10% verändert. Auch dieser Prozentsatz ist natürlich an jeder Stelle ein anderer.«

Felix nimmt sich vor, die Variatoren und die Spaltungssätze am besten gar nicht zur Kenntnis zu nehmen. »Das sind doch nur Aufbereitungsformen, die wenig Klarheit in die Dinge bringen«, erklärt er dem Referenten. »Ich werde nur mit variablen Kosten je Mengeneinheit der Produkte rechnen.« – »Da haben Sie völlig recht. Betriebswirte neigen häufig dazu, einfache Dinge möglichst kompliziert darzustellen. Schließlich muß nicht jeder gleich verstehen, daß die Dinge einfach betrachtet auch einfach sind.« Felix braucht einige Augenblicke, um den tieferen Sinn dieses Satzes zu ergründen.

»Bislang haben wir nur Kostenspaltung bei homogener Kostenverursachung betrieben. Dieser Fall ist gegeben, wenn die variablen Kosten nur von einer Determinante – beispielsweise der Menge eines Artikels – abhängen. Wir wollen uns nun noch mit den Problemen bei heterogener Kostenverursachung auseinandersetzen. Von heterogener Kostenverursachung sprechen wir, wenn bei den variablen Kosten mehrere Kosteneinflußgrößen zusammenwirken. Ein derartiger Fall liegt z.B. bei den variablen Transportkosten von Herrn Felix vor. Der Benzinverbrauch hängt einerseits von den gefahrenen Kilometern ab, aber auch das Transportgewicht hat Einfluß auf den Verbrauch. Um den Benzinverbrauch bzw. die Benzinkosten nach den beiden Einflußgrößen zu trennen, kann folgende Überlegung angestellt werden: Wir lassen Herrn Felix mit seinem Auto eine bestimmte Strecke – sagen wir 50 km – leer fahren und messen den Verbrauch. Dann fährt er die gleiche Strecke unter den gleichen Bedingungen – gleiche Geschwindigkeit, gleicher Gang usw. – mit einer Zuladung von 500 kg, und wir messen den Verbrauch erneut. Der Verbrauchsunterschied ist dann auf die Zuladung zurückzuführen. Teilen wir den Zusatzverbrauch durch die Zuladung, erhalten wir die variablen Kosten je Kilo für eine Strecke von 50 km. Für die kilometerabhängigen Kosten nehmen wir den Verbrauch der 1. Fahrt und teilen ihn durch die gefahrenen Kilometer, um zu den variablen Kosten je Kilometer zu kommen.

Diese Überlegungen kann man sich durch folgende Zeichnung verdeutlichen:«

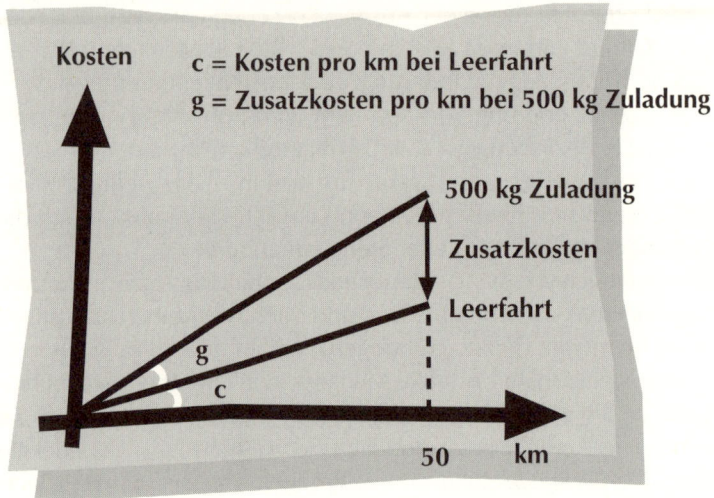

»Die untere Kostenkurve gilt für Leerfahrten, die obere, wenn die gleiche Strecke mit einer Zuladung von 500 kg gefahren wird. Der Anstieg c der unteren Kostenkurve entspricht den Kosten je km bei Leerfahrt. Mit g werden die Zusatzkosten je km bezeichnet, wenn zusätzlich 500 Kilo transportiert werden. Die Differenz beider Kostenkurven ist bei gleicher Strecke auf ein unterschiedliches Transportgewicht zurückzuführen. Der Satz g hängt dann von der Zuladung ab. Im einfachsten Falle wird er linear mit der Zulademenge steigen: $g = f \cdot$ Gewicht.

Bei heterogener Kostenverursachung sind zwei Fälle zu unterscheiden. Im ersten Fall erklären zwei Determinanten in additiver Form die Kosten. Dieser Fall ist bei unseren Transportkosten gegeben, wenn wir die Kosten der Leerfahrten von den Zusatzkosten für das Transportgewicht separieren wollen. Die gesamten Benzinkosten ergeben sich durch folgende Berechnungsvorschrift:

Benzinverbrauch = $c \cdot$ km + $f \cdot$ Gewicht $\cdot$ km

Der Parameter c entspricht dem streckenabhängigen Teil je Kilometer bei Leerfahrt. Der zweite Teil bildet die Zusatzkosten je Kilo Zuladung in Abhängigkeit von der Strecke ab. Dieser Teil nimmt mithin mit steigender Strecke und steigendem Gewicht zu. Was uns in diesem Fall gelingt, ist die Aufteilung der gesamten Benzinkosten in zwei Teile; aber Sie sehen: In dem zweiten Term sind noch beide Einflußgrößen – Strecke und Gewicht – enthalten. Die weitere Aufspaltung dieses Teils gelingt uns nicht.

8. Lektion

In diesem Term haben wir die zweite Form heterogener Kostenverursachung: Mehrere Kostendeterminanten wirken multiplikativ zusammen.

Dieser zweite Fall liegt auch vor, wenn die variablen Kosten einer Maschine von der Einsatzzeit t und der Menge x abhängen, die auf einer Maschine pro Stunde bearbeitet wird. Die Kosten K ergeben sich dann durch folgende Berechnungsvorschrift:

$$K = k(x) \cdot x \cdot t$$

K sind die Kosten für die Ausbringungsmenge $M = x \cdot t$, wenn diese Menge mit einer Leistung von x in einer Zeit von t produziert wird. Auch in diesem Falle gelingt uns die Trennung der Kosten nach den beiden Einflußgrößen leider nicht. Wir können immer nur die Frage beantworten, welche Kosten für die Gesamtausbringung oder auch für 1 ME anfallen, wenn mit einer bestimmten Intensität gearbeitet wird. Genauso bei den Transportkosten: Die gewichtsabhängigen Kosten werden durch die Strecke und das Gewicht multiplikativ bestimmt.«

Felix, dem das Ganze etwas schnell geht, meldet sich: »Können Sie das mit der additiven und multiplikativen Verknüpfung vielleicht noch einmal an einem anderen Beispiel erklären?« – »Gern«, antwortet der Referent. »Nehmen wir das Beispiel eines Krankenhauses. Die jährlichen Kosten für eine Krankheitsart hängen von der Patientenzahl P und der mittleren Verweildauer V ab. Sehen wir uns das einmal für Herzschrittmacheroperationen an: Es gibt bestimmte variable Kosten a, die allein von der Zahl der in einer Periode behandelten Patienten P abhängen. Dazu gehören etwa die Einstandskosten für die Herzschrittmacher. Weiterhin fallen variable Kosten für die an Herzschrittmacherpatienten erbrachten Pflegeleistungen an. Für jeden Pflegetag möge ein Satz variabler Kosten von b gelten. Die Pflegetage eines Jahres bei dieser Art von Patienten ergibt sich, wenn wir die behandelte Patientenzahl P mit der mittleren Verweildauer V der Patienten multiplizieren. Die variablen Gesamtkosten pro Jahr für Herzschrittmacherpatienten ergeben sich dann durch folgende Berechnung:

$$\text{Gesamtkosten} = a \cdot P + b \cdot P \cdot V$$

In diesen Kosten gibt es also eine additive Komponente; im zweiten Term werden die beiden Kosteneinflußgrößen aber multipliziert. Wir können dann die Frage nicht beantworten, wie viele Kosten in Abhängigkeit von einer bestimmten Anzahl von Pflegetagen $V \cdot P$ bei diesen Patienten auftreten. Werden beispielsweise 100 Pflegetage erbracht, dann treten bei 5 Patienten mit einer Verweildauer von 20 Tagen andere Kosten auf als bei 10 Patienten mit einer Verweildauer von 10 Tagen. Auch für diesen Fall können wir uns die Zusammenhänge wieder mit Zeichnungen verdeutlichen:«

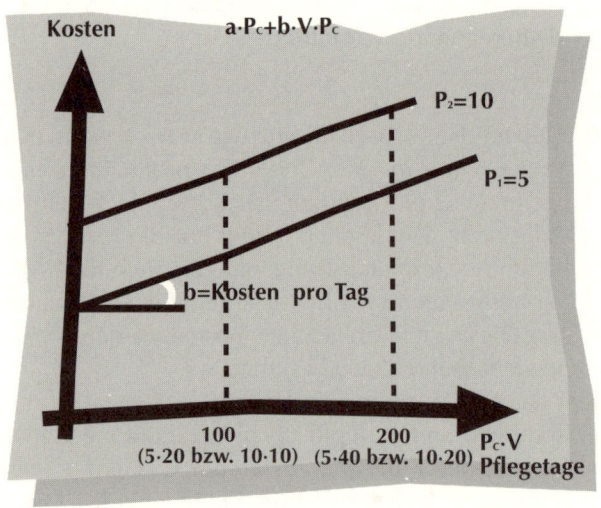

»In der Abbildung bin ich davon ausgegangen, die Pflegetage nur über die Verweildauer V zu verändern. Die Patientenzahl halte ich einmal auf dem Niveau 5 und ein zweites Mal auf dem Niveau 10 fest. Die untere Kurve gilt, wenn ich 5, die obere, wenn ich 10 Patienten im Jahr behandle. Der Anstieg der Kurven entspricht dem Kostensatz b in der vorherigen Formel. Das, was in dieser Zeichnung wie Fixkosten aussieht, entspricht dem 1. Term der Kostengleichung, das sind also allein patientenzahlabhängige Kosten für 5 bzw. 10 Patienten.

Den gleichen Zusammenhang kann ich in der folgenden Abbildung auch so darstellen, daß wir die Verweildauer auf zwei verschiedenen Niveaus (10 und 20 Tage) festlegen und die Pflegetage über die Zahl der Patienten verändern.«

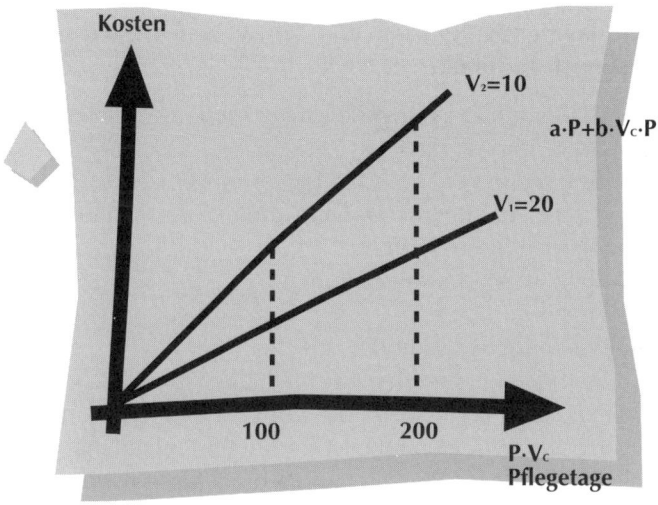

»Für eine mittlere Verweildauer von V = 10 gilt die obere Kurve, für V = 20 ergibt sich die untere Kostenfunktion. Der Anstieg der Kurven entspricht dem Ausdruck a / V + b in der Formel. Je größer die Verweildauer ist, um so flacher verläuft deshalb die Kostenfunktion, da der patientenproportionale Kostensatz a auf eine größere Verweildauer verteilt wird. Beide Kurven laufen durch den Ursprung des Koordinatensystems. Das kann mit der obigen Gleichung erklärt werden; denn setzen wir in dieser Gleichung P = 0, ergeben sich unabhängig von der Verweildauer jeweils Kosten von null«, was ja auch irgendwie logisch erscheint, denkt Felix.

Über den trockenen Stoff der letzten halben Stunde raucht nun unseren Seminarteilnehmern etwas der Kopf. »Aber es hilft nichts«, sagt der Referent, »da mußten wir nunmal durch. Im nächsten Abschnitt nach der Kaffeepause wird es dann wieder lebendiger.«

Habe ich das richtig verstanden? – Ich weiß nicht, ich schwanke noch (frei nach H. Juhnke).

1) Kostenspaltung kann prinzipiell mit zwei Gruppen von Methoden durchgeführt werden:
   Die erste Gruppe geht von den Ist-Kosten vergangener Perioden aus und versucht, diese in variable und fixe Bestandteile zu spalten. Methoden dieser Gruppe sind:
   – Mathematische Kostenspaltung,
   – Regressionsanalyse,
   – Buchtechnische Methode.
   Diese Methoden haben den Nachteil, auch Unwirtschaftlichkeiten vergangener Perioden in die Kosten einzubeziehen, und sie bereiten Probleme, wenn die Ist-Kosten Bestandteile für innerbetriebliche Leistungen enthalten. Außerdem müssen Preisänderungen im Zeitablauf neutralisiert werden.
   Die zweite, etwas aufwendigere Methodengruppe betreibt die Kostenspaltung, indem durch Analysen, Messungen oder technische Berechnungen Produktionskoeffizienten – also Faktorverbräuche pro Mengeneinheit – ermittelt werden. Die Produktions- und Kostentheorie ist dann das Instrument, mit dem die Kostenspaltung betrieben wird.

2) Die Ergebnisse der Kostenspaltung lassen sich in verschiedenen Formen darstellen. Die einfachste Form ist es, die variablen Kosten je Bezugsgrößeneinheit anzugeben. In der Praxis sind auch Kostenspaltungssätze und Variatoren üblich. Diese Informationen beziehen sich immer auf ein bestimmtes Beschäftigungsniveau und geben an, welcher Prozentsatz der Gesamtkosten fix ist, bzw. um wieviel Prozent sich die Kosten bei einer Beschäftigungsgradänderung von 10% verändern.

3) Werden die variablen Faktorverbräuche durch mehrere Determinanten bestimmt, liegt heterogene Kostenverursachung vor. Eine isolierte Analyse, welchen Einfluß die Veränderung einer einzelnen Determinante auf die Kosten hat, ist in diesem Fall häufig schwierig, da die Determinanten oftmals multiplikativ miteinander verknüpft sind.

9. Lektion:
Was ist ein Schizophrener?

In der Kaffeepause entwickelt sich zwischen den Teilnehmern – wie seit 20 Jahren an dieser Stelle des Seminars immer – eine heftige Diskussion über den Sinn und Unsinn der Kostenschlüsselung. Die Herren Arnold und Felix haben sich in eine Ecke gesetzt und versuchen, für die 6 Gemeinkostenarten von Felix beanspruchungsorientierte Schlüssel zu finden. Die Diskussion ist heiß, aber Lösungen wollen sich nicht einfinden. Herr Pekeloh, der sich zunächst schweigend dazu gesetzt hat, greift dann in das Gespräch ein:»Meine Herren, ich will Ihnen eine Geschichte erzählen, die ich im letzten Seminar gehört habe. Ihnen ist vielleicht schon aufgefallen, daß das Servierpersonal in diesem Hotel recht mürrisch ist, und so richtig nett finde ich das Personal auch nicht. Aber Sie werden sehen, die werden im Laufe des Seminars immer netter, wir saufen sie uns einfach zurecht. Genau das machen Kostenschlüssler auch, sie hätten gerne nette Kosten (Einzelkosten), haben sie aber nicht. Sie saufen sich die Gemeinkosten durch die Schlüsselung einfach zurecht, bis sie selbst fast daran glauben, daß sie Einzelkosten produziert haben.«

Nach der Kaffeepause ergreift Herr Arnold sofort das Wort.»Herr Ilke, Sie wollen uns jetzt etwas über Schizophrenie erzählen, wie ich dem Programm entnehme. Bevor wir dazu kommen, möchte ich noch einmal auf die 6 Gemeinkostenarten von Herrn Felix zurückkommen. Wir haben gleich noch eine weitere Gemeinkostenart – die Kosten für dieses Seminar – hinzugenommen. In der Pause haben wir versucht, beanspruchungsorientierte Schlüssel zu finden. Das gelingt uns nicht so richtig. Wie sollen wir die Seminarkosten und die Transportkosten sinnvoll umlegen oder gar den Kammerbeitrag oder die Standgebühren je Veranstaltung? Die Transportkosten hängen von der Kilometerzahl, teilweise vielleicht auch noch vom Transportgewicht ab; wie sollen wir dann den Benzinverbrauch einer Produktart bestimmen? Besonders interessant finden wir den Kammerbeitrag. Die Bemessungsgrundlage der Kammer ist geradezu kostenrechnungsfeindlich. Wie sollen wir den Anteil einer Produktart am Gewerbeertrag bestimmen? Man könnte vielleicht sagen, der Stückgewinn ist Indiz für den Beitrag eines Stücks zum Gewerbeertrag. Dann aber hängt der Schlüssel für den Kammerbeitrag davon ab, wie die anderen Gemeinkosten den Produkten zugeordnet wurden. Besonders lustig wäre es, wenn einige Produkte einen negativen Stückgewinn hätten, die müßten dann einen negativen Anteil am Kammerbeitrag zugeordnet bekommen.

Herr Pekeloh kam in der Diskussion«, so fährt er fort, »auf eine ganz verblüffende Idee: Er hat Herrn Felix vorgeschlagen, seine Firma dicht zu machen und dafür drei Unternehmen – eines für Eis, eines für Getränke und ein weiteres für Snacks – zu gründen und dann drei Verkäufer, drei Buchhalter sowie einen eigenen Fuhrpark für jedes Unternehmen einzusetzen; dann wäre er sein Schlüsselungsproblem auf Produkte los.«

»So verblüffend ist dieser Vorschlag gar nicht«, so der Seminarleiter. »Dieser Weg wird heute in der Wirtschaft viel beschritten. Um der Gemeinkostenproblematik ganz oder teilweise aus dem Weg zu gehen, werden viele Unternehmensbereiche outgesourct – man verselbständigt sie. Oder große Unternehmen werden in kleinere, weitgehend selbständige Einheiten – Divisionen, Sparten oder Profitcenter – aufgespalten. Auf diesem Weg findet eine Entflechtung statt, d.h., der durch Gemeinkosten sonst bestehende Verbundeffekt wird konsequent aufgelöst. Damit verbessern sich die Möglichkeiten, den Erfolg dieser Einheiten isoliert zu berechnen und zu beurteilen. Es ist natürlich immer eine Frage der Größe der unabhängigen Einheiten. Für Herrn Felix mit seinem doch noch relativ kleinen Unternehmen ist dieser Weg unmöglich; denn die Aufspaltung würde sicherlich seine gesamten Kosten erhöhen und damit stark zu Lasten seines Gewinns gehen. Herr Felix hat über die Gemeinkosten einen Synergieeffekt, d.h., durch den Leistungsverbund spart er insgesamt gegenüber gleich drei Unternehmen Kosten ein. Der vorgeschlagene Weg ist nur vernünftig, wenn Einheiten entstehen, für die es gerechtfertigt ist, ihnen eigene Ressourcen zuzuordnen. Das ist dann der Fall, wenn die Einheiten diese Ressourcen auch weitestgehend voll ausnutzen können.

Nun noch einmal zu den 6 bzw. 7 Gemeinkostenarten von Herrn Felix: Was Sie in Ihrer Diskussion versucht haben, ist die Quadratur des Kreises. Ich habe bereits gestern darauf hingewiesen, daß es nur sehr bedingt gelingen wird, beanspruchungsgerechte Schlüssel zu finden. Das gelingt z.B. bei Maschinen, auf denen nacheinander die verschiedensten Produkte gefertigt werden. Die auf die Maschine verteilten Gemeinkosten lassen sich dann proportional zu den Zeitanteilen der Produkte schlüsseln. Das gelingt auch, wenn Sie die Kosten für Bestellungen sammeln und diese Kosten dann proportional zur Zeit der Arbeitskraft aufteilen, die diese für die Bestellung der Artikel verbraucht hat. Denkbar wäre es auch, die Kosten entsprechend der Buchungszahl auf die Artikel aufzuspalten.

Bei den Gemeinkosten von Herrn Felix glückt Ihnen eine solche Vorgehensweise nur für die Kühlenergie und eingeschränkt für die Transportkosten. Bei den Transportkosten müßten Sie herausbekommen, welcher Teil der Benzinkosten von der Fahrstrecke abhängt, wenn Herr Felix überhaupt nichts transportiert, also Leerfahrten macht. Dann müßten Sie untersuchen, wie sich die Benzinkosten für eine bestimmte Strecke verändern, wenn er z.B. 100 kg zulädt. Das haben wir früher bereits besprochen. Dann aber betreiben Sie eigentlich nicht mehr Gemeinkostenschlüsselung, sondern bestimmen nach der kausalen Interpretation des Verursachungsprinzips den Teil variabler Kosten, der von der Weglänge und den, der vom Transportgewicht abhängt. Sie teilen also variable, unechte Gemeinkosten auf. In diesem Fall liegt heterogene Kostenverursachung vor. Die variablen Benzinkosten werden nicht durch eine, sondern durch zwei Einflußgrößen determiniert. Für die übrigen Kosten werden Sie keinen beanspruchungsgerechten Schlüssel finden.

Auch die Probleme mit dem Kammerbeitrag sind schwer zu bewältigen. Beanspruchungsgerechte Kostenverteilung gelingt auch hier nicht. Sicherlich ist der vom Gewerbeertrag abhängige Teil des Beitrags zu den variablen Kosten zu rechnen; diese variieren aber leider nicht unmittelbar ersichtlich mit der Absatzmenge. Diese Kosten sind ein typischer Fall von variablen Gemeinkosten. Bei diesen Kosten könnte man sich nur mit einem Trick behelfen: Angenommen, mit einer bestimmten Verkaufsmenge der Artikel hätten Sie bereits einen positiven Gewerbeertrag. Sie könnten dann fragen, wie sich dieser erhöht, wenn sie 100 Getränkedosen mehr verkaufen. Der Gewerbeertrag steigt dann um die Erlöse, abzüglich der Einstandskosten und abzüglich der variablen Kosten für Transport und Energie. Zudem ist noch der zusätzliche Kammerbeitrag abzuziehen. Auf diesen Anstieg des Gewerbeertrags müssen sie dann 0,23% zahlen, um zum Kammerbeitrag zu gelangen. Der Kammerbeitrag kommt in dieser Rechnung zweimal vor, da der Beitrag den Gewerbeertrag schmälert. Das Ganze läßt sich dann folgendermaßen schreiben:

(Zusätzliche Erlöse – Summe der zusätzlichen variablen Kosten – zusätzlicher Kammerbeitrag) · 0,0023 = zusätzlicher Kammerbeitrag.

Diese kleine Gleichung muß dann nach dem Kammerbeitrag aufgelöst werden; dann kennen Sie die Zusatzkosten bei der Kammer, wenn Sie 100 Dosen mehr absetzen. Dieser Betrag bezeichnet die variablen Kosten für 100 Dosen. Dieser Trick funktioniert aber nur, wenn das bisherige Programm bereits einen positiven Gewerbeertrag hat. Auch dieser Rechnung liegt dann die kausale Interpretation des Verursachungsprinzips zugrunde.«

»Was mich nun wirklich interessiert«, wirft Felix ein, »ist: Wie soll ich denn beurteilen, ob es für mich sinnvoll ist, Snacks in mein Verkaufsprogramm aufzunehmen oder zu streichen? Und wenn ich die Snacks nunmal im Programm habe, ob es sinnvoll ist, davon mehr abzusetzen?« – »Jetzt kommen wir zum Thema, das wir uns nach der Kaffeepause eigentlich vorgenommen haben«, antwortet der Referent. »Für diese Fragen sind die durch das willkürliche Umlügen zustande gekommenen Stückkosten bzw. die Differenz zwischen Preisen und Stückkosten – also die Stückgewinne – völlig ungeeignet. Diese Frage läßt sich nur beantworten, wenn gefragt wird, wie sich der Gewinn verändert, wenn die Snacks ganz gestrichen werden oder die Menge an Snacks gesenkt bzw. gesteigert wird. Wir brauchen dazu die Informationen, die Lottchen I – die kausale Variante des Verursachungsprinzips – liefert. Wir müssen also Veränderungsrechnungen anstellen. Die Durchschnittsrechnungen von Lottchen II führen uns leider völlig in die Irre, weil wir die Erfolgsänderung mit solchen Rechnungen falsch prognostizieren.

Ich nenne es daher ein schizophrenes Verhalten, wenn Kosteninformationen mit der finalen Interpretation erzeugt und diese Kosten dann für Entscheidungszwecke eingesetzt werden. Diese Rechnungen tun so, also würden sich die Kosten, die nach dem Durchschnittsprinzip ermittelt wurden, auch entsprechend verändern, wenn die Mengen verkleinert oder vergrößert werden. Aber genau das tun sie nicht. Ich will Ihnen das an einer einfachen Zeichnung für ein Einproduktunternehmen erklären.

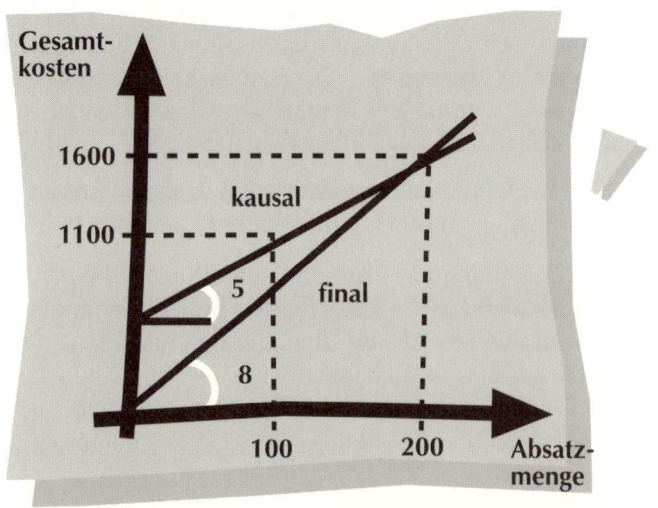

9. Lektion

Ich greife dazu auf mein Beispiel von gestern zurück. Bei einer Menge von 100 bzw. 200 Stück belaufen sich die Kosten auf 1.100,– bzw. 1.600,– DM. Diese Kosten setzen sich aus fixen und variablen Kosten bzw. Einzel- und Gemeinkosten zusammen. In dieser Zeichnung sind die Ergebnisse von Lottchen I und Lottchen II eingetragen:

Angenommen, für die Proportionalisierung der Kosten legen wir eine Basis von 200 ME fest, dann kommen wir nach dem Durchschnittsprinzip bzw. der finalen Auslegung zu einem Stückkostensatz von 1.600/200 = 8,– DM. Die variablen Kosten belaufen sich – wie Sie sich erinnern – auf 5,– DM je Stück. Wenn wir in der nächsten Periode nur 100 ME verkaufen, dann entstehen Kosten von 1.100,– DM. Nach dem Durchschnittsprinzip verrechnen wir in unserer Kalkulation aber nur 8 · 100 = 800,– DM. Das Durchschnittsprinzip verrechnet dann 300,– DM Kosten weniger als tatsächlich anfallen. Damit aber prognostizieren wir den Erfolg nach dem Durchschnittsprinzip systematisch falsch. Angenommen, wir verkaufen die 100 ME zu 10,– DM das Stück, dann müßten sich – nach dem Durchschnittsprinzip kalkuliert – eigentlich (10 – 8) · 100 = 200,– DM Gewinn ergeben. Aber nichts da, die Erlöse liegen mit 1.000,– DM genau 100,– DM unter den Kosten; es tritt tatsächlich ein Verlust von 100,– DM ein. Die Differenz der beiden Erfolgsgrößen entspricht genau den beim Durchschnittsprinzip zu wenig verrechneten Kosten.

Unterschreitet die Istbeschäftigung die Proportionalisierungsbasis, überschätzt das Vollkostensystem also die Erfolgslage. Die Durchschnittsrechnung verspricht im Beispiel Gewinne, obwohl tatsächlich Verluste realisiert werden. Man könnte also sagen: Die Vollkostenrechnung ist eine Teilkostenrechnung, da sie nicht alle entstehenden Kosten verrechnet. Die Teilkostenrechnung der kausalen Interpretation ist aber in Wahrheit eine Vollkostenrechnung, da sie stets alle Kosten erfaßt, sie nur nicht alle auf das Stück überwälzt.

Sehen wir uns an, was passiert, wenn wir in der nächsten Periode nicht 200, sondern 300 Stück absetzen. Nach dem Durchschnittsprinzip müßten dann 8 · 300 = 2.400,– DM an Kosten anfallen. Tatsächlich sind es aber nur 600 + 5 · 300 = 2.100,– DM. Bei gleichen Preisen erzielen wir einen Erlös von 3.000,– DM. Nach dem Durchschnittsprinzip rechnen wir dann mit einem Erfolg von 600,– DM. Tatsächlich beläuft sich der Erfolg aber auf 3.000 – 2.100 = 900,– DM. Liegt also die Istbeschäftigung über der Proportionalisierungsbasis, unterschätzt das Durchschnittsprinzip die Erfolgslage. Das liegt daran, daß in diesem Fall durch die finale Interpretation mehr Kosten verrechnet werden als tatsächlich anfallen. Sehen wir uns die Differenz der verrechneten Kosten nach beiden

Prinzipien an, so ergibt sich mit 300,– DM genau die Differenz der beiden Gewinngrößen.

An diesem einfachen Beispiel sehen Sie, daß die Kosteninformationen der finalen Interpretation des Verursachungsprinzips für Entscheidungszwecke vollkommen unbrauchbar sind. Wir verrechnen entweder zu wenig oder zu viel an Kosten. Richtig ist die Rechnung nur an einer Stelle: Nämlich genau dann, wenn die Istbeschäftigung exakt der Proportionalisierungsbasis entspricht. Setzen wir unsere Kosteninformationen aber für Entscheidungszwecke ein, wäre es reiner Zufall, wenn sich nach der Planung eine Beschäftigung ergibt, die genau der Proportionalisierungsbasis entspricht. Anders formuliert, wir müßten bereits vor der Planung wissen, welche Istbeschäftigung sich einstellen wird. Wenn wir diese dann als Proportionalisierungsbasis wählen, macht das Durchschnittsprinzip keinen Fehler. Wie aber sollen wir das Planungsergebnis vor der Planung kennen, zumal dann vor der Planung noch keine Stückkosten des Durchschnittsprinzips bekannt sind?

Sie sehen: Leute, die die Durchschnittskosten als Entscheidungsgrundlage verwenden, machen einen Zirkelschluß. Sie tun letztlich in der Rechnung so, als wären die Fixkosten durch die Proportionalisierung variabel geworden. Sie unterstellen damit implizit eine falsche Reagibilität der Kosten auf Beschäftigungsänderungen. Für Entscheidungszwecke bei operativen Entscheidungen ist nur die Kostenkurve relevant, die sich nach der kausalen Interpretation ergibt. Genau gesagt sind die Fixkosten für die Entscheidung irrelevant, so lange sie wirklich fix sind. Für die Entscheidung über Mengenveränderungen dürfen nur die variablen Kosten herangezogen werden.«

Mitten im Seminar tut sich plötzlich die Tür auf, und eine junge, hübsche Frau mit wallenden roten Haaren kommt herein. Sie stellt sich kurz vor und sagt: »Nach der Seminaranmeldung heiße ich eigentlich Herr Emmerich. Das ist mein Chef, der ist aber leider gestern morgen krank geworden und hat mich ganz kurzfristig gebeten, zum Seminar zu fahren.« Da sei sie nun und heiße Birgit Schulte; sie sei im Controlling beschäftigt und habe auch schon früher einmal ein Seminar zur Kostenrechnung belegt. Man solle sich um sie gar nicht kümmern, sie werde schon zurecht kommen und dem Seminar folgen können.

Der Referent ist etwas irritiert: »Meine Dame und meine Herren, muß ich dann wohl ab jetzt sagen. Wissen Sie, das ist mir zu lang, da verliere ich zu viel Zeit. Aus Effizienzgründen sage ich von jetzt an einfach ›Sie‹.«

Nach einer kleinen Kunstpause fährt der Referent fort: »Meine Herren, äh, und meine Dame ...«, Herr Ilke errötet leicht. »Wir wollen nunmehr zu einem Mehrproduktunternehmen übergehen und dabei zunächst zwei

Entscheidungssituationen unterscheiden. In der ersten Situation verändern sich wirklich nur die variablen Kosten mit der Menge; es treten keinerlei sprungfixe Kosten auf. Diese Entscheidungssituation liegt vor, wenn Herr Felix bereits die Entscheidung getroffen hat, alle drei Artikel in das Verkaufsprogramm aufzunehmen. In der zweiten Situation hat er zunächst nur zwei Artikel im Programm und überlegt, ob er die Snacks dazunehmen soll. Wir wollen annehmen, daß mit dieser Entscheidung ein Kostensprung verbunden ist. Beispielsweise muß sich Herr Felix speziell für diese Artikel einen Lagerschrank kaufen.

Ich habe ein bewußt einfaches, vielleicht auch etwas konstruiert wirkendes Beispiel mit drei Produkten vorbereitet. Es mögen keine variablen Gemeinkosten anfallen, d.h., die Gemeinkosten entsprechen in diesem Fall den fixen Kosten in Höhe von 100.000,– DM. Die beanspruchungsorientierte Kostenschlüsselung hat ergeben, daß von den gesamten Gemeinkosten 45% auf Produkt A, 30% auf B und die restlichen 25% auf C entfallen. Es mögen folgende Daten gelten:

Produkt	Preis – variable Kosten	anteilige Fixkosten	Absatz-menge	verrechnete fixe Gemeinkosten	Stück-gewinn
A	90	45.000	1.000	45	+45
B	70	30.000	500	60	+10
C	80	25.000	250	100	–20

Die auf das Produkt A zu verrechnenden Gemeinkosten ergeben sich, wenn die gesamten Fixkosten von 100.000,– DM mit dem Anteil von 45% multipliziert werden. Wird dieser Betrag durch die Absatzmenge geteilt, entspricht das Fixkosten von 45,– DM je ME von A. Subtrahieren wir diesen Betrag von der Deckungsspanne – das ist der Preis abzüglich der variablen Kosten –, ergibt sich damit ein Stückgewinn von 45,– DM. Die Werte der beiden übrigen Produkte errechnen sich auf die gleiche Weise.

Wie Sie sehen, ist der Stückgewinn des Produktes C negativ. Schließt das Unternehmen aus dieser Information, daß C nur Verlust bringt, und streicht diesen Verlustbringer aus dem Programm, sollte man erwarten, daß sich die Erfolgslage des Unternehmens verbessert. Dem aber ist nicht so: Mit den drei Artikeln erwirtschaftet das Unternehmen einen gesamten Deckungsbeitrag von 145.000,– DM (90 · 1.000 + 70 · 500 + 80 · 250). Von diesem Betrag sind die gesamten Fixkosten abzusetzen, um zum Gewinn von 45.000,– DM zu gelangen. Streicht das Unternehmen nun das Produkt C, entfällt in dieser Rechnung der Deckungsbeitrag von

C; an den Fixkosten tut sich gar nichts. Der Gewinn für zwei Produkte beläuft sich nur noch auf 25.000,– DM.

Der Fehler, den das Unternehmen bei seiner Disposition auf Basis der Stückgewinne macht, besteht darin, daß implizit unterstellt wird, daß die Fixkosten um den auf Produkt C verrechneten Betrag abgebaut werden können. Fixkosten werden also variabilisiert. Tatsächlich sind die Fixkosten aber voraussetzungsgemäß fix. Streicht das Unternehmen den Artikel C, müßten diese Kosten von 25.000,– DM zusätzlich auf die Artikel A und B verrechnet werden. Die angenommene beanspruchungsorientierte Kostenschlüsselung mit einer Relation von 45 : 30 = 1,5 für diese beiden Produkte in der ersten Rechnung führt dann zu einem Anteil von 60% für A und 40% für B. Die Rechnung mit nur noch zwei Produkten zeitigt das in der folgenden Tabelle wiedergegebene Ergebnis:

Produkt	DSP	anteilige Fixkosten	Absatzmenge	verrechnete fixe Gemeinkosten	Stückgewinn
A	90	60.000	1.000	60	+30
B	70	40.000	500	80	–10

Werden auf das Produkt B 40% der fixen Kosten verteilt, muß dieses Produkt 40.000,– DM an Fixkosten tragen. Da sich die Absatzmenge von B nicht verändert, ergibt sich ein Verlust pro Stück von 10,– DM. Nachdem das Produkt C aus dem Programm gestrichen wurde, erweist sich nunmehr also auch das Produkt B als Verlustbringer. Konsequenterweise streichen wir dann auch dieses Produkt aus dem Programm. Das bedeutet: Produkt A muß nunmehr die gesamten Fixkosten verkraften. Da aber der Deckungsbeitrag von A geringer ist als die Summe der Fixkosten, bringt dann auch A keinen Gewinn mehr, und wir machen unser Unternehmen zu.«

Das Publikum staunt. Der Referent genießt ein paar Sekunden lang die Wirkung seines Beispiels, bevor er fortfährt:»Wie Sie sehen, erweist sich die Disposition auf Basis der Stückkosten bzw. der Stückgewinne als Gewinnvernichtungsmaschine. Mit den drei Produkten erzielten wir einen Gewinn von 45.000,– DM, und nach der Elimination aller Verlustbringer haben wir dann keinen Gewinn mehr. Das eben ist das schizophrene Verhalten. Der Fehler liegt – wie gesagt – darin: Diese Rechnungen unterstellen, daß Fixkosten nicht fix sind, sondern mit der Mengenveränderung abgebaut werden können. Die Rechnung wird damit der Reagibilität der Kosten nicht gerecht; sie verstößt gegen die kausale Interpretation des Verursachungsprinzips und führt zu Fehlentscheidungen.

9. Lektion 77

Zugegeben, die Auswirkungen müssen in der Praxis nicht immer so drastisch sein wie in diesem konstruierten Beispiel. Aber es besteht immer die Tendenz, sich in der beschriebenen Weise aus dem Markt herauszukalkulieren.

In der Praxis wird der Fehler, der in meinem Beispiel steckt, leider immer noch sehr häufig begangen, da sich die meisten Manager gedanklich nicht von der Vollkostenrechnung befreien können. Häufig ist es auch so, daß sie die Aufbereitungsmechanismen der Kosten nicht durchschauen und die Kosteninformationen fehlinterpretieren. Ich will ihnen einige praktische Beispiele für derartige Fehlentscheidungen geben:

Ich erinnere mich an den Fall eines großen Konzerns, der unter anderem auch Rundfunk- und Fernsehgeräte produzierte. Eine Tochterunternehmung beschäftigte sich damit, für die Fernseher Truhen bzw. Fernsehschränke zu produzieren. Dieses Unternehmen aber kam auf keinen grünen Zweig. Jahr für Jahr errechneten die Controller für das Tochterunternehmen einen Verlust; die Stückgewinne der Truhen waren negativ. Was macht man mit einem Unternehmen, das immer Verluste einfährt? Man sucht nach einem Käufer, dem man das faule Ei andreht. Es fand sich auch so ein »Dummer«. Der machte nichts anderes als vorher, er produzierte für den Konzern Truhen als Zulieferer. Und er hatte Erfolg: Bereits nach einem Jahr war ein Gewinn zu verzeichnen, ohne daß sich die Kosten verändert oder die Erlöse erhöht hätten. Der einzige Unterschied zu früher lag darin, daß das Unternehmen nicht mehr mit der sonst verrechneten Konzernumlage für die Verwaltungskosten der Konzernmutter belastet wurde. Bislang nämlich wurden diese Overhead-Kosten der Konzernmutter über alle Konzerntöchter durch eine Gemeinkostenumlage verteilt. Nachdem der Truhenproduzent nicht mehr zum Konzern gehörte, erhöhten sich eben die Umlagen für die restlichen Konzerntöchter. Der Fehler bestand hier darin, die fixen Gemeinkosten der Konzernmutter mit in die Erfolgsrechnung der Truhen einzubeziehen. Der Konzern hatte sich durch diese Fehlentscheidung eines der besten Ertragsbeine vom Körper gehackt. Als man den Fehler später erkannte, half auch kein Trübsalblasen.

Ein zweites Beispiel: Ein großer Gemischtwarenkonzern – wissenschaftlich heißt das horizontale Integration – besaß unter anderem Brauereien, Lebensmittelfabriken und eine Schiffahrtslinie. Der Generalbeauftragte für dieses Unternehmen war ein Kostenrechnungsfetischist. Jeder Verbrauch mußte peinlich genau beanspruchungsgerecht erfaßt und verrechnet werden. Brauchte eine Abteilung beispielsweise die Hilfe des Justitiars und rief diesen an, drückte der zunächst auf eine Uhr, um die Länge des Gesprächs festzuhalten. Die Kostenrechnungsabteilung hatte ihm nach dem Prinzip der Vollkostenrechnung einen Stundensatz vorgegeben, und mit diesem Satz berechnete er für die Beratung einen Kostenbetrag und schickte dem Anrufer eine Rechnung für die durch die Rechtsberatung ›verursachten Kosten‹. Daß an dem ganzen System etwas nicht stimmte, fiel im Keller, der Garage des Unternehmens auf. Die dort tätige Aufsichtskraft hatte auch einen solchen Stundensatz. Sie konnte nichts tun und die Autos bewachen, oder sie konnte Autos waschen. Früher hatte sie viele Aufträge zur Säuberung der Autos; bald nach Einführung des neuen Kostenrechnungssystems kam aber niemand mehr, um sein Auto waschen zu lassen, da die Abteilungen dafür Stundensätze in Rechnung gestellt bekamen. Mit dem Stundensatz kalkuliert kostete eine Autowäsche für einen VW 65,– DM und für einen Mercedes-Kombi – er ist etwas größer – sogar 80,– DM. Da die Abteilungen alle sehr kostenbewußt waren, gingen sie bei diesen Preisen lieber zu Mister Wish um die Ecke und ließen zu 8,– DM je Wagen reinigen. Das Kostenrechnungssystem ließ tatsächlich unwirtschaftliches Verhalten als wirtschaftlich erscheinen: Eine Kalkulation auf Basis der kausalen Interpretation hätte für das Autowaschen nur Kosten je Wagen von etwa 3,50 DM ergeben. Alle im Stundensatz des Garagenwärters enthaltenen Umlagen – einschließlich seines eigenen Gehalts und das des Generalbevollmächtigten – waren fix. Zusätzliche Kosten entstanden nur für Wasser, Shampoo und Lappen. Das neue, stark ausdifferenzierte Kostenrechnungssystem kam das Unternehmen doppelt teuer zu stehen: Zum einen stiegen die Kosten für die Kostenrechnung und zum anderen waren die Kosteninformationen Basis von Fehlentscheidungen.

Ich will Ihnen noch eine dritte Geschichte erzählen: Ein Unternehmen hatte sich in vier Divisionen unterteilt, die als Profitcenter geführt wurden. Eine dieser Divisionen erwirtschaftete über Jahre immer Verluste. Was macht man in einem solchen Fall? Man wirft den Manager raus, da er offenbar sein Geschäft nicht versteht. Der neue Manager war ein gewieftes Bürschlein. Er kannte den wichtigsten Mann in der Konzernmutter. Das ist der Umlüger. Er ließ sich von ihm die Gemeinkostenschlüsselung erklären und lud dann den Umlüger und seine drei Kollegen aus den anderen Divisionen zu einem Wochenendseminar in die Holsteinische Schweiz ein. Zwei Tage diskutierte man über die Gerechtigkeit der Konzernumlage und die benutzten Schlüssel. Der Umlüger sah ein, daß viele Schlüssel nicht gerecht waren. Das Umlageverfahren wurde daraufhin mit Zustimmung der Konzernleitung geändert. Und – oh Wunder – unser Bürschlein hatte gut aufgepaßt: Insgesamt wurde seine Division durch die neuen Schlüssel erheblich entlastet. Bei der nächsten Jubelfeier des Konzerns durfte sich der neue Manager der 4. Division als Lohn für seine Sanierungsarbeit – denn mit den neuen Schlüsseln hatte er Gewinn – eine dicke Prämie abholen. Was hatte er eigentlich für das Unternehmen im Sinne von Gewinnverbesserung geleistet? Gar nichts. Er hatte nur einen Nebenkriegsschauplatz eröffnet und die Umlagen anders verteilt. Der gesamte Gewinn aller 4 Divisionen stieg dadurch nicht. Seine Erfolgsverbesserung ging – wie bei den Nullsummenspielen der Kostenschlüsselung immer – zu Lasten der anderen.

Zurück zu unserem Beispiel. Herr Felix hatte gefragt, wie er denn die Erfolgslage seiner drei Produkte beurteilen soll. Diese Frage habe ich indirekt mit meinem Beispiel bereits beantwortet. Sie haben gesehen, alle drei Produkte erwirtschaften eine positive Deckungsspanne und damit auch einen positiven Deckungsbeitrag, der sich ergibt, wenn wir die Spanne mit der Menge multiplizieren. Der Name Deckungsbeitrag soll übrigens zum Ausdruck bringen, daß die Produkte mit diesem Betrag zur Deckung der fixen Kosten beitragen. Aus dem Beispiel geht hervor: Streichen wir einen Artikel mit positiver Deckungsspanne aus dem Programm, verschlechtert sich die Gewinnsituation, da wir für jede Mengeneinheit auf diesen Beitrag zur Deckung fixer Kosten verzichten. Jede weniger abgesetzte Mengeneinheit bei Artikeln mit positiver Deckungsspanne kostet uns genau diese Deckungsspanne an Gewinn. In der einfachsten Entscheidungssituation – es bestehen keine Engpässe, es gibt keinen absatzwirtschaftlichen Verbundeffekt, und die Fixkosten lassen sich wirklich nicht (auch nicht teilweise) auf- oder abbauen – ist damit das Vorzeichen der Deckungsspanne ausschlaggebend für die Erfolgsbeurteilung der Produkte.

Meine Dame und Herren, wenn ich auf die Uhr sehe, reicht es – glaube ich – für heute. Ihnen wird sicherlich schon der Kopf rauchen. Verarbeiten Sie das, was sie heute gehört haben, erst einmal. Wir sehen uns dann morgen in alter Frische wieder.«

> **Der zweite Seminartag ist geschafft ...**
>
> 1) Für Entscheidungszwecke sind allein die auf Basis der kausalen Interpretation ermittelten variablen Kosten relevant. Das finale Prinzip verrechnet bei Beschäftigungsgraden, die unterhalb der Planbeschäftigung liegen, zu wenig und bei Beschäftigungsgraden oberhalb der Planbeschäftigung zu viele fixe Kosten. Dadurch wird der Gewinn systematisch falsch prognostiziert.
>
> 2) Operative Entscheidungen sind mit Hilfe der Deckungsspannen (Preis – variable Kosten) zu treffen. Mit ihrer Deckungsspanne tragen die Produkte zur Deckung der Fixkosten bei. Daher sind alle Produkte mit positiven Deckungsspannen in das Produktionsprogramm aufzunehmen, sofern die Kapazitäten nicht knapp sind. Diese Regel gilt aber nur, wenn zwischen den Produkten keine absatzwirtschaftlichen Verflechtungen bestehen und wenn die fixen Kosten wirklich nicht zu beeinflussen sind. Eine anteilige Verrechnung von Fixkosten nach dem Durchschnittsprinzip führt zu Fehlentscheidungen.

10. Lektion:
Eine Nachtübung mit zwei Flaschen Wein!

Nach dem Abendessen läßt es Felix keine Ruhe. Zusammen mit Herrn Arnold, mit dem er sich schon etwas angefreundet hat, zieht er sich – bewaffnet mit einer Flasche Wein und zwei Gläsern – in eine stille Ecke zurück und geht das Ganze nochmals mit den Zahlen seines Unternehmens an. Er nimmt sich vor, seine 6 Gemeinkostenarten einmal mit beiden Formen des Verursachungsprinzips zu durchleuchten.

Für das nächste Jahr hat er bereits 50 zu beschickende Veranstaltungen in seinem Kalender, das sind genauso viele wie im ganzen letzten Jahr. Er forstet seine Aufzeichnungen über die vergangenen Veranstaltungen durch, um einen Durchschnittsabsatz je Veranstaltung zu bestimmen. Auf dieser Basis will er seine Absatzmöglichkeiten für das nächste Jahr festlegen. Er weiß, daß 50 Veranstaltungen etwas niedrig gegriffen sind. Im letzten Jahr hat sich gezeigt, daß ständig noch weitere dazu kamen. »Wenn die Zeit heute abend reicht und wir noch Lust haben«, sagt Herr Arnold, »können wird dann noch eine zweite Situation durchspielen.«

10. Lektion

Für die 50 Veranstaltungen hält Felix folgende Daten für sinnvoll: Erwartete Absatzmengen, Einstands- und Verkaufspreise, resultierende Deckungsspanne 1 und den Roh-Deckungsbeitrag DB_1 hat er in folgender Tabelle zusammengestellt. Der DB_1 für Eis ergibt sich, wenn die Menge von 12.000 mit der Deckungsspanne 1 (Differenz von Verkaufs- und Einstandspreis) multipliziert wird. Mit allen drei Produkten kann er einen Rohdeckungsbeitrag von 24.900,– DM erwarten. Bei seinen Gemeinkosten vermutet er noch variable Anteile, die den einzelnen Produkten zurechenbar sind, und fügt deshalb seiner Tabelle zwei zunächst leere Spalten hinzu.

Produkt	Menge	Preis	Einst.	DSP_1	DB_1	zus. k_v	DB_2
Eis	12.000	2,00	0,60	1,40	16.800		
Dosen	9.000	1,20	0,40	0,80	7.200		
Snacks	6.000	0,30	0,15	0,15	900		
Summe					24.900		

Bei den Gemeinkostenarten »Strom« und »Transport« vermutet er noch variable Kosten. Im letzten Jahr hatte er Stromkosten von 1.400,– DM. Davon sind, wie aus dem Stromvertrag hervorgeht, auf jeden Fall 600,– DM als Grundgebühr fix. Die zusätzlichen 800,– DM Stromkosten sind variabel. Da er für seine Gefriertruhen und die Kühlschränke getrennte Zähler hat, kann er für Eis 300,– und für die Dosen 500,– DM ansetzen. Für die Lagerung der Snacks ist kein Strom erforderlich.

Kostenart	gesamte variable Kosten	Eis	Dosen	Snacks
Strom	800	300,00	500,00	0
Transport	200	62,50	125,00	12,50
Summe	1.000	362,50	625,00	12,50

Für den Transport sind im letzten Jahr 1.500,– DM angefallen. Felix hat sich auch notiert, wie viele Kilometer er gefahren ist. »Von diesem Betrag können wir auf jeden Fall schon mal die Beträge abziehen, die sich nicht auf den Benzinverbrauch beziehen. Wieviel waren das denn etwa?« Felix kramt in seinen Unterlagen und stellt fest, daß die letzte kleine Inspektion 200,– DM gekostet hat. »Dann bleiben also noch 1.300,– DM von der Strecke und dem Gewicht abhängige Kosten. Was verbraucht denn der Wagen je 100 km, wenn Sie darin allein fahren? Haben Sie das einmal gemessen?« fragt Herr Arnold. – »Das sind so gut 8,5 Liter.« – »Wenn wir einmal mit diesem Verbrauch rechnen und mit den aufgezeichneten Kilometern multiplizieren, kommen wir auf den theoretischen Verbrauch für Leerfahrten.« Diesen Verbrauch multiplizieren sie mit dem Benzinpreis und kommen auf etwa 1.100,– DM. »Dann entfallen auf das zusätzlich transportierte Gewicht etwa 200,– DM, die wir als variable Kosten aller drei Produkte ansetzen können.« – »Wenn wir das proportional zum Transportgewicht aufteilen, erhalten wir in etwa den vom zusätzlichen Transportgewicht abhängigen Teil der Transportkosten. Wieviel wiegen Ihre Produkte denn?«

Herr Felix, der anscheinend auf alles vorbereitet ist, hat blitzschnell die nötigen Unterlagen zur Hand: »Ein Eis wiegt 150 Gramm, eine Dose 400 Gramm und ein Snack 60 Gramm. Bei meinen Verkaufsmengen ergibt sich also folgendes Gesamtgewicht:

Eis: 150g · 12.000 = 1.800 kg
Dose: 400g · 9.000 = 3.600 kg
Snack: 60g · 6.000 =   360 kg
                        ─────────
                        5.760 kg

Damit beläuft sich der Gewichtsanteil für Eis auf 31,25% (1.800/5.760), für Dosen auf 62,5% und für Snacks auf 6,25%. Somit entfallen von den gesamten gewichtsabhängigen Kosten in Höhe von 200,– DM dann 62,50 DM (=31,25%) auf Eis, 125,– DM auf Dosen und 12,50 DM auf die Snacks.«

Sichtlich stolz auf ihre Berechnungsergebnisse tragen die beiden die Summen der variablen Kosten für Transport und Strom in die vorletzte Spalte ihrer Tabelle ein und berechnen dann in der letzten Spalte die endgültigen Deckungsbeiträge (DB_2) der Produkte.

Produkt	Menge	Preis	Einstand	DSP_1	DB_1	zus. k_v	DB_2
Eis	12.000	2,00	0,60	1,40	16.800	362,50	16.437,50
Dosen	9.000	1,20	0,40	0,80	7.200	625,00	6.575,00
Snacks	6.000	0,30	0,15	0,15	900	12,50	887,50
Summe					24.900	1.000	23.900,00

Diese sind bei allen Produkten positiv. »Wenn ich das zum Schluß des Seminars heute richtig verstanden habe, bedeutet das: Alle drei Produkte sind positiv zu beurteilen und im Verkaufsprogramm zu belassen; denn Sie haben derzeit keine Engpässe, und Absatzverbunde der Artikel liegen wohl auch nicht vor«, sagt Herr Arnold. – »Die Snacks sehen aber etwas mager aus«, meint Felix. »Ich glaube, da sollte ich etwas an den Preisen drehen, um die Deckungsspanne 1 etwas zu verbessern.«

»Was machen wir nun mit den restlichen 1.300,– DM Kosten für den Transport?« fragt sich Felix: »Nach den Erläuterungen von heute nachmittag müssen das fixe Kosten sein, wenn wir von 50 Veranstaltungen ausgehen. Diese Kosten verändern sich nur mit der Veranstaltungszahl, die wir im Augenblick aber festgelegt haben.« Herr Arnold nickt zustimmend.

»Was meinen Sie, Herr Arnold, mit dem Kammerbeitrag, das sehen wir recht locker. Den vom Gewerbeertrag abhängigen Teil lassen wir einfach einmal unter den Tisch fallen. Wir wollen uns ja schließlich nur einen Überblick verschaffen. Dieser Anteil macht vielleicht 50,– DM aus, und Ungenauigkeiten in diesem Bereich haben wir sowieso.« – »Ich denke, das ist im Sinne der Komplexitätsreduktion der Kostenrechnung – wie das heute genannt wurde – sicher vertretbar. Dann ergeben sich aus Ihren Unterlagen folgende 6 fixe Gemeinkostenarten:

Kostenart	gesamt
Strom	600
Transport	1.300
Kammer	100
Buchhaltung	1.000
Verkäufer	2.600
Stand	12.500
Summe	18.100

Zusammen sind das 18.100,– DM.« – »Jetzt wird es schwierig«, fürchtet Felix und legt seine Stirn in Falten. »Welchen Schlüssel halten wir denn nun für beanspruchungsgerecht?« – »Ich glaube, die Diskussion heute nachmittag hat gezeigt, daß wir keinen verbrauchsorientierten Schlüssel finden werden. Ich schlage deshalb vor, wir verteilen die Kosten einmal nach dem Einstandspreis, den Sie für die gesamten Mengen bezahlt haben, und ein zweites Mal nach dem Gewicht der verkauften Waren. Sie wollen doch nur sehen, was für Kostenverschiebungen zwischen den Produkten bei den verschiedenen Kostenschlüsseln auftreten.« – »Damit wäre ich schon zufrieden.« – »Da wir alle 6 Gemeinkostenarten dann jeweils nach dem gleichen Schlüssel verteilen – das ist auch Komplexitätsreduktion im Sinne des Referenten – können wir gleich die gesamten 18.100,– DM an Fixkosten in einem Rutsch aufteilen«. Beide nicken erleichtert und trinken einen Schluck Wein, bevor sie die Rechnung in Angriff nehmen.

»Wenn wir die gesamten Gemeinkosten über einen Schlüssel verteilen, machen wir natürlich einen kleinen Fehler«, gibt Herr Arnold zu bedenken: »Wir belasten dann auch Ihre Snacks mit einem Teil der Grundgebühren für den Strom, obwohl für diese Artikel kein Strom verbraucht wird. Die Fixkosten für den Strom dürften genau genommen nur auf Dosen und Eis verteilt werden. Der Einheitsschlüssel, den wir anwenden, läßt dann die Snacks zu schlecht aussehen.« – »Das ist sicher richtig«, bemerkt Herr Felix, »aber die Rechnung ist einfacher. Wenn wir Lust haben, können wir diesen Fehler später auch noch korrigieren. Nehmen wir erst einmal die Variante mit den Einstandspreisen. Für die 12.000 Eis, die 9.000 Dosen und die 6.000 Snacks habe ich vorhin schon die Summe der Einstandspreise mit 11.700,– DM berechnet. Bei 18.100,– DM Fixkosten gibt das für jede Mark Einstandspreis Gemeinkosten von 18.100/11.700 = 1,5470 DM. Für eine Dose sind das demnach 0,40 · 1,5470 = 0,6188 DM, auf ein Eis entfallen 0,60 · 1,5470 = 0,9282 DM und für jeden Snack sind 0,15 · 1,5470 = 0,2321 DM fixe Gemeinkosten zu verrechnen.« Herr Arnold staunt, wie schnell Felix Finger auf den Tasten des Taschenrechners hin- und herspringen.

Mit den gerade gewonnenen Informationen erstellen die beiden folgende stückbezogene Gewinnrechnung:

Produkt	DB_2	DSP_2 (=DB_2: Menge)	anteilige fixe Gemeinkosten	Stückgewinn
Eis	16.437,50	1,3698	0,9282	+0,4416
Dosen	6.575,00	0,7306	0,6188	+0,1118
Snacks	887,50	0,1479	0,2321	–0,0842
Summe	23.900,00			

10. Lektion

»Nach dieser Rechnung verdienen Sie an den Snacks gar nichts, sondern verlieren 8,42 Pfennig je Stück. Kommen sie aber bloß nicht auf die Idee, den ›Verlustbringer‹ rauszuwerfen. Dann sinkt ihr Gesamtgewinn, da die Deckungsspanne 2 positiv ist, um 887,50 DM«, doziert Herr Arnold.

Felix überfällt der Experimentiereifer: »Wir könnten nun auch einmal überprüfen, wie groß der Fehler durch den gemeinsamen Schlüssel für alle Gemeinkosten ist. Für die Snacks haben wir pro Packung eigentlich 0,15·600/18.100 = 0,00497 DM fixe Stromkosten zu viel verrechnet. Das ist ein halber Pfennig je Packung. Wir verlieren dann nicht 8,42 sondern nur 7,92 Pfennig. Diese Kosten müßten wir dann zusätzlich auf die beiden anderen Produkte verteilen.«

Herr Arnold bremst Felix und faßt die Tatsachen zusammen: »Der Gesamtgewinn über alle Artikel beläuft sich auf 23.900 – 18.100 = 5.800 DM. Das ist nicht berauschend; zum Sterben zu viel, aber zum Leben zu wenig.« – »Wenn ich mir die Fixkosten ansehe, machen mich die Standgebühren mit 12.500,– DM fertig«, stellt Felix etwas ratlos fest. – »Wissen Sie was, Herr Felix? Ich komme aus der Entsorgungsbranche; ich weiß relativ gut, was da gespielt wird. Die Reinigung der Sportplätze wird im Vergleich zu den Ausgaben für die Reinigung viel zu teuer abgerechnet. Sie müssen einmal mit den Veranstaltern reden, sonst lohnt sich Ihr Geschäft in Zukunft nicht. Oder Sie müssen an ihre Preise ran, die sind im Vergleich zu anderen ohnehin zu niedrig.«

Felix, der sich nicht länger mit den deprimierenden Gewinnaussichten befassen will, drängt vorwärts: »Lassen Sie uns auch die Variante mit der Verteilung der Kosten nach dem Gewicht durchrechnen. Zum Glück haben wir eben schon ausgerechnet, daß insgesamt 5.760 kg abgesetzt wurden. Somit ergeben sich pro kg Absatzmenge fixe Gemeinkosten in Höhe von 18.100/5.760 = 3,1424 DM. Pro Eis sind dann Kosten in Höhe von 0,15 kg · 3,1424 = 0,4714 DM zu verrechnen. Auf eine Dose entfallen 0,4 kg · 3,1424 = 1,2570 DM und auf einen Snack 0,06kg · 3,1424 = 0,1885 DM.« Die Ergebnisse tragen sie wieder in eine Tabelle ein:

Produkt	DB_2	DSP_2	verrechnete Fixkosten	Stückgewinn
Eis	16.437,50	1,3698	0,4714	0,8984
Dosen	6.575,00	0,7306	1,2570	–0,5264
Snacks	887,50	0,1479	0,1885	–0,0406
Summe	23.900,00			

»Sehen Sie mal, Herr Felix: Wir haben durch unseren neuen Schlüssel die Dosen zu einem gewaltigen Verlust getrieben. Ist das nicht interessant?« – »Ja, ja, die sind so schlecht, weil sie im Vergleich zu den anderen zu schwer sind. Bei dem zweiten Schlüssel haben nur Leichtgewichte eine Gewinnchance.« – »Was hat denn das Gewicht der Artikel mit dem Gewinn zu tun?« – »Eigentlich überhaupt nichts, der Schlüssel führt nur zu diesem unsinnigen Ergebnis.«

»Ja, und sehen Sie sich mal die Snacks in der neuen Rechnung an. Wirklich klasse, Sie haben zwar noch einen Verlust mit dem Zeug, aber Sie verlieren nur noch gut 4 und nicht mehr 8,4 Pfennig, wie bei der Verrechnung der Gemeinkosten nach dem Einkaufswert. Das nenne ich gesund rechnen. Am besten wir suchen solange nach anderen Schlüsseln, bis bei den Snacks endlich ein positiver Stückgewinn steht.« – »Wir könnten doch wieder die Umlage der fixen Stromkosten bei diesem Artikel streichen, dann sieht er doch noch ein bißchen besser aus.« – »Sicherlich, aber die Entlastung für den leichten Artikel wäre dann kleiner als bei der Verteilung nach Einstandspreisen.«

Für Felix wird das Wort »Umlügen« nun zu einem vorstellbaren Begriff. Ihn interessiert nun, welche Konsequenzen eine Erhöhung der Veranstaltungszahl nach sich zieht: »Lassen Sie uns auch noch die Variante mit 75 Veranstaltungen rechnen. Ich würde zu gern sehen, was dann mit diesen Stückgewinnen geschieht. In diesem Fall bleiben die Deckungsspannen DSP_2 erhalten; denn die variablen Kosten für Strom und Transport steigen proportional zur Menge. Es gibt aber Fixkostenveränderungen, da ich nunmehr für 75 Veranstaltungen Standgebühren und Verkäuferlohn zahlen muß. Die Standgebühren werden dann von 12.500,– um 50% auf 18.750,– DM anwachsen, und für den Verkäufer steigen die Kosten von 2.600,– DM um 50% auf 3.900,– DM. Nehmen wir einmal an, daß im Durchschnitt auch für die neuen Veranstaltungen das gleiche Gewicht wie bei den alten Veranstaltungen transportiert wird, dann steigen unsere Benzinkosten um 50%, da die Kilometerzahl um ca. 50% steigen wird. Die kilometerabhängigen Benzinkosten steigen somit von 1.100,– auf 1.650,– DM. Einschließlich der Inspektionskosten von 200,– DM betragen die Transportgemeinkosten dann insgesamt 1.850,– DM. Die anderen Kosten bleiben von der veränderten Veranstaltungszahl unberührt.«

Er erstellt folgende Tabelle:

Kostenart	gesamt
Strom	600
Transport	1.850
Kammer	100
Buchhaltung	1.000
Verkäufer	3.900
Stand	18.750
Summe	26.200

»Die Summe meiner Einstandspreise wächst dann auch um 50%. Es sind dann nicht mehr 11.700, sondern 17.550,– DM. Damit ergibt sich für die Kostenumlage wertorientiert ein Verrechnungssatz von 26.200/17.550 = 1,4929 DM.« – »Bei nur 50 Veranstaltungen waren es noch 1,5470 DM«, zeigt Herr Arnold auf die alten Berechnungen. »Es wird also billiger. Eine Mark Einkaufspreis ›verursacht‹ nunmehr weniger fixe Gemeinkosten.« – »Ist doch ausgezeichnet, dann steigen auch meine Stückgewinne.« – »Für die Snacks sinken die zu verrechnenden Fixkosten dann auf 1,4929 · 0,15 = 0,2239 DM. In dieser reduzierten Kostenbelastung kommt der Beschäftigungsdegressionseffekt zum Ausdruck«, erklärt Herr Arnold. »Alle Kosten bis auf Transport, Standgebühren und die Kosten der Verkaufskraft bleiben gegenüber 50 Veranstaltungen gleich. Sie verteilen sich bei 75 Veranstaltungen aber auf eine größere Menge; das läßt die Fixkosten je Mengeneinheit sinken.«

Produkt	DB_2	DSP_2	verrechnete Fixkosten	Stückgewinn
Eis	24.656,25	1,3698	0,8957	0,4741
Dosen	9.862,50	0,7306	0,5972	0,1334
Snacks	1.331,25	0,1479	0,2239	–0,0760
Summe	35.850,00			

»Der Deckungsbeitrag 2 steigt von 23.900,– auf 35.850,– DM. Der Gewinn wächst von 5.800 auf 35.850 – 26.200 = 9.650,– DM. Eine nur

50%ige Beschäftigungssteigerung läßt den Gewinn damit um den Faktor 9.650/5.800 = 1,664 anwachsen. Der Erfolg steigt also um 66,4%. Wenn man das Ganze relativ und nicht absolut sieht, sehr erfreulich«, stellt Herr Felix fest.

Nach den Berechnungsexperimenten ist Herrn Felix klar, warum der Referent immer vom Umlügen der Kosten redet. Er ist sich auch im Klaren, daß er mit Kostenzahlen, die auf dem Durchschnittsprinzip beruhen, für ein effizientes Controlling überhaupt nichts anfangen kann. Er beschließt daher, auf ein derartiges Zahlensystem – soweit es irgend geht – zu verzichten.

Mittlerweile ist es Mitternacht, die Flasche Wein ist längst ausgetrunken, und beide verlagern ihren Standort in die Hotelbar. Dort treffen sie außer dem Barkeeper niemanden an. Alle Seminarteilnehmer scheinen schon ins Bett gegangen zu sein. »Wie langweilig«, denkt Herr Arnold, der heimlich gehofft hatte, Frau Schulte hier zu treffen.

Bei einer zweiten Flasche Wein erzählt Herr Arnold einiges aus seinem Berufsleben als Entsorger, und langsam aber stetig reift in Felix eine neue Idee: »Man müßte diese Standgebühren völlig abbauen und die Entsorgung der Sportanlagen sowie die Versorgung in einer Hand haben.« Diese Kopplung von Ver- und Entsorgung würde echte Vorteile bringen, weil er als Versorger dann gleich darauf achten würde, den Müll gar nicht erst zu entropieren – ein neues Wort, das er von Herrn Arnold aus dem Entsorgungsbereich gerade gehört und sofort in seinen Wortschatz integriert hat. Am besten man stellt als Versorger gleich mehrere Arten von Mülltonnen auf dem Sportplatz auf und stattet seinen Verkäufer zusätzlich mit einem Müllsammelbock aus, dann sind die Sportplätze hinterher auch nicht mehr so verdreckt. »Die meisten Deutschen«, so hat er gerade von Herrn Arnold gehört, »sind exzellente Müllsammler, die brauchen nur drei Tonnen und dann sammeln die Müll wie andere Leute Briefmarken. Die Reinigung geht dann viel schneller und ist daher viel billiger.« – »Dieses übergreifende Denken ist echtes Kostenmanagement«, denkt sich Felix und geht zu Bett. Im Traum sieht er sich schon als echten Versorgungs-Entsorgungs-Kombinierer.

In der Nacht ...

1) wurde vieles des bisher Gelernten – insbesondere das Umlügen der Kosten – noch einmal gründlich wiederholt, und es wurden

2) zwei Flaschen Wein geleert.

V.
DIE KOSTENRECHNERISCHEN FOLGEN DER INVESTITIONSPOLITIK! WEITERE GEMEINKOSTENPROBLEME

11. Lektion:
Kalkulatorische Abschreibungen.
Oder: Investitions- contra Kostenrechnung.

12. Lektion:
Nutzungsdauern sollte man lieber nicht fehlschätzen!

13. Lektion:
Und wenn es nicht paßt, dann nimm den Hammer!
Kalkulatorische Zinsen.

11. Lektion:
Kalkulatorische Abschreibungen.
Oder: Investitions- contra Kostenrechnung.

Am Morgen kommen die beiden Herren Felix und Arnold etwas schwer aus dem Bett und bleiben beinahe wegen der Größe ihrer Köpfe im Türrahmen hängen. Herr Arnold meint, es läge an seiner »Lederallergie«; immer, wenn er mit angezogenen Schuhen einschläft, hat er am nächsten Morgen Kopfschmerzen. Trotzdem schaffen sie es aber gerade noch rechtzeitig zum Beginn des dritten Seminartags.

Der Referent fährt nach einer kurzen Wiederholung des gestern Gelernten fort: »Wir wollen nun die Entscheidungssituation gegenüber gestern ein wenig verändern. Herr Felix möge nur mit Dosen und Eis handeln, und er möge darüber nachdenken, ob es sinnvoll ist, sein Programm um Snacks zu erweitern. Herr Felix, bitte wie hoch ist Ihr Einstandspreis je Einheit und mit welchem Preis wollen Sie diese Artikel verkaufen?« – »Als Einstandspreis können wir 0,15 DM je Snack ansetzen, und ich will es mit einem Verkaufspreis von 0,30 DM versuchen.« – »Sind in den variablen Kosten auch schon Kosten für den Transport enthalten?« – »Ach, die sind – glaube ich – so gering, daß wir sie vereinfachend zunächst unter den Tisch fallen lassen können«.

»Wenn Herr Felix den neuen Artikel in das Programm aufnehmen will, muß er kleinere Umrüstungen in seiner Garage vornehmen. Er braucht, sagen wir, einen Lagerschrank, der staubdicht ist. Nehmen wir einmal an, er kann so einen Schrank für 2.000,– DM kaufen. Sie tätigen damit eine Investition, denn den Schrank können Sie über mehrere Jahre nutzen. Eigentlich handelt es sich bei der Fragestellung damit im Kern um ein Investitionsproblem, das wir auf Basis von Zahlungsreihen lösen müßten.

Ich mache Ihnen zunächst einmal diese Investitionsrechnung spaßeshalber vor: Bei dieser Rechnung müssen wir bestimmen, was die Deckungsbeiträge (wir nehmen an, daß der Deckungsbeitrag den Zahlungsüberschüssen entspricht), die Sie künftig mit den Snacks verdienen, heute im Investitionszeitpunkt wert sind. Von diesem Barwert der laufenden Zahlungsüberschüsse muß dann der Anschaffungsbetrag für den Schrank abgesetzt werden. Auf diese Weise erhalten wir den Kapitalwert der Investition. Wir wollen aus bestimmten Gründen, die Sie später erkennen werden, wenn wir das gleiche Problem kostenrechnerisch angehen, davon ausgehen, daß wir in allen Jahren die gleiche Menge absetzen. Gesucht ist dann die jährlich gleiche Absatzmenge x, bei der der Barwert der künftigen Zahlungsüberschüsse der Investitionssumme entspricht. Die

Nutzungsdauer n des Schranks schätzen wir einmal auf 10 Jahre, und für die Abzinsung wollen wir mit einem Zinssatz i von 10% arbeiten. Wenn wir 10 Jahre immer einen Deckungsbeitrag von 0,15 · x erhalten, dann ist dieser Betrag mit dem sogenannten Rentenbarwertfaktor zu multiplizieren. Den können wir aus einer Tabelle mit 6,14457 ablesen; der mathematisch Begabte kann ihn natürlich auch berechnen:

$$\frac{(i+1)^n - 1}{(i+1)^n \cdot i},$$

aber wer hat dazu heute denn noch Zeit. Dieser Faktor hat folgende Bedeutung: Wenn wir über 10 Jahre jährlich einen Betrag von 0,15 · x erhalten, dann ergibt sich daraus ein kapitalisierter Betrag von 6,14457 · 0,15 · x als heutiger Wert dieser regelmäßigen Zahlung. Dieser Betrag ist dann der Investitionssumme von 2.000 DM gleichzusetzen. Aus der Gleichung:

6,14457 · 0,15 · x = 2.000

bestimmen wir für x = 2.169,94 ME. Diese Berechnung bedeutet: Lohnend ist der 3. Artikel erst ab einer jährlichen Absatzmenge von 2.170 Snacks. Bei geringeren Mengen ist der Barwert der Deckungsbeiträge geringer als die Investitionssumme. Der Kapitalwert ist also negativ.

Wenn wir Ihr Problem mit Hilfe einer Kostenrechnung lösen wollen, müssen wir die Anschaffungsausgaben über die Zeit verteilen. Damit tritt eine neue Art von Gemeinkosten auf: Bislang hatten wir in unserer Diskussion nur Gemeinkosten kennengelernt, die gewissermaßen Einzelkosten einer Periode waren; es bestand kein Problem einer zeitlichen Abgrenzung. Die 2.000,– DM als Anschaffungsausgabe werden aber erst während der Nutzungsdauer des Schranks langsam zu Gemeinkosten. Das Problem besteht also darin, die Frage zu beantworten, welcher Anteil der 2.000,– DM den einzelnen Perioden der Nutzung zugeschlüsselt werden soll. Für diese Aufteilung gibt es auch wieder keine logisch einwandfreie Antwort, denn wir können den Werteverzehr des Schranks im Zeitablauf nicht messen. Wir können darüber nur Vermutungen anstellen. Und je nach Vermutung ergeben sich für die einzelnen Perioden unterschiedliche Gemeinkosten.

Das Abschreibungsproblem hat eine gewisse Verwandtschaft mit den Ausgaben für Lagerbestände. Auch dort besteht das Problem darin, Ausgaben über die Zeit hinweg zu verteilen ...«

Felix erinnert sich an seine unangenehmen Erfahrungen über Kapitalbindung, als er aus dem Paradies des Controlling verstoßen wurde und seine Ausgaben für Eis und Getränkedosen über die Zeit verteilen mußte.

»... Das ist bei Ausgaben für Lagerbestände noch relativ leicht, da die Ausgaben proportional zu den verkauften und eingelagerten Beständen über die Zeit verteilt werden.

In der Kostenrechnung – Sie haben gesehen, so eine Rechnung bezieht sich immer auf eine bestimmte Periode, beispielsweise ein Jahr – arbeitet man bei Investitionsproblemen mit einem Trick: Eigentlich kann ich die Investition gar nicht mit einer einperiodigen Rechnung beurteilen; denn ob sie vorteilhaft ist oder nicht, hängt nicht nur vom Geschäftsverlauf des ersten Jahres ab, sondern auch von den Umsätzen und Kosten der weiteren Nutzungsjahre. Das haben Sie ja in der obigen Investitionsrechnung gesehen. Der Trick der Kostenrechnung besteht nun darin, daß eine Durchschnittsrechnung angestellt wird. Man greift gewissermaßen ein Jahr als repräsentativ für alle Nutzungsjahre heraus. In der Rechnung wird dann unterstellt: Jedes Jahr verläuft wie das nächste. Jedes Jahr erhält deshalb den gleichen Anteil an den Anschaffungsausgaben als Gemeinkosten zugeordnet. Die Rechnung unterstellt auch, daß in jedem Jahr die gleichen variablen Kosten, die gleichen Verkaufspreise und Verkaufsmengen und die gleichen periodenbezogenen sonstigen Gemeinkosten gelten. Um die Ergebnisse von Investitions- und Kostenrechnung miteinander vergleichen zu können, habe ich deshalb in der Investitionsrechnung in jeder Periode mit dem gleichen Deckungsbeitrag gearbeitet. Kostenrechnungen werden daher als statisch bezeichnet. Nur wenn die Geschäftsdaten in allen Perioden identisch sind, ist es vertretbar, eine einzelne Periode als Beurteilungsmaßstab herauszugreifen.

Wollen wir den Gemeinkostenanteil für die Anschaffungsausgaben – das sind dann die kalkulatorischen Abschreibungen – bestimmen, müssen wir die Nutzungsdauer schätzen. Vereinfacht gehen wir einmal davon aus, daß die geschätzte mit der tatsächlichen Nutzungsdauer übereinstimmt. Wir verrechnen dann während der Nutzungsdauer die gesamten Anschaffungsausgaben. In der Praxis wird das ganz selten der Fall sein. Und es ergeben sich dann kostenrechnerische Probleme:

Ist die tatsächliche Nutzungszeit geringer als die zunächst geschätzte, stellen wir am Ende der realen Nutzungsdauer fest: Nur ein Teil der Anschaffungsausgaben ist in der Kostenrechnung erfaßt. Der Schrank hat am Ende der Nutzungsdauer leider noch einen positiven Restwert. Wir haben dann in den einzelnen Nutzungsjahren zu geringe kalkulatorische Abschreibungen verrechnet. Ist die Nutzungsdauer hingegen länger als zunächst geschätzt, ist der Restwert der Anlage bereits vor dem Ende der Nutzungsdauer auf null gesunken. Wir haben dann in den vergangenen Perioden zu viel an Abschreibungen verrechnet. Es fragt sich dann, wie wir diese schätzungsbedingten Fehler in der Kostenrechnung behandeln sollen. Dieses Problem wollen wir aber zunächst einmal ausblenden.

Für unsere Rechnung gehen wir von der geschätzten Nutzungsdauer von 10 Jahren aus, wie wir das auch bereits für die Investitionsrechnung gemacht haben. Jedes Jahr erhält dann einen Betrag von 200,– DM (2.000,– DM Anschaffungsauszahlung verteilt auf 10 Jahre) als Abschreibungen zugeordnet. Der neue Artikel von Herrn Felix lohnt sich folglich nur, wenn dieses Produkt mindestens die zusätzlichen Fixkosten – die Abschreibungen – einspielt. Sie sehen, wir haben es nunmehr mit einer Entscheidungssituation zu tun, in der die Fixkosten nicht fix sind. Mit dem neuen Artikel entsteht ein Fixkostensprung. Dieser Sprung an Kosten ist für die Entscheidung, das Programm auszudehnen, relevant. Von Bedeutung sind nunmehr nicht allein die Deckungsbeiträge bzw. Deckungsspannen sondern auch die Veränderung der Fixkosten. Wir können daher eine Schwellenuntersuchung oder anders formuliert eine Break-Even-Analyse anstellen, wie das in der Investitionsrechnung auch gemacht wurde. Dazu müssen wir fragen, welche Menge pro Jahr von den Snacks mindestens abzusetzen ist, um den Kostensprung gerade wettzumachen. Diese kritische Ausbringungsmenge, ab der sich der neue Artikel lohnt, kann durch folgende Überlegung bestimmt werden: Die Summe der Deckungsbeiträge der Snacks muß gerade 200,– DM ausmachen. Da wir mit den Snacks eine Deckungspanne von 0,15 DM erzielen, errechnen wir: 200 : 0,15 = 1.333,33 ME. Diese Menge wird auch als Break-Even-Point bezeichnet. Der zusätzliche Artikel lohnt sich folglich nur, wenn wir jährlich mehr als diese Menge absetzen.

Sie erkennen, daß diese Menge ganz deutlich unter jener liegt, die wir im Investitionskalkül bestimmt haben. Sie können ja schon einmal darüber nachdenken, wie das kommt. Über die Ursachen dieser Differenz werden wir uns etwas später unterhalten.«

»Was ist, wenn ich mich bei der Schätzung der Nutzungsdauer vertan habe?« will Felix wissen. »Beispielsweise gebe ich diesen Geschäftszweig später wieder auf, weil ich erkenne, daß die nötige Menge nicht erreicht wird. Dann habe ich doch zu wenig an Abschreibung in den einzelnen Jahren verrechnet und eine Fehlentscheidung getroffen.« – »Richtig«, so der Referent, »keine Kostenrechnung schützt Sie vor Fehlentscheidungen, die letztlich in der Unsicherheit des künftigen Absatzes begründet liegen. Mit einer Kostenrechnung können Sie immer nur analysieren, ob sich ein Geschäft lohnt, wenn ihre Erwartungen und Schätzungen wirklich eintreffen. Das gilt auch für das Investitionskalkül. Wenn Sie beispielsweise daran glauben, pro Jahr 1.500 ME absetzen zu können, dann ist die Entscheidung für die Ausdehnung bei 10 Nutzungsjahren kostenrechnerisch sinnvoll. Sie können die Kostenrechnung aber dazu benutzen, Alternativrechnungen anzustellen: Halten Sie es für möglich, daß nur eine Nutzungsdauer von 8 Jahren erreicht wird, erhöhen sich die Abschreibungen auf 2.000 : 8 = 250,– DM pro Jahr. Ihre kritische Absatzmenge steigt dann auf 250 : 0,15 = 1.666,66 ME. Sie sehen, daß Ihre Entscheidung recht sensibel auf Ihre Annahmen reagiert. Wenn Sie Unsicherheiten von 2 Nutzungsjahren durchaus für realistisch halten, aber aufgrund Ihrer Verkaufserfahrungen kaum davon ausgehen können, die 1.666,66 ME in jedem Jahr zu erreichen, sollten Sie vielleicht die Finger von dieser Investition lassen, da das mit ihr verbundene Risiko doch recht groß ist. Sie sollten Ihre Energie vielleicht auf andere, bessere Investitionen konzentrieren oder darüber nachdenken, ob es vielleicht eine Möglichkeit gibt, die Lagerkapazitäten mit geringerem Investitionsvolumen zu beschaffen. Dann würde die kritische Absatzmenge sinken. In Ihrem Vorstellungsgespräch haben Sie doch gezeigt, daß sie auf diesem Gebiet ein findiger Unternehmer sind. Ihre Kühlkapazitäten haben Sie sich doch auch ohne jede Investition aufgebaut. Dadurch sank Ihr Break-Even-Point für Getränke und Eis auf null; demnach waren bereits die ersten verkauften Mengen für Sie vorteilhaft.«

Frau Schulte meldet sich zu Wort:»Nehmen wir einmal an, Herr Felix hat in Erwartung guter Absatzchancen die Investition getätigt und stellt dann nachträglich fest, daß der Absatz leider viel geringer ist; seine Nutzungsdauerschätzung aber möge durchaus zutreffen. Wie muß er sich denn dann entscheiden? Soll er das Geschäft aufgeben, wenn er mit den Snacks den kritischen Absatz nicht erreicht?« – »Gute Frage! Diskutieren wir den Fall doch einmal gemeinsam. Herr Arnold, welche Überlegungen würden Sie anstellen?«

Herr Arnold, der Frau Schulte während ihrer Frage verträumt angesehen hatte, wird jäh aus seinen Gedanken gerissen:»Ich kann Ihnen im Augenblick nur sagen, wie solche Fälle in unserem Unternehmen entschieden werden. Wir geben das Geschäft auf, wenn wir unter den kritischen Absatz fallen. In diesem Fall ergibt sich doch in der Kalkulation für die Snacks ein Verlust. Ich habe aber nach dem, was ich in den letzten Tagen über Lottchen I und Lottchen II und die Schizophrenen gehört habe, leise Zweifel, ob das, was wir tun, richtig ist. –»Diese Zweifel sind auch berechtigt.«

Auch Felix mischt sich ein:»Entscheidend wird doch sein, was mit den Abschreibungen passiert, wenn ich das Geschäft aufgebe.« – »Richtig!«, sagt Herr Meier. »Müssen Sie davon ausgehen, daß diese Abschreibungen in alter Höhe erhalten bleiben – der Schrank steht dann unbenutzt in ihrer Garage, dann handelt es sich um fixe Kosten, die durch die Elimination des Produkts unverändert bleiben. Sie sind dann keine relevanten Kosten. Da die Deckungsspanne der Snacks positiv ist, lohnt es sich dann nachträglich gesehen, die Snacks im Programm zu belassen. Das Ganze war dann von Herrn Felix zwar ursprünglich eine Fehlentscheidung. Läßt er aber das Produkt im Programm, reduziert er damit seinen Schaden, da er zumindest Teile seiner Abschreibungen mit dem Produkt noch verdient. Würde er z.B. nur 500 ME pro Jahr verkaufen, erzielt er immer noch einen Deckungsbeitrag von $500 \cdot 0,15 = 75,-$ DM und stellt sich um diesen Betrag besser als ohne dieses Produkt.«

»Das Ganze sieht natürlich anders aus, wenn er Teile der Fixkosten wieder abbauen kann«, sagt Herr Pekeloh. »Er könnte den Schrank z.B. nach 2 Jahren verkaufen. Sagen wir, er erzielt dann einen Liquidationserlös von 1.000,– DM. Wie sollen wir dann rechnen?«

»Da haben Sie sich etwas Tolles einfallen lassen«, so der Seminarleiter. »Sie sprengen damit das, was man eigentlich mit kostenorientierten Rechnungen noch sauber beantworten kann. Was stört, ist der Liquidationserlös. Das ist eine Zahlungsgröße ähnlich der Anschaffungsausgabe im Investitionszeitpunkt. Mit derartigen einmaligen Größen können wir in der Kostenrechnung nichts anfangen. Derartige Größen müssen zeitlich verteilt werden.

Die Frage läßt sich eigentlich wieder nur mit investitionstheoretischen Überlegungen sauber beantworten. Sie stehen dann vor der Wahl zwischen zwei Entscheidungsalternativen: Einmal können Sie liquidieren und erhalten heute 1.000,– DM; bei der zweiten Alternative führen Sie das Geschäft über die 8 verbleibenden Jahre weiter und erzielen in jedem Jahr einen Deckungsbeitrag. Vereinfacht können wir annehmen, daß die Deckungsspanne für Snacks von 0,15 DM in jeder Periode – wie bisher – eine Zahlungsdifferenz ist. Bestimmen müßten Sie dann, bei welcher jährlichen Absatzmenge der Barwert der Überschüsse in den 8 Jahren gerade dem Liquidationserlös entspricht. Sie müßten dazu den Deckungsbeitrag des 3. Jahres um ein Jahr, den des 4. um zwei Jahre usw. abzinsen. Dazu können Sie auf den Barwertfaktor für 8 Jahre bei 10% Zinsen zurückgreifen. Die Tabelle, die in Ihren Unterlagen liegt, sagt uns, daß dieser Faktor 5,33493 beträgt. Mit folgender Rechenvorschrift können wir dann die kritische Menge bestimmen:

$1.000 = 0,15 \cdot x \cdot 5,33493$

Für x resultiert daraus ein kritischer Absatz von ca. 1.250 ME.

Diese investitionstheoretische Rechnung basiert aber auf Zahlungen und nicht auf Kosten und Erlösen. In der Abzinsung kommen Zeitpräferenzen zum Ausdruck: 100,– DM heute oder 100,– DM erst in einem Jahr werden Ihnen nicht gleichwertig erscheinen. Die heutigen 100,– DM werden Sie vorziehen. Bei einem Zinssatz von 10% könnten Sie die 100,– DM für ein Jahr anlegen und erhalten nach einem Jahr einschließlich Zinsen 110,– DM zurück. Gleichwertig werden Ihnen dann 100,– DM heute und 110,– DM in einem Jahr erscheinen. Derartige Zeitpräferenzen lassen sich grundsätzlich in der Kostenrechnung – die bekanntlich mit Größen arbeitet, die sich auf das gleiche Jahr beziehen – nicht abbilden.

In einer Kostenrechnung können wir die Entscheidungssituation nur vereinfacht abbilden. Genau wie die Anschaffungsausgaben müssen wir den Liquidationserlös zeitlich verteilen. Die Investitionsrechnung stellt dieser Zahlung, wie Sie oben gesehen haben, die Summe der Deckungsbeiträge bzw. Zahlungsüberschüsse – wenn auch in abgezinster Form – für 8 Jahre gegenüber. In dem Kalkül mit Jahresgrößen könnten wir den Liquidationserlös auf die restlichen 8 Jahre verteilen, was einem Betrag von 1000 : 8 = 125,– DM pro Jahr entspricht. Es müßte dann gefragt werden, wie viele Snacks mit einer Deckungsspanne von 0,15 DM verkauft werden müßten, damit der Verzicht auf den anteiligen Liquidationserlös durch die zweite Strategie gerade ausgeglichen wird. Sie brauchen dann 125 : 0,15 = 833,33 ME. Liegt der Absatz unter 833,33 ME, ist es aus Sicht der Kostenrechnung sinnvoll, zu liquidieren. Überschreitet der Absatz diese Marke, sollte das Geschäft fortgeführt werden.

Die kritische Ausbringungsmenge der Kostenrechnung ist nicht mit jener des investitionstheoretischen Ansatzes identisch. Dort hatten sich 1.250 ME errechnet. Der Unterschied dieser beiden Mengen ist dadurch zu erklären, daß die Kostenrechnung eben keine Zeitpräferenzen abbildet. Mit Zeitpräferenzen ist der Deckungsbeitrag beispielsweise des 8. Jahres wesentlich weniger wert als der des 1. Jahres.

Beim investitionstheoretischen Ansatz wäre es also sinnvoll, das Geschäftsfeld aufzugeben, wenn weniger als ca. 1.250 ME abgesetzt werden. Mit den Vereinfachungen der Kostenrechnung erscheint aber eine Ausbringung von 834 ME gerade noch als vorteilhaft.

Genau betrachtet machen wir mit unserer Kostenrechnung noch einen Fehler: In der Investitionsrechnung erfassen wir Zinseffekte sogar in der Form der Zinseszinsrechnung. Bei unserer Kostenrechnung bilden wir aber bislang überhaupt keine Zinseffekte ab. Der Unterschied der kritischen Mengen ist daher auch darauf zurückzuführen, daß wir bislang in der Kostenrechnung noch keine Zinsen erfaßt haben. Das werden wir an späterer Stelle nachholen.

Die Vereinfachung der Kostenrechnung kann, wie Sie sehen, zu ganz erheblichen Verzeichnungen der Planungsergebnisse führen. Das nimmt man bei der Kostenrechnung bewußt in Kauf, weil dann eine einfachere Rechnung möglich wird. An diesem Beispiel sehen Sie sehr schön, was ich an früherer Stelle mit Komplexitätsreduktion gemeint habe. Ein auf Kosten basierendes Kalkül ist immer eine sehr vereinfachte Wiedergabe der realen Verhältnisse. Im Modell nimmt man bewußt Vereinfachungen vor, um leichter rechnen zu können. Diese Vereinfachung sehen Sie im übrigen auch am Konstrukt der Abschreibungen: Verteilen Sie die Anschaffungsausgaben über 10 Jahre, dann entspricht der Barwert der Abschreibungen wegen der Zeitpräferenzen nicht mehr der Anschaffungssumme. Es ergibt sich ein viel kleinerer Betrag. Die Kostenrechnung bewertet aber eine Abschreibung von 200,– DM im 5. Jahr und eine Abschreibung von 200,– DM im 1. Jahr gleich.

Das Prinzip der Vereinfachung finden Sie in der Kostenrechnung nicht nur bei Abschreibungen oder der Verteilung von Liquidationserlösen. Die Vereinfachungen werden uns auch beim Zinsproblem und bei weiteren Kostenarten begegnen.«

Und wieder etwas Neues ...

1) Fallen Ausgaben an, die sich auf mehrere Perioden beziehen, ist die Frage der Vorteilhaftigkeit dieser Ausgaben nur mit einem Investitionskalkül exakt zu bestimmen. Die Investitionsausgabe ist mit dem Barwert aller zuzuordnenden Zahlungsüberschüsse zu vergleichen. Ein solches Kalkül berücksichtigt Zins- und Zinseszinseffekte und arbeitet dementsprechend mit einer Abzinsung der zukünftigen Zahlungen, um ihren heutigen Wert zu ermitteln.

2) Kostenrechnungen sind einperiodig und somit grundsätzlich nicht geeignet, periodenübergreifende Effekte zu erfassen. Um diese Effekte überhaupt näherungsweise abzubilden, sind die Anschaffungsausgaben auf die voraussichtliche Nutzungsdauer zu verteilen, also kalkulatorische Abschreibungen zu bilden. Diese kalkulatorischen Abschreibungen sind entscheidungsrelevant, solange die Anschaffungsausgabe noch nicht getätigt wurde.

3) Ist die Anschaffungsausgabe getätigt, haben die Abschreibungen grundsätzlich keine Entscheidungsrelevanz mehr; sie sind als Fixkosten anzusehen. Relevant ist in diesem Fall nur der Liquidationserlös, der durch einen Verkauf erzielt werden könnte. Dieser Betrag ist in einer Kostenrechnung wiederum auf die Perioden der Restnutzungsdauer zu verteilen, um relevante Kostenminderungen einer repräsentativen Periode ermitteln zu können.

4) Da Kostenrechnungen zukünftige Zahlungsüberschüsse in voller Höhe – und nicht abgezinst – erfassen, werden mit ihnen Investitionen in der Regel zu vorteilhaft beurteilt. Um die Eignung von Kostenrechnungen für solche Entscheidungen zu verbessern, ist es für kostenorientierte Investitionskalküle erforderlich, die Rechnung um Zinswirkungen zu ergänzen.

12. Lektion:
Nutzungsdauern sollte man lieber nicht fehlschätzen!

»Mich interessiert zu unserem letzten Thema noch eine Frage«, meldet sich Herr Müller zu Wort. »In der Praxis kommt es häufiger vor, daß wir am Ende der regulären Nutzungsdauer von Anlagen noch einen Liquidationserlös erhalten. Wir gehen dann zum Investitionszeitpunkt davon aus, daß am Ende der Nutzungsdauer noch eine Einnahme aus dem Verkauf der Anlage anfällt. Mir ist im Prinzip klar, wie ich diesen Fall in der Investitionsrechnung behandeln muß. Zum Kapitalwert, den wir vorhin bestimmt haben, kommt dann noch der über die Nutzungsdauer abgezinste Liquidationserlös hinzu. Aber wie läuft das in der Kostenrechnung?«

»In der Kostenrechnung bedient man sich wieder des Tricks der Vereinfachung. Weil Zeitpräferenzen nicht abgebildet werden können, wird so getan, als fallen Anschaffungsausgabe und Liquidationserlös zeitgleich an. Wäre das richtig – wie gesagt, es ist eine Vereinfachung –, dann beträgt die Kapitalbindung für den Schrank von Herrn Felix ursprünglich nicht mehr 2.000,– DM: Sagen wir, nach 10 Jahren wäre noch ein Liquidationserlös von 100,– DM zu erwarten. Wir ziehen dann 100 von den 2.000,– DM ab und berechnen die Abschreibungen auf 1.900,– DM. Durch diese reduzierte Abschreibung sinkt dann in unseren Berechnungen die kritische Ausbringung.«

»Dieses Vorgehen verstehe ich nicht!« wirft Frau Schulte ein. »Sie tun dann so, als ob der Schrank ursprünglich nicht 2.000,– DM, sondern nur 1.900,– DM Kapital bindet. Die Kapitalbindung in dem Schrank ist dann bei Abschreibungen von jährlich 190,– DM immer niedriger als in der Rechnung mit 2.000,– DM. Sie senken auf diese Weise die durchschnittliche Kapitalbindung für den Schrank von 1.000,– DM auf 950,– DM. Das ist doch unlogisch, weil sie den Liquidationserlös nicht am Anfang, sondern erst am Ende der Laufzeit erhalten.«

»Sehr schöner Einwand, Frau Schulte, wirklich sehr schön. Sie sehen die Unlogik des Vorgehens sehr klar, aber das Konstrukt der Kostenrechnung – einperiodige Rechnung – läßt uns keine andere Wahl, wenn wir die Wirkung des Liquidationserlöses halbwegs sinnvoll in die Rechnung einbeziehen wollen. Wir haben damit ein weiteres Beispiel für Ungenauigkeiten, wenn wir dynamische Probleme mit einem statischen Instrument wie der Kostenrechnung erfassen wollen.« Frau Schulte nickt eifrig, so als hätte sie alles verstanden.

»In unserer weiteren Diskussion wollen wir davon ausgehen, daß wir erst später – nach der Investitionsentscheidung – feststellen, daß wir die

Nutzungsdauer falsch geschätzt haben. Das generelle Problem habe ich bereits früher aufgezeigt. Bislang sind wir davon ausgegangen, daß die effektive Nutzungsdauer von Anlagen mit der geschätzten Nutzungsdauer übereinstimmt. Das wird in der Praxis relativ selten der Fall sein. Am häufigsten beobachten wir den Fall, daß die Nutzungsdauer zu vorsichtig geschätzt wird. Die effektive Nutzungsdauer ist dann länger, was bedeutet: Wir schreiben die Anlage in der Kostenrechnung eigentlich zu schnell ab, bzw. die jährlichen Abschreibungsraten fallen zu hoch aus. Schätzen wir für unseren Schrank die Nutzungsdauer vorsichtig auf 8 Jahre, verrechnen wir jährlich kalkulatorische Abschreibungen von 250,– DM. Am Ende des 8. Jahres ist die rechnerische Kapitalbindung für den Schrank dann gleich null. Es fragt sich nun: Was sollen wir kostenrechnerisch in den beiden folgenden Jahren machen, um den Fehler, den wir in den ersten 8 Jahren gemacht haben, wieder auszugleichen?

Eines sollte nach unseren bisherigen Diskussionen klar sein: Es handelt sich grundsätzlich um eine nachträgliche Korrektur von Fehlern. Diese Korrekturmaßnahmen sind aus entscheidungstheoretischer Sicht völlig bedeutungslos, da die Abschreibungen dann entscheidungsirrelevant sind. Sie dürfen also nicht zu veränderten Entscheidungen führen. Das wird sehr deutlich, wenn wir uns das an der Investitionsrechnung ansehen; denn die Korrektur hat keinerlei Zahlungswirkungen. Die Korrekturmaßnahmen haben deshalb in der Kostenrechnung nur für Kontroll- oder Vergleichszwecke Bedeutung.

Die Kostenrechnung hat für diesen Fall wieder keine Patentlösung parat. Es gibt mehrere Vorschläge mit Vor- und Nachteilen. Diese Vorschläge sind danach zu unterscheiden, wann uns die Fehlschätzung bei der Nutzungsdauer auffällt. Einmal stellen wir den Fehler erst am Ende der geplanten Abschreibungsdauer – in unserem Fall also nach 8 Jahren – fest. Im zweiten Fall haben wir bereits früher die Einsicht, daß eine Fehlschätzung vorliegt, z.B. nach 5 Jahren. Fallen Ihnen einige Vorschläge zur ersten Situation ein?«

Herr Meier hat eine Idee: »Mein Vorschlag lautet: Nimm den Fehler gar nicht wahr, schreibe weiter 250,– DM pro Jahr ab. Der Vorteil dieses Vorschlags liegt in der Vergleichbarkeit der 10 Jahre.« – »Das ist eine Möglichkeit«, gibt der Referent zu. »Dadurch gibt es beim Vergleich der einzelnen Jahresgewinne keine Verzerrung, die aus der unterschiedlichen Abschreibung vor und nach dem 8. Jahr resultieren könnte. Nachteilig an diesem Vorschlag ist aber: Man schreibt in der Kostenrechnung mehr als den Anschaffungsbetrag ab. Im Beispiel würden 500,– DM mehr abgeschrieben als für die Anlage bezahlt wurde. Dieses Verfahren haben beispielsweise Gemeinden für die Kalkulation von Abwassergebühren lange angewendet, bis das durch ein Gerichtsurteil unterbunden wurde.«

»Und wenn man nur 8 Jahre lang abschreibt und die letzten beiden Nutzungsjahre – abschreibungsmäßig – unter den Tisch fallen läßt?« wirft Herr Pekeloh ein. »Dann hat man insgesamt nur den Anschaffungsbetrag verrechnet.« – »Das stimmt zwar«, entgegnet der Referent, »aber durch diese Vorgehensweise können die ersten 8 Jahre nicht mehr mit den letzten beiden verglichen werden, obwohl die Anlage in allen 10 Jahren gleich genutzt wird. Eine eindeutig vorzuziehende Lösung des Problems läßt sich damit nicht finden; vielmehr hat jede dieser Lösungen Vorzüge und Nachteile.

Wir wollen nunmehr zur 2. Situation kommen und annehmen, daß uns nach 5 Jahren die Fehlschätzung auffällt.« Zu dieser Situation hat Herr Felix einen Vorschlag: »Zum Zeitpunkt, zu dem wir unseren Fehler erkennen, hat die Maschine doch noch einen Restwert von 750,– DM. Diesen sollte man gleichmäßig über die Restlaufzeit verteilen, also vom 6. Jahr an jeweils 150,– DM abschreiben. Das stört natürlich den Zeitvergleich, da in den ersten 5 Jahren andere Abschreibungen verrechnet wurden als in den folgenden 5 Jahren. Immerhin wird auf diese Weise aber nicht mehr als der frühere Anschaffungsbetrag abgeschrieben. Über alle 10 Jahre hinweg steckt in der Kostenrechnung der richtige Gesamtbetrag.«

»Das haben Sie sehr gut gesehen«, lobt ihn der Referent. »Ein zweiter Vorschlag geht dahin, den eigentlich richtigen Betrag von 200,– DM ab dem Zeitpunkt zu verrechnen, in dem der Schätzfehler erkannt wird. Wir würden dann 200,– DM in den letzten fünf Jahren abschreiben. Diese Methode verrechnet in den ersten fünf Jahren 1.250,– DM und danach nochmals 1.000,– DM, sie schreibt also auch mehr als den Anschaffungsbetrag ab. Zudem können die Jahre 1 bis 5 nicht so einfach mit den Jahren 6 bis 10 verglichen werden. Bei dieser Methode ist aber immerhin die Abschreibung in den letzten 5 Jahren ›richtig‹. Als richtig kann man das aber auch nur bezeichnen, wenn man als Maßstab die lineare Abschreibung über die tatsächliche Nutzungsdauer akzeptiert.

An diesem Beispiel sehen Sie: Die Kostenrechnung tut sich sehr schwer, solche nicht regulären Tatbestände abzubilden. Jeder Vorschlag, den Fehler für Kontroll- oder Vergleichszwecke zu korrigieren, verstößt gegen die Neigung der Kostenrechnung, Vergleichbarkeit im Zeitablauf zu sichern. Das Postulat der Vergleichbarkeit spielte lange in der Kostenrechnung eine zentrale Rolle – in einer Zeit, in der Kostendokumentation und Wirtschaftlichkeitskontrolle die zentralen Aufgaben der Kostenrechnung waren. Wenn Kostenrechnungen aber relevante Informationen für Entscheidungen liefern sollen, rückt diese Forderung völlig in den Hintergrund. Wir sehen an dieser Stelle bereits, daß die Prinzipien der Kostenrechnung zweckorientiert sind. Dieser Frage müssen wir uns später noch einmal näher widmen.«

»Mich interessiert in diesem Zusammenhang noch eine Frage: Wie soll man Abschreibungen bewerten?« will Herr Pekeloh wissen. »Warum schreiben Sie immer vom Anschaffungsbetrag ab? In unserem Unternehmen wird zunehmend diskutiert, diesen Wertansatz aufzugeben. Wenn wir die Abschreibungen über unsere Verkaufspreise verdienen, dann muß die Summe aller verdienten Abschreibungen – so die Meinung einiger meiner Kollegen im Controlling – ausreichen, um eine neue, gleich leistungsstarke Maschine zu kaufen. Dann sollten wir in einer Welt mit Inflation aber nicht vom Anschaffungsbetrag, sondern vom Wiederbeschaffungspreis abschreiben.« – »Diese Ansicht finden Sie in der älteren Literatur häufiger. Abgesehen von der Frage, von welchem Wiederbeschaffungspreis denn ausgegangen werden soll – dem im Kalkulationszeitpunkt oder dem, wenn die Anlage tatsächlich wiederbeschafft wird –, ergibt sich ein Grundsatzproblem: Welche Aufgabe hat eine Kostenrechnung eigentlich? Die Frage ist, ob eine Erfolgsrechnung über die Veränderung von Geldvermögen Auskunft geben soll – dann muß zu Anschaffungspreisen bewertet werden – oder ob eine Kostenrechnung Instrument der Substanzerhaltung bei Inflation ist.

Selbst wenn Sie sich für Substanzerhaltungsgedanken in der Kostenrechnung erwärmen können, taucht ein weiteres Problem auf: Nehmen Sie an, die Anlage wäre vollständig kreditfinanziert. Dann müssen die Abschreibungen doch nur ausreichen, die Kredite zu tilgen. Müssen Sie eine neue Anlage kaufen, nehmen Sie wieder einen Kredit auf. Sie haben dann keinen inflationsbedingten Schaden – höchstens Ihre Hausbank. Ein solcher Schaden kann bei Ihnen allenfalls auftreten, wenn Sie die Anlage eigenfinanzieren. Das über Abschreibungen zurückgewonnene eigene Geld wäre bei Inflation weniger wert als das in die Investition gesteckte Geld. Man könnte also allenfalls darüber diskutieren, ob für das Eigenkapital eines Unternehmens in der Kostenrechnung ein Inflationsausgleich verrechnet werden soll. Mit solchen Forderungen wird aber die Kostenrechnung überfrachtet. Das ist eine Frage der Gewinnverteilungspolitik, die man aus der Kostenrechnung raushalten sollte. Bei Inflation darf dann eben nicht der ganze nominelle Gewinn dem Unternehmen entzogen werden. Es müßte ein Teil als Inflationsausgleich einbehalten werden.

Das, was ich eben erklärt habe, kümmerte aber beispielsweise öffentliche Betriebe überhaupt nicht. Gemeinden verrechnen z.B. munter ihre Abwassergebühren auf der Basis von Wiederbeschaffungspreisen für ihre Anlagen und Rohrleitungen. Früher haben sie auch noch auf diese Wiederbeschaffungspreise Zinsen verrechnet. Und wenn sie sich dann auch noch mit der Nutzungsdauer verschätzt haben, wurde die oben beschriebene 1. Methode angewendet: Sie haben ihren Schätzfehler einfach nicht zur Kenntnis genommen und weiter abgeschrieben. Es gab dann eine Reihe von Bürgern, die sich diese Unverschämtheiten nicht mehr bieten lassen wollten. Die haben geklagt, und das Gericht in Münster hat ihnen 1995 zum Teil recht gegeben und einige der Rechnungstricks für unzulässig erklärt. Die Abschreibungen vom Wiederbeschaffungspreis wurden zwar nicht abgeschafft, wohl aber die Zinsen vom Wiederbeschaffungswert und die Abschreibungen für bereits voll abgeschriebene Güter. Auch die Bewertung zu Wiederbeschaffungspreisen ist betriebswirtschaftlich eigentlich falsch. Gemeinden sollen nach Gemeinwirtschaftlichkeit streben, und das schließt nominelle Gewinne aus. Eine Bewertung zu Wiederbeschaffungspreisen führt aber bei steigenden Preisen immer zu nominellen Gewinnen.«

Herr Ilke hält kurz inne und läßt den Blick über »sein« Auditorium schweifen, um dann fortzufahren: »Meine Dame und meine Herren, wenn ich im Augenblick in die Runde sehe, erkenne ich bei einigen etwas Verzweiflung, weil sie nicht mehr so recht folgen können. Sie haben recht, wir sind mit der letzten Diskussion etwas abgeschweift. Aber es geht auch gestandenen Betriebwirten, die das Gebiet der Kostenrechnung beherrschen, genau wie Ihnen: Sie stehen mitunter staunend vor dem, was sich bestimmte Leute alles einfallen lassen, um über Kosten hohe Preise zu begründen. Das sind letztlich Ausbeutungsveranstaltungen mit einer pseudo-betriebswirtschaftlichen Argumentation, vorgetragen von Leuten, die ihr Kostenrechnungswissen offenbar aus dem Readers Digest haben – wie einer meiner Kollegen das bezeichnet; sie verfügen über eine gesunde Halbbildung.«

Da war doch was ...?

1) Ist bei Investitionen mit einem Liquidationserlös zu rechnen, werden die kalkulatorischen Abschreibungen in der Kostenrechnung nur auf den Differenzbetrag zwischen Anschaffungsauszahlung und Liquidationserlös berechnet. Diese Vorgehensweise unterstellt implizit: Anschaffungsauszahlung und Liquidationserlös fallen gleichzeitig an, da die Kostenrechnung keine Zeitpräferenzen kennt.

2) Wird die Nutzungsdauer zu kurz geschätzt, gibt es eine Vielzahl von Korrekturmöglichkeiten:
   a. Weiter abschreiben wie bisher über die längere Nutzungsdauer.
   b. Abschreiben wie bisher und weitere Abschreibungen unterlassen, wenn die Anlage voll abgeschrieben ist.
   c. Gleichmäßige Verteilung des Restwertes auf die neue Restnutzungsdauer.
   d. Ab dem Zeitpunkt, an dem der Fehler entdeckt wird, wird mit der Abschreibung gearbeitet, die angefallen wäre, wenn die Nutzungsdauer sofort richtig geschätzt worden wäre.

   Alle Verfahren dürfen keinen Einfluß auf Entscheidungen haben, da die Abschreibungen nach dem Investitionszeitpunkt sunk costs sind. Die Verfahren können daher nur nach dem Kriterium der Vergleichbarkeit von Periodenergebnissen beurteilt werden.

3) Wird mit der Kostenrechnung auch der Zweck der Substanzerhaltung verfolgt, werden kalkulatorische Abschreibungen auf Wiederbeschaffungswerte berechnet. Dieses Vorgehen dürfte sich aber theoretisch nur auf den Teil der Anlagen beziehen, der eigenfinanziert ist.

13. Lektion:
Und wenn es nicht paßt, dann nimm den Hammer!
Kalkulatorische Zinsen.

»Das Investitionsbeispiel hat gezeigt, daß Investitions- und Kostenrechnungen zu sehr unterschiedlichen Ergebnissen führen können. Ein Grund liegt darin, daß die Investitionsrechnung Zinsen erfaßt, während wir bislang in der Kostenrechnung überhaupt keine Zinsen abgebildet haben. Das soll sich nun ändern. Die Kostenrechnung versucht, das in der Investitionsrechnung durch Zinsen und Zinseszinsen erfaßte Problem wiederum in vereinfachter Form abzubilden.

Die Begründung für zu verrechnende Zinsen wird in folgender Argumentation gesehen: Wenn Herr Felix beispielsweise den Schrank für 2.000,– DM anschafft, muß er sich zur Finanzierung diesen Betrag leihen und dafür Zinsen zahlen. Verfügt er über eigene Finanzierungsmittel, entzieht er sie durch die Investition einer anderen Verwendung. Er könnte das Geld beispielsweise langfristig in Finanztiteln anlegen. Durch die Sachinvestition muß er auf die Zinserträge verzichten. Über kalkulatorische Zinsen sollen diese Nachteile in der Kostenrechnung vom Prinzip her erfaßt werden.

Man könnte daher verlangen, die entgangenen Zinseinnahmen oder die getätigten Zinsausgaben in der Kostenrechnung abzubilden, ähnlich wie wir das mit den Anschaffungsausgaben der Investition über die Abschreibungen auch getan haben. Es müßte dann jeweils gefragt werden: Wie hoch ist der Kreditstand in einem Zeitpunkt und welche Zinszahlungen ergeben sich daraus? Zahlt Herr Felix den Kredit im Laufe der Zeit kontinuierlich zurück, sinken seine Zinszahlungen im Zeitablauf. Bei einer Finanzierung mit eigenen Mitteln versagt dieser Weg; man müßte fragen: Wieviel von den ursprünglich gebundenen 2.000,– DM sind zu bestimmten Zeitpunkten noch in dem Schrank gebunden? Wir müßten also auf das Kapitalbindungskonstrukt zurückgreifen.«

Felix erinnert sich: Es gibt mehrere Kapitalbindungshypothesen. Wenn aber die Kapitalbindung nicht zweifelsfrei zu bestimmen ist, ergeben sich für jede Hypothese andere Zinsen.

»Und noch ein Problem taucht auf«, fährt der Referent fort. »Die Kapitalbindung in unserem Schrank ändert sich im Zeitablauf. Der Schrank hat nach einem Jahr in unserer früheren Rechnung einen Restwert von 1.800,– DM, und am Ende des 2. Jahres ist er nur noch 1.600,– DM wert. Sinkt aber die Kapitalbindung im Zeitablauf, müßten wir in jedem Jahr mit einem unterschiedlichen Zinsbetrag in die Kostenrechnung gehen.

Unterschiedliche Zinsansätze in den einzelnen Jahren stören aber die Vergleichbarkeit der Erfolgsrechnung im Zeitablauf. Verläuft ein Jahr wie das andere, wie wir das vorher für die Kostenrechnung unterstellt haben, werden dennoch die Gewinne der einzelnen Jahre unterschiedlich ausfallen. Die Gewinne werden bei sonst gleicher Wirtschaftssituation in späteren Perioden steigen, weil die Zinsbelastung sinkt. Kostenrechner wollen diese Unterschiede beseitigen. Sie normalisieren daher die im Zeitablauf zu verrechnenden Zinsen auf einem Niveau, indem sie für die Zinsberechnung an das durchschnittlich gebundene Kapital anknüpfen. Im Durchschnitt der 10 Jahre ist in unserem Schrank ein Kapital von 1.000,– DM – das ist die Hälfte des Anschaffungsbetrags – gebunden. Kostenrechner verrechnen daher für den Schrank durchschnittliche kalkulatorische Zinsen von 100,– DM, wenn wir wieder einen Zinssatz von 10% zugrunde legen.

Wenn wir diese Zinsen in der Kostenrechnung bei der Frage erfassen, ob Herr Felix die Snacks in das Programm aufnehmen soll oder nicht, müssen wir fragen: Bei welcher Menge erreichen die Deckungsbeiträge von $0{,}15 \cdot x$ gerade die Summe aus Zinsen und Abschreibungen von 300,– DM? Als kritische Ausbringung errechnen sich $x = 300/0{,}15 = 2.000$ ME. Sie erinnern sich, die Investitionsrechnung führte uns zu einer kritischen Menge von 2.170 ME, während sich ohne die Zinsen in der Kostenrechnung 1.333,33 ME ergaben.

Die Unterschiede zwischen Kosten- und Investitionsrechnung sind mit den kalkulatorischen Zinsen zwar nicht mehr so groß wie das vorher der Fall war, aber dennoch signifikant.«

»Wie müßten wir den Zinseffekt in der Kostenrechnung berücksichtigen, wenn wir nach 2 Jahren über die Frage nachdenken, ob Herr Felix seinen Schrank zu 1.000,– DM verkaufen und die Snacks aus seinem Programm streichen soll?« will Frau Schulte wissen.

»Die Antwort auf diese Frage ist, glaube ich, nicht schwer zu finden«, so Herr Arnold. »In unserer früheren Rechnung hatten wir einen Nachteil von 125,– DM, wenn wir die Snacks weiterhin verkaufen, der sich ergab, wenn wir den Liquidationserlös über die 8 Jahre verteilten. Unter Berücksichtigung von Zinsen haben wir noch einen weiteren Nachteil zu tragen: Wir müssen auch auf die Zinsen auf den Liquidationserlös verzichten. Ich würde daher als Zinsnachteil 10% auf 1.000,– DM, also 100,– DM ansetzen und dann x wie folgt bestimmen:

$125 + 100 = 0{,}15 \cdot x$.

Hat jemand einen Taschenrechner und teilt mal schnell 225 durch 0,15?«

Herr Pekeloh, der alte Seminarhase und gute Kopfrechner, hat diese Rechnung bereits durchgeführt: »Da kommen genau 1.500 ME heraus.« – »Sie erinnern sich, die Investitionsrechnung kam im gleichen Fall auf 1.250 ME. Es wäre wiederum reiner Zufall, wenn beide Rechnungen zum gleichen Ergebnis kämen«, erklärt der Seminarleiter.

Herr Pekeloh: »In unserem Betrieb verrechnen wir die Zinsen überhaupt nicht getrennt nach verschiedenen Objekten, wie wir das gerade mit dem Schrank getan haben, sondern wir bestimmen die kalkulatorischen Zinsen global für den gesamten Betrieb.« – »Können Sie erklären, wie Sie das machen?« fragt der Seminarleiter. »Das Prinzip«, so Herr Pekeloh, »ist ganz einfach, die konkrete Durchführung schon schwieriger. Wir sehen uns unsere Bilanz auf der Aktivseite an und gehen die Vermögenspositionen durch. Bei dieser Durchsicht versuchen wir zu hinterfragen, ob ein bestimmter Vermögensgegenstand im Anlage- oder im Umlaufvermögen dem Betriebszweck dient. Wir produzieren Wurst, und nur Vermögensgegenstände, die für diesen Zweck benötigt werden, beziehen wir in die Zinsberechnung ein.« – »Warum geht nur dieses Vermögen in die Rechnung ein?« hinterfragt der Seminarleiter. – »Die Kostenrechnung, die wir anstellen, soll uns doch die Frage beantworten, welche Kosten wir für unsere originären Leistungen, die Würste, haben. Folglich ist beispielsweise eine Kapitalbindung in Finanzanlagen nicht betriebsnotwendig und gehört nicht in die Kostenrechnung«, ergänzt Herr Pekeloh.

»Das Prinzip ist gut erklärt«, äußert sich der Seminarleiter lobend. »Und wo liegen die Schwierigkeiten, von denen Sie sprachen?« – »Wir geraten uns bei manchen Positionen in unserem Betrieb immer in die Haare. Unser Werkmeister z.B. hat auf dem Werksgelände eine Wohnung, und er hat die Aufgabe, abends auch das Werksgelände ein bißchen zu beaufsichtigen. Gehört das nun zum Betriebszweck oder nicht? Darüber bestehen unterschiedliche Ansichten. Manchmal haben wir auch die Situation, daß wir uns völlig einig darüber sind, daß ein Gegenstand zum Betriebsvermögen gehört (z.B. eine Fertigungsanlage); aber es kommen Diskussionen darüber auf, ob wir einfach den Bilanzwert übernehmen sollten. In der Bilanz schreibt man häufig nach anderen Prinzipien ab als in der Kostenrechnung. Wird z.B. die degressive Abschreibung in der Finanzbuchhaltung gewählt, ist die Kapitalbindung in der Bilanz aus Kostenrechnungssicht zu gering. Es muß dann aufgewertet werden, um zu der Kapitalbindung zu kommen, die sich kostenrechnerisch ergeben würde.«

»Die Schwierigkeiten bei der Ableitung der globalen Zinsberechnung sind, glaube ich, sehr treffend beschrieben worden«, resümiert der Seminarleiter, und Herr Pekeloh errötet leicht. »Die Folge daraus ist: Bei der

Kostenart Zinsen gibt es immer ein gewisses Unsicherheitspotential. Man kann sich bei Zinsen in der Kostenrechnung immer darüber streiten, ob dieses oder jenes Vorgehen ganz korrekt ist. Es gibt – wie so oft in der Kostenrechnung – keine objektiv richtige Lösung.

Der Unterschied zwischen der objektbezogenen und der globalen Ermittlung der Zinsen liegt im Kern darin, daß bei der globalen Form Gemeinkosten für den Gesamtbetrieb bestimmt werden; bei der objektbezogenen Ermittlungsart haben wir es hingegen mit Einzelkosten des Objekts – unseres Schranks – zu tun. Diese kalkulatorischen Zinsen des Schranks sind allerdings Gemeinkosten für alle Produkte, für die der Schrank eingesetzt wird. Wie Sie in unseren Entscheidungsrechnungen gesehen haben, haben wir auf die Verteilung dieser Gemeinkosten auf die einzelnen Mengeneinheiten verzichtet; wir haben sie als sprungfixe Kosten behandelt, die an die Investitionsentscheidung geknüpft sind.«

»Eines interessiert mich noch im Zusammenhang mit den Zinsen«, wirft Herr Arnold ein. »In unserem Betrieb streiten wir uns immer fürchterlich über den Zinssatz.« – »Das ist auch eine der schwierigsten Fragen, dazu werden Sie in der Kostenrechnungsliteratur auch keine einheitliche Meinung finden«, erklärt der Referent. »In der Praxis ist es leider so, daß nicht nur ein Zinssatz existiert. Habenzinsen und Sollzinsen unterscheiden sich. Meistens ist es auch noch so, daß die Zinsen von der Laufzeit von Krediten oder Finanzanlagen abhängig sind. Für längerfristige Anlagen erhält man meistens bessere Zinsen. Sie finden dann die Auffassung, einen mittleren, durchschnittlichen Satz zu verwenden; andere empfehlen die Zinsen für langfristige Kredite, da der Betriebszweck auch langfristig verfolgt wird. Wieder andere – die, die Kostenrechnung für Entscheidungszwecke einsetzen wollen – empfehlen, denjenigen Zins zu nehmen, der für die letzte aufgenommene Mark gezahlt wurde oder den man für die letzte am Finanzmarkt angelegte Mark erhält. Diese Bewertung folgt der wertmäßigen Kostenkonzeption. Welchen Wertansatz wir wählen, hängt letztlich vom Zweck der Kostenrechnung ab. Aber zu diesem Thema kommen wir in der nächsten Lektion.

Eines sollte bei den kalkulatorischen Zinsen deutlich geworden sein: Sie haben mit den Zinszahlungen, die wir leisten oder empfangen, nichts zu tun. Die gezahlten Zinsen beziehen sich beispielsweise nur auf die aufgenommenen Kredite. Wenn wir aber das betriebsnotwendige Vermögen bestimmen oder nach der Kapitalbindung in einer Anlage fragen, dann spielt die Finanzierung des Vermögensgegenstands keine Rolle. Gleichgültig, ob wir unseren Schrank aus eigenen Mitteln finanzieren oder Kredite aufnehmen, verrechnen wir in der Kostenrechnung Zinsen. Von der Bilanz her gesehen verrechnen wir dann auch Zinsen auf Eigenkapital. Als Begründung wird angeführt: Würden wir die eigenen Mittel nicht im Betrieb investieren, sondern in Finanztitel anlegen, dann erhielten wir Zinserträge, auf die wir verzichten müssen, wenn das Geld im Betrieb arbeitet. Dieser Nachteil soll in der Kostenrechnung berücksichtigt werden. Aus diesem Grund bezeichnen wir die Zinsen in der Kostenrechnung auch als kalkulatorisch. Damit wird angedeutet, daß es sich nicht um die effektiven, finanztechnischen Zahlungen handelt.«

Frau Schulte bemerkt: »Derartige Kosten, hinter denen letztlich keine Zahlungen stehen, gibt es doch auch sonst noch in der Kostenrechnung. Wir verrechnen z.B. für unsere eigenen Gebäude kalkulatorische Miete. Der Firmeneigentümer arbeitet bei uns auch noch mit, so daß wir uns dadurch das Gehalt eines Geschäftsführers ersparen. Dementsprechend verrechnen wir in der Kostenrechnung kalkulatorischen Unternehmerlohn.« – »Richtig«, sagt Herr Ilke. »Dadurch wird die Vergleichbarkeit der Kosten mit anderen Betrieben verbessert, die anders finanziert sind, Räume mieten oder einen angestellten Geschäftsführer haben. Gründe der Vergleichbarkeit sind es also, die zu derartigen kalkulatorischen Kosten führen.

Man muß nur aufpassen, daß man die Kosten nicht doppelt verrechnet. In den kalkulatorischen Raumkosten dürfen nicht noch einmal Zinsen auf das gebundene Kapital stecken, mit dem das Gebäude finanziert wurde. Man müßte dann das betriebsnotwendige Vermögen um die Kapitalbindung im Gebäude kürzen. Nur diese reduzierte Kapitalbindung ist für die Zinskosten anzusetzen. Die Zinsen für das Kapital im Gebäude sind Bestandteil der kalkulatorischen Mietkosten.

Die kalkulatorischen Kosten kann man aber auch über das Opportunitätsprinzip erklären: Angesetzt werden die Erlöse, die man aus der Vermietung der eigenen Räume erzielen könnte, wenn man sie nicht für das Unternehmen nutzen würde, bzw. das Gehalt, das der Unternehmenseigentümer erzielen könnte, wenn er als Geschäftsführer in einem anderen Unternehmen arbeiten würde.

Zu den kalkulatorischen Kosten möchte ich Ihnen noch eine Eselsbrücke mitgeben. Von den ungezählten Abkürzungen, die mir als Lernhilfe in meinem eigenen Studium dienten – die heutigen Studierenden müssen ja gar nicht mehr soviel auswendig-, sondern mehr auf Verständnis lernen –, ist mir nur KaWAMUZ in Erinnerung geblieben: kalkulatorische Wagnisse, Abschreibungen, Miete, Unternehmerlohn und Zinsen.«

Und wieder etwas gelernt...

1. Um die Eignung der Kostenrechnung für Vergleichs- und Entscheidungszwecke zu erhöhen, müssen Zinsen berücksichtigt werden. Zinsen sind dabei unabhängig von der Art der Finanzierung zu verrechnen; Fremdkapitalzinsen beruhen auf den für Kredite zu zahlenden Zinsen, Eigenkapitalzinsen auf dem Opportunitätsgedanken.

2. Die zu verrechnenden Zinsen für einen Vermögensgegenstand sind abhängig von dem in diesem Gegenstand gebundenen Kapital und ändern sich daher im Zeitablauf. Weil jede Kostenrechnung statisch ist, muß ein repräsentativer Zinsbetrag angesetzt werden. Man behilft sich damit, die Zinsen auf das durchschnittlich gebundene Kapital zu berechnen.

3. Das gebundene Kapital wird häufig für den Gesamtbetrieb, und nicht für einzelne Objekte bestimmt. In diesem Fall sind alle dem Betriebszweck dienenden Vermögensgegenstände zu selektieren und zu bewerten.

4. Über den anzusetzenden Zinssatz, mit dem das durchschnittlich gebundene Kapital zu multiplizieren ist, herrscht in der Literatur Uneinigkeit. Es stehen verschiedene Zinssätze zur Auswahl, z.B.:
   – Durchschnittszinssätze,
   – der Zinssatz für langfristige Kredite oder
   – der Grenzzinssatz.

5. Weitere kalkulatorische Kostenarten, die auf dem Opportunitätsgedanken beruhen, sind die kalkulatorische Miete und der kalkulatorische Unternehmerlohn. Bei diesen kalkulatorischen Kosten sind Doppelerfassungen zu vermeiden.

VI.
EIN ZUM VERSTÄNDNIS DER DINGE WESENTLICHER EXKURS

14. Lektion:
Zwei Wege trennen sich wegen unterschiedlicher Bewertungsansichten.

15. Lektion:
Faust und die Kostenrechnung.
Drei Seelen wohnen, ach, in meiner Brust!

14. Lektion:
Zwei Wege trennen sich wegen unterschiedlicher Bewertungsansichten.

»Wir müssen an dieser Stelle einmal innehalten und nach dem Sinn und Zweck der Kostenrechnung fragen. Indirekt haben wir diese Frage zwar schon gestreift, als wir uns darüber unterhalten haben, warum nicht die effektiven Zinszahlungen in der Kostenrechnung abgebildet werden. Es ist auch bereits angerissen worden, daß in der Bilanz anders bewertet wird, also mit anderen Abschreibungen als den kalkulatorischen gearbeitet wird. Wir haben auch gesehen, daß die Kostenrechnung sich von der finanziellen Unternehmensbetrachtung löst: Anschaffungsauszahlungen werden zeitlich anders verteilt, und es kommen auch Kostenwerte vor, denen überhaupt keine Ausgaben entsprechen. Denken Sie etwa an die Zinsen auf Eigenkapital oder kalkulatorische Mieten.

Das alles ist nur zu verstehen, wenn man nach dem Sinn der Kostenrechnung fragt. Die Aufgabe der Kostenrechnung ist nicht diejenige des offiziellen Rechnungswesens, das mit Aufwand und Ertrag rechnet und dessen Ergebnisse sich in der Bilanz und der Gewinn- und Verlustrechnung niederschlagen. Das offizielle Rechnungswesen hat zwar Ähnlichkeiten mit der Leistungs- und Kostenrechnung, da in beiden Rechnungen Ausgaben über die Zeit verteilt werden; beide arbeiten aber mit sehr unterschiedlichen Prinzipien für diese Verteilung und damit mit anderen Vorstellungen über die Bewertung der Vermögensgegenstände.

Ein erster Unterschied beider Rechnungen ist darin zu sehen, daß sie sich auf unterschiedliche Gegenstände beziehen. Das offizielle Rechnungswesen bezieht sich auf das gesamte Unternehmen, die Kostenrechnung dagegen erstreckt sich nur auf den engeren Betriebsbereich, in einem Industrieunternehmen z.B. auf die Leistungserstellung in der Produktion und die Leistungsverwertung. Die Kostenrechnung ist insoweit enger angelegt. Betrachtet wird nur der betriebliche Werteverzehr. Beide Rechnungen erstrecken sich damit auf unterschiedliche Bereiche. Die Aufwands- und Ertragsrechnung enthält damit von der Art her Verbräuche, die in der Kostenrechnung überhaupt nichts zu suchen haben. Wenn ein Unternehmen etwa neben der Produktion noch Spekulationsgeschäfte betreibt, versucht die Kostenrechnung, den betrieblichen Bereich davon abzugrenzen. Ein Faktorverzehr für Spekulationen wird aus dieser Rechnung herausgehalten. Man kann natürlich, wenn man will, getrennt vom Produktionszweck eine zweite spezielle Kostenrechnung für die Spekulationsgeschäfte aufbauen.

Die Kostenrechnung ist zudem bemüht, den normalen betrieblichen Werteverzehr abzubilden. Außerordentliche Einflüsse sollen aus dieser Rechnung herausgehalten werden. Brennt beispielsweise ein Gebäude des Betriebs ab oder entstehen wegen eines Defekts an einer Maschine sehr hohe Reparaturaufwendungen oder verliert das Unternehmen einen Prozeß gegen einen Zulieferer, sollen derartige einmalige Verwerfungen – auch wenn sie sich auf den Betrieb beziehen – aus der Kostenrechnung herausgehalten werden. Die Kostenrechnung egalisiert über die Zeit hinweg, so daß einmalige oder selten vorkommende Faktorverbräuche in der Kostenrechnung zeitlich geglättet werden sollen. Diese Forderung wird erhoben, um die Betriebsergebnisse im Zeitablauf besser vergleichen zu können. Ohne eine derartige zeitliche Glättung würden die Ergebnisse durch die sprunghaft auftretenden Ereignisse verzerrt.« Felix schweift gedanklich ab, träumt von einem spannenden Dasein als Feuerwehrmann. Herr Arnold fühlt seinen Blick bei dem Gedanken an Feuer magisch zu den roten Haaren von Frau Schulte hingezogen. Doch beiden ist keine Entspannung gegönnt:

»Die offizielle Rechnung muß diese Ereignisse aber gerade zeitgenau erfassen. Es kann im offiziellen Rechnungswesen beispielsweise nicht angehen, eine Maschine noch weiter zu führen, die abgebrannt ist. Der gesamte mit dem Brand entstandene Schaden muß in der Periode des Brandes in der Gewinnrechnung erscheinen, sonst würde sich ein Kaufmann in der Bilanz reicher rechnen als er ist. Wird beispielsweise zu irgendeinem Zeitpunkt ein drohender, unabwendbarer Verlust erkannt, der aber erst in kommenden Perioden tatsächlich eintritt, muß ein vorsichtiger Kaufmann diesen in der Bilanz antizipieren; er muß also bereits Aufwendungen verrechnen. In der Kostenrechnung werden derartige Risiken wieder über die Zeit verteilt.

Beide Rechnungsarten verteilen zwar den Faktorverbrauch über die Zeit; die Verteilungsprinzipien unterscheiden sich aber. Während die Kostenrechnung versucht, eine gleichmäßige Belastung der Perioden mit Abschreibungen zu erreichen, greift das offizielle Rechnungswesen auf andere Abschreibungsmethoden zurück. Finanziell wird beispielsweise eine degressive Abschreibung angewendet, während kostenrechnerisch häufig von linearer Abschreibung ausgegangen wird.

Ziel des offiziellen Rechnungswesens bzw. der Aufwands- und Ertragsrechnung ist es damit, ein realistisches und vorsichtiges Bild von der Vermögenslage des Unternehmens zu zeichnen. Die Kosten- und Leistungsrechnung will aber ein von Störungen befreites Betriebsergebnis bestimmen, das über die Zeit hinweg möglichst gute Vergleiche zuläßt. Wegen dieser völlig unterschiedlichen Zielsetzungen schlagen Kosten- und Leistungsrechnung einerseits und Aufwands- und Ertragsrechnung andererseits unterschiedliche Wege zur Behandlung des gleichen Grundproblems – der zeitlichen Abgrenzung des Faktorverbrauchs – ein.«

Felix hat Mühe sich zu konzentrieren: Mein offizielles Rechnungswesen sagt mir, daß nach dem Vorsichtsprinzip dringend Kaffee fällig ist, und die Investitionsrechnung scheut die hohen Auszahlungen nach jeder Vortragsperiode. Und wieder reißt der Seminarleiter ihn aus seiner Lethargie:

»Die Unterschiede beider Rechnungen kommen damit auch in den Bewertungsansätzen zum Ausdruck. Die Aufwands- und Ertragsrechnung knüpft strikt an die finanzielle Sphäre an. Nur was einmal zu Zahlungen geführt hat oder führen wird, kann zu Aufwand werden. Diese strikte Kopplung besteht in der Kostenrechnung nicht. Da sie für die Erfolgsabgrenzung keinen offiziellen Normen folgen muß wie die Bilanz, ist jeder in dieser Rechnung frei, zweckorientiert mit anderen Wertansätzen zu arbeiten. So werden z.B. aus Vergleichsgründen Kosten auf das Eigenkapital verrechnet. In der Kostenrechnung erscheint der kalkulatorische Unternehmerlohn als Äquivalent für die vermiedenen Ausgaben, wenn die Führungsaufgabe auf einen bezahlten Manager übertragen wird. Auch für eigene Räume werden kalkulatorische Mieten verrechnet. Dem Opportunitätsprinzip folgend werden u.U. – wenn es die Art der Rechnung erzwingt – Grenzausgaben oder Grenzeinnahmen für die Bewertung angesetzt. In den Kosten sind dann Bestandteile des pagatorischen Gewinns enthalten. In der Aufwandsrechnung findet ein solches Vorgehen keine Entsprechung.

Typisch für die Kostenrechnung ist: Sie muß zweckorientiert gestaltet werden. Damit gibt es für die Kostenrechnung keine einheitlichen, durchgängigen Prinzipien, sondern getreu dem Prinzip von Machiavelli ›Der Zweck heiligt die Mittel‹ arbeitet die Kostenrechnung nach dem Grundsatz: Sage mir, was Du mit der Rechnung anstellen willst, d.h., welchem Zweck sie dient, und ich sage Dir, welche Gestaltungsprinzipien sinnvoll sind.«

Jedem Zweck sein Mittel ...		
	Bilanzielles RW	**Kostenrechnung**
Ziel:	realistisches und vorsichtiges Bild der Lage des Unternehmens	Unterstützung von Entscheidungen, Vergleich von Betriebsergebnissen
Gegenstand:	Gesamtunternehmen	Betriebsbereich
a.o. Einfluß:	zeitgenaue Erfassung, Vorsichtsprinzip	zeitliche Glättung
Bewertung:	offiziell geregelt	ausgabenorientiert, Berücksichtigung von Opportunitätskosten, andere Abschreibungsmethoden

15. Lektion:
Faust und die Kostenrechnung.
Drei Seelen wohnen, ach, in meiner Brust!

»Meine Damen und Herren! Sie kennen sicher Faustens Problem: ›Zwei Seelen wohnen, ach, in meiner Brust ...‹. Er diente mehreren Herren, und sein Verhalten wurde zwiespältig. Kostenrechner haben die gleiche Gefühlslage. Nur sind sie gleich dreispältig: Sie dienen drei Herren. Um einem Herren zu dienen, muß die Kostenrechnung nach bestimmten Prinzipien aufgebaut sein. Gerade diese Prinzipien stören dann aber u.U., wenn die Kostenrechnung einem anderen Herren dienen soll. Die Kostenrechnung ist daher nicht nach einheitlichen Prinzipien aufgebaut. Und das ist für den Laien zunächst leicht verwirrend. Es muß daher immer gefragt werden, für welchen Zweck die Informationen der Kostenrechnung eingesetzt werden sollen, um eine geeignete Aufbereitung der Kosten vorzunehmen. Werden zweckfremde Aufbereitungsformen gewählt, kann die Kostenrechnung ihre spezielle Aufgabe nicht erfüllen. Welches sind nun die drei Hauptzwecke der Kostenrechnung?

– Die Kostenrechnung soll Informationen zur Unterstützung von Entscheidungen liefern. Diesen Zweck haben wir bereits sehr intensiv kennengelernt. Wir haben z.B. erkannt, daß eine Aufbereitung der Kosten nach der finalen Interpretation des Verursachungsprinzips zu

völlig ungeeigneten Kosteninformationen führt, wenn es um Entscheidungen geht. Wir haben auch bei der Diskussion unterschiedlicher Entscheidungssituationen gelernt, die Kosten situationsspezifisch richtig aufzubereiten. Beispielsweise müssen sprungfixe Kosten als Sprung in den Rechnungen erfaßt werden und dürfen nicht proportionalisiert werden. Würden wir die Kostensprünge bei einer Investition – wie dem Schrank von Herrn Felix – irgendwie auf die Verkaufsmengen an Snacks verteilen, wäre es unmöglich, die kritischen Mengen zu bestimmen, die wir berechnet haben.
Mit diesem Zweck verträgt sich dann der Grundsatz der zeitlichen Egalisierung z.T. schlecht. Beispielsweise muß mit aktuellen und nicht mit Durchschnittspreisen der Faktoren gearbeitet werden. Die Egalisierung ist hingegen belanglos, wenn sie sich auf Kosten bezieht, die in einer Entscheidungssituation fix sind.

- Die Kostenrechnung soll der Erfolgsermittlung und Erfolgskontrolle für den betrieblichen Bereich oder auch für Teilbereiche des Betriebs dienen. Mit ihrer Hilfe soll es zudem möglich sein, die Wirtschaftlichkeit des Verhaltens zu überprüfen. Gerade dieser Zweck verlangt nach der zeitlichen Egalisierung und Normung des Faktorverbrauchs, sonst stören einmalige oder selten auftretende Phänomene den Vergleich. Ein Grundprinzip für diesen Zweck ist daher die Normalisierung des Faktorverbrauchs und die Normalisierung der Bewertung. Der Vergleich wird gestört, wenn von einer Periode zur nächsten mit unterschiedlichen Rohstoffpreisen gearbeitet wird. Die Kostenrechnung versucht daher, die Preisschwankungen im Zeitablauf zu glätten. Um in bestimmten Verantwortungsbereichen eine Abweichungsanalyse der Kosten durchführen zu können, muß daher der normale, bei einer Beschäftigung zu erwartende Faktorverbrauch bestimmt werden. Streuungen um diesen Verbrauch werden in der Kostenrechnung nivelliert. Die Kostenrechnung arbeitet gewissermaßen mit einem Durchschnittsverbrauch bei einem definierten, hohen Wirtschaftlichkeitsgrad. Nur systematische Abweichungen von diesem geplanten Durchschnitt werden in Wirtschaftlichkeitsanalysen auf ihre Ursachen hin untersucht. Unwirtschaftlichkeiten sind systematische Abweichungen von der Norm. Rein zufällige Schwankungen des Verbrauchs werden in der Kostenrechnung nicht betrachtet.

Das kann aber zu Problemen führen, wenn es sich um nicht beherrschte Produktionsprozesse handelt. Unbeherrschte Prozesse lassen sich im Zeitablauf nicht oder nur begrenzt reproduzieren. Beispielsweise kann die Menge guter Ausbringung zufällig im Zeitablauf schwanken. Dann schwankt der Faktorverbrauch je Mengeneinheit guter Ausbringung auch zufällig. Das Problem müßte dann vielleicht gerade darin bestehen, die Schwankungen in den Griff zu bekommen; denn nicht alles, was wie Zufall aussieht, ist zufällig. Vieles läßt sich durch geschickte Prozeßeinstellung durchaus noch steuern. Auf derartige Entscheidungssituationen ist aber die Kostenrechnung nicht eingestellt. Sie erfaßt nur den durchschnittlichen Verbrauch bei einer mittleren Ausschußquote. Mit der kontrollorientierten Kostenrechnungssicht verträgt sich die finale Interpretation des Verursachungsprinzips. Viele Kontrollrechnungssysteme basieren daher auch auf der finalen Variante. Nur müssen dann im Zeitablauf immer die gleichen Verteilungsschlüssel angewendet werden, weil es sonst zu Unvergleichbarkeiten kommt. Die Verteilung der Kosten macht dann zwar Fehler, aber im Zeitablauf immer die gleichen, so daß die Differenzen von einer zur nächsten Periode durchaus Rückschlüsse auf Unwirtschaftlichkeiten zulassen.

– Kosten müssen dokumentiert werden, d.h., man muß festhalten, welche Kosten für bestimmte Leistungen angefallen sind, um die Berechtigung für geforderte Preise nachzuweisen. Das galt beipielsweise früher im Krankenhaus, als die Pflegesätze noch vollständig an die Selbstkosten gebunden waren. Das gilt aber auch bei der Kostenerstattung für öffentliche Aufträge oder bei der Berechnung kommunaler Gebühren. In der Kostenrechnung von Krankenhäusern tauchen daher grundsätzlich nur Faktorverbräuche auf, die zu Zahlungen führen. Es geht bei diesen Rechnungen darum, die auf eine Periode verrechneten Zahlungen zu dokumentieren.

Eine beanspruchungsorientierte Kostenverteilung nach der finalen Interpretation des Verursachungsprinzips ist mit dem Zweck der Kostendokumentation vereinbar, denn kostenorientierte Preise erzwingen eine Kostenverteilung.

Ein Unternehmen muß sich entscheiden, für welchen dieser Zwecke sie das Kostenrechnungssystem aufbauen will. Das ist dann seine Grundrechnungsart. Für diesen Zweck können aus der Kostenrechnung unmittelbar die Informationen übernommen werden. Für andere Sonderzwecke müssen sie u.U. erst neu aufbereitet werden.

Neben diesen drei Kostenrechnungszwecken werden der Kostenrechnung u.U. noch weitere Zwecke zugeordnet. Wir haben einen dieser Zwecke bereits mit Herrn Pekeloh diskutiert. Er wollte auch die Substanzerhaltung zum Zweck der Kostenrechnung machen.«

Die Hauptsache ist der Zweck ...

1) Entscheidungsunterstützung: Ermittlung der relevanten Kosten nach der kausalen Interpretation des Verursachungsprinzips; keine Glättung und Egalisierung variabler Kosten. Keine Durchrechnung von Gemeinkosten auf Kostenträger.

2) Erfolgsermittlung, Vergleich, Kontrolle: zeitliche Normalisierung einmaliger Phänomene, Glättung externer Einflüsse; finale Interpretation des Verursachungsprinzips führt zwar zu Fehlern – aber im Zeitablauf immer zu den gleichen, so daß aus Kostendifferenzen gewisse Rückschlüsse auf die Wirtschaftlichkeit gezogen werden können.

3) Dokumentation: z.B. im Krankenhaus und bei öffentlichen Aufträgen. Ein Kostennachweis erzwingt immer die Durchrechnung aller Kosten auf die Kostenträger, um zu kostenorientierten Preisen zu gelangen.

VII.
ZUSÄTZLICHE INDUSTRIELLE KOSTENPROBLEME

16. Lektion:
Chronik des Unternehmens F.S. Felix.
Der Weg in die Komplexität.

17. Lektion:
Die Schnapsfabrik. Verrechnung innerbetrieblicher Leistungen. Soll man Overheads umlügen?

16. Lektion:
Chronik des Unternehmens F.S. Felix.
Der Weg in die Komplexität.

Am Abend erhält Felix einen Anruf seiner Frau. Das Seminar ist für ihn erst einmal zu Ende. Er muß aus familiären Gründen nach Hause fahren. Der Referent sagt ihm aber zu, er dürfe im nächsten oder übernächsten Jahr an dem gleichen Seminar kostenlos teilnehmen. Felix bedankt sich beim Referenten, steigt in sein japanisches Auto und denkt auf dem ganzen Heimweg über das Gelernte nach.

Als er aus dem Seminar nach Hause kommt und etwas traurig ist, weil er nicht bis zum Schluß bleiben konnte, überrascht ihn seine Frau Ingrid mit einer tollen Idee: »Warum soll es nur Großmutter Hellmann sein, deren Mayonnaise Unternehmenserfolg bringt?« erklärt sie ihm. »Ich mache doch bisher für den Hausgebrauch ein Speiseeis aus Rumpflaumenmus, und dieses Eis kommt auf unseren Familienfesten doch ausgezeichnet an. Ich habe letzte Woche herumexperimentiert und eigentlich mehr durch Zufall eine Rezeptur gefunden, die dem Eis bislang ungewohnte Eigenschaften gibt: Das Eis bleibt auch bei großer Kälte locker und zerläuft auch nicht, wenn es bis auf + 15 Grad erwärmt wird. Zudem schmeckt es hervorragend. Ich tue da keine Chemie rein; diese Eigenschaften erreiche ich allein durch ganz natürliche und dazu sehr preiswerte Zusätze. Ich habe diese Substanz ›Stabilisator X‹ getauft«, verkündet sie. Zur Demonstration der tollen Eigenschaften hat sie gleich eine Portion angefertigt und Felix vorgesetzt. »Warum nicht dieses Eis selbst produzieren und vermarkten?« so ihre Idee. »Zunächst könnten wir zu Hause kleinere Mengen testweise herstellen, in Becher abpacken und unter dem Namen ›Ingrids Eis‹ auf den Sportveranstaltungen anbieten. Du könntest dann den Zukauf von Eis einschränken. Sicher werden wir damit auch mehr verdienen als mit dem gekauften Eis.«

Felix ist begeistert; das Eis ist wirklich klasse. Nur der Name des Eises bereitet ihm noch Sorgen. Als Visionär kann er sich durchaus vorstellen, daß bei Erfolg des Eises mehrere Sorten angeboten werden, so daß zumindest die Geschmacksrichtung im Titel enthalten sein sollte, also etwa wie »Ingrids Pflaumeneis«.

Durch das Seminar ist er in Kostenrechnungsdingen um einiges klüger geworden; vor allem sind auch ihm zwei Ideen gekommen:

Zum einen will er künftig nicht nur Catering für große Sportveranstaltungen und dergleichen betreiben, sondern sein Geschäft auch auf private Festlichkeiten ausdehnen. Dazu will er weitere Getränke und vor allem Speisen aller Art in sein Programm aufnehmen. Herr Günther aus dem Seminar – der Hotelbesitzer – hat ihm angeboten, für ihn auch Festmenüs und kalte Platten zuzubereiten.

Im Seminar hatte ein Teilnehmer ein Buch eines Japaners mit, in dem Deutschland als »Dienstleistungswüste« bezeichnet wird. Deutsche – so stand da zu lesen – richten ihre Dienstleistungen nicht oder nur völlig unzureichend auf die Bedürfnisse der Kunden aus. Was sie bieten, hat weder etwas mit »Dienst« noch mit »Leistung« zu tun. Nach Einschätzung des Autors ist das nirgends auf der Welt so schlimm wie in Deutschland. Felix erinnert sich: »Deutsche gehen lieber zum Sozialamt als Kunden zu bedienen«, hieß es neulich im Wirtschaftsteil der Zeitung. »Das ist sicher leicht übertrieben«, denkt sich Felix, »aber es ist etwas Wahres dran.« Er nimmt sich deshalb vor, es anders – kundenorientierter und mit freundlichem Personal – zu machen.

Beispielsweise hatte er sich vor zwei Jahren bei seiner Geburtstagsfeier geärgert, daß sich seine Frau viel zuviel Fleisch, Salate usw. hatte aufschwatzen lassen. Vieles davon wurde eingefroren, und sie konnten zum allgemeinen Familienverdruß von dem Zeug noch wochenlang leben. »Man müßte eine flexiblere Mengenstrategie fahren«, denkt er sich. »Zunächst einmal nur kleinere Mengen anbieten und dann bedarfsweise nachproduzieren.« Außerdem hatte er sich seinerzeit auf der Party darüber geärgert, daß er ständig damit beschäftigt war, sich um das leibliche Wohl seiner Gäste zu kümmern, Getränke nachzuschenken usw. und keine Zeit für eine Unterhaltung mit den Gästen hatte. Deshalb will er gleich auf Kundenwunsch Servicepersonal bereitstellen. Er will auch einen Full-Service anbieten, der die Entsorgung der Reste vornimmt und gegebenenfalls die Wohnung wieder in einen bewohnbaren Zustand zurückversetzt. Auf Wunsch will er auch besondere Partyräume zur Verfügung stellen.

Zum zweiten soll die bei der Nachtübung aufgetauchte Idee mit der Kombination von Ver- und Entsorgung neben den privaten Feiern auch für die großen Veranstaltungen konsequent aufgegriffen werden. Für diese Veranstaltungen verhandelt er erfolgreich mit den Ausrichtern. Sie sind nicht nur bereit, ihm die Standgebühren zu erlassen, sondern zahlen ihm je nach Veranstaltungsgröße einen Betrag, wenn er die Gesamtentsorgung der Veranstaltung übernimmt.

Die Idee mit dem Eis wird ebenfalls gleich in die Tat umgesetzt: Bereits auf das nächste Sportfest nimmt er 100 eigene Eis in Öko-Bechern, die er bei der Firma von Herrn Müller – einem der Seminarteilnehmer – gekauft hat, mit. Diese Becher sind nicht aus Plastik, sondern bestehen aus Maisstärke und sind deshalb kompostierbar. Auch wenn mal ein Be-

16. Lektion

cher irgendwo in der Gegend liegenbleiben sollte, deckt Petrus über diese Schandtat nach kurzer Zeit mit einigen Regentropfen den Mantel des Vergessens; die Becher lösen sich auf und düngen die Erde. Die Becher haben die gleiche Füllmenge wie das gekaufte Eis, und er verkauft sie zu 2,50 DM. Seine eigenen Produktionskosten veranschlagt er mit ca. 0,45 DM.

Das Produkt ist ein voller Erfolg. Die Becher finden reißenden Absatz. Da seine Frau immer nur eine begrenzte Menge herstellen kann, beschließt er nach sechs erfolgreichen Wochen, eine kleine Eisfabrik aufzubauen.

Er pachtet Teile einer in seiner Nähe pleite gegangenen kleinen Fabrik. Die Gebäude sind erst vier Jahre alt; das Unternehmen hatte sich finanziell übernommen. Er beschafft sich zunächst auf Leasingbasis die nötigen Produktionsanlagen wie Mischer, Rührer sowie Kühlschränke und baut einen kleinen Kühlraum als Endlager. Die Produktpalette wird sofort auf andere Fruchtkombinationen und mehrere Abpackformen erweitert. Seine Erwartungen bzgl. des Eiserfolgs hatten sich bewahrheitet. Den Vertrieb der Produkte will er durch seine Cateringfirma durchführen lassen. Außerdem gründet er auf seinem »Werksgelände« einen »Fabrikverkauf«, und er liefert Eis und Getränke in einem kleinen LKW auf Kundenwunsch an Privathaushalte. Er stellt sich einen 12-Stundenservice vor: Wer bis zum Abend seine Bestellung telefonisch durchgibt, wird bis zum Mittag des nächsten Tages beliefert. Im Werksverkauf können die eigenen Mitarbeiter Eis, aber auch alle anderen Artikel einkaufen, die im Cateringbetrieb benötigt werden. Er will diesen Verkauf auch für Dritte öffnen.

Sein Mut zahlt sich aus: Bereits nach einem Jahr beschäftigt er 20 Leute in seinem kombinierten Fertigungs-Catering-Entsorgungsunternehmen. Ein Teil der Leute ist auf Zeitbasis beschäftigt und wird sehr flexibel in den Geschäftsbereichen eingesetzt. Diese Leute werden von einem Vermittler bedarfsorientiert für die Produktion oder für das Catering bzw. für die Entsorgung angeheuert. Zusätzlich hat er zwei Handwerker für Reparatur- und kleinere Ausbauarbeiten im Werk und im Cateringbereich. Ein Disponent – Herr Antonius – übernimmt für die Eisproduktion die Materialdisposition und die Lagerbestandsverwaltung. Da er sonst zeitlich nicht ausgelastet ist, erledigt er die gleichen Aufgaben auch für das Catering. Außerdem hat er einen kombinierten Buchhalter/Controller – Herrn Sebastian – eingestellt, der alle Geschäftszweige betreut. Seinen Garagenbetrieb hat er aufgegeben, so daß der Wagen endlich wieder in die Garage gestellt werden kann. Alle Geschäftszweige arbeiten jetzt in dem gepachteten Gebäude.

Seine nächste Geschäftsidee ist auch schon da. Er will in Zukunft auch die Personalvermittlung selbst übernehmen. Er verspricht sich von einem eigenen Vermittlungsbüro Vorteile, da er davon überzeugt ist, in Zukunft noch sehr viel mehr qualifiziertes Personal flexibel für die unterschiedlichen Einsatzzwecke seines Geschäftes zu benötigen. Er hat längst erkannt: Eines der schlimmsten und kostentreibendsten Probleme im Dienstleistungssektor sind unproduktive Wartezeiten des Personals. Daher ist Vorplanung der Bedarfszeiten und bedarfsgerechte Bereitstellung des Personals besonders wichtig für kostengünstige Dienstleistungen. Er nimmt sich vor, über dieses Problem und eine sinnvolle Personalsteuerung in Zukunft noch intensiver nachzudenken. Insbesondere will er prüfen, ob er Kunden, die nicht spontan, sondern zeitlich vorgeplant Dienstleistungen in Anspruch nehmen, Preisvorteile gewähren soll.

Mit den Aufbauarbeiten ist Felix gut 1,5 Jahre beschäftigt gewesen. Sein Controller errechnet ihm einen ersten, durchaus respektablen Jahresgewinn. Herr Sebastian sagt ihm jedoch auch, er habe erhebliche Schwierigkeiten, die Frage zu beantworten, welchen Beitrag die einzelnen Aktivitäten des Unternehmens zum Gewinn leisten. Er könne z.B. nicht feststellen, was die Eisproduktion, das private Catering oder die Beschickung der großen Veranstaltungen einbringen. Unklar sei auch, ob sich die Entsorgung und der Werksverkauf sowie die Belieferung von Haushalten mit Eis und Getränken lohnen. Nachvollziehbar sei allein der Erfolg der Personalvermittlung, da dieser Zweig praktisch vollkommen getrennt von den übrigen Geschäftszweigen abläuft und alle Ressourcen getrennt sind.

Die Probleme resultieren nach Ansicht des Controllers einmal aus dem Leistungsverbund zwischen den Teilbereichen und zum zweiten aus dem flexiblen Personaleinsatz. »Chef! Bedarfsorientiert schieben Sie das Personal immer hin und her oder heuern fallweise Hilfskräfte an. Ich bin im Controlling nicht in der Lage, diese Bewegungen nachzuvollziehen. Ich kenne zwar die Gesamtausgaben, weiß aber häufig nicht, wofür sie getätigt werden. Es gibt auch noch ein weiteres Problem: Wenn ich beispielsweise die Frage beantworten soll, ob sich der Werksverkauf oder die LKW-Fahrten zu den Kunden lohnen, müßte ich für unser eigenes Eis und die Getränke innerbetriebliche Verrechnungspreise haben, die ich quasi als Einstandspreise für den Werksverkauf bzw. den LKW-Verkauf ansetzen kann und die gleichzeitig die Verkaufspreise für die Eisproduktion bzw. das Catering darstellen. Außerdem«, beschwert er sich, »kann ich auch nicht feststellen, wofür in der Produktion welche Kosten entstehen. Wir müßten eine Rechnung einführen, die uns differenziert nach Kostenstellen zeigt, wo das Geld bleibt.

Chef! Wir müssen dringend ran und unser Rechnungswesen verbessern! Bislang erfassen wir alles nur global für den Gesamtbetrieb. Das war richtig, als Sie in der Garage das kleine Cateringunternehmen betrieben haben. Für unsere derzeitige und künftige Situation ist das aber unzureichend. Wir bieten in letzter Zeit sehr differenzierte, kundenorientierte Leistungen an, können aber die Frage nicht beantworten, ob der anerkannt sehr hohe Qualitätsstandard unserer Produkte und Dienstleistungen für uns überhaupt vorteilhaft ist. Unsere Kunden sind zwar – höre ich immer wieder – mit uns außerordentlich zufrieden und sie kommen auch immer wieder zu uns, was für uns sicherlich sehr gut ist; aber Kundenzufriedenheit als Selbstzweck kann nicht der Sinn unseres Unternehmens sein. Wenn ich sehe, wie stark wir unsere Leistungen in letzter Zeit ausdifferenziert haben, dann brauchen wir dringend Informationen, bis zu welchem Grad es sich für uns auszahlt, immer mehr auf Kundenwünsche einzugehen und unsere Leistungen immer weiter zu individualisieren. Kunden können auf tausend Ideen kommen, hinterher will König Kunde Getränke einzeln oder auch Eis in zwei Portionen nach Hause gebracht bekommen. Wir müssen dann einfach wissen, ob wir darauf eingehen sollen oder nicht, bzw. welchen Preis wir für unsere individuelle Betreuung verlangen müssen, damit sich das Ganze auch für uns auszahlt. Der Kunde soll sicher seine Wünsche erfüllt bekommen, aber nicht zum Nulltarif. Wir brauchen ein Rechnungssystem, mit dem wir halbwegs sicher festlegen können, was wir für unsere Dienstleistungen mindestens haben müssen, damit sie sich für uns rechnen. Sie haben mir vor einiger Zeit auch die Frage vorgelegt, ob wir im Privatkundenbereich einen Preisnachlaß gewähren sollten, wenn uns die Kunden ihre Wünsche mit einer dreiwöchigen Vorlaufzeit bekannt geben. Chef, unser Rechenwerk reicht aber nicht aus, diese Frage zu beantworten.«

Felix ist sichtlich gerührt, daß er der »Chef!« ist, und sehr beeindruckt von dem Monolog seines Controllers: »Das sehe ich ein. In der Aufbauzeit des Unternehmens ist die Abbildung unserer Tätigkeiten im Rechnungswesen sehr stiefmütterlich behandelt worden. Hier muß etwas geschehen. Wir können uns im Augenblick aber kein weiteres Personal leisten; das gibt die Gewinnlage einfach nicht her.« – »Chef! Das ist es ja gerade, was ich meine«, erwidert der Controller. »Wir haben z.B. bei Eis 10 Sorten, die wir in je 4 Verpackungsformen anbieten. Für die privaten Veranstaltungen haben Sie aus eigenen schlechten Erfahrungen die Parole ausgegeben: Die Essensmenge wird zunächst einmal knapp bemessen; wenn es nicht reicht, produzieren unsere Hilfskräfte aus mitgebrachten Komponenten fallweise Nachschub. Das kommt bei den Kunden sehr gut an, wir wissen aber nicht, was uns das kostet. Vielleicht stehen wir vom Gewinn her gesehen besser da, wenn wir unser Leistungsangebot zurückfahren; vielleicht sollten wir die Kundenorientierung aber auch noch verbessern. Wir wissen einfach nicht, was sinnvoll ist. Ich habe neulich in einem Buch über ›Qualitätspolitik nach TQM‹ gelesen, man muß Kundenwünsche für den Kunden und für sich selbst erfolgreich erfüllen. Erfolgreich für den Kunden sind wir offenbar – aber sind wir auch erfolgreich für uns?«

»Herr Sebastian, ich habe da eine Idee. Wir sollten uns zunächst einmal Gedanken über unsere Materialströme machen und eine Graphik erstellen, aus der die Materialflüsse, aber auch unsere sonstigen innerbetrieblichen Dienstleistungen für Controlling oder Disposition erkennbar werden. Versuchen Sie das doch einmal. Schlagen Sie dabei auch gleich eine innerbetriebliche Gliederung für unsere Eisproduktion und das Catering vor!« – »Das will ich gerne machen; mein Problem ist nur, ich bin Controller und habe von den Abläufen in der Produktion und im Catering überhaupt keine Ahnung. Chef! Ich weiß nicht einmal, wie wir das Eis herstellen und welche Zutaten eingesetzt werden. Ich weiß nur, daß ihre Frau ein Geheimrezept hat und in der Mischerei ein Stabilisator X eingesetzt wird, der dem Eis die bemerkenswerten Eigenschaften verleiht.«

»Dann wird es aber Zeit, daß Sie sich mit den Abläufen vertraut machen. Wie wollen Sie ein Controlling von Prozessen durchführen, wenn Sie von den Prozeßabläufen überhaupt nichts verstehen? Gehen Sie zu Herrn Peter, unserem Meister, der wird Ihnen die Eisproduktion erklären.«

Herr Sebastian und Herr Peter verabreden sich, und Herr Peter erklärt die Fertigung: »In Mischbehältern von ca. 100 Litern Fassungsvermögen geben wir die Zutaten – Eier, Sahne, Zucker, Früchte und Stabilisator X – was das ist, weiß ich auch nicht, den bringt die Frau des Chefs immer in Tagesrationen vorbei«, flüstert Herr Peter. »Neuerdings experimentiert die Frau des Chefs übrigens damit herum, den Zucker im Eis zu streichen und statt dessen Bienenhonig von den regionalen Imkern dafür einzusetzen. Eine erste Probe unserer neuen Produktreihe habe ich vor einer Woche schon verkostet. Ein echter Brummer! Die Reihe soll übrigens den Namen ›Ingrids Bienen-Eis‹ tragen. Ach ja! Weiter im Produktionsprozeß. Wir geben dann Milch dazu und rühren das Ganze eine Zeitlang, um die Zutaten gut zu vermischen. Der Behälter wird dann von einer Maschine übernommen, die der Masse unter ständigem Rühren Wärme entzieht, bis die Masse nicht mehr flüssig ist, sondern einen leicht cremigen Zustand erreicht. Das geht ziemlich langsam und dauert etwa eine halbe Stunde. Machen wir das schneller, entstehen im Eis kleine Kristalle, was unsere Kunden nicht möchten. Dann kommt die Masse in eine Art Spritzmaschine, wird in die Verkaufsbehälter abgefüllt und anschließend palettiert. Das Eis hat dann eine Temperatur von etwa – 4 Grad und wird anschließend in großen Kühlschränken auf ca. –20 Grad schock-

16. Lektion

gefroren. Dann schieben wir die Paletten in unseren Kühlraum, aus dem wir die Waren für den Verkauf abgeben.«

Nach einer ausgiebigen Diskussion einigen sie sich, folgende Kostenstellengliederung der Eisproduktion vorzuschlagen:

1) Vorlager für die Rohstoffe,
2) Mischerei,
3) Wärmeentzug,
4) Abfüllen und Palettieren,
5) Gefriererei,
6) Endlager.

Jede dieser Kostenstellen erbringt einen genau abgrenzbaren Teil der Leistungserstellung. Die Kostenstellen entsprechen bestimmten Stufen des Materialflusses mit genau definierten Eingangs- und Ausgangszuständen der Produkte.

Herr Sebastian geht dann zu Herrn Antonius, dem Disponenten, dessen Aufgabe es ist, die Aufträge für den LKW-Verkauf und das Catering der Privatveranstaltungen anzunehmen. Für die Beschickung der großen Veranstaltungen ist er praktisch gar nicht tätig, er disponiert nur die Einkäufe. Er sagt: »Die Kommissionierung für die großen Veranstaltungen macht der Chef immer noch selber. Die Überlegungen, die man für die Zusammenstellung der Waren für die Großveranstaltungen und für das private Catering anstellen muß, sind auch sehr verschieden. Dafür sollten wir zwei Prozesse oder zwei Kostenstellen definieren.« Sie besprechen auch noch die sonstigen Aktivitäten und schlagen eine Kostenstelle für Recycling und eine weitere für die Verwertung der Reste bei z.B. Schweinemästereien vor. Den Werksverkauf gliedern sie in zwei Teile, den LKW-Verkauf und den Verkauf im eigenen Laden. Zu dieser Aufteilung entschließen sie sich, da Herr Antonius erklärt: »Die Arbeiten, die für den LKW-Verkauf und für den Verkauf im Laden anfallen, sind doch sehr unterschiedlich. Im Laden kommen die Leute einfach vorbei und kaufen sich spontan, was sie wollen. Bei den LKW-Verkäufen rufen sie einen Tag vor der Auslieferung an. Wir stellen die Bestellung dann aus dem Lager zusammen und bringen sie zum Kunden.«

Herr Sebastian überlegt sich dann noch, daß in der Verwaltung zwischen Controlling und Disposition unterschieden werden sollte. Herr Antonius gibt zwar auch noch zu bedenken, seinen Dispositionsbereich weiter aufzuteilen, da seine Tätigkeiten für Lagerdisposition, Annahme der Aufträge für das private Cateringgeschäft sowie Annahme der Aufträge für die LKW-Verkäufe doch sehr unterschiedlich seien: »Es handelt sich dabei im Grunde um drei völlig verschiedene Prozesse mit sehr unterschiedlichem Arbeitsaufwand. Beispielsweise muß im privaten Cateringgeschäft sehr intensiv beraten werden, um die Art der zu liefernden Artikel nach Art und Menge genau zu bestimmen. Beim LKW-Vertrieb entfällt diese Beratung völlig; die Kunden wissen genau, was sie wollen, und geben kurz telefonisch ihren Auftrag durch. Für diese Kunden haben wir eine eigene Telefonnummer, und die Aufträge werden von einem Anrufbeantworter aufgezeichnet; der Kunde kann dann bei Tag und Nacht ordern. Die Lagerüberwachung und Bestelldisposition ist wiederum eine völlig andere Art von Tätigkeiten.« Herr Sebastian ist aber der Ansicht, daß das Geschäft im Augenblick noch zu klein ist, um mit drei Kostenstellen bzw. drei Prozessen in der Disposition arbeiten zu können.»Außerdem lassen sich die Prozesse im Augenblick von den Ressourcen nicht richtig trennen, da Sie, Herr Antonius, diese Prozesse gemeinsam betreuen.« Sie merken sich diesen Aspekt aber für spätere Verbesserungen vor.

Die Herren Sebastian, Peter und Antonius setzen sich am Wochenende zu einem gemütlichen Bierabend zusammen, um für ihren Kostenstellenvorschlag den innerbetrieblichen Leistungsaustausch schematisch darzustellen. Sie einigen sich nach einigen Diskussionen auf folgende Darstellung:

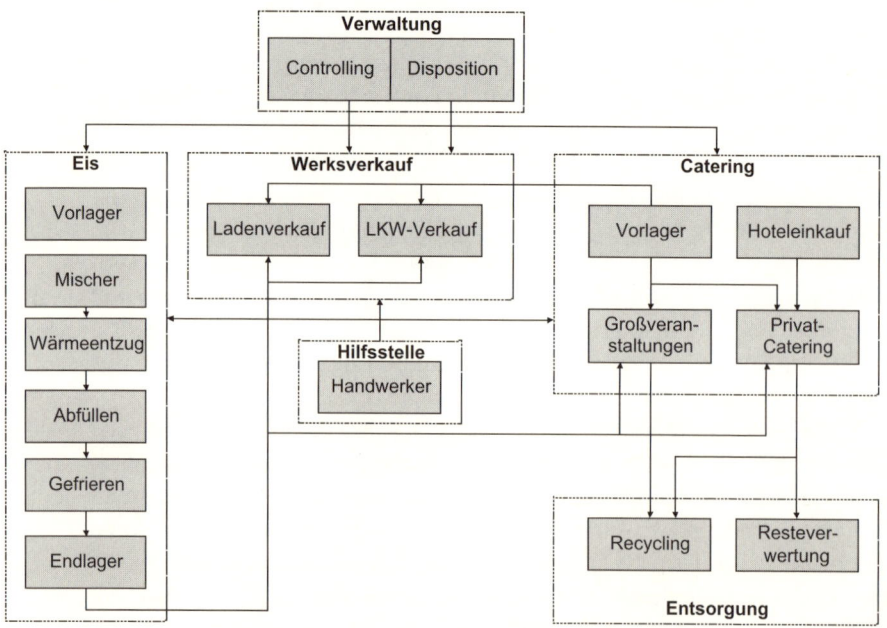

16. Lektion

Es werden 6 Kostenstellenbereiche unterschieden:

1) Verwaltung mit zwei Stellen
2) Eisproduktion mit sechs Stellen
3) Werksverkauf mit zwei Stellen
4) Catering mit vier Stellen
5) Entsorgung mit zwei Stellen
6) Hilfskostenstelle für die beiden Handwerker

Durch Pfeile deuten sie an, welche Stellen von anderen Produkte oder Dienstleistungen empfangen. Sie einigen sich darauf, dem Chef vorzuschlagen, möglichst viele Kosten als Einzelkosten der Stellen oder der Produkte dieser Stellen zu erfassen.»Das geht bei der Kostenstelle ›Hoteleinkauf‹ besonders leicht«, meint Herr Sebastian.»Da müssen wir nur die entsprechenden Rechnungen aussondern.« Einfach ist auch die Zuordnung der Material- und Verpackungskosten für die Eisproduktion. Auch die Zuordnung der Materialkosten für die beiden Cateringarten sehen sie als unproblematisch an. Das meiste Personal können sie bestimmten Stellen direkt zuordnen. Für das Personal, das für mehrere Stellen arbeitet, schlagen sie vor, die Zeitanteile grob zu erfassen, die für bestimmte Stellen aufgewendet werden.»Außerdem haben wir es bei den meisten Personalkosten leicht, da wir das Personal im Grunde immer stundenweise von unserer Personalvermittlung anheuern. Dadurch sind diese Kosten für uns nicht mehr fix, sondern variabel mit der bestellten Zeit.«

Für die Produktion finden sie es sinnvoll, in jeder Fertigungsstufe nur jeweils die zusätzlich erforderlichen variablen Kosten zu erfassen. Herr Peter hat aufgrund seiner Erfahrungen eine genaue Vorstellung davon, wie das Verhältnis zwischen dem Output einer Produktionsstufe und dem Output der folgenden Stufe ist:»In der Abfüllerei ist es so, daß wir von den 100 Kilo der Roheismasse hinterher nur 99,5 kg in den Bechern haben; der Rest geht verloren, bleibt in der Abfüllanlage oder dem Behälter hängen«, erklärt er.»Beim Wärmeentzug verlieren wir auch immer etwas Gewicht. Wenn wir die Mengenbeziehungen zwischen den Produktionsstufen und die zusätzlichen Kosten jeder Produktionsstufe kennen, sind wir dann leicht in der Lage, die variablen Kosten je kg Fertigeis zu bestimmen. Wir können auch alle Eissorten bis zur Abfüllanlage gleich kalkulieren, da die Einsatzstoffe fast identisch viel kosten. Erst ab der Abfüllung ergeben sich durch die Packungsgrößen sowie die unterschiedlichen Verpackungskosten und Gefrierkosten leichte Unterschiede. Zumindest die variablen Kosten für Material, Verpackung und Energie der 4 Packungsgrößen lassen sich damit recht einfach bestimmen. Bis auf die Kosten für Controlling, Disposition und die Handwerker bereiten uns auch die Gemeinkosten für die Eisfertigung keine Abgrenzungsprobleme«, ergänzt Herr Peter.

»Ein gewisses Problem sehe ich noch bei den Großveranstaltungen und der Stelle Recycling«, meint Herr Antonius. »Der Chef nimmt immer 3 verschiedene Sammelbeutel für Müll mit, um die Kunden den Müll gleich getrennt sammeln zu lassen. Durch diese Maßnahme hat er auf den Veranstaltungen hinterher viel weniger Müll. Die Reinigung geht dann schneller und kostet uns weniger. Unser Verkäufer sammelt zwischendurch auf den Veranstaltungen auch bereits die Dosen bei den Kunden ein. Bei welcher Kostenstelle sollen wir die Kosten für die Sammelsysteme erfassen?« Herr Sebastian schlägt vor, diese Kosten dem Recycling anzulasten: »Der Chef macht das doch nur für ein übergreifendes Denken bei Entsorgung und Versorgung. Durch diese Maßnahme sparen wir bei der Entsorgung, also lasten wir die Kosten auch der Entsorgung an.«

Sie sind sich einig, die Kosten weitgehend den Kostenstellen direkt zuordnen zu können. Am Schluß ihrer Besprechung stellen sie eine Liste der verbleibenden Problemfälle zusammen:

– Die Kosten für Handwerker, Controlling und Disposition können zwar als Einzelkosten dieser drei Stellen erfaßt werden; sie sind aber Gemeinkosten der 4 Tätigkeitsfelder. Man könnte diese Kosten als Overhead-Kosten aller vier am Markt tätigen Unternehmensteile ansehen und sie mit einem Schlüssel proportional zur zeitlichen Beanspruchung verteilen. Vielleicht sei es auch sinnvoll, die Verteilung ganz zu unterlassen, meinen sie. »Der Chef hält seit seinem Seminar nichts von dieser Verteilung«, meint Herr Sebastian. »Er hat mir einmal die wundersamen Ergebnisse seiner Nachtübung gezeigt.«

– Zu welchem Werksabgabepreis soll das Eis an das Catering und den Werksverkauf abgerechnet werden? Das gleiche Problem ergibt sich für die Cateringrohwaren, die im Werksverkauf veräußert werden. Ohne derartige Verrechnungspreise läßt sich kein Erfolg der einzelnen Geschäftszweige angeben.

– Bei der Eisproduktion mit starken saisonalen Absatzschwankungen sehen sie, daß die Produktionsmenge eines Jahres nicht zwingend mit der Absatzmenge übereinstimmen muß. Auch im Handelsteil können sich von einem zum anderen Jahr Bestandsveränderungen ergeben. Sie fragen sich, ob sie zum Ausgleich der Lagerbestandsänderungen das Gesamt- oder das Umsatzkostenverfahren für die Erfolgsrechnung vorschlagen sollen. Der Handelsteil des Unternehmens könnte ihrer Ansicht nach gut mit dem Umsatzkostenverfahren arbeiten, da sich alle Kosten grundsätzlich auf die umgesetzten Waren beziehen. Für den Produktionsteil des Unternehmens eignet sich dieses Vorgehen aber überhaupt nicht. Die Kosten der Fertigung beziehen sich immer auf die produzierten und nicht auf die abgesetzten Mengen. Werden in der Jahreserfolgsrechnung die gesamten Kosten nach Kostenarten differenziert geführt, ist es praktisch nicht möglich, den Anteil für die abgesetzten Waren abzusondern, falls mehr produziert als abgesetzt wird. Noch unangenehmer wird es, wenn das Lager abgebaut wird. Aus dem Rechnungswesen sind dann allenfalls die Gesamtkosten pro Stück für die Bestände bekannt, nicht aber die Anteile bestimmter Kostenarten an diesen Gesamtkosten.

Mit dieser Problemliste und dem Kostenstellenvorschlag geht Herr Sebastian zum Chef, um mit ihm darüber zu diskutieren. Felix studiert das Material und erinnert sich an sein Kostenrechnungsseminar. Dieses Beispiel mit dem Umlügen von Overheadkosten auf 4 Divisionen ist ihm lebhaft in Erinnerung. Mit den Schlüsseln haben die Controller in diesem Unternehmen den Gesamterfolg munter zwischen den Divisionen hin- und hergeschoben. Das will er nicht, das führt zu keinen verläßlichen Erfolgsgrößen. Ihm schwebt vor, seine 4 Geschäftsbereiche als echte Profitcenter zu führen. Das gelingt nur, wenn die 4 Bereiche weitgehend unabhängig voneinander sind. Das ist der Fall, wenn die Bereiche keine gemeinsamen Ressourcen haben, die sie sich teilen müssen. Die Eisproduktion, der Werksverkauf und das Catering sowie die Entsorgung sind in dieser Hinsicht weitgehend unabhängig voneinander, störend sind nur die Overheads der Herren Sebastian und Antonius. Er identifiziert mit dem Leistungsverbund zwischen Eisproduktion einerseits und Werksverkauf sowie Catering andererseits einen zweiten Störfaktor. Entsprechendes gilt auch für den Verbund zwischen Catering und Werksverkauf.

Die Frage mit den Lagerbestandsschwankungen hakt er geistig ab, denn er erinnert sich, vor diesem Problem früher bei Beständen in seiner Garage auch schon gestanden zu haben. Mit dem Problem, welches Verrechnungsverfahren angewendet werden soll, will er sich nicht näher beschäftigen, weil er das als nachrangig ansieht. Er sieht aber ein, daß das Umsatzkostenverfahren für den Fertigungsteil nicht anwendbar ist. Da sich die jährlichen Kosten für die Eisproduktion immer auf die Gesamtproduktion beziehen, kann die erforderliche Korrektur für die Erfolgsrechnung am einfachsten erfolgen, wenn die bewerteten Bestandsänderungen mit *einem* Wertansatz in der Rechnung erscheinen. Wurde mehr produziert als abzusetzen ist, sind die Erlöse um »Quasi-Erlöse« für Bestandsänderungen zu erhöhen. Wird beispielsweise 10% der Jahresproduktion nicht abgesetzt, werden 10% der gesamten Produktionskosten als Quasi-Erlös gegengerechnet. Wenn der Absatz aber größer ist als die Produktion, müssen die gesamten Produktionskosten um die Kosten für die Bestandssenkung erhöht werden.

Vordringlicher erscheint ihm die Frage, wie das Unternehmen in Kostenstellen oder Verantwortungsbereiche gegliedert werden soll. Es würde ihn lebhaft interessieren, ob der Vorschlag seiner Mannschaft sinnvoll ist. Da erinnert er sich an den Spruch im Grabstein des amerikanischen Großunternehmers Carnegie – leider aber nur noch sinngemäß – »Hier liegt einer, der nichts konnte, außer Aufgaben an die richtigen Leute zu delegieren«. Für dieses Kernproblem – die Unternehmensgliederung – weiß er sich zunächst keinen Rat und ruft daher den Referenten des Unternehmerseminars an, ob er ihm weiterhelfen könne. Zu seinem Erstaunen hört er, daß die 22. Wiederholung des Seminars in drei Wochen anstehe und daß noch ein Platz frei sei. Er solle doch Herrn Sebastian zum Seminar schicken und am besten an der zweiten Hälfte des Seminars, die ihm noch fehlt, auch selbst kostenlos teilnehmen. Gerade dieses Thema sei seinerzeit behandelt worden, als er das Seminar verlassen mußte. Felix ist der Meinung, nach der vielen Aufbauarbeit sei etwas Problementfernung sinnvoll, und entschließt sich, zusammen mit seinem Controller das Seminar zu besuchen. Er schickt dem Referenten den vorgeschlagenen Plan zur Kostenstellengliederung – vielleicht könnte man ja diesen Fall für die Diskussion verwenden.

17. Lektion:
Die Schnapsfabrik. Verrechnung innerbetrieblicher Leistungen. Soll man Overheads umlügen?

Zu seiner großen Freude sieht Felix, daß der Referent seinen Kostenstellenplan in die Seminarunterlagen aufgenommen hat. Der vierte Tag – sein erster – beginnt dann auch gleich mit dem Problem, das ihn im Augenblick am meisten interessiert.

Herr Ilke erklärt zunächst die Prinzipien der Kostenstellenbildung am Beispiel von Herrn Felix, und er äußert sich anerkennend über den Vorschlag. Er ergänzt nur, daß in großen Unternehmen Kostenstellen nicht allein nach dem Prinzip einer klaren Abgrenzung des Wertschöpfungsbeitrages oder des Materialflusses erfolgen, sondern daß für eine Kostenstelle auch immer ein Verantwortlicher vorhanden sein sollte, der diese Stelle steuert und überwacht. Gut findet er auch, daß die Stellen nach dem Prinzip einer leichten Zurechnung der Kosten gebildet wurden. Wenn dieses Prinzip angewendet wird, gibt es weniger gemeinsame Kosten für mehrere Stellen. Die Verrechnung innerbetrieblicher Leistungen wird damit leichter. Er äußert sich auch lobend darüber, daß in dem Vorschlag bereits Elemente einer prozeßorientierten Kostenrechnung zu erkennen sind und daß das System im dispositiven Bereich mit den drei möglichen künftigen Prozessen ausbaufähig sei: »Ein solcher Ausbau wird bei Ihnen sicher bald nötig werden, wenn ich mir das Tempo Ihrer Unternehmensentwicklung ansehe.« Überzeugend findet er auch den aus der Darstellung erkennbaren Versuch einer Separierung der Unternehmensbereiche. »Je stärker sich die Bereiche trennen, um so leichter wird es im Controlling, weil Sie sich dann in Richtung auf die heile Welt des Controlling bewegen.«

Dann wird erklärt, man könne mit zwei Denkstilen an die Verrechnung innerbetrieblicher Leistungen herangehen: »Der eine Stil ist das kostenorientierte Vorgehen; beim zweiten Denkstil werden die Geschäftsfelder durch zwischengeschaltete Märkte bzw. Marktpreise getrennt.

Beim kostenorientierten Denkstil geht es darum, entstandene Kosten auf die zu transferierenden Leistungen durchzurechnen. Hierbei lassen sich wieder zwei Vorgehensweisen unterscheiden: Bei der einen Vorgehensweise wird im Sinne der finalen Interpretation des Verursachungsprinzips versucht, alle Kosten – also auch die Gemeinkosten – auf die Kostenträger durchzurechnen. Beim zweiten Vorgehen findet die kausale Interpretation des Verursachungsprinzips Anwendung; es werden nur die variablen Kosten innerbetrieblicher Leistungen bestimmt.« Felix muß tief in seinen Erinnerungen kramen: final und kausal, da war doch was!

Herr Ilke fährt fort: »Die Durchrechnung der Gemeinkosten auf innerbetriebliche Leistungen ist mit den gleichen Problemen verbunden, die wir bereits bei der Diskussion des finalen Prinzips der Kostenverteilung kennengelernt haben. Genau wie bei den marktfähigen Leistungen hängt die Höhe der errechneten Stückkosten wieder von den Verteilungsschlüsseln ab. Weil wieder das Durchschnittsprinzip angewendet wird, sind diese Informationen für Dispositionszwecke ungeeignet. Diese Wertansätze eignen sich allenfalls dazu, innerbetriebliche Leistungen zu bilanzieren. Sie sind damit für die Zwecke, die Herr Felix verfolgen will, ungeeignet. Er möchte sehen können, was er mit seinen Marktleistungen verdient, und wie sich der Erfolg verändert, wenn er in den einzelnen Geschäftsfeldern mehr oder weniger absetzt. Für den Zweck von Herrn Felix kommen entweder nur variable Kosten innerbetrieblicher Leistungen oder das Marktkonstrukt in Betracht. Bevor wir auf diese Frage näher eingehen, wollen wir uns die möglichen Arten der Verrechnung innerbetrieblicher Leistungen ansehen.

Dafür wollen wir von folgendem, sehr einfachen Beispiel einer Kostenstellengliederung eines Industriebetriebes ausgehen: Wir haben zwei allgemeine Kostenstellen, eine für Verwaltung und eine für Vertrieb. In der Produktion existieren zwei Fertigungshauptkostenstellen. Diese Kostenstellen produzieren verkaufsfähige Erzeugnisse. Außerdem bestehen zwei Fertigungshilfskostenstellen; eine nimmt Reparaturarbeiten für Fertigung, Verwaltung und Vertrieb, aber auch für die Heizanlage vor. Die zweite Hilfsstelle produziert Heizenergie. Reparaturleistungen und Heizenergie sind die innerbetrieblichen Leistungen, die es zu verrechnen gilt. In unserem einfachen Beispiel unterstellen wir nur einseitige Leistungsbeziehungen. Hilfskostenstelle 1 liefert an 2, nicht aber auch 2 an 1. Im Beispiel erhält die Reparaturabteilung von keinem Leistungen – die Mitarbeiter müssen sich also im Winter etwas wärmer anziehen. Die Heizstelle erhält nur Leistungen von der Reparaturabteilung, alle anderen aber sowohl von der Reparaturabteilung als auch von der Heizung.

Wir wollen uns nur das Prinzip der Leistungsverrechnung ansehen und kein Beispiel rechnen. Das Prinzip kann ich Ihnen auch mit einer Zeichnung verdeutlichen:

17. Lektion

Kostenarten	Kostenstellen					
	Fertigungshilfsstellen		Hauptstellen		allgemeine Stellen	
	Reparatur	Heizung	1	2	Verwaltung	Vertrieb
Gemeinkosten Energie Versicherung Abschreibung:						
primäre GK	10.000	15.000				
Anbauverfahren			→x ——— x ——— x ——— x →x ——— x ——— x ——— x			
Stufenverfahren			→x ——— x ——— x ——— x ——— x →x ——— x ——— x ——— x			

In einem ersten Schritt müssen wir die Kostenarten entweder nach der finalen oder der kausalen Variante auf die Kostenstellen verrechnen. Für die variablen Einzelkosten der Stellen ist das überhaupt kein Problem. Für die Gemeinkosten aber müssen Schlüssel gefunden werden. Nach diesem ersten Schritt sind alle Kostenarten auf unsere 6 Kostenstellen aufgeschlüsselt. Diese Kosten nennen wir die primären Kosten einer Stelle. Nehmen wir an, auf unsere Reparaturabteilung entfallen 10.000,– DM und auf die Heizung 15.000,– DM.

In der zweiten Verrechnungsstufe müssen diese Kosten entsprechend den Leistungsanteilen bei den Hilfsstellen auf die allgemeinen und die Hauptkostenstellen verteilt werden. Häufig werden nur die Kosten der Fertigungshilfsstellen verrechnet, nicht aber die der allgemeinen Kostenstellen. Bei dieser Vorgehensweise sind am Ende des Verteilverfahrens die Kosten auf 4 Stellen aufgeschlüsselt. Die Kosten der allgemeinen Kostenstellen werden in diesem Fall über Zuschlagsätze auf die Marktleistungen verteilt. Die Verrechnung kann aber auch die Dienstleistungen der Verwaltungs- oder Vertriebsstellen einschließen. Wir wollen –

weil es uns nur ums Prinzip geht – lediglich die Kosten der Fertigungshilfsstellen verteilen.

Für die Verteilung gibt es mit dem Stufenleiterverfahren und dem Anbauverfahren prinzipiell zwei Abrechnungsarten.

Die einfachere Variante ist das Anbauverfahren. Dieses Verfahren verzichtet darauf, Teile der 10.000,– DM der Reparaturabteilung zunächst auf die Kostenstelle Heizung zu verrechnen. Die innerbetrieblichen Leistungen der Reparaturstelle für die Heizungsstelle werden für die Verrechnung gestrichen, und die primären Kosten der Reparaturabteilung werden z.B. nach dem Stundenanteil, den diese an Reparaturleistungen beansprucht haben, ausschließlich auf die Fertigungs- und die allgemeinen Kostenstellen verrechnet. Diese auf Stellen verteilten Kosten innerbetrieblicher Leistungen werden sekundäre Kosten genannt. In entsprechender Weise wird mit den 15.000,– DM Heizkosten verfahren. Dieses Verfahren verzichtet mithin darauf, Kosten von Hilfsstellen auf andere Hilfsstellen zu verteilen. Alle Kosten werden sofort den – in unserem Fall 4 – Endstellen zugeordnet.

Das Stufenleiterverfahren bezieht die innerbetrieblichen Leistungen, die Hilfsstellen von Hilfsstellen empfangen, mit in das Verrechnungsschema ein. Zunächst werden dann die Kosten der Reparaturabteilung proportional zur Stundenzahl auf die 5 übrigen Kostenstellen verrechnet. Nehmen wir an, die Abteilung Heizung erhält auf diese Weise 1.000,– DM der Reparaturkosten zugeteilt. Dann sind die primären Gemeinkosten von 15.000,– DM und die sekundären Gemeinkosten von 1.000,– DM – also zusammen 16.000,– DM – der Kostenstelle Heizung auf die 4 Endstellen zu verrechnen.

Beide Abrechnungsmethoden kommen natürlich im allgemeinen zu unterschiedlichen Anteilen der sekundären Kosten, die auf die Endstellen verteilt werden. Das liegt im Beispiel daran, daß die 1.000,– DM sekundärer Kosten der Heizung beim Anbauverfahren proportional zur Reparaturstundenzahl der 4 Endstellen verteilt werden, während sie beim Stufenverfahren nach dem Verteilschlüssel für die Heizenergie aufgeteilt werden. Das Stufenverfahren ist die genauere Vorgehensweise, das Anbauverfahren hingegen ist einfacher. In unserer letzten Abbildung ist die ein- oder mehrstufige Kostenverrechnung durch die Pfeildarstellung angedeutet.

Eine besondere Situation liegt vor, wenn sich Kostenstellen gegenseitig beliefern. Diesen Fall des wechselseitigen Leistungsverbundes wollen wir uns am Beispiel der Brennerei von Herrn Daniels ansehen. In diesem Fall funktioniert weder das Anbau- noch das Stufenleiterverfahren, weil beide nicht in der Lage sind, die Gegenlieferungen zu erfassen. In der

Praxis wendet man beide Verfahren aber dennoch vereinfachend an. Dann wird der schwächste Leistungsstrom für die Berechnungen einfach unterdrückt. Die Ergebnisse sind dann zwar ungenau, aber die Berechnung ist einfacher. Herr Daniels, beschreiben Sie uns doch einmal Ihren Betrieb!«

»Unsere Kornbrennerei, hicks«, so Herr Daniels, »hat vier Kostenstellen:

- In Brennerei 1 wird aus den aufgeschlossenen Rohstoffen in einer ersten Destillation Rohalkohol und Schlempe erzeugt. Bei der Produktion von 12.000 l Alkohol fallen gleichzeitig 25 t Schlempe an, die als Tierfutter verwertet werden können. Wir haben für dieses Nebenprodukt keine Entsorgungskosten, aber auch keine Erlöse, und wir wollen auf dieses Nebenprodukt auch keine Kosten verrechnen, da es sich um Kuppelproduktion handelt.
- Brennerei 2 bezieht den Rohalkohol von Brennerei 1 und destilliert ihn noch einmal zu verkaufsfähigem Feinalkohol.
- Zusätzlich existieren mit dem Kesselhaus und der Stromerzeugung zwei Hilfskostenstellen.«

»Vielen Dank für die präzise Darstellung, Herr Daniels«, fährt der Referent fort. »Für jede Kostenstelle sind in der folgenden Abbildung die Leistungsmengen pro Periode und die zugehörigen variablen primären Kosten angegeben. Es besteht folgender Leistungsverbund:

- Von der Brennerei 1 gehen 15.000 l an die Brennerei 2, aus denen diese 12.000 l Feinalkohol gewinnt.
- Das Kesselhaus liefert von den 3.000 t produzierten Frischdampf 500 t an die Brennerei 1 und 2.350 t an die Stromversorgung. 150 t verbraucht es bei der Produktion des Dampfes selbst.
- Die Stromversorgung erzeugt zwei Leistungen in Kuppelfertigung: 156.000 kwh Strom und 1.750 t Abdampf. Frisch- und Abdampf unterscheiden sich technisch durch die Temperatur. 60.000 kwh Strom gehen an das Kesselhaus; die Brennerei 1 bezieht 6.000 kwh, und 78.000 kwh gehen an die Brennerei 2. 12.000 kwh werden bei der Stromproduktion selbst verbraucht. Der Abdampf wird nur in den beiden Brennereien eingesetzt. 600 t gehen an die Brennerei 1 und 850 t an die Brennerei 2. Der Eigenverbrauch an Abdampf beträgt 300 t.

Diese Grundstruktur kann wie folgt abgebildet werden:

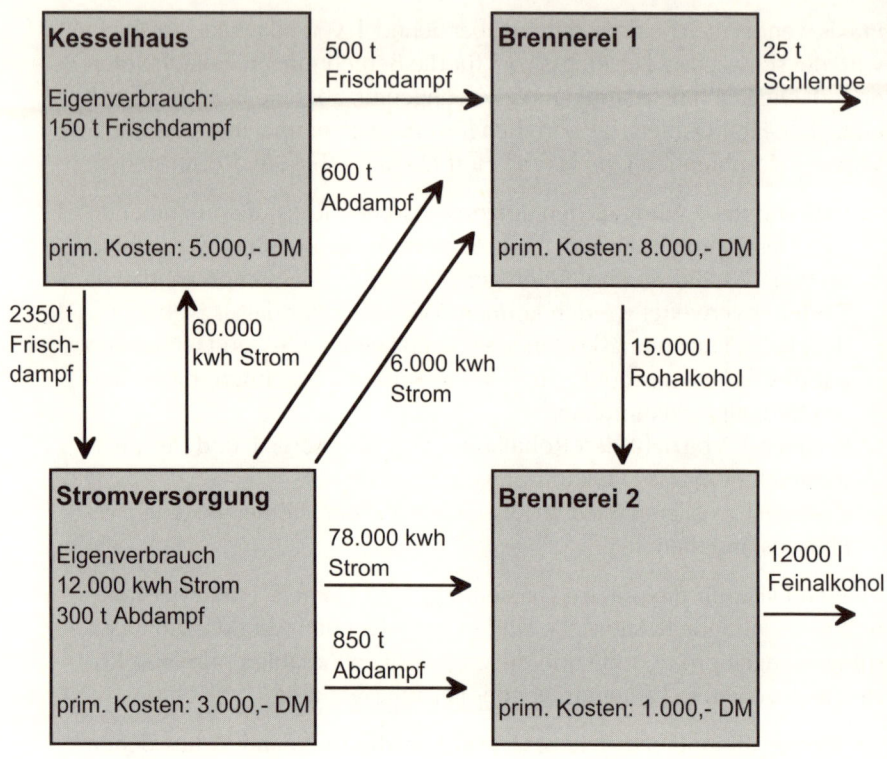

Ein störendes Problem für die Verrechnung der innerbetrieblichen Leistungen sind die zwei Leistungsarten der Stromversorgung. Es fällt gleichzeitig in Kuppelproduktion Abdampf und Strom an. Wir brauchen deshalb im Endeffekt einen Verrechnungspreis für Dampf und einen für Strom. Zwischen beiden Leistungsarten besteht aber ein festes Kopplungsverhältnis. Es ist daher am einfachsten, wenn wir für diese beiden Leistungsarten einen gemeinsamen Nenner suchen. Technisch sind die beiden Leistungsarten nur bestimmte Erscheinungsformen von Energie. Die Leistung der Stromversorgung soll daher weder in Strom noch in Dampf, sondern in kcal gemessen werden. Wir unterstellen damit, daß es für das Unternehmen nur darauf ankommt, eine bestimmte Menge an Energie zu erzeugen (egal, ob als Abdampf oder als Strom), so daß sich beide Größen gegenseitig substituieren können. Dazu ist es erforderlich, die beiden speziellen Energiearten in die neue Maßeinheit umzurechnen. Mit dieser Umrechnung wollen wir uns nicht beschäftigen. Die Ingenieure haben das bereits für uns erledigt. Durch diese Umrechnung ergibt sich dann zwischen den Abteilungen der folgende Leistungsaustausch:

17. Lektion

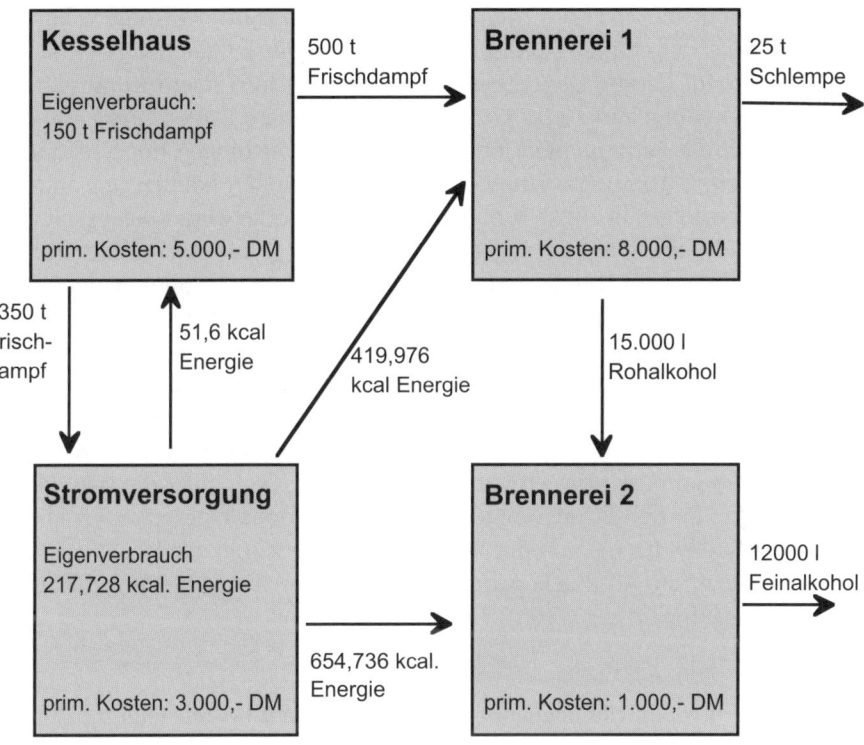

* Die Angaben in kcal sind mit dem Faktor 10^6 zu multiplizieren.

Unser Problem besteht jetzt darin, für Frischdampf und Energie je einen innerbetrieblichen Verrechnungspreis zu bestimmen. Die variablen Kosten pro Liter Feinalkohol können wir in diesem Fall allerdings auch ohne diese Verrechnungspreise ableiten. Dazu sind die variablen Gesamtkosten der 4 Kostenstellen von zusammen 17.000,– DM nur durch die Ausbringung von 12.000 l Feinalkohol zu dividieren. Diese Rechnung, die als variable Kosten pro Liter 1,4167 DM ermittelt, verteilt alle variablen Kosten auf den Feinalkohol. Sie ist eigentlich nicht richtig, denn bei den 17.000,– DM handelt es sich zum Teil um Gemeinkosten für 15.000 l Rohalkohol und zum Teil für die 25 t Schlempe. Dieser Betrag läßt sich nicht auf diese beiden Produkte aufteilen. Wir entziehen uns hier der Kuppelproduktionsproblematik durch einen Trick: Da für das Nebenprodukt keine Erlöse erzielt werden, ordnen wir ihm auch keine Kosten zu.

Für die beiden Kostenstellen Kesselhaus und Stromversorgung können wir die Verrechnungspreise nur über ein kleines Gleichungssystem bestimmen. Dieses Gleichungssystem ist nach folgendem Konstruktionsprinzip aufgebaut: Jede Kostenstelle hat primäre Kosten und zusätzlich durch die verbrauchten innerbetrieblichen Leistungen noch sekundäre Kosten. Verbrauchte innerbetriebliche Leistungen können aus anderen Kostenstellen bezogen worden sein (x_{Fremd}), oder eine Kostenstelle verbraucht einen Teil der eigenen Leistung (x_{Eigen}). Die sekundären Kosten bestehen mithin aus Fremd- und Eigenleistungen. Die Summe der primären und sekundären Kosten entspricht den Gesamtkosten für die Produktionsmenge einer Stelle.

Das Kesselhaus wollen wir mit dem Index 1 belegen. x_1 ist die Gesamtproduktionsmenge von 3.000 t Frischdampf. Mit p_1 bezeichnen wir den zu suchenden Preis für die Leistungen des Kesselhauses. K_{prim} steht für die primären Kosten von 5.000,– DM. $p_1 \cdot x_{1Eigen}$ gibt die sekundären Kosten für den Eigenverbrauch von 150 t wieder. Der letzte Term bringt die Kosten für die von der Stromversorgung bezogenen $x_{2Fremd} = 51,60 \cdot 10^6$ kcal zum Ausdruck. p_2 bezeichnet den Preis für die Leistung der Stromversorgung.

$$x_1 \cdot p_1 = K_{prim} + p_1 \cdot x_{1Eigen} + p_2 \cdot x_{2Fremd}$$

Die Erlöse für die abgegebenen Leistungen der Kostenstelle müssen somit genau die gesamten in dieser Kostenstelle angefallenen Kosten decken. Für die Kostenstelle Stromversorgung ergibt sich eine ähnliche Gleichung; mit den Zahlen des Beispiels gilt es dann für die beiden Kostenstellen das folgende Gleichungssystem zu lösen:

$3.000\ p_1\ \ \ \ = 5.000 + 150\ p_1 + 51,600\ p_2$
$1.344,04\ p_2 = 3.000 + 2.350\ p_1 + 217,728\ p_2$

Für die beiden Verrechnungspreise resultiert daraus:

$p_1 = 1,8734$ DM/t
$p_2 = 6,5723$ DM/10^6 kcal.

Der Preis für Energie müßte dann in die beiden Preise für Dampf bzw. Strom umgerechnet werden. Dazu müssen wiederum die technische Relation zwischen kcal und kwh Strom und die Relation zwischen kcal und t Abdampf bekannt sein. Mit diesem Problem wollen wir uns hier nicht aufhalten; dazu fragen wir den Ingenieur, der uns vorher die beiden Leistungsarten in das Energieäquivalent transformiert hat.

Die beiden Verrechnungspreise können wir dann benutzen, um zu bestimmen, wie hoch die Kosten für einen Liter des Rohalkohols sind. Zu den 8.000,– DM Primärkosten kommen für die 500 t Frischdampf 500 · 1,8734 = 936,70 DM hinzu. Für die von der Stromversorgung bezogenen Energiemengen sind es noch einmal 419,976 · 6,5734 = 2.760,67 DM. Insgesamt fallen damit 11.697,37 DM für 15.000 l Rohalkohol und 25 t Schlempe an. Je Liter Rohalkohol sind das 0,7798 DM. Bezogen auf das Endprodukt von nur 12.000 Litern ergeben sich damit variable Kosten der 1. Fertigungsstufe von DM 0,7798 · 15.000/12.000 = 0,9748 DM. Die zweite Stufe verursacht noch zusätzliche 1.000,– DM an primären und 654,736 · 6,5734 = 4.303,84 DM an sekundären Kosten. Bezogen auf einen Liter Feinalkohol sind das für die 2. Fertigungsstufe 0,4419 DM je Liter. Die Kosten der 1. und 2. Stufe zusammen ergeben die bereits bekannten variablen Stückkosten je Liter Feinalkohol von 1,4167 DM. Ist doch ganz einfach, oder?«

Die innerbetriebliche Leistungsverrechnung bei wechselseitigem Leistungsverbund ist den Seminarteilnehmern offensichtlich auf den Magen geschlagen. Mit Formeln haben sie nichts am Hut. »In dieser Hinsicht bestehen zwischen den Praktikern und den meisten Studierenden durchaus Ähnlichkeiten«, bemerkt der Referent. »Wir müssen uns der Komplexität der Realität aber stellen«, fügt er hinzu. »Es hat keinen Sinn, sich die Welt zurechtsehen zu wollen.«

Herr Günther, der Hotelbesitzer – ihm hat das Seminar vor 2 Jahren so gefallen, daß er es noch einmal wiederholt –, meldet sich zu Wort: »Ich kenne mich mit der Schnapsfabrikation ein bißchen aus, habe selber früher einmal... Deshalb habe ich eine Frage zu den variablen Kosten der beiden Hilfskostenstellen, die Sie in ihrem Gleichungssystem berücksichtigt haben. Variabel kann man – glaube ich – in zweierlei Hinsicht definieren:

1) Die Kosten der Stromerzeugung variieren mit der Menge erzeugter Energie.
2) Die Kosten der Stromerzeugung verändern sich mit der Menge gebrannten Roh- oder Feinalkohols.

Beide Sichtweisen lassen sich ineinander überführen, wenn für einen Liter Branntwein immer eine bestimmte Energiemenge erforderlich ist. Steigt dann die Ausbringung in Litern, muß die Energieproduktion entsprechend zunehmen. Der Produktionsprozeß beim Brennen funktioniert aber etwas anders: Zunächst ist erst einmal Energie notwendig, um das Brenngerät auf die nötige Betriebstemperatur zu bringen. Erst wenn diese nach einer bestimmten Zeit erreicht ist, muß sie dann während des Brennens aufrechterhalten werden. Variabel mit der Menge an Alkohol ist somit nur der Energieverbrauch, der benötigt wird, nachdem das Gerät die Betriebsbereitschaft erreicht hat. Der Energieverbrauch davor ist fix. Das ist ähnlich wie bei einer Großbäckerei, die muß auch erst den Ofen anheizen, was einen von der Backmenge unabhängigen Stromverbrauch nach sich zieht.«

»Ein sehr guter Hinweis. Auf das geschilderte Problem bin ich leider vorhin nicht eingegangen. Sie sehen das sehr richtig, ausschlaggebend für die Frage, was in unserem Ansatz variable Kosten sind, ist die von Ihnen beschriebene zweite Sichtweise. Die Kosten für den fixen Energieverbrauch der beiden Brennereien dürfen nicht in die Betrachtung einbezogen werden. Ein Teil der variablen Kosten der Stromversorgung, aber auch der Frischdampferzeugung sind daher bezogen auf den produzierten Alkohol fixe Kosten. In den Ansatz dürfen daher nur die mit der Alkoholmenge variablen Kosten einbezogen werden. Benötigen wir beispielsweise 10% der Energie der Stromerzeugung für das Anheizen, dann sind von den variierenden Kosten der Stelle Stromerzeugung 10% fix aus Sicht der Alkoholmenge. Sie müssen die primären Kosten in unserem Ansatz dann entsprechend reduzieren.« Felix ist von dem intensiven Frage-und-Antwort-Spiel leicht benebelt; seine Gedanken wenden sich mehr dem Endprodukt derartiger Produktionsprozesse zu.

Doch schnell bringt ihn die nächste Frage zurück in das Reich des Unternehmertums: »Wie ist das aber, wenn eine solche Verrechnung innerbetrieblicher Leistungen nicht nur über zwei Abrechnungsstufen läuft? Wie weiß ich denn in der 1. Abrechnungsstufe, was letztlich die variablen Kosten der 1. Stufe für die Ausbringung in der 3. Abrechnungsstufe sind?« will Herr Jacob wissen. – »In diesem Falle ist nur ein stufenweises Vorgehen möglich«, antwortet der Referent. »Sie klären auf die beschriebene Weise erst einmal, was die zu berücksichtigenden variablen Kosten der 1. Stufe bezogen auf die Leistungseinheiten der 2. Stufe sind. Dann stellen Sie die gleichen Überlegungen mit den Kosten der 2. Stufe in bezug auf die Leistungen der 3. Stufe an. Treten zwischen 2. und 3. Stufe auch wieder Effekte auf, wie sie Herr Günther mit dem Anheizen beschrieben hat, scheiden dann bestimmte Teile der variablen Kosten der 2. Stufe aus der weiteren Verrechnung aus, da sie in bezug auf die Leistungen der 3. Stufe fix sind bzw. zum leistungsunabhängigen Verbrauch zählen.«

»Wie kann dieses Ausscheiden von Kosten für den fixen Verbrauch bei wechselseitiger Leistungsverrechnung denn erfolgen?«, will Herr Günther noch wissen: »Bei einseitigen Leistungsbeziehungen ist mir das klar, weil durch das stufenweise Vorgehen immer Teile der variablen Kosten einer Stelle für fixe Verbräuche einer nachfolgenden Stelle eliminiert werden können.«

17. Lektion

»Dazu muß nur das Gleichungssystem etwas anders interpretiert werden: Bei den Hilfskostenstellen sind die Teile der ›variablen Kosten‹ für den fixen Verbrauch der Hauptstellen aus den primären Kosten herauszunehmen, und beim Leistungsaustausch zwischen den Stellen ist nur der aus der Sicht der Hauptstellen variable Verbrauch an Frischdampf bzw. Energie relevant. Rein formal verändert sich damit an dem Gleichungssystem gar nichts, nur die Zahlen sind etwas zu modifizieren.«

»Wenn ich also weiß, daß 10% der Energiemenge fixer Verbrauch der nachfolgenden Stelle ist, dann muß ich die variablen Kosten der Stromerzeugung also um 10% kürzen?« fragt Herr Günther nach. – »Ja! Und gleichzeitig verringern Sie die an die Brennereien gelieferte Energiemenge um den fixen Verbrauch.«

Herr Sebastian, unser Controller, hat auch noch eine Frage: »Herr Ilke! Wie müßten wir für die Ableitung der Verrechnungspreise vorgehen, wenn wir für die 25 t Schlempe am Markt noch Erlöse erzielen?« – »Die Verrechnungspreise werden dadurch eigentlich gar nicht betroffen. Sie gelten in der berechneten Form weiter. Wir müssen die Ergebnisse nur anders interpretieren. Die berechneten 11.697,37 DM für die Produktion von Rohalkohol sind dann Gemeinkosten für die Produktion von 15.000 l Rohalkohol und 25 t Schlempe. Nur die zusätzlichen Produktionskosten der 2. Brennerei sind Einzelkosten für den Feinalkohol.« – »Dann kann ich also die Frage nicht beantworten, wie hoch die variablen Kosten für Schlempe und Rohalkohol sind?« faßt Herr Sebastian noch einmal nach. – »Richtig, es gibt keine logisch begründete Form, diese variablen Gemeinkosten auf die beiden Produktarten aufzuspalten. Jede Art der Aufspaltung ist Willkür, wie wir sie bei der finalen Interpretation des Verursachungsprinzips kennengelernt haben.« – »Dann kann ich also auch nicht feststellen, was ich an Schlempe bzw. Feinalkohol verdiene bzw. welchen Deckungsbeitrag ich erziele?« fragt Herr Sebastian hartnäckig. – »Nein, das ist typisch für Kuppelproduktion. Sie können nur die Frage beantworten, welchen Deckungsbeitrag Sie für das Produktbündel aus Feinalkohol und Schlempe zusammen erzielen. Ist dieser Deckungsbeitrag des Bündels positiv, lohnt es sich, die Produktion auszudehnen.«

»Was verstehen Sie unter einem Produktbündel?« will Herr Jacob wissen. – »Das können Sie willkürlich definieren. Sie können z.B. ein Produktbündel für 1.000 l Feinalkohol definieren. Aufgrund der technischen Relation zwischen Feinalkohol (12.000 l) und Schlempe (25 t) wissen Sie dann, wieviel Schlempe bei 1.000 l anfallen. 1.000 l Feinalkohol und 25/12 = 2,083 t Schlempe sind dann ein Produktbündel. Die Produktion ist mithin vorteilhaft, wenn ich für ein derartiges Bündel mehr an Erlösen erziele als an variablen Kosten in beiden Produktionsstufen anfallen.«

Herr Sebastian ist noch immer ungläubig: »Herr Ilke! Das verstehe ich nicht ganz. In meiner kaufmännischen Ausbildung habe ich aber Kalkulationsprinzipien bei Kuppelproduktion gelernt, die die Kosten dennoch auf die einzelnen Produkte aufteilen. Mir ist da in Erinnerung, daß diese Kosten z.b. nach dem Äquivalenzprinzip aufgeteilt wurden, und zwar ähnlich wie Sie das mit der Umrechnung der beiden Leistungsarten der Stromversorgung in kcal gemacht haben. Man könnte doch die kcal des Rohalkohols und der Schlempe bestimmen und die Kosten der Brennerei 1 durch die gesamten kcal dividieren. Mit dem Kostensatz je kcal, die in der 1. Brennerei produziert wird, kann doch ein Anteil bestimmt werden, der verbrauchsorientiert auf die Schlempe bzw. den Rohalkohol entfällt, oder?«

»Sicher, diese Rechnung ist kein Problem; die Frage ist nur, welchen Sinn sie macht. Nehmen wir einmal an, das Unternehmen kann für eine kcal der Schlempe bedeutend geringere Erlöse erzielen als für eine kcal des Feinalkohols. Das wird in der Realität sicher so sein. Sie werden in Ihrer Rechnung aber je kcal in beiden Produkten die gleichen Kosten verrechnen, denen bei Schlempe nur sehr geringe Erlöse gegenüberstehen. Nehmen wir einmal an, diese künstlich bestimmte Deckungsspanne für Schlempe ist negativ! Welchen Schluß wollen Sie dann daraus ziehen? Sie müßten die Produktion von Schlempe einstellen, da sie Verluste bringt. Stellen Sie aber die Produktion von Schlempe ein, gibt es auch keinen Rohalkohol mehr. Die Deckungsspannen für beide Produkte sagen also überhaupt nichts mehr aus und können für Entscheidungszwecke nicht eingesetzt werden.«

»Warum machen wir dann solche Rechnungen in der Praxis?« will Herr Sebastian noch wissen. – »Das Ganze hat allenfalls einen gewissen Sinn, wenn Sie mit der Kostenrechnung andere als Entscheidungszwecke verfolgen. Derartige Kalkulationen werden z.B. für Dokumentationszwekke, für Vergleichszwecke oder auch für die Bilanzierung angestellt. Alle diese Rechnungen haben aber nichts mit der kausalen Interpretation des Verursachungsprinzips zu tun. Bei kausaler Interpretation müssen wir immer ein Bündel von Produkten zusammen sehen, die gemeinsam aus einem Kuppelprozeß herauskommen.

Meine Damen und Herren! Wir haben uns ausführlich mit den Abrechnungstechniken für innerbetriebliche Leistungen auseinandergesetzt; wir wollen nunmehr analysieren, wie das Problem der innerbetrieblichen Leistungsverrechnung aus Lenkungssicht zu sehen ist. Dafür greifen wir auf den Fall von Herrn Felix zurück, bei dem ein Leistungsaustausch zwischen den Geschäftsbereichen vorliegt. Das ist eine spezielle Variante innerbetrieblicher Leistungsverrechnung.

17. Lektion

Das Problem, vor dem wir stehen, besteht darin, einen Preis für die produzierten Eisbecher zu bestimmen. Mit diesem Preis wollen wir den Erfolg der Eisproduktion und des Cateringunternehmens trennen. Wir wollen versuchen, das Problem zunächst mit kostenorientierten Verrechnungspreisen zu lösen:

Verrechnen wir die innerbetrieblichen Leistungen nur mit den variablen Kosten, würde die Eisproduktion einen Verlust abwerfen. Die Gewinne fallen hingegen beim Catering und beim Werksverkauf an, die die gesamte Produktion vermarkten. Werden nur die variablen Kosten als Verrechnungspreis zwischen den Geschäftszweigen gewählt, hat die Eisproduktion nur Erlöse in Höhe der variablen Kosten. Da aber für die Produktion noch fixe Kosten anfallen, entsteht bei der Eisfertigung ein Verlust in Höhe der fixen Kosten. Wenn die Eisproduktion als Profitcenter geführt werden soll, sind diese Verrechnungssätze daher ungeeignet. Das gleiche gilt auch bei einer Abrechnung zu Vollkosten mit oder auch ohne Gewinnaufschlag. Diese Preise fixieren den Gewinn der leistenden Stellen auf einem mehr oder weniger willkürlichen Niveau.

Dieses Problem kann grundsätzlich nur mit marktorientierten Verrechnungspreisen befriedigend gelöst werden: Für ein Profitcenter wäre zu fragen: Was könnte die Eisproduktion an Erlösen erzielen, wenn sie den Verkauf der Produkte selbst übernimmt. Der zu erzielende Marktpreis, den die Eisproduktion als selbständige Firma erzielen würde, wäre eine geeignete Erlös- und Verrechnungsgröße.

Um marktorientierte Verrechnungspreise zu ermitteln, müßte Herr Felix eigentlich seine Geschäftsbereiche in eigenständige Firmen einbringen. Die Cateringgesellschaft müßte dann die Freiheit haben, Eis vom konzerneigenen Eiswerk oder von anderen Eislieferanten zu beziehen. Die gleiche Freiheit ist dem Werksverkauf nicht nur bei Eis, sondern auch bei den Gütern einzuräumen, die bislang vom Cateringunternehmen bezogen werden. Für die Eisproduktion sind dann der Werksverkauf und das Cateringunternehmen nur zwei mögliche Kunden. Sie hat die Freiheit, auch andere Kunden zu beliefern. Diese Möglichkeit wird sie dann vorziehen, wenn andere Kunden bereit sind, bessere Preise für das Eis zu zahlen als der Werksverkauf und das Cateringunternehmen. Die derzeitigen Geschäftszweige müßten also durch Märkte entkoppelt werden. Nur bei einer solchen Konstruktion läßt sich der Erfolg der einzelnen Geschäftszweige isoliert richtig bestimmen. Die entkoppelnden Preise sind dann das Ergebnis von Angebot und Nachfrage. Mit den Kosten, die wir in der innerbetrieblichen Leistungsverrechnung nach der finalen oder kausalen Interpretation bestimmt haben, werden diese Preise wenig gemein haben.

Das Problem besteht nun darin, daß man die Marktpreise nicht kennt, solange die Geschäftszweige nicht autonom am Markt auftreten. Ersatzweise könnte man aber mit Preisen vergleichbarer Güter arbeiten. Für die Güter, die der Werksverkauf beim Cateringzweig einkauft, könnten z.B. die Verkaufspreise angesetzt werden, die der Werksverkauf bei Großmärkten bezahlen müßte. Da das Catering aber dem Werksverkauf die Dispositionsarbeiten und auch den Beschaffungstransport abnimmt, wäre für diese Dienstleistungen ein Zuschlag begründet. Für den Verkauf von Eis könnte man sich an den Handelseinstandspreisen vergleichbarer Eisqualität orientieren. Diese simulierten Marktpreise sind für Steuerungszwecke allemal besser geeignet als die kostenorientierten Verrechnungspreise.

Mit der gleichen Idee sollte man auch die Overheadkosten behandeln. Sie sollten überhaupt nicht auf die Geschäftszweige verteilt werden, sondern man faßt Disposition und Controlling als eigenständige Dienstleistungen auf, die vom Markt auch stundenweise eingekauft werden könnten. Die Verrechnung dieser Dienstleistungen erfolgt dann mit marktüblichen Preisen. Controlling und Disposition sind gewissermaßen outgesourct. Catering und Eisproduktion werden diese Dienstleistungen nur in Anspruch nehmen, wenn sie das Gefühl haben, besser bedient zu werden als durch Dritte. Die Verwaltung ist dann praktisch ein eigenes Unternehmen und muß ihre Dienstleistungen auf die Bedürfnisse ihrer Kunden zuschneiden. Solange man eine solche Entflechtung nur simuliert, gibt es natürlich gewisse Probleme, an sinnvolle ›Pseudo-Marktpreise‹ zu kommen. Das Konzept klappt eigentlich erst dann, wenn mit der Entflechtung wirklich ernst gemacht wird.

Für die Overheads könnte man auch auf ein anderes Konzept zurückgreifen, das auf die Verrechnung dieser Kosten auf die Geschäftszweige verzichtet. Die Geschäftszweige erarbeiten insgesamt einen Gewinn vor Abzug anteiliger Overheadkosten, der aus der Sicht der Zentrale eine Art Rohdeckungsbeitrag ist. Diesen Gewinn müssen sie in der Regel an die Zentrale abführen. Die Gewinne sind die Erträge der Zentrale, die diesen Gewinnen wiederum die Overheadkosten gegenüberstellt. Die Zentrale könnte die Rohdeckungsbeiträge der einzelnen Geschäftsbereiche mit dem Zeitaufwand gewichten, den sie für Controlling usw. hat. Sie ermittelt dann eine Art relative Deckungsspanne pro Arbeitsstunde der Zentrale für die einzelnen Geschäftszweige. Es wird sich zeigen, daß diese relativen Deckungsspannen von einem zum anderen Geschäftszweig Unterschiede aufweisen. Es lohnt sich dann für die Zentrale, bei den Geschäftszweigen mehr Zeit zu investieren, die höhere relative Deckungsspannen haben. Die relativen Deckungsspannen der Geschäftszweige könnten mithin zur Verteilung der knappen Managementzeit der Zentrale auf die Geschäftszweige benutzt werden.

Eine relative Deckungsspanne gleicher Art könnte auch für den Kapitaleinsatz in den Geschäftszweigen berechnet werden. Diese Größe gibt die Verzinsung je investierter Mark der einzelnen Geschäftszweige an. Diese Information könnte zur Steuerung des Finanzeinsatzes herangezogen werden. Bevorzugt erhalten die Geschäftseinheiten neues Kapital oder auch Teile des insgesamt erwirtschafteten Gewinns, die besonders gute Renditen erzielen.

Beide Arten relativer Deckungsspannen können aber nur als heuristisches Steuerungsprinzip interpretiert werden, da es sich jeweils um Durchschnitts- und nicht um Grenzgrößen handelt. Es ist folglich nicht sicher, daß sich die Rentabilität mit steigenden Investitionen auch entsprechend dieser Information verändert. Eigentlich müßte genauer danach gefragt werden, welche Zusatzverzinsung ein Geschäftsbereich erzielt, wenn ihm für Investitionen ein bestimmter Kapitalbetrag zur Verfügung gestellt wird. Das Geld müßte dann bevorzugt in die Richtung höchster Grenzverzinsung fließen.«

»Ich habe noch eine Frage zu den marktorientierten Preisen«, meldet sich Felix zu Wort. »Ich könnte zwischen meiner Eisfabrik als Anbieter und meinen beiden Eisvermärkten als Nachfragern doch auch so eine Art Börse einrichten, auf der durch Angebot und Nachfrage der Preis entsteht?« – »Sicher, diese Idee ist nicht schlecht, nur sind zwei Nachfrager etwas wenig für eine sinnvolle Preisbildung. Die Nachfragebasis sollte daher auf Ihrer Börse auch durch externe Bieter verstärkt werden.«

»Verstehe ich das Ganze richtig?« fragt Herr Günther. »Sie empfehlen damit im Prinzip, alle Teilbereiche von Herrn Felix wie eigenständige Firmen zu führen, um durch dieses Vorgehen eine Koordination der Aktivitäten über den Markt bzw. über Marktpreise zu erreichen?« – »Genau das ist das Ergebnis unserer Überlegungen. Wenn Sie wie Herr Felix so eine Art Gemischtwarenladen mit sehr unterschiedlichen Aktivitäten haben, ist das der sauberste Weg, den Koordinationsbedarf zwischen den Einheiten zu reduzieren und die Teilbereiche isoliert zu beurteilen. Durch dieses Vorgehen werden die Kopplungseffekte überwunden, die sonst durch die Gemeinkosten der Bereiche hervorgerufen werden.« – »Diese Idee gefällt mir«, verkündet Felix. »Ich werde den Konzern, der mir für die Zukunft vorschwebt, nach diesem Strickmuster aufbauen. Wenn ich das alles richtig verstanden habe, soll ich dann z.B. meine beiden Handwerker verselbständigen und sie marktübliche Stundensätze für ihre Dienstleistungen in Rechnung stellen lassen. Das Material, das sie für die Installationen benötigen, wird mit einem marktüblichen Zuschlag auf die

Einstandspreise verkauft. Die Handwerker bieten ihre Dienste nicht nur für meine Firmen an, und meine Teilfirmen haben das Recht, Leistungen auch bei anderen Handwerksbetrieben anzufordern, wenn ihnen unsere Leute zu teuer erscheinen.« – »Richtig, genau so. Mit dem Werksverkauf von Eis haben Sie diese Idee bereits teilweise realisiert.«

Herr Sebastian meldet sich noch einmal zu Wort: »Herr Ilke! Eines ist mir allerdings noch unklar. Wozu haben wir uns überhaupt mit kostenorientierten Verrechnungspreisen beschäftigt, wenn die doch nicht zur Entkopplung von Teilbereichen geeignet sind? Wozu habe ich meine kleinen grauen Zellen beispielsweise mit dem komplizierten Gleichungsverfahren belastet?«

»Nun, abgesehen von der Eignung dieser kostenorientierten Sätze für die bilanzielle Bewertung innerbetrieblicher Leistungen, auf die ich bereits hingewiesen habe, hat die Verrechnung der variablen Kosten für innerbetriebliche Leistungen durchaus ihren Sinn. Es wird beispielsweise im Falle von Herr Felix nicht sinnvoll sein, für alle Arten innerbetrieblicher Leistungen ein eigenes Unternehmen zu gründen. Ich will das an einem Beispiel zur Eisproduktion erklären: Nehmen wir einmal an, Sie hätten in Ihrer Kostenstellengliederung eine eigene Stelle für die zentrale Kälteerzeugung vorgesehen. Kälte wird dann innerhalb der Eisproduktion für das Rühren der Eismasse und anschließend für das Tiefgefrieren und die Lagerung benötigt. Wenn Sie in den einzelnen Stufen Ihres Produktionsprozesses die variablen Kosten für die benötigte Kälte erfassen wollen, bleibt Ihnen nichts weiter übrig, als die beschriebene Kostenverrechnung für die Hilfskostenstelle Kälteproduktion durchzuführen. Die kostenorientierte Verrechnung innerbetrieblicher Leistungen ist daher immer innerhalb einer Unternehmenseinheit anzuwenden, um die variablen Kosten der Produkte bestimmen zu können. Und die benötigen Sie bekanntlich, um beurteilen zu können, ob bestimmte Produkte vorteilhaft sind, ob sie einen positiven Deckungsbeitrag erwirtschaften.«

Wem schieb ich was zu?...

1) Kostenstellen sollten nach folgenden Kriterien gebildet werden:
   - Kostenstellen sollten klar abgrenzbar sein hinsichtlich des Materialflusses bzw. des Wertschöpfungsbeitrags.
   - Für jede Kostenstelle muß ein Verantwortlicher für die Steuerung und Überwachung vorhanden sein.
   - Die Stellen sollten so gebildet werden, daß die Kosten weitgehend direkt den Stellen zugeordnet werden können.
   - Jede Kostenstelle sollte deshalb möglichst über separate Ressourcen verfügen. Das erleichtert die Kostenzuordnung und damit das Controlling, da weniger Gemeinkosten auftreten.

2) Wenn isolierte Erfolge für Unternehmensbereiche ermittelt werden sollen, zwischen denen Leistungsbeziehungen bestehen, sind die innerbetrieblichen Leistungen zu bewerten und den sie in Anspruch nehmenden Kostenstellen anzulasten; es ist also eine innerbetriebliche Leistungsverrechnung erforderlich. Die Bewertung kann entweder kostenorientiert oder marktorientiert erfolgen:
   - Bei kostenorientierter Leistungsverrechnung sollten – der kausalen Interpretation des Verursachungsprinzips folgend – nur die variablen Kosten der Hilfsstellen auf die Hauptkostenstellen umgelegt werden. Diese Lenkpreise sind erforderlich, um die Deckungsspannen in den Unternehmensbereichen zu bestimmen. Bei einseitiger Leistungsbeziehung kann auf das Anbauverfahren oder – exakter – das Stufenleiterverfahren zurückgegriffen werden. Besteht ein wechselseitiger Leistungsaustausch, sind die Preise für die einzelnen Leistungen mit Hilfe eines linearen Gleichungssystems zu bestimmen. Eine kostenorientierte Bewertung der Leistungen zwischen selbständigen Unternehmensbereichen hat den Nachteil, daß Gewinne nur bei Bereichen auftreten, die Leistungen vermarkten.
   - Um Erfolge für einzelne Unternehmensbereiche sinnvoll ermitteln zu können, sind marktorientierte Verrechnungspreise erforderlich. Dazu sind die einzelnen Bereiche als eigenständige, am Markt auftretende Unternehmen aufzufassen, die die Wahl haben, Leistungen an den Markt oder an die anderen Unternehmensbereiche abzugeben bzw. von ihnen zu beziehen. Als Verrechnungspreise zwischen den Bereichen sind die Marktpreise für gleichartige oder ähnliche Leistungen anzusetzen. Nur marktorientierte Verrechnungspreise haben zugleich eine Lenkungs- und eine Erfolgsermittlungsfunktion. Sie entkoppeln die sonst verbundenen Leistungsbereiche und erlauben eine isolierte Beurteilung einzelner Bereiche, die dann quasi einzelne Unternehmen sind.

VIII.
DIE ENTSCHEIDUNGSORIENTIERTE SICHT DER KOSTENRECHNUNG

18. Lektion:
Operative Entscheidungsfelder –
das Kerngeschäft der Kostenrechnung.

19. Lektion:
Worauf es heute im Kostenmanagement ankommt!
Kostenverwaltung oder Verhaltensbeeinflussung?
Zwei Denkstile.

20. Lektion:
Knappheit macht das Leben schwer.
Oder: Seit wann ist das Alter der Schwiegermutter
für die Kalkulation relevant?

21. Lektion:
In der Zwickmühle – zwei mögliche Engpässe.
Oder: Die »lineale Programmierung«

22. Lektion:
Über Trabis und Ferraris. Das Klagelied über die
Deckungsbeitragsrechnung. Oder: Der Unverstand
mit den Preisuntergrenzen für Zusatzaufträge.

23. Lektion:
Gemeinsamkeiten zwischen einem
Wurstfabrikanten und einem Entsorger.
Gemeinkosten bei Kuppelproduktion.

24. Lektion:
Achtung! Komplexitätsfalle!
Eine neue Kostenrechnungserfahrung.

25. Lektion:
Wenn es bei den Kosten dynamisch wird!
Lern- oder Erfahrungskurve.

18. Lektion:
Operative Entscheidungsfelder –
das Kerngeschäft der Kostenrechnung.

Herr Ilke holt tief Luft und beginnt: »Meine Damen und Herren! An früherer Stelle haben wir drei Hauptzwecke der Kostenrechnung kennengelernt: Dokumentation, Kostenkontrolle und Kostengestaltung. Dem letzten Zweck wollen wir uns nunmehr intensiver widmen.

Zunächst soll untersucht werden, welche Merkmale Entscheidungssituationen aufweisen, in denen mit Kosten- und Leistungsrechnungen gearbeitet wird. Im Grunde haben wir viele dieser Merkmale indirekt bereits kennengelernt, als wir die Frage untersucht haben, ob ein weiterer Artikel in ein vorhandenes Produktions- oder Absatzprogramm aufgenommen werden soll. Sie erinnern sich an die 11. Lektion, in der diese Frage für den Fall gegebener Kapazitäten und sprungfixer Kosten bei Investitionsentscheidungen untersucht wurde.« Felix nickt zwar wissend, erinnert sich aber nur rudimentär, denn immerhin liegt diese Lektion für ihn zwei Jahre und einen Tag zurück. »Wir wollen versuchen, diese Merkmale in der Diskussion gemeinsam zusammenzutragen. Zunächst wollen wir uns dazu dem Kerngeschäft der entscheidungsorientierten Kostenrechnung zuwenden; das sind operative Entscheidungen.

Die Kostenrechnung ist entstanden, um den betrieblichen Teilerfolg einer bestimmten Periode bestimmen zu können. Auf diese Aufgabe hin ist auch der Kostenbegriff definiert. Kosten sind alle zur Erstellung betrieblicher Leistungen notwendigen Faktorverbräuche. Leistungen werden immer in einem bestimmten Abrechnungszeitraum erstellt, und dementsprechend sind die Kosten auf den gleichen Zeitraum zu beziehen. Das Kerngeschäft der entscheidungsorientierten Kostenrechnung besteht folglich darin, die Kosten eines Abrechnungszeitraums bzw. einer Planungsperiode zu gestalten. Kostenrechnungen sind daher als einperiodige Rechnungen aufgebaut; es handelt sich um zeitliche Partialmodelle, anders formuliert: es sind statische Rechnungen.

Die Kostenrechnung ist im Kern auf Entscheidungssituationen zugeschnitten, in denen nur die Kosten einer Periode beeinflußt werden können. Es dürfen keine Entscheidungen auftreten, deren Wirkungen zeitübergreifend sind. Eine Entscheidung in einer Periode, die für mehrere Perioden Kostenwirkungen zeitigt, läßt sich eigentlich nur in einer zeitablaufbezogenen, dynamischen Rechnung beurteilen. Kostenrechnungen beziehen sich aber auf operative oder kurzfristig wirkende Entscheidungen. Man kann diese Entscheidungssituation auch von der Ressourcensituation her sehen.«

»Ja«, ergänzt Herr Sebastian, »üblicherweise wird in der Kostenrechnung mit einem gegebenen Bestand an Ressourcen, Kapazitäten, Produktionsverfahren oder Produkten des Rahmenprogramms gearbeitet. Es geht in den Entscheidungsrechnungen dann nur noch darum, diese Ressourcen optimal einzusetzen und auszulasten. In diesen Entscheidungsrechnungen treten in der Regel keine sprungfixen Kosten durch veränderte Kapazitäten auf. Meistens verändern sich die Kosten kontinuierlich, wenn die Bezugsgrößen wie Produktionsmengen, Auftragsgrößen usw. verändert werden.«

»Arbeiten wir doch einmal einige typische Entscheidungssituationen heraus, die zum Kerngeschäft entscheidungsorientierter Kosteninformationen gehören«, fordert Herr Ilke. Herr Lohmann, der Controller von Herrn Pekeloh aus dem vorigen Seminar, macht einen ersten Vorschlag: »Dazu gehört z.B. die Frage, ob wir in unserem Unternehmen mit unserem Maschinenpark und unseren Wurstrezepten von bestimmten Sorten mehr oder weniger produzieren sollten, wenn die Kapazität knapp ist.« – »Richtig, diese operativen Programmentscheidungen basieren typischerweise auf den Informationen der entscheidungsorientierten Kostenrechnung«, ergänzt der Referent. – »In unserer Firma, einem Maschinenbaubetrieb, haben wir mehrere gleichartige Maschinen. Dreharbeiten können auf einer CNC-gesteuerten Drehbank oder einer manuellen Bank ausgeführt werden. Zu entscheiden ist dann bei Aufträgen bestimmter Größe, auf welcher Maschine für diese Aufträge die geringeren entscheidungsrelevanten Kosten anfallen«, erklärt Herr Dietrich. – »Das sind«, ergänzt der Referent, »Produktionsaufteilungsprobleme.« – »In unserem Unternehmen stehen wir mitunter vor der Frage, wie wir bestimmte Ausbringungsmengen von Artikeln produzieren sollen, ob wir beispielsweise die Maschinenlaufzeiten verlängern sollen oder ob es sinnvoll ist, die Ausbringungsmengen pro Zeiteinheit zu erhöhen, was wir in bestimmten Grenzen durchaus können«, wirft Herr Jacob ein. »Eine typische Entscheidungssituation in unserem Unternehmen ist das ›Make or Buy‹«, erklärt Frau Müller. »Wir müssen analysieren, ob die entscheidungsrelevanten Kosten bei Eigenfertigung oder bei Zukauf geringer sind.« – »Ein weiterer Fall sind Entscheidungen über Auftragsgrößen, z.B. bei der Bestellpolitik oder der losweisen Produktion«, wirft Frau Stark ein.

»Arbeiten wir doch einmal heraus, was das Gemeinsame all dieser operativen Entscheidungssituationen ist. Sehen wir uns das am Beispiel einer einfachen Variante zur Bestellpolitik an. Herr Meier, was meinen Sie, welche Kosten sind für diese Entscheidung relevant?« Herr Meier überlegt einen Augenblick und sagt dann: »Mit derartigen Dispositionen war ich früher einmal vertraut. Wenn ich mich noch richtig erinnere, sind die Lagerkosten und die bestellfixen Kosten von Bedeutung.« – »Richtig, man muß für die Entscheidung die beiden Kosten als Funktion der Bestellmenge darstellen oder auch als Funktion der Bestellhäufigkeit in einem Jahr. Wir können dann vom Prinzip her folgende Kostenverläufe beobachten: Steigt die Bestellmenge, nimmt der Lagerbestand zu, und die Lagerkosten wachsen an. Je größer die Bestellmenge wird, um so seltener wird bestellt, um so weniger bestellfixe Kosten fallen an. Bezogen auf eine Mengeneinheit sinken die bestellfixen Kosten damit. Wir haben mithin zwei gegenläufige Kostenentwicklungen, wie Sie an folgender Zeichnung erkennen. Unser Problem besteht darin, diejenige Bestellmenge zu identifizieren, bei der die Summe beider Kosten zum Minimum wird.

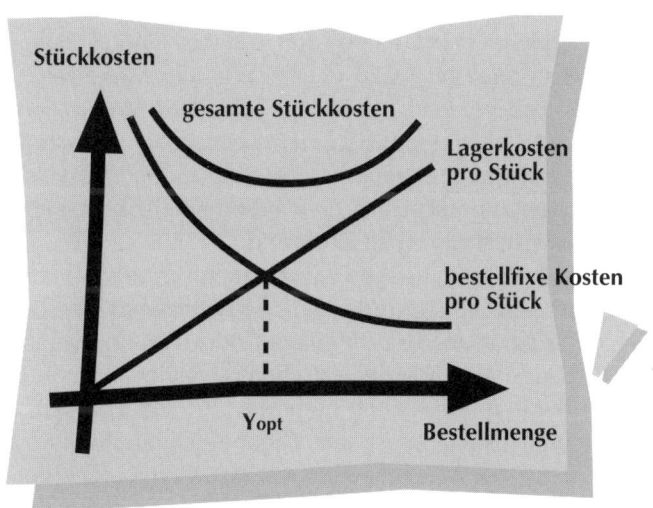

Das Minimum liegt an der Stelle, an der die Steigung beider Kurven – absolut gesehen – gleich ist. Wenn wir richtig zeichnen, ist das im Schnittpunkt der beiden Kostenkurven der Fall. Uns soll in dieser Diskussion nun nicht die Ableitung dieses Optimums interessieren; wir suchen nach den Gemeinsamkeiten operativer Entscheidungssituationen. Diese Gemeinsamkeiten liegen darin, daß wir immer von gegebenen Kostenverläufen ausgehen und dann das Optimum für diese gegebenen Funktionen bestimmen. Das Problem besteht mithin nicht darin, zu analysieren, ob es Möglichkeiten gibt, die Kurven als solche zu verändern. Man könnte z.B. versuchen, die bestellfixen Kosten je Bestellung zu senken, oder könnte bemüht sein, die Steigung der Lagerkostenfunktion zu reduzieren. Genau das aber ist nicht Gegenstand operativer Entscheidungen. Im Falle des Produktionsaufteilungsproblems von Herrn Dietrich wissen wir beispielsweise genau, wie sich die Kosten mit der Menge verändern, wenn wir die CNC-Drehbank einsetzen, und wir kennen auch die Kostenfunktion der manuellen Drehbank. Ähnliches gilt für alle geschilderten Entscheidungssituationen.

Diese Kostenfunktionen werden grundsätzlich produktionstheoretisch erklärt. Für unsere Maschinen leiten wir Produktionsfunktionen ab. Diese Funktionen erklären, wie sich die Einsatzmengen bestimmter Produktionsfaktoren als Folge bestimmter Entscheidungen verändern. Unsere Studenten müssen sich z.B. in der Produktionstheorie damit herumquälen zu analysieren, wie die Kosten bei veränderten Einsatzzeiten von Maschinen reagieren, Herr Jacob, und welcher Einfluß davon auf die variablen Kosten ausgeht, wenn die Leistung der Maschine – also die Ausbringung pro Zeiteinheit – verändert wird. Diese Produktionsfunktionen werden dann bewertet, um zu den Kostenfunktionen zu kommen. Auf Basis dieser Kostenfunktionen ist zu entscheiden, mit welcher Kombination von Leistung und Einsatzzeit bestimmte Ausbringungsmengen am kostengünstigsten zu produzieren sind.

Bei operativen Entscheidungen werden damit grundsätzlich nur variable Kosten oder Einzelkosten der jeweils betrachteten Bezugsobjekte wie Losgröße, Produktionsmenge, Einsatzzeit oder Leistung verändert. Die Produktionstheorie als Basis der entscheidungsorientierten Kostenrechnung erklärt damit grundsätzlich nicht das Zustandekommen der fixen bzw. der Gemeinkosten. Sie ist eine Theorie der variablen Kosten bzw. der Einzelkosten. Hierin liegt heute auch das Dilemma der Produktions- und Kostentheorie und der darauf aufbauenden Kostenrechnung. Verschieben sich unsere Kostenstrukturen – wie wir das in der Praxis zunehmend beobachten können – immer mehr in Richtung der Gemeinkosten bzw. der fixen Kosten, erklären die operative Kostenrechnung und die Kostentheorie einen zunehmend geringeren Teil der Kosten.

Im Produktionsbereich sind große Teile der fixen Kosten determiniert, wenn ein Unternehmen über die Art des einzurichtenden Produktionsprozesses und die dafür benötigten Maschinen entschieden hat. Für einen bestimmten Produktionsprozeß ergibt sich dann eine bestimmte Produktions- bzw. Kostenfunktion. Es sind also nicht operative Entscheidungen, die für die Höhe der fixen Kosten verantwortlich sind. Mit der Auswahl der Produktionsweise legen wir aber auch die Höhe der variablen

Kosten pro Mengeneinheit weitgehend fest. Beispielsweise wird durch die Art der Konstruktion von Produkten die Kostenhöhe bei den fixen und den variablen Kosten pro Stück bestimmt. Wir gehen heute davon aus, daß ca. 80% der Kosten nicht durch operative, sondern durch taktische Entscheidungen vor der eigentlichen Produktion festgelegt sind. Sie sind vordisponiert. Die Konstruktion der Produkte, die Auswahl der Produktionsprozesse und der dafür notwendigen Maschinen bestimmt heute die Kosten ganz nachhaltig. Wenn ein Kostenmanagement daher erst an gegebenen Kostenfunktionen ansetzt, sind die Gestaltungspotentiale sehr gering, da der größte Teil der Kosten vordisponiert ist. Kostenmanagement ist heute in erster Linie für diese vordisponierenden Entscheidungen nötig. Diese Entscheidungen aber sind grundsätzlich zeitübergreifende Entscheidungen; sie führen zu längerfristigen, mehrperiodigen Bindungen eines Unternehmens. Und für diese zeitübergreifenden Entscheidungen ist die Kostenrechnung nicht konstruiert.

Bei der Gestaltung der vordisponierten Kosten gibt es ein Problem: Die Informationen über die späteren Kostenwirkungen sind zum Zeitpunkt der vordisponierenden Entscheidungen viel schwächer als wir das üblicherweise in der Kostenrechnung gewohnt sind. Die Kostenrechnung geht beispielsweise von bekannten Produktionskoeffizienten für den Materialeinsatz oder die Fertigungszeit aus. Diese Informationen sind aber erst bekannt, wenn ein Produkt produktionsreif ist und auch die Produktionsverfahren ausgewählt wurden. Bei der Vordisposition geht es aber gerade darum, erst noch über die Art der Konstruktion von Produkten und Produktionsverfahren zu entscheiden. Es müßte dann bekannt sein, mit welchen Kosten eine bestimmte Konstruktion oder ein bestimmtes Verfahren später verbunden sein wird. Diese Informationen liegen bestenfalls in sehr grober Form vor. Daraus folgt: Für die vordisponierenden Entscheidungen können wir nicht auf die übliche Kostenrechnung mit ihrem hohen Differenzierungsgrad der Kosten nach Kostenarten und Kostenstellen zurückgreifen; es werden gröbere Verfahren gebraucht, wie sie etwa für die konstruktionsbegleitende Kalkulation entwickelt wurden. Die Verfahren der konstruktionsbegleitenden Kalkulation haben aber sämtlich den Mangel, auf Erfahrungen und bekannten Konstruktionsprinzipien aufzubauen. Diese Informationen berücksichtigen damit keine Kostensenkungspotentiale durch laufende Verbesserungen oder Quantensprünge.

Bei den vordisponierenden Entscheidungen geht es insbesondere auch um ein übergreifendes Denken – übergreifend in sachlicher und zeitlicher Hinsicht. Es sollen also nicht nur die Kosten in der Konstruktion gesehen werden, sondern auch die Auswirkungen auf Materialeinsatz,

Fertigung, Entsorgung usw. Es geht auch nicht nur darum, die Kosten zu betrachten, die in einer bestimmten Periode entstehen. Das Dilemma der Kostenrechnung ist es aber, daß sie gerade für diese zeitübergreifenden Entscheidungen nicht konstruiert wurde.

Wir können natürlich dennoch versuchen, das Instrumentarium der Kostenrechnung für zeitübergreifende Entscheidungen einzusetzen. Das haben wir an früherer Stelle auch schon gemacht. Wir haben aber gesehen, daß sich erhebliche Abbildungsprobleme ergeben, wenn wir eine Entscheidungssituation, die eigentlich dem Investitionsbereich zuzurechnen ist, dennoch kostenrechnerisch darstellen wollen.

Sie erinnern sich, die zeitliche Verteilung der einmaligen Größen wie Anschaffungsausgabe oder Liquidationserlös bereitete Schwierigkeiten. Wir hatten auch erhebliche Schwierigkeiten, die Kapitalbindung und die Zinsen sinnvoll abzubilden. Die Kostenrechnung nivelliert die Zinsen, indem sie von der durchschnittlichen Kapitalbindung im Zeitablauf ausgeht. Treten im Zeitablauf Datenveränderungen ein – die Einstandspreise verändern sich, wir verändern über die Jahre hinweg die Produktions- und Absatzmengen, oder als Folge von Erfahrungen treten Lernkurveneffekte ein, d.h., die Kosten pro Stück sinken mit der kumulierten Ausbringungsmenge –, sind wir mit dem statischen Instrument nicht in der Lage, diese Phänomene des Zeitablaufs sinnvoll in einer einperiodigen Rechnung darzustellen. Wir können dann nur eine Periode als repräsentativ für die gesamte Nutzungsdauer der Anlage herausgreifen. Relativ einfach ist es noch, wenn überhaupt keine Datenänderungen auftreten; aber dieser Fall wird in der Realität fast nie auftreten.

Als Folge der statischen Betrachtungsweise der Kostenrechnung haben wir auch gesehen, daß die Zeitpräferenzen sich grundsätzlich in dieser Rechnung nicht abbilden lassen. Vergegenwärtigen wir uns diese Einschränkungen und Vorgehensweisen bei der Abbildung des Entscheidungsproblems in der Kostenrechnung, stellen wir ganz erhebliche Abbildungsunschärfen fest. Die Kostenrechnung betreibt wieder die früher schon erkannte Komplexitätsreduktion. Je längerfristiger aber die Bindungen einer Entscheidung sind, um so gröber und ungenauer ist die Darstellung der realen Probleme in der Kostenrechnung. Folge der Abbildungsdefizite sind dann u.U. Fehlentscheidungen. Die Kostenrechnung ist für taktische Entscheidungen folglich nur als vereinfachendes, heuristisches Vorgehen mit erheblichen Fehlerpotentialen zu interpretieren.

Im Grunde ist das Instrument der Kostenrechnung für derartige nicht-operative Entscheidungen nur sehr schwach geeignet. Die beschriebene Entwicklung der Kostenstrukturen hin zu immer größeren Gemein- oder Fixkostenanteilen hat dann leider zur Folge, daß die Kostenrechnung

18. Lektion

entscheidungstheoretisch stark an Bedeutung verliert. Diese Entscheidungssituationen lassen sich nur in einer zahlungsorientierten Investitionsrechnung adäquat darstellen. Daher gewinnt die Investitionsrechnung für Controllingzwecke zunehmend an Bedeutung. Es ist deshalb auch in der Literatur der BWL in den letzten Jahren ein deutlicher Trend festzustellen, von der Kostenrechnung wieder abzurücken und mit Zahlungen für die Entscheidungsfindung zu arbeiten. Derartige Rechnungen sind immer zeitliche Totalmodelle. Sie beziehen sich z.B. auf die gesamte geschätzte Nutzungszeit einer Maschine.«

Herr Sebastian und Herr Lohmann fühlen sich plötzlich leer und überflüssig. Alles, woran sie im Hinblick auf die Kostenrechnung geglaubt hatten und was sie konnten, wird durch den Referenten in Frage gestellt. Und es geht noch weiter:

»Entscheidungsfelder, die auf Informationen der entscheidungsorientierten Kostenrechnung zurückgreifen, zeichnen sich sehr häufig durch einen weiteren gravierenden Mangel aus. Es handelt sich um sachliche Partialmodelle. Diese Modelle suchen optimale Entscheidungen für einzelne Funktionsbereiche. Gesucht ist etwa das optimale Produktionsprogramm oder die optimale Aufteilung von Produktionsmengen auf vorhandene Produktionsanlagen. Optimiert werden Bestellmengen oder innerbetriebliche Auftragsgrößen. Diese partielle, meistens funktionale Sicht und Optimierung zeitigt in der Realität häufig unzulängliche Ergebnisse, wenn die Entscheidungen eines Bereiches nicht nur in diesem Bereich, sondern auch in anderen Bereichen Kostenwirkungen haben. Entscheidungen bei der Konstruktion von Produkten bestimmen nicht nur die Kosten in der Konstruktion, sondern von ihnen hängen auch die Materialkosten und die Fertigungskosten ab. Letztlich haben die angewendeten Konstruktionsprinzipien auch harte Rückwirkungen auf die Höhe der Kosten für eine spätere Zerlegung und Entsorgung abgenutzter Produkte. Entscheidungen im Einkauf führen zwar zu Kostensenkungen im Einkaufsbereich; die preiswerteren Materialien lassen sich aber u.U. in der Produktion schlechter verarbeiten, was Zusatzkosten oder Qualitätsdefizite zur Folge hat. In der Praxis ist es heute vielfach so, daß jeder Funktionsbereich für sich optimiert und spart. Weil aber die indirekten Rückwirkungen dieser Sparmaßnahmen nicht in den sachlichen Partialmodellen erfaßt werden, kommt es über den ganzen Betrieb gesehen zu einer sehr teuren, suboptimalen Lösung. Die partiellen Kalküle stehen damit einem übergreifenden Denken entgegen. Durch isolierte Optimierung wird das Optimum gerade verfehlt.

Kostenkalküle in der Konstruktion sollten sich folglich nicht allein auf die reinen Konstruktionskosten beziehen. Erforderlich ist ein Lifecycle-

Costing-Denken wie es für die Investitionsrechnung typisch ist. Gesucht werden sollte nicht die Konstruktion mit den geringsten Konstruktionskosten, sondern jene Konstruktion, die über alle Phasen des Lebenszyklus eines Produkts mit den geringsten Kosten verbunden ist. Es muß mithin eine Konstruktion gefunden werden, bei der die Summe der Konstruktionskosten, der Produktions- und Logistikkosten, der Kosten beim Gebrauch und der späteren Entsorgung zum Minimum wird. Da diese Kosten aber zu unterschiedlichen Zeitpunkten anfallen, kann eine derartige Rechnung kaum auf Basis von Kosten – ohne Zeitpräferenzen – durchgeführt werden. Es ist vielmehr eine Investitionsrechnung über den gesamten Lebenszyklus auf Zahlungsbasis erforderlich. Es macht also allenfalls Sinn, den Barwert der Auszahlungen zu minimieren.

Eine rein auszahlungsorientierte Rechnung ist aber auch nur dann vertretbar, wenn man davon ausgeht, daß die Art der Konstruktion eines Produktes keinerlei Rückwirkungen auf die absetzbaren Mengen und die Umsätze bzw. Einzahlungen hat. Lifecycle-Costing ist daher auch keine Methode der Kostenrechnung, sondern eine spezielle Anwendungsvariante der Investitionsrechnung. Je weiter die einzelnen Phasen des Lebenszyklus zeitlich voneinander entfernt sind, um so geringer ist daher die Eignung einer Kostenrechnung zur Unterstützung eines phasenübergreifenden Denkens.

Das Denken von Kostenrechnern, möglichst alles aus zeitlicher und sachlicher Sicht isoliert zu betrachten, ist ganz typisch für Betriebswirte. Die lassen sich von der Komplexität, den Verbundeffekten und den Schwierigkeiten des realen Lebens gar nicht beirren. Sie definieren die Verbundeffekte einfach weg, um möglichst wieder in das Paradies des Controlling zu gelangen. Dieses Denken kann man sehr schön mit einem bekannten Witz kennzeichnen:

Ein Physiker, ein Ingenieur und ein Betriebswirt werden jeweils in ein Gefängnis gesteckt. Sie erhalten eine Konservendose, aber keinen Öffner. Verständlicherweise wollen sie aber dennoch an den Inhalt der Dose kommen. Was macht der Physiker auf Basis seiner erlernten Denkprinzipien? Er schreibt die Wände des Gefängnisses mit Formeln voll, in der Hoffnung eine geeignete Theorie zum Dosenöffnen zu finden. Er kann die Dose aber nicht öffnen und verhungert. Der Ingenieur als Praktiker wirft die Dose auf den Boden, kratzt damit an der Wand, bekommt sie aber auch nicht auf. Betriebswirte dagegen lösen solche Probleme mit links: Sie definieren einfach: ›Die Dose ist offen‹ und essen – allerdings nur in der Theorie, in der Praxis verhungern auch sie wegen des fehlenden Problembewußtseins.

Diesen Denkstil der Betriebswirte könnte man auch damit umschreiben, daß sie reale Probleme einfach nicht wahrnehmen oder mit magi-

schen Kräften wegzaubern. Damit aber löst man keine Probleme, sondern schafft nur neue.
Meine Damen und Herren! Zurück zu den Merkmalen der Entscheidungssituationen, für die Informationen der Kostenrechnung eingesetzt werden. Ich habe sie noch einmal in folgender Übersicht zusammengefaßt und den Merkmalen des Entscheidungsfelds der Investitionsrechnung gegenübergestellt:«

Kostenrechnung	Investitionsrechnung
einperiodig (statisch) zeitliches Partialmodell	mehrperiodig (dynamisch) zeitliches Totalmodell
Operative Entscheidungen bei gegebenen Potentialen als Kerngeschäft	Taktische Entscheidungen bei variablen Potentialen (Kapazitäten, Rahmenprogramm) als Kerngeschäft
Probleme bei dynamischen Situationen: – repräsentative Periode – Durchschnittsrechnung bei Datenveränderungen im Zeitablauf (Lerneffekt, Preis-Mengenänderungen) – zeitliche Verteilung von Einmalgrößen (Anschaffungsausgabe, Liquidationserlös, F&E-Ausgaben) – keine Zeitpräferenzen	zeitgenaue Erfassung von Ein- und Auszahlungen Zeitpräferenzen fließen in die Entscheidung ein
Folge: grobe Näherungslösung, Abbildungsunschärfen	
Rechnung für sachliche Partialentscheidungen, partielle Optimierung, kein übergreifendes Denken	übergreifendes Denken, z.B. in der Form von Lifecycle-Costing

> **Wie war das noch mit der Eignung der Kostenrechnung für Entscheidungen?**
>
> In einer Zeit, in der Gemein- bzw. Fixkosten bis zu ca. 80% der Gesamtkosten ausmachen, ist mit einer Kostenrechnung, die sich nur auf die Gestaltung der restlichen variablen Kosten bezieht, kaum sinnvoll zu arbeiten. Eine Rechnung, die in der Lage ist, sinnvolle Entscheidungen über die wirklich kostentreibenden Alternativen zu treffen, muß insbesondere die vordisponierten Kosten in das Kalkül einbeziehen und sämtliche dynamischen Wirkungen im Zeitablauf erfassen. Eine solche Rechnung kann nur eine Investitionsrechnung sein. Jeder Versuch, dynamische Effekte in einer Kostenrechnung durch Vereinfachungen näherungsweise abzubilden, führt zu groben Abbildungsunschärfen.

19. Lektion:
Worauf es heute im Kostenmanagement ankommt! Kostenverwaltung oder Verhaltensbeeinflussung? Zwei Denkstile.

Mächtig in Fahrt gekommen setzt Herr Ilke das Lob auf die Mentalität der Kostenrechner unbarmherzig fort: »Meine Damen und Herren! In der Praxis lassen sich gegenwärtig zwei verschiedene Denkstile im Kostenmanagement unterscheiden, die mit ›Denkstil der Kostenverwaltung‹ und ›Denkstil der Verhaltensbeeinflussung‹ umschrieben werden sollen. Man könnte auch davon reden, daß es sich um zwei Weltanschauungen über Kostenrechnung handelt. Der Denkstil der Kostenverwaltung ist typisch für deutsche Unternehmen, während Sie den zweiten Stil insbesondere bei asiatischen Unternehmen finden.

Der Denkstil der Kostenverwaltung zielt darauf ab, Kosten möglichst genau zu erfassen und sie bestimmten Bezugsgrößen wie Produktionsmengen, Auftragsgrößen, Kostenstellen usw. exakt verursachungsgerecht zuzuordnen. Ziel dieses Denkstils ist es, den Entscheidungsträgern möglichst genaue Informationen über die Kostenwirkungen ihrer Entscheidungen zur Verfügung zu stellen. Dieser Denkstil ist vom Gedanken der Exaktheit getragen. Hinter ihm steht die Vorstellung, daß Kostenstellen, Produkte oder Varianten, Auftragsgrößen usw. die Kosten tragen müssen, die sie verursacht haben. Und wenn es sich bei den Bezugsgrößen um marktfähige Leistungen handelt, müssen sie auch diese Kosten über den Preis wieder einspielen. Letztendlich ist es das Ziel dieses Denkstils, gute Kosteninformationen für die Optimierung bereitzustellen. Er zeichnet sich daher durch weit ausgebaute Kostenrechnungssysteme aus.

Dieser Denkstil kommt auch recht klar in den dahinter stehenden Vorstellungen über die Preisbildung zum Ausdruck: Alle Kosten einer marktgängigen Leistung werden gesammelt; auf diese Kostensumme wird ein Gewinnzuschlag angesetzt, und das Ergebnis, das bei dieser Kostenträgerrechnung herauskommt, ist das, was der Markt für diese Leistung bezahlen soll. Dieser Denkstil stellt nicht in Frage, ob die entstandenen Kosten aus Sicht der Zahlungsbereitschaft der Kunden vertretbar sind. Der Kunde soll – bitte schön – die Kosten erstatten, die uns entstanden sind, und uns für unsere Bemühungen auch einen Gewinnaufschlag gewähren. Dahinter steckt das Selbstkostenerstattungsdenken, wie es insbesondere im öffentlichen Sektor anzutreffen ist. Dieses Verhalten kann man mit dem Satz umschreiben: Mache Kosten, dokumentiere sie, d.h., weise sie nach, und verlange entsprechende selbstkostenorientierte Preise.«

Mit diesem Denkstil ist Felix gar nicht einverstanden. Er ist seinerzeit mit einer anderen marktorientierten Einstellung Unternehmer geworden und hat sich nach der Zahlungsbereitschaft seiner Kunden für seine Dienstleistungen gefragt. Ihm ist auch nicht so recht klar, warum sich dieser verwaltungsorientierte Denkstil auch heute in einer Marktwirtschaft noch so eisern in den Unternehmen hält. »Möglicherweise steckt dahinter der Traum von der Sicherheit«, denkt er sich. »Es wäre zu schön, wenn einem der Markt grundsätzlich entstandene Kosten erstatten und zusätzlich noch einen Gewinnaufschlag gewähren würde.«

»Der 2. Denkstil der Verhaltensbeeinflussung offenbart eine völlig andere Einstellung zum Kostenproblem. Hinter diesem Denkstil steht die Vorstellung: Jeder im Unternehmen verursacht durch sein tägliches Verhalten Kosten; deshalb muß jeder über die Kostenwirkungen seines Verhaltens informiert sein. Dabei ist es weitgehend unerheblich, ganz exakte Informationen über die Kostenwirkungen zu haben. Tendenzaussagen, die sich auf das Wesentliche konzentrieren, reichen völlig aus, um den Einzelnen kostenbewußt zu machen und ihn zur Verbesserung seines Verhaltens im Sinne eines Abbaus von Kosten zu motivieren. Hinter diesem Denkstil steckt die Vorstellung: Es gibt im Unternehmen überall Unwirtschaftlichkeiten und Verbesserungspotentiale. Jeder im Unternehmen bis hinunter zum Hoffeger soll angeregt werden, die Einsparpotentiale zu erkennen und zu nutzen. Der 2. Denkstil ist der Denkstil der Verbesserungskultur. Dieser Denkstil stellt grundsätzlich in Frage, daß die entstandenen Kosten auch gerechtfertigt sind. Er sucht laufend nach

Einsparmöglichkeiten und ist mit einem erreichten Zustand nie zufrieden. Er bindet alle Mitarbeiter in das Kostenproblem ein und reizt sie durch Prämien an, laufend Verbesserungen anzustreben. Das ist der Kaizen-Gedanke der Japaner.

Dieser Denkstil kommt auch wiederum in den Preisbildungsvorstellungen sehr klar zum Ausdruck: Bei der Preisbildung wird auf die Zahlungsbereitschaft der Kunden für bestimmte Leistungen abgestellt. Es muß durch Kundenbeobachtung hinterfragt werden, zu welchen Preisen sich welche Mengen am Markt absetzen lassen. Will ein Unternehmen bestimmte Mengen erreichen, bestimmt die Zahlungsbereitschaft der Kunden den Preis – und nicht die entstandenen Kosten wie beim 1. Denkstil. Dieser Preis ist um einen Gewinnabschlag zu reduzieren, um zu den erlaubten Kosten zu kommen. Überschreiten die effektiven Kosten die erlaubten Kosten, kann der Marktpreis mit der kalkulierten Gewinnmarge nicht gehalten werden. Es wird sehr häufig vorkommen, daß die erlaubten Kosten mit den gegenwärtigen Verhaltensweisen im Unternehmen nicht zu erreichen sind. Jeder einzelne ist dann aufgefordert, in seinem Bereich konsequent nach Einsparpotentialen zu suchen. Die Konstrukteure sollen z.B. ihre Konstruktionsprinzipien in Frage stellen und nach kostengünstigeren Prinzipien forschen. Es ist zu hinterfragen, ob sich Materialkosten durch den Einsatz anderer Materialien senken lassen. Bei den Produktionsmethoden ist zu untersuchen, ob sie sich kostengünstiger gestalten lassen. Eingeschlossen in diese Verbesserungskultur ist insbesondere der indirekte Bereich; denn gerade im indirekten Gemeinkostenbereich schleichen sich sehr schnell Blindleistungen ein, die keinen oder einen nur unzureichenden Beitrag zur Wertschöpfung leisten. Dieser Denkstil ist vom Zielkostendenken (Target-Costing) geprägt. Nach dieser Vorstellung darf jede einzelne Aktivität, die zur Leistungserstellung ausgeübt wird, nur so viel kosten, wie sie zum Nutzen des zu kaufenden Gutes oder der abzunehmenden Dienstleistung in den Augen des Kunden beiträgt. Hat eine Aktivität in den Augen des Kunden keinen Nutzen, ist sie eine Blindleistung und daher abzuschaffen. Kostet eine Aktivität mehr als sie nutzt, muß nach Einsparpotentialen gesucht werden. Aufgefordert, Einsparpotentiale zu identifizieren, ist nicht nur das obere und mittlere Management, das beim 1. Denkstil die Kosteninformationen zur Entscheidungsunterstützung erhält; aufgefordert sind alle im Unternehmen bis zur unteren ausführenden Ebene.

Beide Denkstile unterscheiden sich auch durch den Aufwand für die Kostenrechnung und die Diffusion der Kosteninformationen im Unternehmen. Beim ersten Denkstil sind die ausführenden Organisationsstufen eines Unternehmens über Kosten überhaupt nicht informiert. ›Wer keine Entscheidungen fällt, braucht auch keine Kosteninformationen‹, ist die Vorstellung. Kosten diffundieren in der Organisation also nicht bis nach unten. Damit aber fehlt den unteren Hierarchiestufen einer Organisation jede Kenntnis über die Kostenwirkung ihres Verhaltens. Die Folge ist fehlendes Kostenbewußtsein. Ohne Kostenbewußtsein läßt sich aber keine Verbesserungskultur in einem Unternehmen durchsetzen. Der erste Denkstil erlaubt es daher im Grunde nicht, die Fähigkeitspotentiale der unteren Hierarchieebenen einer Organisation systematisch in Kostensenkungsüberlegungen einzubinden.

Der erste Denkstil ist meistens mit stark differenzierten, weit ausgebauten Kostenrechnungssystemen verbunden, denn die gewünschte Exaktheit der Kosten ist nur mit einem solchen differenzierten Kostenrechnungsinstrumentarium zu erreichen. Das Instrumentarium ist für den nicht Eingeweihten meist völlig undurchschaubar; die Ergebnisse sind von den Entscheidungsträgern folglich kaum nachzuvollziehen, da sie die Verrechnungswege und Methoden der Kostenverteilung nicht oder nur unzureichend kennen. Mit großem Aufwand für die Kostenrechnung werden dann Informationen erzeugt, die inhaltlich von den Entscheidungsträgern nicht verstanden oder häufig auch fehlinterpretiert werden. Die häufigste Fehlinterpretation findet sich in der Praxis, wenn das Kostenrechnungssystem akribisch Kostenzurechnung nach der finalen Auslegung des Verursachungsprinzips betreibt, die Entscheidungsträger die Informationen aber einsetzen, als seien sie nach der kausalen Interpretation zustande gekommen. Die Kostenrechnung betreibt dann die 6. Kernspaltung von Gemeinkosten mit dem Ergebnis schizophrener Verhaltensweisen der Entscheidungsträger.

Der zweite Denkstil führt meist zu einem schwächeren Ausbaugrad der Kostenrechnung. Es kommt bei der beabsichtigten Verhaltensänderung nicht auf ganz genaue Kosteninformationen an, vielmehr genügen Tendenzaussagen. Wenn ein Werker z.B. ein Werkzeug verbummelt, ist es für die beabsichtigte Verhaltensänderung irrelevant, zu wissen, daß das Werkzeug unter Berücksichtigung aller Gemeinkostenschlüsselungen 21,9645 DM kostet. Es reicht völlig aus, wenn der Werker das Bewußtsein hat: Das Unternehmen muß im Einkauf für dieses Werkzeug ca. 18,– DM bezahlen, und das entspricht bezogen auf seinen Stundenlohn etwa dem Wert einer halben Arbeitsstunde. Für Verhaltensänderungen reichen deshalb gröbere Kennziffern völlig aus. Die 6. Kernspaltung der Kosten ist eher schädlich, da ein hoher Exaktheitsgrad vorgetäuscht wird. Jeder im Unternehmen weiß aber, daß derartige Kosten immer durch mehr oder weniger willkürliche Schlüssel künstlich erzeugt werden. Solche Informationen stoßen daher eher auf Skepsis und Ablehnung.

Der zweite Denkstil arbeitet lediglich mit tendenziellen Kosteninformationen. Beim ersten Denkstil wird z.B. bei einer sehr variantenreichen Fertigung versucht, den Varianten möglichst genau die Gemeinkostenanteile anzulasten. Der 2. Denkstil weiß, daß das sowieso nicht funktionieren kann, da schlüsselabhängig immer andere Ergebnisse nach der 6. Kernspaltung entstehen. Daraus wird dann von Kostenrechnern dieses Denkstils der unkonventionelle Schluß gezogen: Kosteninformationen sind zweckorientiert. Aus strategischer Sicht ist es beispielsweise erwünscht, die Variantenzahl nicht ins Uferlose weiterwachsen zu lassen, da die Komplexität nicht zu beherrschen ist oder hohe Zusatzkosten entstehen. Gewünscht ist eine gesunde Begrenzung der Variantenzahl. Unerheblich ist es für die strategische Unternehmenssteuerung auch, ob letztlich 600 oder 645 Varianten dabei herauskommen; die generelle Größenordnung ist das Problem. Um dieses Ziel zu erreichen, genügen aber auch viel gröbere Informationen. Soll das Verhalten derart beeinflußt werden, daß die Variantenzahl eher verringert als ausgebaut wird, werden die Varianten einfach künstlich verteuert und Standardprodukte künstlich mit geringeren Kosten belastet. Der Neigung, Standardprodukte durch wachsende Variantenzahlen zu substituieren, wird damit ein Riegel vorgeschoben. Das Ziel zeigt den Weg, wie es zu erreichen ist.

Beide Kostendenkstile zeitigen im Endeffekt recht unterschiedliche Ergebnisse: Beim ersten Denkstil sind typischerweise die Gemeinkostenanteile an den Gesamtkosten deutlich höher als beim zweiten Denkstil. Die Verbesserungskultur führt gerade bei gemeinkostenintensiven Kostenstrukturen zu erheblich höheren Einsparpotentialen bei diesen Kosten als bei den Einzelkosten. Beim ersten Denkstil wird insbesondere der Gemeinkostenbereich stark ausgeweitet, während beim zweiten Denkstil eine deutliche Tendenz zu beobachten ist, den Gemeinkostenbereich auf ein gesundes Maß abzubauen. Damit unterscheidet sich nicht nur der Anteil der Gemeinkosten, sondern auch die gesamte Höhe der Gemeinkosten. Die Ausweitung des Gemeinkostenbereichs beim 1. Denkstil ist z.B. auf die stark gestiegene Variantenzahl und die dann erforderlichen besseren Informationsverarbeitungs- und Koordinationssysteme zurückzuführen. Bei diesem Denkstil kommt es viel eher zu einer hohen, nicht mehr zu beherrschenden Unternehmenskomplexität. Der zweite Denkstil bekämpft Komplexität ganz systematisch. Er arbeitet nach dem Konzept der Einfachheit. Aber zu diesem Punkt kommen wir später – bei der Komplexitätskostenfalle – noch ausführlicher.«

In diesem Moment meldet sich eine Frau, die Felix schon die ganze Zeit irgendwie bekannt vorkommt. Sie fragt:»Wenn ich Sie richtig verstehe, sollen wir in unseren Unternehmen den ersten Denkstil abschaffen und uns auf den zweiten Denkstil konzentrieren, stimmt das?«

»Nicht so ganz, Frau Arnold-Schulte«, antwortet der Referent und Felix fällt es wie Schuppen von den Augen: Das ist Frau Schulte aus dem ersten Seminar! »Wie heißt sie jetzt?«, denkt er. »Arnold-Schulte! Da scheint das Seminar ja nicht nur Fortschritte im Kostenverständnis, sondern auch im Bereich der zwischenmenschlichen Beziehungen gebracht zu haben.« Er bedauert sehr, daß er das erste Seminar abbrechen mußte, und beschließt, der Sache später auf den Grund zu gehen.

Während Felix so vor sich hin sinniert, fährt der Referent fort: »Bei der Darstellung ist bisher vielleicht der Eindruck entstanden, der eine Denkstil schließe den anderen aus. Das muß aber durchaus nicht sein. Den ersten Denkstil findet man klassischerweise in europäischen und amerikanischen Unternehmen. Gerade dieser Denkstil beherrscht die deutsche Kostenrechnung in Theorie und Praxis seit vielen Jahrzehnten. Der zweite Denkstil findet sich bei asiatischen, insbesondere japanischen Unternehmen. Beide Denkstile haben Vorteile und Probleme, die ich an früherer Stelle schon einmal mit dem Losgrößenproblem beschrieben habe. Der zweite Denkstil bemüht sich beim Bestellproblem über die Ausschöpfung von Verbesserungspotentialen darum, die Lager- und die Bestellkostenfunktion nach unten zu drücken. Bei diesem Bemühen tritt der klassische Optimierungsgedanke völlig in den Hintergrund. Der zweite Denkstil optimiert also Funktionen; er optimiert aber nicht die Bestellmenge auf der Basis gegebener oder veränderter Funktionen. Gerade hierin ist ein Nachteil zu sehen. Im Endeffekt wird es erforderlich sein, über die Verbesserungskultur die Kostenfunktionen nach unten zu verschieben; es wird aber auch notwendig sein, auf der Basis der erreichten Kostenfunktionen beispielsweise die Bestellmenge zu optimieren. Das Bestreben sollte es daher sein, die Vorteile beider Denkstile zu vereinen, um dem Nachteil des ersten Denkstils einer zu intensiven Kernspaltung der Kosten konsequent entgegenzuwirken.

Meine Damen und Herren, der letzte Teil des Seminars ist etwas zum Monolog geraten. Aber es war mir wichtig, Sie mit diesen Denkprinzipien bzw. Weltanschauungen vertraut zu machen. Im folgenden Abschnitt wollen wir uns gemeinsam Entscheidungskriterien bei Knappheit von Ressourcen erarbeiten.«

»Eine Frage hätte ich noch«, meldet sich Herr Meier zu Wort. »Wenn ich mir unser Unternehmen so anschaue, sind wir mehr dem ersten Denkstil verfallen. Wie kann man denn eine Verlagerung in Richtung des zweiten Denkstils vornehmen?«

»Dafür gibt es keine Patentlösung«, antwortet Herr Ilke. »Der entscheidende Punkt ist, daß der zweite Denkstil bis in die unteren Ebenen des Unternehmens implementiert wird. Dazu wird es zunächst nötig sein, die Kostentransparenz zu verbessern, so daß jeder die Folgen seines Tuns erkennen kann. Also aufhören mit einer undurchschaubaren Kostenschlüsselung. In einem nächsten Schnitt kann dann versucht werden, die Mitarbeiter in den Verbesserungsprozeß einzubeziehen, indem z.B. Prämien für Verbesserungsvorschläge ausgelobt werden.«

»Aber gerade das«, wirft Herr Günther ein, »funktioniert in unserem Betrieb überhaupt nicht. Die Mitarbeiter interessiert nur das Ableisten ihrer Arbeit; sie identifizieren sich nicht mit dem Unternehmen.«

»Das liegt daran«, erwidert der Referent, »daß Ihre Mitarbeiter durch den alten Denkstil versaut sind und sich noch nicht an die neue Situation gewöhnt haben. Ein solcher Prozeß kann nur langsam erfolgen. Außerdem...« – »Aber«, fällt ihm Herr Dietrich ins Wort, »wir versuchen schon seit Jahren, von den Mitarbeitern mehr Initiative zu verlangen, und es klappt überhaupt nicht. Das einzige Ergebnis bei uns sind Mitarbeiter, die alles in Frage stellen und alles besser wissen wollen. Da war es doch viel einfacher für uns, als sie sich nur auf die Erfüllung ihrer Arbeit konzentrierten und sich nicht ins Management einmischten.«

»Auf diesen Punkt wollte ich gerade zu sprechen kommen«, sagt der Referent. »Sie können einen Denkstil, der die Mitarbeiter in den Verbesserungsprozeß einbindet, nicht einführen, ohne zu akzeptieren, daß die Mitarbeiter auch an der Entscheidung über die Umsetzung ihrer Vorschläge beteiligt werden wollen. Sonst entstehen genau die von Ihnen beschriebenen Reibungsprobleme zwischen Management und Mitarbeitern. Wenn trotzdem an autoritären Führungsstilen und hierarchischen Organisationsstrukturen festgehalten wird, führt das zwangsläufig zu Motivationsproblemen bei den Mitarbeitern, die sich dann nicht mit dem Unternehmen identifizieren und nicht einsehen, warum sie einen Beitrag zur Verbesserung der Gewinnsituation leisten sollen. Eine Umgestaltung des Denkstils in der Kostenrechnung muß dementsprechend immer mit einer Veränderung der Organisations- und Führungsstrukturen einhergehen.«

Die zwei Weltanschauungen...

Kostenverwaltung		Kostengestaltung
Entscheidungsunterstützung	Grundeinstellung	– Verhaltensänderung – Motivation zur Verbesserung (Verbesserungskultur)
Exakte, differenzierte, verursachungsgerechte Erfassung (6. Kernspaltung der Kosten)	Ziel	Einfache Kennziffern, keine komplexen Rechnungssysteme, die den Blick auf das Wesentliche versperren
Varianten werden möglichst exakt kalkuliert (Prozeßkostenrechnung), um eine Quersubventionierung zu vermeiden.	Tendenz	Varianten werden willkürlich verteuert, Standards entlastet. Dazu werden einfache Kostenkennziffern benutzt.
Kosten sind gottgegeben, Gewinnaufschlag führt zum »Marktpreis«.	Kostendenke	– Marktorientierte Zielpreise führen zu Zielkosten. Einfache Methoden zum Abgleich von Kosten und Nutzen von Teilen – Instrument zur frühzeitigen Kostengestaltung in der Entwicklung
Nicht beherrschte variantenreiche Produkte führen zu hoher Komplexität und zu hohen Gemeinkosten.	Gemeinkostenhöhe	Durch Prozeßbeherrschung und Abbau von Komplexität sind die Gemeinkosten geringer. Komplexitätsreduktion ist Mittel zur Gemeinkostensenkung.
Werker/Ingenieure haben von den Kosten keine Ahnung und können nicht in Kosten denken.	Organisationstiefe von Kosteninformationen	Jeder Werker muß über die Kosten des Faktoreinsatzes informiert sein. Jeder denkt in Kosten.
Optimierung	Eignung	Motivation zur Kostensenkung durch verbesserte Kostenfunktionen

20. Lektion:
Knappheit macht das Leben schwer.
Oder: Seit wann ist das Alter der Schwiegermutter für die Kalkulation relevant?

Nach einer kurzen Kaffeepause, in der sich Felix ausführlich mit Frau Arnold-Schulte unterhält, geht es weiter:

»Wir wollen uns im weiteren näher mit der Optimierung nach dem ersten Denkstil des Kostenmanagement befassen. An früherer Stelle haben wir das für eine sehr einfache Entscheidungssituation bereits getan, als wir uns über die Kostenspaltung unterhalten haben. Lassen Sie uns das dort diskutierte Entscheidungsprinzip auf andere Entscheidungssituationen übertragen. Vergegenwärtigen wir uns zunächst aber noch einmal, woran wir sehen konnten, ob ein Artikel in das Produktionsprogramm aufgenommen werden soll.«

Herr Sebastian erinnert sich: »Das konnten wir an der Differenz von Preis und variablen Kosten der Produkte, der Deckungsspanne, sehen.« – »Richtig. Unter welchen Entscheidungsbedingungen ist dieses Kriterium anwendbar?« will der Referent wissen. Herr Lohmann, der Controller der Wurstfabrik, antwortet: »Es dürfen keine Fixkostensprünge auftreten; der Deckungsbeitrag muß sich also kontinuierlich mit der Produktions- oder Absatzmenge verändern. In unserem Beispiel waren daher die Kapazitäten gegeben.« – »Sehr schön, und was galt für diese Kapazität noch für eine Bedingung, Herr Felix?« – »Meine Kühlkapazitäten waren nicht knapp, so daß ich alle Artikel mit positiver Deckungsspanne in mein Verkaufsprogramm aufnehmen konnte.« – »Das haben Sie richtig schön behalten«, lobt Herr Ilke. – »Genau genommen galt noch eine weitere Bedingung im Absatzbereich«, gibt Herr Lohmann zu bedenken. »Zwischen den Produkten dürfen keine absatzwirtschaftlichen Verflechtungen bestehen. Die Absatzmenge eines Artikels darf also nicht davon abhängig sein, welche anderen Produkte im Programm sind.«

»So, dann haben wir alle Bedingungen der ersten Entscheidungssituation zusammen. Wir wollen nun diesen Satz von Bedingungen nach und nach verändern und uns fragen, welche Rückwirkungen das auf die Entscheidungskriterien hat. Als erstes wählen wir eine Situation mit knapper Kapazität. Der Einfachheit halber nehmen wir einmal an, wir haben eine Fertigungskapazität von 900 ZE und führen in unserem Rahmenprogramm drei Erzeugnisse, von denen wir jeweils 100 ME absetzen könnten, falls die Produktionskapazität dazu ausreicht. Für unsere drei Produkte gelten folgende Daten:«

20. Lektion

Er legt eine Folie auf den Overheadprojektor, bei der einige der Spalten noch abgedeckt sind:

Pro-dukt	Preis	var. Kosten	DSP	Zeitbedarf je ME	rel. DSP	Produktions-menge	Kapazitäts-verbrauch
A	100	40	60	3	20	100	300
B	90	70	20	2	10	100	200
C	320	280	40	8	5	50	400
Σ							900

»Das Produkt A ist zum Preis von 100,– DM bei variablen Kosten von 40,– DM und einer Deckungsspanne von 60,– DM je ME zu produzieren. Sie sehen, für die beiden übrigen Produkte erzielen wir Spannen von 20,– bzw. 40,– DM. Leider reicht die Kapazität aber nicht aus, von allen drei Produkten je 100 ME zu fertigen. In der 5. Spalte steht der Zeitbedarf an Kapazität für die Produktion je einer ME. Sie benötigen dann 300 Zeiteinheiten für 100 ME von A; für B sind 200 ZE erforderlich und für C nochmals 800 ZE. Das sind zusammen 1.300 ZE. Sie haben aber nur 900 ZE.«

»Dann müssen wir eben Zeit einsparen«, gibt Frau Bisping – sie betreibt einen landwirtschaftlichen Direktvertrieb – zu bedenken. – »Richtig, aber bei welchem Produkt sollten wir weniger als 100 ME fertigen, Herr Fabian?« Herr Fabian betreibt eine kleine Spielzeugfirma. »Weniger von den Produkten machen, mit denen wir weniger verdienen«, ist seine lakonische Antwort. – »Verstehe ich Sie richtig, Sie wollen das Produkt B zurückfahren, da dieses Produkt nur 20,– DM pro Mengeneinheit an Deckungsspanne erwirtschaftet?« – »Das erscheint mir zunächst einmal ganz plausibel«, meint Herr Fabian. – »Herr Fabian! Da hätte ich aber Bedenken«, wirft Herr Sebastian ein. »Die Deckungspannen der Produkte geben in dieser Entscheidungssituation keine verläßliche Information mehr, wo gekürzt werden soll. Man müßte sich fragen, bei welchem Produkt wir mit einer Zeiteinheit der knappen Kapazität am wenigsten verdienen. Dieses Produkt würde ich zurückfahren.«

»Guter Gedanke. Diese Informationen habe ich Ihnen in der 6. Spalte der Tabelle bereits eingetragen«, meint der Referent, wobei er die genannte Spalte lächelnd aufdeckt. »Sie sehen: Eine Zeiteinheit für Produkt A bringt 60/3 = 20,– DM, da für eine Mengeneinheit drei Zeiteinheiten der Kapazität erforderlich sind. Bei B sind es nur 10,– und bei C sogar nur 5,– DM.«

»Dann würde ich zunächst einmal Produkt C in der Menge zurückfahren«, schlägt Frau Bisping vor, »und sehen, ob ich das Kapazitätsloch so schließen kann. Da uns 400 ZE fehlen, um alles zu produzieren, müssen wir eben von Produkt C 50 ME streichen und können nur 50 ME produzieren.« – »Sehr richtig, wir streichen also so lange die Produkte mit der niedrigsten relativen Deckungsspanne, bis unser Kapazitätsloch verschwunden ist. In unserem Fall ist das bereits der Fall, wenn wir nur Teilmengen von C nicht fertigen«, erläutert Herr Ilke, während er die letzten Spalten der Tabelle aufdeckt. »Es kann natürlich bei einem größeren Kapazitätsloch auch sein, daß dann von C nichts mehr und von B nur Teile herzustellen sind.«

»Das könnten wir natürlich auch umgekehrt angehen«, stellt Felix fest. »Wir könnten zunächst das schönste Produkt – das ist von der relativen Deckungsspanne her A – voll in das Programm aufnehmen, also 100 ME produzieren und dafür 300 ZE der Kapazität einsetzen. Dann produzieren wir B – das ist das zweitbeste Produkt – in 200 ZE auch voll. Und mit der restlichen Kapazität von 400 ZE werden noch 50 ME von C hergestellt.« – »Sehr gut, es ist völlig gleichgültig, ob wir rückwärts denken und Kapazitätslöcher kleiner werden lassen oder vorwärts denken und uns fragen, in welcher Reihenfolge wir die Produkte in das Programm aufnehmen«, lobt der Referent und fährt fort:

»So, das Ganze klappt ja schon ganz gut. Wir wissen nunmehr, daß bei einer knappen Kapazität nicht die Deckungsspanne, sondern die relative Deckungsspanne entscheidungsrelevant ist. Wir wollen nun ein Experiment vornehmen. Bei dem ermittelten Programm erzielen wir mit der letzten eingesetzten Kapazitätseinheit eine relative Deckungsspanne von 5,– DM. Denken wir rückwärts, müssen wir für die erste nicht mehr verfügbare Kapazitätseinheit genau auf diese 5,– DM verzichten. Die 5,– DM sind die sogenannte Grenzdeckungsspanne je ZE der knappen Kapazität. C ist somit das Grenzprodukt. Die wertmäßige Kostentheorie erklärt nun diese 5,– DM zu Opportunitätskosten und bezieht sie in die Kostenrechnung ein. Opportunitätskosten stellen also einen Verzicht aus Knappheitsgründen dar: Wenn wir eine Kapazitätseinheit mehr hätten, könnten wir einen zusätzlichen Deckungsbeitrag von 5,– DM erzielen.

Wir wollen diese 5,– DM je ZE in unsere Stückrechnung einbeziehen. Dann erhöhen sich die variablen Kosten bei Produkt A um $3 \cdot 5 = 15$ von 40,– auf 55,– DM, und als Deckungsspanne verbleiben nur noch 45,– DM. Das ist die Deckungsspanne auf der Basis wertmäßiger Kosten. Teilen wir diese Deckungsspanne durch den Zeitbedarf, errechnen wir eine relative Deckungsspanne von 15,– DM/ZE. Gegenüber der ersten Rechnung sinkt damit die relative Deckungsspanne genau um die 5,– DM. Die gleiche Rechnung können wir auch für die anderen Erzeugnisse durchführen. Für das Grenzprodukt C ist dann zu rechnen: 40 − 5 · 8 = 0, d.h., die wertmäßige Deckungsspanne des Grenzproduktes ist gleich null und damit natürlich auch die relative wertmäßige Deckungsspanne.

Diese Rechnungen zeigen uns: Bei allen Produkten werden einheitlich von der ursprünglichen relativen Deckungsspanne genau 5,– DM abgezogen. Die wertmäßige Kostenkonzeption kommt damit zu relativen Deckungsspannen von 15, 5 und 0 DM für die drei Produkte. Wir sehen, wenn wir die ursprünglichen und die neuen relativen Spannen miteinander vergleichen, daß sich durch die neue Kalkulation die Rangfolge der Produkte, in der wir sie in das Programm aufnehmen, nicht verändert. Die Verrechnung der Opportunitätskosten ist damit entscheidungsneutral. Die neuen Deckungspannen haben gegenüber den Spannen der ersten Rechnung aber einen Vorteil: Wir können sofort erkennen, welche Produkte besser sind als das Grenzprodukt C. Nur diese Produkte haben in der wertmäßigen Rechnung noch eine positive relative Deckungsspanne. Das Grenzprodukt hat eine Spanne von null, und alle Produkte, die noch weniger als das Grenzprodukt an relativer Deckungsspanne bringen, haben eine negative Spanne im wertmäßigen Konzept. Der Vorteil der wertmäßigen Konzeption liegt damit darin: Wir können am Vorzeichen der relativen Spanne sehen, mit welchen Produkten wir unser Kapazitätsloch abbauen. Das wertmäßige Konzept erlaubt damit ein isoliertes Kalkül für alle Produkte. Wir nähern uns damit scheinbar der heilen Welt des Controlling, in der die isolierte Erfolgsbeurteilung aller Aktivitäten möglich ist.«

»Das ist ja ein toller Trick«, ist Felix begeistert. »Diese Kostendefinition führe ich bei mir zu Hause sofort ein.« – »Die Sache hat nur einen Haken«, gießt der Referent Wasser in den Wein. »Das Ganze funktioniert natürlich nur, wenn wir bereits vor der Planung die Opportunitätskosten des optimalen Produktionsprogramms kennen. Wie Sie aber gesehen haben, sind sie das Resultat der ersten simultanen Planung über alle 3 Produkte. Genau hier liegt das Dilemma der wertmäßigen Konzeption. Die Opportunitätskosten kennen wir eigentlich erst, wenn wir die Lösung unseres Planungsproblems mit dem ersten simultanen Ansatz bereits gefunden haben. Dann brauchen wir sie aber für Entscheidungszwecke nicht mehr.« – »Was soll dann dieser wertmäßige Kostenbegriff?« fragt Felix sichtlich enttäuscht. »Das ist dann ja fast wie bei der Frage, ob zuerst das Huhn oder das Ei da war. Wir wären fast im Paradies des Controlling bzw. in der heilen Welt, wenn wir die Opportunitätskosten kennen würden; wir kennen sie aber im voraus nicht.«

»Das Prinzip ist dennoch für die Vereinfachung der Planung durchaus nützlich«, stellt der Referent fest. »In vielen Fällen wissen wir zwar vorher die Höhe dieser Kosten nicht genau. Aber wir können häufig Spannweiten angeben, in denen sie liegen. Ist beispielsweise das Kapital knapp, würden wir in der Kostenrechnung mit den Zinssätzen rechnen müssen, die wir für die letzte aufgenommene Mark zu zahlen haben. Wir könnten dann aber einmal durchtesten, ob sich bestimmte Produkte bei einem Zinssatz von 12% nach dem wertmäßigen Konzept noch lohnen. Ist das nicht der Fall, scheiden diese Produkte bei 12% als Kapitalnachfrage aus.

In unserem Beispiel könnten wir beispielsweise einmal willkürlich mit einem Opportunitätssatz von 10,– DM je ZE rechnen. Wir stellen dann fest, daß die neuen wertmäßigen Spannen je Zeiteinheit auf 10, 0 und –5 bei den drei Produkten fallen. B erscheint uns dann als Grenzprodukt. Produzieren wir C nicht, sparen wir 800 ZE Kapazität ein. Stehen uns nicht die benötigten 1.300 ZE, sondern nur 500 ZE zur Verfügung, wäre daher B das Grenzprodukt. Für eine Kapazitätsausstattung von 300 bis 500 ZE bleibt immer B Grenzprodukt. Da wir aber über 900 ZE verfügen, wurden die provisorischen wertmäßigen Kosten offenbar zu hoch angesetzt. Wir senken also die Opportunitätskosten soweit, bis unser Kapazitätsloch gerade geschlossen ist. Man kann das Konzept wertmäßiger Kosten also durchaus in dieser Trial-and-Error-Methode anwenden.

An diesem Experiment sehen Sie folgendes:

– Die Höhe der wertmäßigen Kosten hängt vom Ausmaß der verfügbaren Kapazität ab: Für einen Bestand von 900 ZE ergibt sich ein anderer Opportunitätssatz als für beispielsweise 350 ZE. Der Grad der Knappheit bestimmt die Höhe der Opportunitätskosten.
– Nehmen Sie willkürlich den Satz von 10,– DM pro ZE und kalkulieren die Produkte damit, erkennen Sie am Ende der Rechnung, ob der Satz sinnvoll war. Für eine Kapazität von 900 ZE ist er offenbar nicht sinnvoll, da die knappe Kapazität dann nicht voll ausgelastet wird. Folglich senken wir den Satz. Wir können uns dann langsam an den richtigen Satz herantasten, bei dem die knappe Kapazität von 900 ZE dann auch tatsächlich voll beansprucht wird.

Das Prinzip der wertmäßigen Konzeption kann man also durchaus anwenden, auch wenn zunächst die richtigen Opportunitätskosten nicht bekannt sind.

Das Konzept der wertmäßigen Kosten ist im übrigen nur für die operativen Entscheidungen anwendbar, in denen die eingesetzten Faktormengen kontinuierlich verändert werden können. Dieses Bewertungskonzept bereitet bei sprunghaften Veränderungen meistens unüberwindliche Probleme. In derartigen Entscheidungssituationen verändern sich auch die Kosten sprunghaft und nicht kontinuierlich. Eine Investition kann beispielsweise nur ganz oder gar nicht, nicht aber zu einem Bruchteil realisiert werden.

Führen wir uns diese Situation an unserem Beispiel einmal vor Augen: Bei einer Kapazität von 900 ZE war Produkt C mit Opportunitätskosten von 5,- DM je ZE Grenzprodukt. Dieser Opportunitätssatz kann folgendermaßen interpretiert werden: Wird auf dem Markt eine ZE Kapazität angeboten, ist diese Kapazitätserweiterung sinnvoll, solange dafür ein Preis unter 5,- DM zu zahlen ist. Bei einem Preis von 3,- DM je ZE wird der Betrieb das bestehende Kapazitätsloch von 400 ZE für die vollständige Produktion von C schließen. Der Gewinn gegenüber einer Kapazität von nur 900 ZE steigt dann um $(5 - 3) \cdot 400 = 800$,- DM.

Eine solche kontinuierliche Kapazitätserweiterung ist aber bei Investitionsentscheidungen in der Regel unmöglich. Der Betrieb kann dann nur eine weitere Anlage mit einer Kapazität von nochmals – sagen wir – 900 ZE kaufen und muß einen Kostensprung um z.B. 2.500,- DM für Abschreibungen und Zinsen hinnehmen, oder er verzichtet auf die Erweiterung. Die Kapazitätserweiterung lohnt sich dann im Beispiel nicht.

Mit den Opportunitätskosten bei einer Kapazität von 900 ZE ist im allgemeinen die Frage nicht zu beantworten, ob die sprunghafte Kapazitätserweiterung sinnvoll ist. Das Problem liegt darin, daß die Opportunitätskosten, die bei einer Kapazität von 900 ZE gelten, nicht für den ganzen Bereich der Kapazitätserweiterung gelten müssen. Bei 1.300 ZE Kapazität fällt der Opportunitätssatz im Beispiel auf null. Es kann aber auch sein, daß noch ein Produkt D mit einem Kapazitätsbedarf von 200 ZE und einer relativen Deckungsspanne von 1,- DM je ZE nachgefragt wird. Diese zusätzliche Nachfragemenge ist mit entscheidend dafür, ob die Kapazitätserweiterung zweckmäßig ist. Diese Information geben die Opportunitätskosten bei einer Kapazität von 900 ZE aber nicht her. Die Preise der wertmäßigen Kostenkonzeption sind damit für Investitionsentscheidungen im allgemeinen unbrauchbar.« Herr Jacob, der dieses tolle Instrument der wertmäßigen Kosten noch nicht ganz kampflos aufgeben will und über die so begrenzten Einsatzmöglichkeiten ein wenig enttäuscht ist, fragt leicht resigniert: »Gilt es generell, daß sich wertmäßige Kosten nicht bei Investitionsentscheidungen heranziehen lassen, oder gibt es dabei auch Ausnahmen?«

Herr Ilke antwortet: »Eine Ausnahme gibt es nur dann, wenn es nach der kontinuierlichen Interpretation der Kapazitätserweiterung gerade sinnvoll ist, eine ganze Maschine zu beschaffen. Könnte der Betrieb die Kapazität in Einheiten von je 300 ZE mit Kosten von je 500,- DM ausbauen, steigt der Deckungsbeitrag für Produkt C um $5 \cdot 300 = 1.500$,- DM bei sprungfixen Kosten von 500,- DM, wenn eine kleine Maschine beschafft wird. In diesem Fall ist es möglich, für die Entscheidung auf die wertmäßigen Kosten von 5,– DM je ZE zurückzugreifen, weil der gleiche Opportunitätssatz auch für eine Kapazität von 1.200 ZE gilt.

Das Konzept der wertmäßigen Kosten versagt damit im allgemeinen bei diskontinuierlichen Veränderungen des Faktoreinsatzes. Man kann daher eigentlich nur dann mit dem wertmäßigen Konzept arbeiten, wenn es um die Auslastung bestehender Kapazitäten geht oder wenn Kapazitäten kontinuierlich verändert werden können. Das wertmäßige Konzept beruht auf dem sogenannten Marginalprinzip, d.h., die Opportunitätskosten gelten nur bei sehr kleinen Veränderungen des Faktoreinsatzes nicht aber bei Kapazitätssprüngen, und genau deshalb versagt es üblicherweise bei Investitionsentscheidungen.

Dieses Marginaldenken führt dazu, daß es in der wertmäßigen Kostenkonzeption auch keine Fixkosten geben kann. Beispielsweise gibt es keine Abschreibungen für Investitionen. Die wertmäßigen Kosten entsprechen bei Gewinnmaximierung immer der Summe aus Grenzausgaben und pagatorischem Gewinn der Grenzverwendungsrichtung (Opportunitätskosten). Grenzausgaben existieren aber nur bei einer kontinuierlichen Ausdehnung der Kapazität. Diese Argumentation gilt für sämtliche Fixkosten. In einer Theorie kontinuierlicher Mengen- oder Zeitänderungen ist damit kein Platz für Fixkosten. Es ist daher auch völlig falsch, aus Sicht der wertmäßigen Kostentheorie zu verlangen, den Wiederbeschaffungspreis für Anlagen als Ausdruck für die künftigen Grenzausgaben anzusetzen. Abschreibungen können in der wertmäßigen Theorie nur für einen etwaigen nutzungsbedingten, variablen Abschreibungsteil existieren. Die Theorie der wertmäßigen Kosten ist daher grundsätzlich eine Theorie variabler, kontinuierlich mit dem Faktoreinsatz veränderbarer Kosten. Treten aber real Kapazitäts- und Kostensprünge auf, ist das wertmäßige Kostenkonzept im Prinzip am Ende mit seinem Latein.

Bei der wertmäßigen Kostendefinition gibt es noch ein weiteres Problem: Dieses Konzept ist ursprünglich für statische Entscheidungssituationen entwickelt worden. Der Opportunitätssatz in unserem Beispiel gilt für den ganzen Zeitraum, auf den sich die Kapazitätsangabe bezieht. Für diesen Zeitraum gibt es keine Veränderungen der in den Deckungsspannen steckenden pagatorischen Kosten für Material, Fertigung usw. In der Realität kann sich aber folgende Situation ergeben: In einer 1. Teilperiode – z.B. von Januar bis März – gilt ein Rohstoffpreis von 10,– DM, der sich im April auf 14,– DM erhöht. Im August sinkt der Einkaufspreis wieder auf 12,– DM und bleibt dann bis Jahresende stabil. In jeder der drei Teilperioden würden sich dann für unsere drei Produkte andere Deckungsspannen ergeben. Es fragt sich, welcher dieser möglichen Wiederbeschaffungspreise für die wertmäßige Theorie relevant ist.

20. Lektion

Um diese Frage zu beantworten, gehen wir von folgender Situation aus: Die Rohstoffkapazität ist grundsätzlich nicht knapp. Es soll angenommen werden, daß am Anfang der 1. Periode ein Rohstoffbestand aus der Vorperiode übernommen wird, der zu 8,– DM je ME gekauft wurde. Für das optimale Programm der ersten Teilperiode reicht dieser Bestand nicht aus; es wird zu 10,– DM zugekauft. Wegen der zu erwartenden Kostensteigerung ab April legt sich der Betrieb zu 10,– DM so viele Mengeneinheiten ins Lager, daß erst wieder im September zugekauft werden muß, weil der aus den früheren Käufen stammende Bestand nicht bis Jahresende reicht.

Werden diese Preis- und Rohstoffmengeninformationen in einen Planungsansatz der linearen Programmierung zur Wahl des optimalen Programms der nächsten drei Perioden eingespeist und wird der Zukauf der Rohstoffe auf einen maximalen Lagerbestand beschränkt, führt dieser LP-Ansatz zu der Information, daß nur die Ausgaben von 10,– DM in der ersten und die von 12,– DM in der 3. Teilperiode steuerungsrelevant sind. Wertmäßige Kosten ergeben sich immer aus getätigten, nicht aus potentiellen Grenzausgaben. Für die ersten beiden Perioden sind daher 10,– DM die Grenzausgaben, und in der 3. Periode wird für die letzte Rohstoffeinheit 12,– DM bezahlt. Es ist daher mit der wertmäßigen Kostentheorie im allgemeinen unvereinbar zu fordern, Rohstoffe grundsätzlich zu den Wiederbeschaffungspreisen zu bewerten. Der Wiederbeschaffungspreis der 2. Teilperiode ist für die wertmäßige Konzeption bedeutungslos. Wird dennoch in der 2. Periode nicht mit Kosten von 10,–, sondern von 14,– DM für den Rohstoff gearbeitet, ergeben sich Fehlentscheidungen, da sich real für diese Teilperiode nicht 14,– sondern 10,– DM als Grenzausgaben einstellen. Alle Produkte, die bei einem Kostensatz der Rohstoffe von 14,– DM negative Deckungsspannen aufweisen, erscheinen dann bei isolierter Betrachtung als unvorteilhaft, obwohl es im Gesamtzusammenhang gesehen dennoch sinnvoll ist, sie mit den verfügbaren Rohstoffbeständen zu produzieren.

Wird in der sonst gleichen Entscheidungssituation der maximale Lagerbestand zurückgefahren, so daß das Unternehmen leider auch zu 14,– DM zukaufen muß, gilt in der 1. Teilperiode ein wertmäßiger Satz von 10, in der zweiten von 14 und in der dritten von 12,– DM. Werden in den jeweiligen Teilperioden die Wiederbeschaffungspreise als wertmäßige Kosten benutzt, wird damit stillschweigend unterstellt, daß es in der Realität keine Lagerbestände am Ende einer Teilperiode gibt. Zwischen den Teilperioden bestehen dann keine Verflechtungen und jede Periode kann isoliert betrachtet werden. Bestände zwingen damit zu einer periodenübergreifenden Analyse.«

Sich daran erinnernd, daß der Dozent für jede Frage dankbar ist, wirft Felix an dieser Stelle ein: »Einen Moment mal, Herr Ilke! Ihr Beispiel habe ich zwar verstanden, aber was war das mit dem LP-Ansatz und der linearen Pro...« – »Oh, entschuldigen Sie, da habe ich etwas vorgegriffen. Die lineare Programmierung – oder ein LP-Ansatz – kann zur Bestimmung des optimalen Produktionsprogramms eingesetzt werden, wenn das Konzept der relativen Deckungsspannen versagt. Ich werde Ihnen das in der nächsten Lektion noch genauer erläutern.

Zunächst möchte ich Ihnen noch zeigen, daß man mit dem Prinzip der wertmäßigen Kosten sogar einen ganz tollen Trick machen kann. Nehmen wir einmal an, für unsere Maschine mit einer Kapazität von 900 ZE fallen 18.000,– DM fixe Abschreibungen im Jahr an. Wir verrechnen nun diese Kosten nach der finalen Interpretation des Verursachungsprinzips auf die Leistungen, indem wir den Zeitverbrauch der Maschine mit 18.000/900 = 20,– DM zusätzlichen Kosten je Zeiteinheit bewerten. Statt der relativen Deckungsspannen der ersten Rechnung von 20, 10 und 5 für die drei Produkte kommen dann 0, –10 und –15 heraus. Die Schlüsselung der Fixkosten auf die Produkte verändert wieder die Reihenfolge der Produkte nicht, weil bei jedem Produkt der gleiche Betrag abgezogen wird. Nehmen Sie die Produkte in der Reihenfolge A, B und C in das Programm auf, bis die Kapazität erschöpft ist, kommen Sie auch auf die richtige Entscheidung. Sie dürfen in diesem Fall mit der Zuteilung von Kapazitäten nur nicht Schluß machen, wenn Sie zu Produkten kommen, die auf Basis der finalen Interpretation des Verursachungsprinzips negative relative Spannen haben.

Dieser Trick wird in der Literatur als Adam-Theorem bezeichnet. Mit diesem Theorem ist garantiert, daß trotz Vollkostenrechnung die richtige Entscheidung zustande kommt. Im Gegensatz zur früheren Diskussion, bei der die Vollkostenrechnung bei Unterbeschäftigung immer nur Teile der Kosten verrechnete, ist bei diesem Trick garantiert, daß immer die vollen Kosten verrechnet werden, 18.000,– DM in unserem Fall. Eine Vollkostenrechnung, die bei knappen Kapazitäten nach diesem Theorem aufgebaut wird, kann mithin vollwertig für Entscheidungszwecke eingesetzt werden. Sie dürfen nur nicht anfangen, fixe Kosten auf Ressourcen zu verteilen, die im Endeffekt nicht ausgelastet sind; dann machen Sie die gleichen Fehler wie die übliche Vollkostenrechnung. Im Grunde besteht das Theorem allein darin, die Fixkosten proportional zur konstanten Auslastung eines Engpasses zu verteilen. Sie verschieben damit nur die Skala der relativen Deckungsspannen.«

»Was Sie da vorführen, ist wirklich erstaunlich«, wirft Herr Lohmann ein. »Dann kann ich also doch mit einer speziellen Aufbereitungsart der

Fixkosten auf Vollkostenbasis kalkulieren und planen?« – »Ja! Sie müssen nur alle Fixkosten auf Produktionsfaktoren verteilen, von denen Sie genau wissen, daß deren Kapazität knapp ist. In dieser einfachen Form geht das aber nur, wenn wir bereits vor der Planung unseren Engpaß kennen. Sie können den Trick aber auch dazu benutzen, das Alter Ihrer Schwiegermutter in die Kalkulation einfließen zu lassen. Rechnen Sie für jede benötigte Zeiteinheit mit einem Kostensatz von 85, weil Ihre Schwiegermutter so alt ist, macht das gar nichts. Sie transformieren dann ihre relativen Deckungsspannen eben nicht um 20 – wie bei den verrechneten Fixkosten –, sondern um 85. Die Rangfolge der Produkte – und das ist das Wesentliche – verändert sich dadurch nicht. Führen Sie das Alter ihrer Schwiegermutter in die Kalkulation ein, verrechnen Sie gewissermaßen fixe Kosten von 85 · 900 über die Produkte, und Fixkosten sind bekanntlich nicht entscheidungsrelevant. Sie dürfen nur nicht auf die Idee kommen, das Alter Ihrer Frau für kalkulationsrelevant bei Faktoren zu erklären, die nicht knapp sind; denn dann ändert das Alter Ihrer Frau – wenn Sie Pech haben – die Rangfolge der Produkte, und Ihre Frau ist dann der Anlaß für Fehlentscheidungen.« Einige Seminarteilnehmer machen nach dieser Bemerkung einen leicht abwesenden Eindruck, als ob sie erst einmal über Frauen und eigene Fehlentscheidungen kurz nachdenken müßten.

»Meine Damen und Herren, mit unserem kleinen Beispiel kann man noch etwas zeigen: Die Opportunitätskosten hängen nicht allein vom Knappheitsgrad, sondern auch von der verfolgten Zielsetzung ab. Nehmen wir einmal an, unser Ziel sei es, das Programm mit maximalem Umsatz und nicht jenes mit maximalem Deckungsbeitrag zu bestimmen. Aus der obigen Tabelle sind dann die zunächst verrechneten variablen Kosten entscheidungsirrelevant. Ich habe noch einmal eine Tabelle vorbereitet, mit der ich zeigen kann, welche wertmäßigen Kosten sich bei der neuen Zielsetzung ergeben:

Produkt	Preis	Zeitbedarf je ME	rel. Umsatz	Rang	Produktionsmenge	Kapazitätsverbrauch
A	100	3	33,33	3		
B	90	2	45	1	100	200
C	320	8	40	2	87,5	700
Σ						900

Wir müssen in diesem Fall die Umsätze pro ZE der Kapazität berechnen. Diesen relativen Umsätzen ist zu entnehmen, daß nach dem Umsatzziel Produkt B auf Platz 1 liegt; Produkt A ist mit 33 1/3 DM/ZE das schlechteste. Wir werden also A nicht fertigen, und C ist mit 87,5 ME Grenzprodukt. Die ›Opportunitätskosten‹ belaufen sich in diesem Fall auf 40,– DM pro ZE. Kalkulieren Sie wieder mit diesem Kostensatz, reduziert sich die relative Deckungsspanne bei A auf 33 1/3 – 40 = –6 2/3 DM pro ZE. Für B ergibt sich eine wertmäßige Spanne von 5,– und für das Grenzprodukt von 0 DM pro ZE.«

»Jetzt verstehe ich aber gar nichts mehr«, wirft Frau Stark ein. »Das, was Sie da berechnen sind doch weder Deckungsspannen noch Kosten, sondern der auf eine Einheit der knappen Kapazität bezogene Umsatz. Wieso bezeichnen Sie das trotzdem als Kosten bzw. die Differenz aus zwei relativen Umsätzen als Deckungsspanne?« – »Nun ganz einfach. Aus der Sicht des Umsatzzieles müssen sie auf diesen Umsatz verzichten, weil ihre Kapazität knapp ist. Nach dem Konzept der wertmäßigen Kosten wird aber alles als Kosten interpretiert, worauf sie aus Knappheitsgründen verzichten müssen. Die Umsatzeinbuße entspricht damit den ›Kosten‹ beim Ziel der Umsatzmaximierung.

Wechselt ein Unternehmen von der Zielsetzung ›Maximierung des Deckungsbeitrags‹ zum Ziel ›Umsatzmaximierung‹, hat das bei der wertmäßigen Konzeption Rückwirkungen auf die Höhe der Kosten. Die Opportunitätskosten betragen nicht mehr 5,– DM wie bei der Maximierung des Deckungsbeitrags, sondern 40,– DM. Im ersten Fall verzichten Sie auf einen Gewinn von 5,– DM und im zweiten Fall entgeht Ihnen ein Umsatz von 40,– DM für die erste fehlende Zeiteinheit an Kapazität. Wertmäßige Kosten hängen also immer von zwei Elementen ab: von der Zielsetzung und vom Knappheitsgrad. Wertmäßige Kosten sind damit immer betriebsindividuell. Sie gelten nicht allgemein, sondern immer nur für eine bestimmte betriebliche Entscheidungssituation.

Sehen wir uns abschließend nochmals an, aus welchen Bestandteilen sich die wertmäßigen Kosten zusammensetzen. Grundsätzlich gilt folgende Beziehung:

Wertmäßige Kosten eines Faktors = Grenzausgaben für den Faktor + Opportunitätskosten (pagatorischer Grenzgewinn)

Sind die Grenzausgaben immer gleich, kann auch gesagt werden: Die Summe der pagatorischen Kosten und der Opportunitätskosten entspricht den wertmäßigen Kosten. Bei nicht knappen Faktoren gibt es grundsätzlich keine Opportunitätskosten. Uns entgeht bei diesen Faktoren nichts; wir haben davon zuviel. Für die Zielsetzung Umsatzmaximierung sind die pagatorischen Kosten für die Entscheidungsfindung irrelevant. Für diese Zielsetzung gibt es damit bei nicht knappen Faktoren überhaupt keine wertmäßigen Kosten, und bei knappen Faktoren sind die Grenzumsätze gleich den Opportunitätskosten.

An unserem Beispiel lassen sich noch zwei andere Entscheidungssituationen demonstrieren: In der ersten veränderten Situation nehmen wir an, daß Erzeugnis B sowohl eigengefertigt als auch fremdbezogen werden kann. Man könnte nun überlegen, ob Teile dieses Erzeugnisses oder auch die ganze Menge von einem Dritten zugekauft werden sollen. Würden wir diese Strategie befolgen, können Teile der knappen Kapazität freigesetzt werden und dazu dienen, vom Produkt C mehr als bisher zu produzieren. Bei Fremdbezug müssen wir für dieses Erzeugnis 74,– DM pro Stück bezahlen. Der Fremdbezug ist also teurer als die Eigenfertigung. Dennoch kann es sich lohnen, diesen Nachteil hinzunehmen, wenn mit der freigesetzten Kapazität Artikel gefertigt werden, die diesen Nachteil wieder kompensieren. Bei Fremdbezug sinkt damit die Deckungsspanne auf 90 – 74 = 16,– DM, was einer relativen Spanne von 8,– DM je Zeiteinheit der Kapazität entspricht. Die Deckungsspanne von 16,– DM können wir auf jeden Fall – unabhängig von der Art der Auslastung unserer Kapazität – verdienen.

Verwenden wir für B unsere eigenen Kapazitäten, verbessert sich unsere Erfolgssituation nur um die Differenz der variablen Kosten beider Strategien also um 4,– DM pro eigengefertigter ME von B (nämlich: 20,– DM [Deckungsspanne bei Eigenfertigung] – 16,– DM [Deckungsspanne bei Fremdbezug]), bzw. um 2,– DM je Kapazitätseinheit, die wir für B einsetzen. Nur mit dieser Deckungsspannendifferenz konkurriert B noch um unsere eigenen Kapazitäten.

In der Tabelle der drei Produkte habe ich bei B die entsprechenden Berichtigungen vorgenommen. Es gelten dann die folgenden Daten für die Programmentscheidung:

Produkt	Preis	var. Kosten	DSP (Diff.)	Zeitbedarf je ME	rel. DSP	Produktionsmenge	Kapazitätsverbrauch
A	100	40	60	3	20	100	300
B			4	2	2		
C	320	280	40	8	5	75	600
Σ							900

Wie Sie sehen, ändert sich damit die Rangfolge der Produkte, in der wir sie in das Programm aufnehmen. B produzieren wir nur noch, wenn die Kapazität dazu ausreicht, alles von C zu fertigen. Für C stehen uns nach der Fertigung von A aber nur 600 ZE zur Verfügung, die gerade für 75 ME reichen. Folglich werden von B 100 ME zugekauft, aber nichts eigengefertigt.

Diese Umschichtung des Programms ist auch vorteilhaft; denn für jede der ursprünglich 200 ZE, die wir in der alten Entscheidungssituation für B eingesetzt haben, verzichten wir auf 2,– DM, gewinnen aber 5,– DM. Der Deckungsbeitrag steigt von 10.000,– DM (60 · 100 + 20 · 100 + 40 · 50) auf 10.600,– DM (60 · 100 + 16 · 100 + 40 · 75). An dieser Entscheidungssituation sehen Sie, daß bei zwei Strategien für ein Produkt, von denen eine die knappe Kapazität nicht belastet, nicht die relative Deckungsspanne, sondern die Differenz der relativen Deckungsspannen beider Strategien entscheidungsrelevant ist.

Bei der 2. Abänderung der Entscheidungssituation unterstellen wir: Unsere Kunden wollen einen vierten Artikel D haben. Diesen kaufen sie zusammen mit dem Produkt A. Die Kalkulation von D hat ergeben, daß sich eine relative Deckungsspanne von –2,– DM ergibt. Das Produkt ist also – für sich betrachtet – unvorteilhaft. Nehmen wir aber diesen Artikel in das Programm auf, können wir davon ausgehen, daß sich unsere Absatzchancen bei A verbessern. Wir vermuten, daß nicht 100, sondern 120 ME abgesetzt werden. Da die Kunden grundsätzlich eine Kombination aus einem Artikel A und einem Artikel D kaufen, gilt auch für D eine Absatzgrenze von 120 ME. In der neuen Entscheidungssituation bestehen damit bei zwei Produkten absatzwirtschaftliche Verflechtungen, die es nicht mehr erlauben, die Produkte isoliert zu beurteilen.

Sehen wir uns nur die relative Deckungsspanne von D an, würden wir diesen Artikel niemals in das Programm aufnehmen. Bei dem geschilderten Absatzverbund kann es aber vorteilhaft sein, auch Artikel mit negativer relativer Deckungsspanne zu führen. Sehen wir uns das einmal genauer an: Für eine ME von D brauchen wir 1 ZE der Kapazität. Damit ergibt sich folgende Rechnung: Um die 20 zusätzlich erforderlichen ME von A zu fertigen, werden 20 · 3 = 60 ZE benötigt; die 120 ME von D verbrauchen nochmals 120 ZE. Diese insgesamt 180 ZE könnten wir durch verringerte Produktion von C freisetzen. Es können dann 180/8 = 22,5 ME weniger von C hergestellt werden.

Sehen wir uns an, welche Erfolgskonsequenzen das hat! Dazu greifen wir auf die relativen Deckungsspannen und die gerade berechneten Zeiten der Artikel zurück, die durch diese Tauschaktion tangiert werden: Bei A verdienen wir 20 · 60 = 1.200,– DM mehr, verlieren gleichzeitig an D aber $-2 \cdot 120 = -240$,– DM. Zudem müssen wir bei C auf $22{,}5 \cdot 40$,– = 900,– DM verzichten. Den Einbußen von zusammen 1.140,– DM stehen positive Wirkungen von 1.200,– DM gegenüber. Mithin lohnt es sich, das Erzeugnis D mit 120 ME in das Programm aufzunehmen und die Produktionsmenge von A auszuweiten.

An der letzten Entscheidungssituation sehen wir eines sehr deutlich: Es ist bei Absatzverbundeffekten nicht mehr möglich, allein auf der Basis relativer Deckungsspannen von Einzelartikeln die Frage zu beantworten, ob es sinnvoll ist, ein Produkt in das Programm aufzunehmen. Vielmehr müssen alle Vor- und Nachteile einer Tauschaktion des Kapazitätseinsatzes gegenübergestellt werden. Das ist typisch für alle Arten von Verbundeffekten; es müssen dann immer Bündel von zusammengehörigen Maßnahmen beurteilt werden. Es reicht nicht, sich einzelne Elemente dieses Bündels herauszugreifen. Die Kosten- und Leistungsrechnung muß sich der Komplexität der Entscheidungssituation stellen; es gibt keine Möglichkeit, die Komplexität zu reduzieren. Jeder Versuch, durch irgendwelche kostenrechnerische Tricks die Komplexität scheinbar zu überwinden, kann Fehlentscheidungen nach sich ziehen.«

»In der Entscheidungssituation mit dem Absatzverbund könnten wir doch die Produkte A und D zu einem Produktbündel zusammenfassen«, schlägt Herr Lohmann vor. »Mit einer Produktbündeleinheit erzielen wir dann eine Deckungsspanne von 60,– DM bei A und –2,– DM bei D, also 58,– DM. Um ein Bündel zu produzieren, brauchen wir für A 3 ZE und für D noch einmal 1 ZE der Kapazität. Für das Produktbündel erreichen wir dann eine relative Deckungsspanne von 58 : 4 = 14,50 DM, und mit dieser relativen Deckungsspanne tritt dann das Bündel aus A und D gegen die Produkte B und C im Kampf um die Kapazitäten an.«

»Guter Vorschlag, der sehr deutlich macht, daß Sie A und D nur noch gemeinsam in der Rechnung beurteilen können. Sie sehen auch, daß das Bündel im Kampf um die Kapazitäten vorne bleibt, da in der ursprünglichen Entscheidungssituation für B und C relative Deckungsspannen von 10,– bzw. 5,– DM galten. Es sind dann aber $120 \cdot 4 = 480$ ZE – und nicht mehr 300 Kapazitätseinheiten – für das Bündel erforderlich, und für das Grenzprodukt C verbleiben nicht mehr 400 ZE (wie ursprünglich), sondern nur noch 220 ZE, so daß die Produktionsmenge von C deutlich reduziert werden muß.

Die Rechnung, die uns Herr Lohmann vorschlägt, hat nur einen Haken, meine Damen und Herren! Wer sieht den?« Nach einigem angestrengten Überlegen meldet sich Herr Wolf – ein Manager der Paradise-Airlines – zu Wort: »Ich kann mit diesem Vorschlag das optimale Programm bestimmen, wenn ich immer A und D kombiniert produziere;

denn so hat Herr Lohmann sein Bündel definiert. Was ich aber nicht weiß ist, ob es überhaupt richtig ist, D in das Programm aufzunehmen. Die letzten Überlegungen zum geringeren Kapazitätsanteil für das Grenzprodukt C haben doch gezeigt, daß uns für 180 ZE 5,– DM je ZE bei C verloren gehen. Die Rechnung von Herrn Lohmann macht aber nicht deutlich, ob dieser Betrag durch das Bündel mit der bei A gestiegenen Absatzmenge ausgeglichen wird.«

»Sehr schön gesehen. Im Grunde brauchen wir dann also zwei Rechnungen: Die erste Rechnung ohne D und die Rechnung von Herrn Lohmann mit D. D sollte nur dann in das Programm aufgenommen werden, wenn der Gewinn der Rechnung von Herrn Lohmann größer ausfällt als der der ersten Rechnung. Nur dann wird der Nachteil, den wir bei C mit 900,– DM erleiden, durch das Bündel mehr als ausgeglichen.«

»Das mit der Deckungsbeitragsrechnung finde ich ja ganz schön«, meldet sich Frau Arnold-Schulte zur Wort, »aber die vielen Varianten ihres Beispiels zeigen, daß das Instrument doch sehr schwer zu handhaben ist, da man sich immer der jeweiligen Bedingungen der gerade vorliegenden Entscheidungssituation sehr genau bewußt sein muß. Der Entscheidungsträger muß daher über sehr gute Analyseeigenschaften verfügen, um die jeweils anzuwendende Variante der Deckungsbeitragsrechnung ausfindig zu machen. Ich glaube, die meisten Praktiker werden damit überfordert.«

»Da haben Sie sicherlich Recht«, stimmt der Referent zu, »sicher ist das auch einer der Gründe dafür, warum sich die Deckungsbeitragsrechnung in der Praxis nur sehr schwer durchsetzt. Diese differenzierten Analysen der Entscheidungssituation liegen Praktikern häufig nicht, oder die Analysen erscheinen ihnen als zu zeitaufwendig. Sie bevorzugen einfache und stabile, nicht von der Entscheidungssituation abhängige Instrumente. Wahrscheinlich ist das auch einer der Gründe für die große Beliebtheit von Vollkostenrechnungen in der Praxis.«

Verflixte Deckungsbeitragsrechnung mit ihren differenzierten Analysen bei unterschiedlichen Entscheidungssituationen ...

1) In einer Situation ohne Engpässe können Produktionsprogrammentscheidungen isoliert für jedes Produkt anhand der Deckungsspanne getroffen werden. Die Regel lautet: Produziere alle Produkte mit positiven Deckungsspannen!

2) Liegt ein vor der Planung bekannter Engpaß vor, ist eine isolierte Beurteilung einzelner Produkte nicht möglich, da über die gemeinsam genutzte knappe Kapazität Interdependenzen zwischen den Produkten bestehen. In einem solchen Fall ist für jedes Produkt die relative Deckungsspanne in bezug auf eine Faktoreinheit der knappen Kapazität zu bilden: Produziere die Produkte mit den höchsten relativen Deckungsspannen so lange, bis die Engpaßkapazität ausgeschöpft ist. Das ist die 2. Regel.

3) Eine isolierte Planung für jedes Produkt wäre möglich, wenn man vor Beginn der Planung die wertmäßigen Kosten des Engpasses kennen würde. Diese wertmäßigen Kosten ergeben sich als Summe aus den pagatorischen Kosten einer Engpaßeinheit und dem Grenzgewinn der letzten genutzten Engpaßeinheit (Opportunitätskosten). Die Opportunitätskosten sind aber erst bekannt, wenn das Planungsproblem mit Hilfe einer simultanen Planung gelöst wurde (Dilemma der wertmäßigen Kosten). Das wertmäßige Kostenkonzept kann aber dennoch sinnvoll für die Planung benutzt werden, wenn näherungsweise ein Intervall für diese Kosten bekannt ist.

4) Die Höhe der wertmäßigen Kosten hängt sowohl von der Zielsetzung als auch von der Kapazitätssituation ab.

5) Die wertmäßige Kostentheorie versagt in der Regel, wenn sich die Kapazitäten durch Entscheidungen sprunghaft verändern. Das Konzept der wertmäßigen Kosten basiert auf einer Grenzbetrachtung und ist damit nur in Situationen mit kontinuierlicher Veränderung der Faktormengen anwendbar.

6) In der Theorie wertmäßiger Kosten gibt es grundsätzlich nur variable Kosten und keine Fixkosten. Das folgt zwingend, weil die wertmäßigen Kosten immer durch Marginalanalysen (Grenzbetrachtungen) abgeleitet werden.

7) Eine Verrechnung fixer Kosten auf die Produkte im Sinne der finalen Interpretation des Verursachungsprinzips ist für Entscheidungszwecke dann unschädlich, wenn die Verrechnung proportional zur Beanspruchung knapper Kapazitäten vorgenommen wird (Adam-Theorem). In diesem Fall reduzieren sich die relativen Deckungsspannen aller Produkte um den gleichen Betrag, so daß sich die Rangfolge der Produkte nicht verändert. Man darf die Kapazitätszuteilung dann allerdings nicht beenden, wenn man zu Produkten mit negativen Stückgewinnen kommt.

8) Gibt es für ein Produkt alternative Produktionsstrategien (z.B. Fremdbezug und Eigenerstellung), von denen nur eine die Engpaßkapazität beansprucht, ist für dieses Produkt nur die relative Deckungsspannen-Differenz beider Strategien entscheidungsrelevant.

9) Wenn zwischen Produkten Absatzverbundeffekte (Komplementär- oder Substitutionsbeziehungen) bestehen, ist eine Planung auf der Basis relativer Deckungsspannen nicht mehr möglich. In diesem Fall ist eine Gewinnvergleichsrechnung zwischen den alternativen Absatzstrategien unumgänglich.

10) Praktikern ist die differenzierte Analyse von Entscheidungssituationen verhaßt; sie lehnen die Deckungsbeitragsrechnung daher vielfach als zu kompliziert ab und bleiben lieber bei ihrem Vollkostendenken. Die Komplexität der Entscheidungssituationen ist dann zwar scheinbar überwunden. Dafür sind aber die Planungsergebnisse falsch.

21. Lektion:
In der Zwickmühle – zwei mögliche Engpässe.
Oder: Die »lineale Programmierung«

Felix denkt laut über das Prinzip relativer Deckungsspannen nach: »Knappheit schön und gut, aber mal kneift es da, mal hier! Was, wenn der Engpaß nicht im voraus feststeht?« Der Referent greift diese Anfrage auf: »Wir wollen die letzten Überlegungen zur Knappheit von Produktionsfaktoren noch ein bißchen weiterführen. Die Situation möge so verändert werden, daß wir zwar einen Engpaß haben, aber erst nach unserer Entscheidung die Frage beantworten können, ob er in der Produktionsabteilung A oder B oder sogar in beiden gleichzeitig liegt. Wir sehen uns das Problem an einem trivial kleinen Beispiel mit zwei Produkten und zwei Fertigungsabteilungen an, durch die beide Produkte laufen müssen. Wir gehen von folgendem Beispiel aus:

	Produkt 1	Produkt 2	Kapazität
Abteilung A	4 ZE/ME	2 ZE/ME	40 ZE
Abteilung B	3 ZE/ME	6 ZE/ME	72 ZE
Deckungsspanne	10 DM/ME	15 DM/ME	

Um eine Mengeneinheit von Produkt 1 in Abteilung A zu fertigen, sind von den 40 ZE der Kapazität 4 ZE erforderlich. Die Deckungsspannen beider Produkte belaufen sich auf 10 bzw. 15,– DM/ME. Wenn wir die Produktionsmengen der beiden Artikel mit x_1 bzw. x_2 bezeichnen, gilt es, folgendes Problem zu lösen:

Zielfunktion:
Deckungsbeitrag = $10 \cdot x_1 + 15 \cdot x_2 \rightarrow$ max

Dabei müssen folgende Kapazitätsrestriktionen beachtet werden:

Abteilung A: $4 \cdot x_1 + 2 \cdot x_2 + y_A = 40$
Abteilung B: $3 \cdot x_1 + 6 \cdot x_2 + y_B = 72$

Die erste Bedingung besagt: Die für die Produkte 1 und 2 benötigte Beschäftigungszeit zuzüglich einer eventuell frei bleibenden Kapazität y_A der Abteilung A muß der Kapazität von 40 entsprechen. Die zweite Bedingung kann analog interpretiert werden.

Zulässig sind natürlich nur Lösungen des Problems, bei denen keine negativen Mengen der Erzeugnisse auftreten, denn negative Mengen hätten ganz merkwürdige Kapazitätseffekte zur Folge. Wird beispielsweise in der Abteilung A eine negative Menge von Produkt 1 produziert, erhöht sich die Kapazität um 4 ZE, die dann bei Produkt 2 dazu benutzt werden könnten, mehr zu produzieren. Diese wundersame Kapazitätsvermehrung wird durch die Nicht-Negativitätsbedingungen ausgeschlossen: $x_1, x_2 \geq 0$.

Herr Felix, sehen Sie sich doch nur einmal die Kapazität der Abteilung A an. Wenn Sie nur jeweils eines der Produkte herstellen würden, für wieviel reicht die Kapazität dann?« – »Entweder 10 von x_1 oder 20 von x_2.«

»Diese beiden Ausbringungspunkte zeichne ich in die folgende Abbildung ein und verbinde beide Punkte mit einem Lineal. Denn habe ich bei einer linearen Funktion zwei Punkte der Linearen, kann ich mit dem Lineal die ganze Funktion zeichnen. Scherzhaft kann man das dann als Lineale Programmierung bezeichnen – linear ist aber die richtige Bezeichnung. Alle Kombinationen unserer beiden Variablen auf dieser Geraden führen zur vollen Auslastung der Kapazität der Abteilung A; die freie Kapazität y_A ist dann immer null. Alle Kombinationen unterhalb dieser Geraden führen nur zu einer teilweisen Auslastung; y_A ist dann positiv.

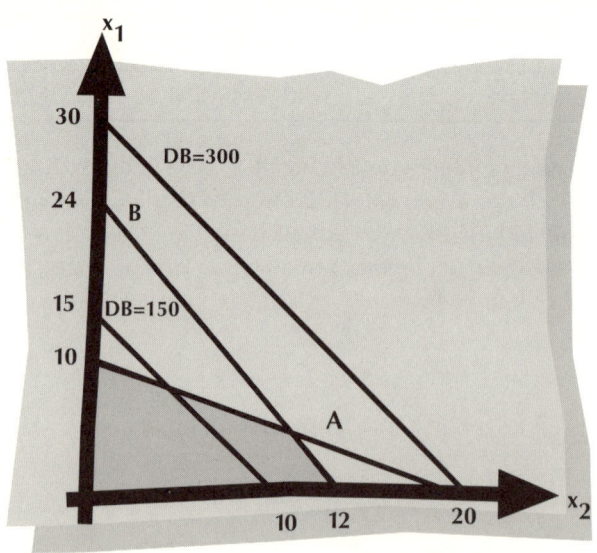

Die gleichen Überlegungen können wir auch für Abteilung B anstellen: Wir können dann entweder 12 ME vom zweiten Produkt oder 24 ME des ersten fertigen. Alle Mengenkombinationen auf der Linearen durch diese beiden Punkte ergeben volle Auslastung der Kapazität von B. Da die gesuchte Lösung aus der Sicht beider Abteilungen zulässig sein muß, also nicht gegen die beiden Kapazitätsbedingungen verstoßen darf, und wir natürlich auch keine negativen Mengen produzieren können, sind nur Lösungen am Rande oder im Inneren des schraffierten Feldes zulässig.

Bislang haben wir unsere Zielfunktion, die Deckungsbeitragsfunktion, noch nicht berücksichtigt. Nehmen wir einmal an, wir möchten einen Deckungsbeitrag von 150,– DM erzielen, dann können wir auch wieder die Frage stellen: Wieviel müßte dann von beiden Produkten unter der Annahme, wir produzieren jeweils nur eines der Produkte hergestellt werden? Das sind 15 ME von Produkt 1 oder 10 ME von Produkt 2. Alle Mengenkombinationen, die auf der Linearen zwischen diesen Punkten liegen, führen folglich zu einem Deckungsbeitrag von 150,– DM. Sie sehen aus der Zeichnung, daß ich meinen Deckungsbeitrag noch steigern kann. Möchte ich z.B. 300,– DM an Deckungsbeitrag erreichen, müßten die Produktionsmengen jeweils verdoppelt werden. Die Funktion des Deckungsbeitrags von 300,– liegt genau parallel zu der von 150,– DM. Die 300,– DM sind aber nicht zu erreichen, da alle Kombinationen dieser Linie außerhalb des Feldes zulässiger Lösungen liegen, d.h., die Kapazitäten beider Abteilungen wären dann überschritten.

Um die optimale Lösung zu bestimmen, verschieben wir die Deckungsbeitragsfunktion so lange parallel, bis eine Linie gefunden ist, die den zulässigen Lösungsraum gerade noch berührt. Das ist im Beispiel der Schnittpunkt der beiden Kapazitätsgeraden. Bei optimaler Entscheidung ist damit in diesem Fall die Kapazität beider Abteilungen knapp. Im Optimum sollen von x_1 5,33 ME und von x_2 9,33 ME gefertigt werden. Diese Mengen ergeben sich, wenn wir den Schnittpunkt der beiden Abteilungsgleichungen berechnen.

In der Lösung sind beide Produkte Grenzerzeugnisse. Nach den Erkenntnissen, die wir im letzten Kapitel gewonnen haben, müssen aber die wertmäßigen Deckungsspannen von Grenzprodukten immer gleich null sei. Damit können wir die Opportunitätskosten der beiden knappen Kapazitäten durch folgendes Gleichungssystem bestimmen:

Produkt 1: $10 - 4 \cdot p_A - 3 \cdot p_B = 0$
Produkt 2: $15 - 2 \cdot p_A - 6 \cdot p_B = 0$

Mit p werden die Opportunitätskosten der Abteilung A bzw. B je ZE der Kapazität bezeichnet. Von der Deckungsspanne des ersten Produkts von 10,– DM ist dann für einen Verbrauch von 4 ZE viermal der Satz p_A und dreimal p_B abzuziehen. Es muß sich dann für das Grenzprodukt eine wertmäßige Deckungsspanne von null ergeben. Entsprechend ist die Gleichung des 2. Produkts zu interpretieren. Wird dieses Gleichungssystem berechnet, ergibt sich für p_A ein Wert von 0,8333 DM und für p_B der Wert 2,2222 DM.

Die Lösung des Problems kann statt durch eine Zeichnung auch durch folgende Überlegung bestimmt werden: Angenommen, wir nehmen als erstes das Produkt x_2 mit der höheren Deckungsspanne in das Programm, dann könnten davon maximal aus der Sicht beider Produktionsabteilungen 12 ME produziert werden; denn bei 12 ME wird die Kapazität B zum Engpaß. Zu realisieren ist dabei ein Deckungsbeitrag von 12 · 15,– = 180,– DM. Zu überprüfen ist nun, ob es sinnvoll ist, diese Menge zu verringern und statt dessen auch das erste Produkt ins Programm aufzunehmen. Wenn eine ME von Erzeugnis 2 weniger hergestellt wird, sinkt der Deckungsbeitrag um 15,– DM. Dafür wird aber bei der Engpaßabteilung B eine Kapazität von 6 ZE freigesetzt. Diese Kapazität reicht aus, um vom ersten Erzeugnis 6/3 = 2 ME zu fertigen. Es wird dann mit Produkt 1 ein zusätzlicher Deckungsbeitrag von 2 · 10,– = 20,– DM erzielt, was aber nur möglich ist, wenn dafür auf 15,– DM Deckungsspanne bei Produkt 2 verzichtet wird. Die Substitution der Produkte ist also vorteilhaft, da ein zusätzlicher Deckungsbeitrag von 5,– DM erzielt werden kann, wenn ein Kapazitätsanteil von 6 ZE durch das Produkt 2 freigesetzt wird. Je Zeiteinheit der knappen Kapazität B sind das 5/6 DM an zusätzlichem Deckungsbeitrag. Diese Substitution wird betrieben, bis auch die Kapazität der Abteilung A zum Engpaß wird.

Ist der Schnittpunkt der beiden Kapazitätsfunktionen durch diese Substitution erreicht, ist erneut zu prüfen, ob eine weitere Substitution sinnvoll erscheint. Nunmehr ist aber die Kapazitätsbedingung der Abteilung A relevant für den Substitutionserfolg, denn bei geringeren Mengen des 2. Produkts ist die Abteilung B nicht mehr ausgelastet. Wird wieder eine ME vom 2. Produkt abgebaut, sinkt der Deckungsbeitrag zunächst um 15, dafür wird bei A eine Kapazität von 2 ZE freigesetzt. In 2 Zeiteinheiten können in Abteilung A aber nur 0,5 ME vom ersten Erzeugnis hergestellt werden. Der Deckungsbeitrag des ersten Produkts steigt damit um 0,5 · 10 = 5,– DM. Da aber 15,– DM Deckungsbeitrag bei Produkt 2 verlorengehen und nur 5,– DM bei Produkt 1 hinzugewonnen werden, ist eine weitere Substitution nicht zweckmäßig. Je Einheit der dann allein knappen Kapazität A gehen uns dann 10/2 = 5 GE verloren. Die Substitution ist also nur so lange sinnvoll, wie damit ein verbesserter Deckungsbeitrag erzielt werden kann. Im Beispiel ist eine Substitution daher nur bis zum Schnittpunkt der beiden Kapazitätsgleichungen sinnvoll. Im Schnittpunkt ist mithin die optimale Lösung erreicht.

Dieses Denkprinzip der Substitution liegt dem mathematischen Instrumentarium der linearen Programmierung zugrunde.

21. Lektion

An unserem Beispiel kann auch wieder das Adam-Theorem – diesmal allerdings in der allgemeinen Form – demonstriert werden. Wie Sie sich erinnern, hatte das zu lösende Problem die folgende Struktur:

Deckungsbeitrag = $10 \cdot x_1 + 15 \cdot x_2 \to$ max
Abteilung A $\quad 4 \cdot x_1 + 2 \cdot x_2 + y_A = 40$
Abteilung B $\quad 3 \cdot x_1 + 6 \cdot x_2 + y_B = 72$

Wir nehmen einmal an, in der Abteilung A fallen fixe Kosten in Höhe von 80,– DM an; das sind bei Proportionalisierung 2,– DM je ZE. Diese Fixkosten je ZE wollen wir nun wieder in die Kalkulation einbeziehen. Dazu machen wir folgendes: Wir multiplizieren die Gleichung für die Abteilung A mit 2 und bringen die sich so ergebenden 80 DM auf die linke Seite der Gleichung.

$2 \cdot (4 \cdot x_1 + 2 \cdot x_2 + y_A - 40) = 0$

Die Null subtrahieren wir anschließend von der Funktion des Deckungsbeitrags:

$10 \cdot x_1 + 15 \cdot x_2 - 2(4 \cdot x_1 + 2 \cdot x_2 + y_A - 40)$

Diese Veränderung der Deckungsbeitragsfunktion ist völlig unbedeutend, da lediglich eine Null von der ursprünglichen Funktion abgezogen wird. Fassen wir alle gleichartigen Terme zusammen, ergibt sich nunmehr eine neue zu maximierende Funktion:

$2 \cdot x_1 + 11 \cdot x_2 - 2 \cdot y_A + 80 \to$ max

Ob wir nun diese oder die ursprüngliche Funktion unter den beiden Kapazitätsbedingungen maximieren, ist bedeutungslos. Es ergibt sich immer die gleiche Lösung nach der Linearen Programmierung. Der Trick bei diesem Theorem besteht darin, daß wir einen Fehler – Fixkosten werden auf Produkte umgelegt – durch einen zweiten Fehler kompensieren. Über die drei Variablen x_1, x_2 und y_A verrechnen wir genau 80,– DM an Kosten, die wir durch den absoluten, entscheidungsirrelevanten Term wieder ausgleichen. Wird daher mit Vollkosten kalkuliert, müssen grundsätzlich die etwaigen freien Kapazitäten der Abteilung ebenfalls zusätzlich mit diesen Fixkosten je ZE bewertet werden. Gerade dadurch wird erreicht, daß immer die vollen Kosten im Ansatz berücksichtigt werden. Der Teil der Fixkosten, der durch die Produkte genutzt wird, ist dann in der Produktkalkulation enthalten, und die sogenannten Leerkosten für nicht genutzte Kapazitäten werden über die Variablen für die freien Kapazitäten verrechnet. In entsprechender Weise könnten auch fixe Kosten der Abteilung B berücksichtigt werden.

Das Theorem zeigt: Eine Vollkostenkalkulation muß nicht zu Entscheidungsfehlern führen. Dieses ist immer dann nicht der Fall, wenn alle fixen Kosten auf der Basis von Kapazitätsbeanspruchungen proportionalisiert werden. Es ist dann aber zwingend erforderlich, auch die freien Kapazitäten mit Fixkostenanteilen zu bewerten, um den Fehler der Vollkostenrechnung zu kompensieren.

Dieser Gedanke läßt sich insbesondere mit der Prozeßkostenrechnung verbinden. Die Prozeßkostenrechnung zerlegt den gesamten Produktions- und Verwaltungsbereich in Prozesse und verteilt die gesamten Kosten proportional zur Kapazitätsbeanspruchung der Prozesse. Wenn ein Betrieb also unbedingt ein Vollkostensystem einsetzen will, dann ist das für Entscheidungszwecke unschädlich, wenn auf das Adam-Theorem zurückgegriffen wird. Das aber bedeutet grundsätzlich: Die Entscheidungen werden nicht auf der Basis der Stückgewinne der Prozeßkostenrechnung gefällt. Es sind zusätzlich immer die nicht über die Produkte verrechneten Leerkosten der freien Prozeßkapazitäten in das Kalkül einzubeziehen. Das aber bedeutet letztlich: Eine simultane Rechnung tritt an die Stelle isolierter Produktbeurteilungen auf Basis der Stückgewinne. Das Theorem berücksichtigt damit den durch Fixkosten zwischen den Produkten bestehenden Verbundeffekt, was die übliche Vollkostenrechnung gerade nicht macht.«

Jedem seinen Engpaß ...!

1) Existieren mehrere denkbare Engpässe, ist das optimale Produktionsprogramm grundsätzlich mit Hilfe eines Ansatzes der Linearen Programmierung zu bestimmen. In diesem Ansatz ist der Deckungsbeitrag zu maximieren, während sämtliche Kapazitätsrestriktionen als Nebenbedingungen zu erfassen sind.

2) Für den Spezialfall von zwei Produkten ist eine grafische Lösung dieses Ansatzes möglich, indem auf beiden Achsen des Diagramms die Mengeneinheiten der Produkte abgetragen und die Restriktionen als Geraden eingetragen werden. Die Lösung ergibt sich durch Parallelverschiebung der Deckungsbeitragsgeraden bis an den äußersten Rand des zulässigen Lösungsraums.

3) Aus den Ergebnissen der zeichnerischen Lösung lassen sich auch wiederum die Opportunitätskosten der tatsächlich knappen Kapazitäten bestimmen.

4) Anhand des LP-Ansatzes kann gezeigt werden, daß auch eine Verteilung von Fixkosten auf Produkte zur richtigen Lösung führt, wenn die allgemeine Fassung des Adam-Theorems berücksichtigt wird.

22. Lektion:
Über Trabis und Ferraris. Das Klagelied über die Deckungsbeitragsrechnung. Oder: Der Unverstand mit den Preisuntergrenzen für Zusatzaufträge.

»Meine Damen und Herren! Wir wollen uns noch mit einer traurigen Seite der Deckungsbeitragsrechnung befassen, oder soll ich sagen, mit dem traurigen Kapitel, wie sie in der Praxis eingesetzt wird.« Ein leichtes Räuspern der Teilnehmer geht durch den Seminarraum. »Viele Leute warnen heute vor der Deckungsbeitragsrechnung, weil dieses Instrument die Unternehmen zu Fahrfehlern verleitet. Die Unternehmen sind in ihrem Denken so durch die Vollkostenrechnung geprägt, daß sie Deckungsbeiträge und Stückgewinne unterbewußt verwechseln. Als Folge dessen haben es viele fertig bekommen, mit der Deckungsbeitragsrechnung die Preise ihrer Produkte kaputt zu machen.

Um das Problem drastisch zu umschreiben, will ich auf einen Vergleich zurückgreifen. Die meisten Unternehmen haben ihre Fahrkünste auf einem Trabi erworben und ihr Fahrverhalten auf dieses Fahrgerät eingestellt. Der Trabi ist ein ›Auto‹, das viele Fahrfehler verzeiht. Diese Leute setzen sich dann in einen Ferrari, drücken in der Manier kleiner Schumis auf die Tube und fliegen natürlich in der ersten Kurve von der Bahn. Der Trabi, das ist die Vollkostenrechnung, der Ferrari die Deckungsbeitragsrechnung. Sind die kleinen Schumis dann von der Bahn gerutscht, schimpfen sie über das Auto, statt sich an die Brust zu schlagen und über die eigenen Fahrkünste nachzudenken.

Die Gefahren der Deckungsbeitragsrechnung, das sind die Verhaltensfehler, die Fahrfehler der Manager. Wer sich geistig nicht von der Vollkostenrechnung verabschiedet hat und mit der Deckungsbeitragsrechnung so fährt, als säße er noch in einem Vollkosten-Trabi, muß sich nicht über das Ergebnis seiner unzureichenden Fahrkünste wundern.« Frau Müller ärgert sich innerlich schwarz, da gerade bei diesen Ausführungen über Fahrfehler immer wieder sie in Augenschein genommen wird.

»Nach diesem einleitenden Vergleich wollen wir die Fahrfehler einmal unter die Lupe nehmen. Ich erinnere mich an ein Unternehmen – es gehört längst zu den glatzköpfigen, die der Wettbewerb wegrasiert hat – das begeistert auf die Deckungsbeitragsrechnung übergegangen ist. Trotz intensiver Schulung blieben die Manager aber in den Denkkategorien der Vollkostenrechnung geistig gefangen. Bei diesem Unternehmen hatten die Vertreter das Recht, mit den Kunden Preise auszuhandeln. Ihre eigene Provision war an den Umsatz gekoppelt. Trotz meiner intensiven

Warnungen war der Eigentümer des Unternehmens nicht davon abzubringen, den Vertretern die Deckungsbeiträge bekanntzugeben, die beim empfohlenen Preis galten. Die Deckungsbeiträge waren ziemlich hoch, und die Vertreter hielten den Deckungsbeitrag für den Stückgewinn. In den Preisverhandlungen mit den Kunden wurden sie daher ziemlich nachgiebig. Sie steigerten mit dieser Nachgiebigkeit zwar den Umsatz und ihre eigene Provision, trugen mit dem stark verschlechterten Preisniveau aber dazu bei, das Unternehmen in die roten Zahlen zu führen. Ist das Preisniveau aber erst einmal verdorben, stellt man leidvoll fest, daß es nicht wieder auf das alte Niveau zu bringen ist. Das Unternehmen weigerte sich auch, die Bezahlung der Vertreter nicht an den Umsatz, sondern an den erzielten Deckungsbeitrag zu koppeln. Man befürchtete, die Vertreter dann zu verlieren, da die nur das Umsatzdenken gewohnt waren.

Die Fahrfehler bei der Deckungsbeitragsrechnung beziehen sich in erster Linie auf das preispolitische Verhalten der Unternehmen. Sie gehen an die Preispolitik mit der Denkweise von Vollkostenrechnern heran. Das Problem liegt darin, daß man Vollkostenrechner meistens nicht belehren, sondern nur überleben kann.

Ich will Ihnen den Unsinn der Verhaltensweise am Beispiel des Cateringunternehmens von Herrn Felix verdeutlichen. Nehmen wir einmal an, Herr Felix erkennt, daß er mit seinem LKW unterbeschäftigt ist, da zu wenig Privathaushalte Getränkekisten bestellen. Daraufhin kommt er auf folgende glorreiche Idee: Jeder neue Kunde muß für eine Kiste Bier nur 14,– DM bezahlen, jeder Stammkunde 18,– DM. Das läuft zunächst auch sehr gut. Er wird viele Kunden von der Konkurrenz abziehen und sowohl seinen Umsatz als auch seinen Gewinn verbessern. Aber meine Damen und Herren, Kunden sind doch nicht dumm! Die Stammkunden werden ziemlich schnell mitbekommen, was da läuft und werden Herrn Felix erklären, daß sie die längste Zeit Stammkunden waren, wenn sie das Bier nicht auch zu 14,– DM bekommen. Herrn Felix wird nach kurzer Zeit nichts anderes übrigbleiben, als seine unsinnige Preisdifferenzierung wieder aufzugeben, weil er sie am Markt nicht durchsetzen kann. Nach dem Versuch, die Preise zu differenzieren, wird er sich aber auf dem schlechteren Preisniveau von 14,– DM befinden, und sein Fahrfehler wird ihn viel Fett kosten, d.h., sein Gewinn wird arg abgeschmolzen sein.«

»Immer muß ich für Negativbeispiele herhalten«, dachte Felix, »soll er doch mal den Wurstfritzen durch den Kakao ziehen!«

»Ich erinnere mich an ein englisches Unternehmen, das es mit ähnlichen Verhaltensweisen geschafft hat, in der ganzen Weltpresse als Trottel dazustehen. Dieses Unternehmen – es produziert Elektrogeräte wie Staubsauger, Waschmaschinen usw. – startete einen Werbefeldzug, um neue

22. Lektion

Kunden zu gewinnen. Jedem Kunden, der ein Gerät bestimmter Preisklasse kaufte, wurde eine Flugreise in die USA versprochen. Man wußte, daß erfahrungsgemäß ca. 5% der Kunden auf solche Werbeangebote eingehen. Aber England stand Kopf! Die Leute kauften wie wahnsinnig Geräte der Firma, obwohl sie die Geräte gar nicht benötigten, und stapelten sie im Keller. Der Umsatz des Unternehmens ging dramatisch hoch, und es entstanden bald Lieferengpässe. Wenn nur jeder zwanzigste Kunde von dem Angebot Gebrauch gemacht hätte, wäre auch alles gut gelaufen. Aber das Unternehmen mußte ganze Luftflotten mieten, um die Leute nach Amerika zu fliegen. Man konnte dann noch Jahre später in englischen Zeitungen Anzeigen für ungebrauchte Elektrogeräte zu geringem Preis finden. Das Unternehmen hatte die Luftverkehrsgesellschaft reich und die Kunden glücklich gemacht, aber das eigene Preisniveau und den Gewinn drastisch reduziert. Denn nach dieser Aktion sank der Absatz dramatisch, weil über die Zeitungsanzeigen ein schwunghafter Zweitmarkt zu niedrigen Preisen entstanden war.

Auch das ist ein Fall grober kostenrechnerischer Defizite gepaart mit einer völligen Fehleinschätzung des Kundenverhaltens. Es zeigte sich wie in den anderen Fällen, daß man mit Preispolitik – in diesem Fall indirekt über die Sonderzuwendung – Neu- und Altkunden nicht trennen kann. Derartige Preisstrategien verderben nur das Preisniveau und schädigen das Unternehmen. Leider werden viele Unternehmen durch eine falsch verstandene Deckungsbeitragsrechnung zu derartig unsinnigen Preisstrategien angeregt, wenn sie sich in der Situation der Unterbeschäftigung befinden.

Die Anwendungsfehler der Deckungsbeitragsrechnung – also die Fahrfehler – treten in der Praxis immer bei der Kalkulation von Preisuntergrenzen auf. Unterbeschäftigte Unternehmen versuchen, Zusatzaufträge zu gewinnen, indem sie bei diesen mit geringeren Deckungsbeiträgen zufrieden sind als beim Stammgeschäft. Teilweise gehen sie bis auf die variablen Kosten als Preisuntergrenze zurück, da jede Mark mehr als die variablen Kosten zusätzlichen Deckungsbeitrag und damit zusätzlichen Gewinn verspricht. Sie versuchen dann eine Preisdifferenzierung zwischen Stammgeschäft und Zusatzauftrag. Diese Politik wäre auch richtig, wenn man die Marktsegmente Stammgeschäft und Zusatzgeschäft sauber trennen könnte. Dann dürfen zwischen den Segmenten keine Informationen ausgetauscht werden. Es dürfte mithin nicht dazu kommen, daß auch die Kunden des Stammgeschäfts die gleichen Konditionen haben wollen wie die des Zusatzgeschäfts. Diese Markttrennung ist im allgemeinen aber nicht oder nur sehr bedingt zu erreichen. Es ist dann kurzsichtig, sich durch die Deckungsbeitragsrechnung zu einer preisdifferenzierenden Strategie verleiten zu lassen. Viele Unternehmen haben aber genau dieses kurzsichtige Denken praktiziert. Sie sind zur Preisdifferenzierung übergegangen und konnten diese dann am Markt nicht durchsetzen. Nach dem gescheiterten Preisexperiment fanden sie sich dann auch für das Stammgeschäft auf dem niedrigen Preisniveau wieder. Diesen Fahrfehler kann man aber nicht der Deckungsbeitragsrechnung ankreiden; er ist die Folge einer kurzsichtigen Verhaltensweise, die auf Kundenreaktionen keine Rücksicht nimmt.«

Frau Müller meldet sich zu Wort: »Sie sprachen, wenn ich es richtig verstanden habe, von den Mindestpreisen, die ein Unternehmen haben muß, um seine Gewinnsituation nicht zu verschlechtern. Unterstellt ist bei diesen Rechnungen, daß eine Preisdifferenzierung am Markt durchzusetzen ist. Man könnte sich doch auch Preisuntergrenzen vorstellen, wenn nur ein Einheitspreis gilt.«

»Durchaus. Greifen wir auf den Fall von Herrn Felix zurück.« »Schon wieder ich«, knirscht dieser durch die Zähne. – »Wenn er unterbeschäftigt ist, könnte er überlegen, ob es sinnvoll ist, den Preis einer Kiste von 18,– DM einheitlich für alle Kunden auf 17,– DM zu senken. Er verliert dann bei seinen bisherigen Kunden für jede verkaufte Kiste 1,– DM an Deckungsbeitrag. Sein sinkender Preis wird vielleicht neue Kunden anlocken, mit denen er zusätzliche Deckungsbeiträge erwirtschaften kann. Er muß sich nun fragen, wie das Verhältnis der zusätzlichen zu den verlorenen Deckungsbeiträgen bei einer Preissenkung von 18,– auf 17,– DM ausfällt. Wenn er mit den neuen Kunden mehr gewinnt, als er bei den alten verliert, ist seine Preisuntergrenze noch nicht erreicht. Er müßte sich also fragen, bis auf welches Preisniveau er zurückgehen kann, damit er sich vom Gewinn nicht schlechter stellt als vor der Preissenkung. Das wäre dann seine Preisuntergrenze unter Berücksichtigung der Marktreaktion der Kunden.«

»Herr Ilke! Aber diese Rechnung ist doch sehr problematisch«, gibt Herr Sebastian zu bedenken. »Ich kann sicher die Frage beantworten, auf wieviel Deckungsbeitrag ich bei meinen Stammkunden verzichten muß, wenn ich die Preise senke. Aber woher weiß ich, wie viele zusätzliche Kunden ich gewinne?«

»Das sehen Sie schon sehr richtig«, erwidert ihm der Referent. »Diese Preisuntergrenzenrechnung ist mit ganz erheblichen Risiken verbunden; denn an die Information der zusätzlichen Absatzmenge werden Sie kaum kommen. Aber Sie können folgende Überlegung anstellen: Sie wissen, was Sie bei den Stammkunden bei einer Preissenkung von 18,– auf 17,– DM verlieren. Sie kennen auch die Deckungspanne für die Kisten, die Sie an neue Kunden verkaufen. Fragen Sie sich doch dann einmal, wie viele Kisten Sie zusätzlich mindestens verkaufen müssen, um bei der beabsichtigten Preissenkung beim Gewinn nicht schlechter dazustehen als vor der Preisänderung. Kennen Sie diese kritische Absatzmenge und sehen Sie, daß Sie den Absatz um sagen wir 30% erhöhen müßten, dann versuchen Sie abzuschätzen, ob es Ihnen plausibel erscheint, mit einer Preissenkung von 1,- DM eine Absatzerhöhung in diesem Umfang zu erreichen. Das ist natürlich nur eine schwache Entscheidungshilfe, aber immer noch besser als ein preispolitischer Blindschuß.«

»Ich habe noch eine Frage zu den Preisuntergrenzen«, meldet sich Frau Stark zu Wort. »Nehmen wir einmal an, ich habe keine freien Kapazitäten mehr und ein Kunde fragt an, ob ich für ihn einen Auftrag ausführen will. Das kann ich nur, wenn ich einen bereits angenommenen Auftrag nicht ausführe oder ihn in eine andere Periode verschiebe, wenn der Kunde das mitmacht. Wie ist denn in diesem Fall zu rechnen?«

»Ich will die von Ihnen beschriebene Entscheidungssituation etwas ergänzen und annehmen, daß der Kunde, den Sie dann nicht mehr beliefern wollen, nicht sauer wird und daß Sie ohne heutige und künftige Nachteile aus dem Vertrag mit ihm herauskommen. Weiter will ich annehmen, daß der verdrängte Kunde eine Kapazität bei Ihnen beansprucht, die genau dem Kapazitätsbedarf für den neuen Kunden entspricht. Nur in diesem Fall kann man Ihr Problem allein kostenrechnerisch lösen. Sie werden den neuen Kunden nur bedienen, wenn Sie dadurch Ihre Gewinnsituation nicht verschlechtern. Der neue Kunde müßte damit einen Deckungsbeitrag erwirtschaften, der mindestens dem Betrag entspricht, den Sie mit dem verdrängten Kunden erzielen würden. Zusätzlich zu den variablen pagatorischen Kosten muß der neue Kunden dann auch die Opportunitätskosten der verdrängten Alternative bezahlen. Er müßte folglich mindestens den Preis zahlen, den auch der verdrängte Kunde zahlen würde.

Diese Rechnung ist nur richtig, wenn Sie aus dem Vertrag mit dem alten Kunden ohne Zusatzkosten herauskommen. Müssen Sie aber eine Konventionalstrafe zahlen, ist der Mindestdeckungsbeitrag des neuen Kunden um diesen Betrag zu erhöhen. Der Preis für den neuen Auftrag muß folglich um die Konventionalstrafe steigen.«

»Die Rechnungen, die Sie anstellen, gefallen mir aber noch nicht so richtig«, wirft Herr Lohmann ein. »Diese Rechnungen sind doch nur richtig, wenn keine künftigen Kundenreaktionen als Folge meines Verhaltens zu erwarten sind. Wenn ich den Altkunden künftig völlig verliere, wenn er künftig bei einem Mitbewerber einkauft, dann verliere ich doch viel mehr als nur den Deckungsbeitrag des einen Geschäfts, mit dem Sie gerechnet haben?«

»Ja, leider. Sie sehen, daß das Ganze nicht allein eine Frage der Kostenrechnung ist. Die Entscheidung hängt davon ab, von welchen Erwartungen über das künftige Kundenverhalten ich ausgehen muß. Verliere ich den alten Kunden ganz, muß die Preisuntergrenze für den neuen Kunden viel höher angesetzt werden. Aber woher weiß ich, was ich mit dem alten Kunden künftig noch verdienen könnte? Genauso kann es auch sein, daß der Vorteil des neuen Kunden nicht allein aus dem einen Zusatzauftrag resultiert, für den er gerade eine Anfrage bei uns gestartet hat. Wenn wir ihn zufriedenstellend bedienen, gewinnen wir vielleicht künftig einen neuen Dauerkunden.

Das Problem der üblichen Rechnungen zu den Preisuntergrenzen ist es leider, daß derartige Marktreaktionen bei Alt- und Neukunden nicht berücksichtigt werden. Es wird immer mit einer kurzfristigen Betrachtung allein auf Kostenbasis eines Einzelgeschäfts gearbeitet, und das kann dazu führen, daß bei der Preisuntergrenzenrechnung völlig unzulängliche Überlegungen angestellt werden. Das Preisuntergrenzenproblem wird in der Literatur eigentlich einheitlich als ein rein kostenrechnerisches Problem aufgefaßt. Bereits diese Sichtweise ist aber im Ansatz verfehlt. Ohne sinnvolle Annahmen über Marktreaktionen ist die Frage nach den Untergrenzen nicht zu beantworten. Kostenrechnerische Überlegungen allein führen immer zu den beschriebenen Fahrfehlern.«

»Mich interessiert noch ein Problem«, wirft Felix ein. »Nehmen wir einmal an, wir bleiben bei der rein kostenrechnerischen Preisuntergrenzenbetrachtung als erstes heuristisches Orientierungskriterium – mehr kann es wohl nicht sein, wenn ich Sie richtig verstanden habe. Wie ist die Rechnung zu verändern, wenn mit dem Zusatzauftrag auch Änderungen fixer Kosten verbunden sind? Beispielsweise brauche ich eine Zusatzmaschine, über die ich bislang nicht verfüge und die ich zu 1.000,– DM beschaffen muß?«

»Wir wollen wieder annehmen, daß die Kapazität knapp ist und die reine Produktionszeit des Zusatzauftrags der entsprechenden Zeit für den verdrängten Kunden entspricht. Ich will Ihre Frage noch etwas erweitern. Nehmen wir zusätzlich an, Sie können den Auftrag nicht so ohne weiteres mit Ihren Maschinen erledigen, Sie müssen sie erst umstellen und nach ausgeführtem Auftrag wieder in den alten Zustand zurückversetzen. Dann sind folgende Überlegungen relevant: Sie verlieren wieder den Deckungsbeitrag, den Sie mit dem alten Kunden erzielen würden, und Sie haben für den Zusatzauftrag die variablen Material- und Produktionskosten. Außerdem fallen für die Rüstung und Rückrüstung zusätzliche variable Kosten an, und in der Rüstzeit müssen Sie auf weitere Deckungsbeiträge verzichten, d.h., Sie müssen noch bei weiteren Kunden

22. Lektion

Liefermengenkürzungen vornehmen, um die nötigen Rüstzeiten freizubekommen. Durch die Rüstzeiten erhöhen sich damit die Opportunitätskosten, die der Zusatzauftrag tragen muß. Der Zusatzauftrag muß all diese Nachteile ausgleichen, und dann kommt auch noch die neue Maschine zu 1.000,– DM hinzu.

Mit diesen 1.000,– DM haben wir wieder unser Problem. Nehmen wir an, wir könnten die Maschine technisch 5 Jahre lang nutzen; tatsächlich handelt es sich aber um eine Maschine, die wir bei unserem Auftragsprogramm sonst überhaupt nicht benötigen. In diesem Fall muß der Zusatzauftrag die ganze Ausgabe von 1.000,– DM tragen. Gehen wir davon aus, daß die Maschine auch in den kommenden 5 Jahren für das Programm erforderlich ist, dann würde es reichen, auf den Zusatzauftrag eine Abschreibung von 200,– DM und Zinsen zu verrechnen. Sie sehen also wiederum, unsere Rechnung ist nur heuristischer Art, wie Herr Felix das genannt hat. Wir brauchen eine Annahme darüber, was mit der Maschine künftig geschehen wird. Sind wir pessimistisch, verlangen wir von dem Zusatzauftrag, daß er die ganzen Anschaffungsausgaben tragen muß. Sind wir aber optimistisch und glauben an künftige Nutzungsmöglichkeiten für die Anlage, kann sich nachträglich herausstellen, daß unsere Rechnung über den Mindestpreis des Zusatzauftrags falsch war.

Die Beispiele zu den Preisuntergrenzen zeigen, glaube ich, alle sehr deutlich, daß das Ganze nicht allein ein Problem der Kostenrechnung ist, sondern daß kostenrechnerische Informationen *und* unsichere Marktreaktionen in die Kalküle eingehen müssen, wenn brauchbare Rechnungen über Mindestpreise angestellt werden sollen. Auf jeden Fall ist die isolierende, rein kostenrechnerische Analyse von Preisuntergrenzen hochgradig unzulänglich und gefährlich. Gegenwärtige und künftige Marktreaktionen der Kunden müssen – bei allen Unsicherheiten – in den Rechnungen erfaßt werden, weil es sonst zu groben Entscheidungsfehlern kommen wird. Die isolierte Berechnung von Preisuntergrenzen hat dann nur heuristisches Potential. Ist der Kunde nicht einmal bereit, die relevanten Kosten zu tragen, sollten wir von dem Zusatzauftrag auf jeden Fall die Finger lassen. Aber auch dann, wenn der zu erzielende Preis über der berechneten Untergrenze liegt, sollten wir einen Auftrag nicht einfach ohne Überlegungen über die zu erwartenden Marktreaktionen annehmen.«

Wissensuntergrenzen über Preisuntergrenzen ...

1) Preisuntergrenzen für zusätzlich abzusetzende Produkte können nur sinnvoll bestimmt werden, wenn die zu erwartenden Marktreaktionen in den Rechnungen berücksichtigt werden. Beispielsweise ist zu prüfen, ob eine Preisdifferenzierung zwischen Neu- und Altkunden oder zwischen Stamm- und Zusatzaufträgen wirklich durchgehalten werden kann. Werden Preise differenziert und reagieren die Kunden in ihrem Verhalten darauf, ist es meistens nicht mehr möglich, im Stammgeschäft das alte Preisniveau zu halten. Gewinneinbußen sind dann die Folge.

2) Bei unausgelasteten Kapazitäten wird die rein kostenrechnerische Preisuntergrenze auf die variablen Kosten für den Zusatzauftrag gesetzt. Diese Rechnung unterstellt stillschweigend, daß die Preisdifferenzierung zwischen Stamm- und Zusatzkunden am Markt durchzusetzen ist. Gelingt eine Preisdifferenzierung nicht, kann über eine generelle Preissenkung nachgedacht werden. In diesem Fall ist zu fragen, ob die mit Neukunden zu realisierenden zusätzlichen Deckungsbeiträge den Deckungsbeitragsverlust bei den Altkunden auffangen können.

3) Ist die Kapazität knapp, verdrängt ein Zusatzauftrag andere Aufträge. Der Zusatzauftrag muß dann neben seinen variablen Kosten zusätzlich die Deckungsbeiträge der Produkte erwirtschaften, die nicht mehr gefertigt werden können, weil der neue Auftrag Fertigungs- und Rüstzeiten in Anspruch nimmt.

4) Fallen für den Zusatzauftrag zusätzliche Fixkosten an, ist zu hinterfragen, ob die zu tätigenden Investitionen später noch für andere Zwecke genutzt werden können. Ist dies nicht der Fall, muß der Zusatzauftrag sämtliche Zusatzausgaben tragen; ansonsten ist er nur anteilig mit Fixkosten zu belasten.

5) Grundsätzlich kann das Problem der Bestimmung von Preisuntergrenzen nur in Ausnahmefällen allein mit Hilfe der Kostenrechnung gelöst werden, und zwar nur dann, wenn keine Marktreaktionen zu erwarten sind. Reagieren aber Altkunden auf niedrigere Preise für Neukunden, dann müssen diese Reaktionen – auch wenn sie unsicher sind – in die Analysen eingehen.

23. Lektion:
Gemeinsamkeiten zwischen einem Wurstfabrikanten und einem Entsorger.
Gemeinkosten bei Kuppelproduktion.

»Meine Damen und Herren! Gestern abend in der Bar haben mir zwei Seminarteilnehmer von ihren ganz speziellen Kostenrechnungsproblemen erzählt. Herr Lohmann, der Controlling in einer Wurstfabrik betreibt, und Herr Florian, seines Zeichens Werksleiter in einem Entsorgungsbetrieb, haben kostenrechnerisch sehr verwandte Fragestellungen. Bitte, Herr Lohmann, schildern Sie uns doch einmal ihr Problem!«

»Wir kaufen von Großschlachtereien Schweinehälften ein, die uns ein Spediteur anliefert. Wir laden die Hälften aus, bringen sie in unser Kühlhaus, von wo sie nach einiger Zeit zur Zerlegung ausgelagert werden. In der Zerlegerei trennen wir die einzelnen Fleischsorten, wobei wir drei Grundfleischarten unterscheiden. Fleisch, das für die Verwurstung zu schade ist – Filets, Schnitzel, Koteletts, Braten, Eisbein usw. – verpacken und verkaufen wir. Eine zweite Sorte – wie durchwachsenes Fleisch, kleinere Reste vom Braten usw. – können wir direkt verkaufen, aber auch zur Verwurstung einsetzen. Bauchfleisch, Fett, Kopf und sonstige Reste eignen sich nur, um daraus mehrere Arten von Würsten wie Mettwurst, Sülzwurst, Fleischwurst usw. herzustellen. Um Ihnen einen Überblick zu geben, habe ich einmal aufgeschrieben, welche Mengen bei der Zerlegung einer Jungschweinhälfte von 45 kg anfallen.

Sorte 1	
Filet	0,5 kg
Schnitzel/Kotelett	5,0 kg
Braten/Schinken	15,0 kg
Eisbein	1,0 kg
Sorte 2	
Mett/Bratenreste	5,0 kg
Sorte 3	
Bauch/Fett	7,0 kg
Leber	2,0 kg
Knochen	4,0 kg
Kopf	3,0 kg
Reste	2,5 kg

Für 1 kg der Schweinehälfte bezahlen wir im Augenblick 3,50 DM. Das ist dann ein Preis je Hälfte von 157,50 DM. Der Transport kostet uns nochmals 12,50 DM je Hälfte. Um die Kosten in unserem Werk zu verrechnen, bedienen wir uns der Prozeßkostenrechnung. Wir haben für den Disponenten, der die Hälften bestellt und auch den Transport organisiert, einen Prozeß definiert. Weiterhin sind Prozesse für das Abladen, die Kühlung, das Auslagern und das Zerlegen der Hälften gebildet worden. Mit viel Mühe haben wir für jeden Prozeß die variablen und – davon getrennt – die fixen Kosten bestimmt. Die heißen bei uns allerdings nicht so; die variablen Kosten bezeichnen wir als leistungsmengeninduzierte (lmi) Kosten, während die Fixkosten leistungsmengenneutral (lmn) genannt werden. Für jeden Prozeß haben wir eine Bezugsgröße ausgewählt, in der wir die Leistung des Prozesses messen. Die Bezugsgrößen heißen aber bei uns cost-driver. Wir haben uns entschieden, für alle Prozesse die Beschäftigungszeit als cost-driver zu verwenden. Für jeden Prozeß wurde eine Planzeit bestimmt, und auf dieser Basis haben wir die fixen Kosten auf die Stunden proportionalisiert, wie wir das in diesem Seminar bei der finalen Interpretation des Verursachungsprinzips gelernt haben. Im Gegensatz zur üblichen Prozeßkostenrechnung arbeiten wir mit getrennten Sätzen für variable bzw. fixe Kosten pro Stunde und Prozeß. Wir können dann ausrechnen, was die Zerlegung einer Schweinehälfte an variablen bzw. fixen Kosten verursacht. Unsere Leute zersäbeln eine Hälfte in etwa 10 Minuten, so daß 1/6 des Stundensatzes pro Hälfte an Kosten entsteht. Entsprechend können wir auch die Kosten für Ausladen, Kühlen und Auslagern je Hälfte bestimmen, und auch die Kosten des Disponenten werden in dieser Form verrechnet.

Unser Problem ist nun folgendes: Wie sollen wir die Einstandskosten der Schweinehälften und die Kosten für die beschriebenen Prozesse auf die drei Fleischsorten verrechnen? Oder anders gefragt: Was sind die Kosten für 1 kg Braten oder Filet, bzw. was kostet uns ein Kilo Wurst? Eine zweite Frage bezieht sich auf die zweite Fleischsorte, die wir entweder direkt verkaufen oder verwursten können. Ist es besser, direkt zu verkaufen oder zu verwursten?«

»Sicher interessante Probleme, meine Damen und Herren! Lassen Sie uns zunächst einmal das erste Problem am Beispiel der Materialkosten für die Schweinehälften diskutieren. Das Grundproblem, vor dem wir stehen, ist die Kuppelproduktion. Mit der Zerlegung fallen immer zwangsläufig mehrere Fleischsorten gleichzeitig in vorgegebenen Mengenrelationen an. Die Materialkosten sind daher gemeinsame Kosten der Ausbringung. Bezogen auf den Produktionsinput – die Schweinehälfte – sind die Kosten aber Einzelkosten. Wir haben es also mit dem Phänomen zu

tun, daß die Materialkosten Gemeinkosten des Outputs sind. In der Industrie gibt es für diese Situation bestimmte Kalkulationsprinzipien.«
»Ja«, wirft Herr Kühne – er kommt aus der Chemieindustrie – ein. »Wir benutzen in diesem Fall ein Verfahren, das wir als Restwertmethode bezeichnen. Bei uns fallen auch immer bei der Aufspaltung von Rohöl viele Produkte zwangsläufig an; unser Produktionsprozeß zielt aber eigentlich auf die Produktion von PKW-Benzinen ab. Das sind unsere Hauptprodukte, und alles übrige sind Nebenprodukte, die wir halt nicht vermeiden können. Für die Aufbereitung dieser Nebenprodukte entstehen uns noch bestimmte Kosten, und wir erzielen im Verkauf bestimmte Erlöse. Wir bestimmen dann die Erlöse aller Nebenprodukte und ziehen davon die speziellen Kosten für die Aufbereitung und den Vertrieb der Nebenprodukte ab. Den sich dann ergebenden Betrag definieren wir als Kosten für Material und Produktion der Nebenprodukte und ziehen ihn von den gesamten Material- und Produktionskosten des Inputs ab. Die dann verbleibenden Kosten sind die Kosten für die Hauptprodukte.«
»Das verstehe ich nicht«, wirft Frau Bisping ein. »Dann unterstellen Sie bei dieser Rechnung doch, daß Sie an den Nebenprodukten nichts verdienen; denn deren Erlöse entsprechen genau der Summe aus speziellen Kosten für Weiterbearbeitung bzw. Vertrieb und dem Anteil an den Material- und Fertigungskosten für das Spalten des Rohöls. Das ist doch Willkür!«
»Mit dieser Ansicht haben Sie zweifellos recht«, erklärt der Referent. »Nur durch diesen Willkürakt gelingt es, die Kosten aufzuteilen. Sie können das Ganze natürlich auch noch leicht modifizieren und von den Erlösen zunächst 10% als Gewinn der Nebenprodukte absetzen; dann ist der auf die Nebenprodukte entfallende Teil der gemeinsamen Kosten etwas geringer.« – »Warum denn 10% und nicht 5% oder 15%?« will Herr Sebastian wissen. – »Diese Frage läßt sich nicht beantworten«, so der Referent. »Es ist – gleichgültig, ob null oder irgendein anderer Gewinnanteil angesetzt wird – immer ein Willkürakt, der logisch nicht begründbar ist.«
»Ich habe gerade einmal versucht, diese Methode auf meinen Fall zu übertragen«, erklärt Herr Lohmann. »Dann kommt etwas ganz Merkwürdiges heraus. Die Fleischsorte 1 ist für uns Nebenprodukt, weil wir eine Wurstfabrik sind. Bei jeder Schweinehälfte fallen ca. 21,5 kg dieses Nebenprodukts an. Für dieses Produkt erzielen wir am Markt nach Abzug unserer Verkaufskosten etwa 215,– DM. Die Schweinehälfte kostet aber einschließlich der Transportkosten insgesamt nur 170,– DM. Für unsere Hauptprodukte habe wir dann negative Materialkosten in Höhe von 45,– DM. Wir könnten unser Hauptprodukt – die Würste – dann verschenken,

denn die Weiterbearbeitungskosten liegen unter 45,– DM je Schweinehälfte. Wenn ich meinem Chef – Herrn Pekeloh – mit diesem Vorschlag komme, glaubt der, sein Controller sei durchgedreht wie unsere Würste.«

Herr Stein – er ist bei einer Kokerei beschäftigt – fügt hinzu: »Wir haben dieses Kuppelproduktionsproblem auch; neben Koks fällt bei uns auch Gas an. Wir verteilen die Kosten für die Kohle nach technischen Eigenschaften in einer Art Äquivalenzziffernrechnung. Wenn wir eine Tonne Kohle verkoken, wissen wir, welche Menge an Koks und Gas anfällt. Unsere Techniker rechnen die Koks- und Gasmengen in Kilokalorien um, ähnlich wie wir das früher bei der Verrechnung innerbetrieblicher Leistungen bei der Spritfabrik auch getan haben. Wir teilen dann die Kosten pro Tonne Kohle durch die produzierten Kilokalorien und bestimmen einen Kostensatz je kcal. Multiplizieren wir diesen Satz mit der Menge an kcal in Koks, dann kennen wir die Kosten für Koks.«

»Dann kostet eine produzierte Kilokalorie immer gleich viel?« fragt Herr Lohmann etwas ungläubig. »Wenn ich dieses Prinzip auf die Wurstproduktion anwende, werde ich von meinem Chef entlassen. Die guten Fleischsorten sind relativ fettarm, die Sorten für die Wurstproduktion haben aber je Kilogramm einen hohen Fett- und Kaloriengehalt. Wenn eine kcal im Bauchfett genausoviel kostet, wie eine kcal im Filet, dann kostet uns ein kg Filet sehr wenig, während ein kg Bauchfett sehr hohe Materialkosten verursacht. Das Material für die Wurstproduktion kommt uns dann teuer zu stehen. Wahrscheinlich reichen unsere derzeitigen Wurstpreise dann nicht einmal, um unsere Materialkosten zu decken. Wir hätten dann mit unseren Hauptprodukten Verluste, oder wir müßten die Preise erhöhen. Preiserhöhungen lassen sich aber am Markt nicht durchsetzen. Wir müßten dann unsere Wurstfabrik schließen. Machen wir aber die Wurstproduktion dicht und kaufen keine Schweinehälften mehr, verlieren wir auch die hohen Gewinne bei den guten Fleischsorten.«

»Da kann man Abhilfe schaffen« wirft Frau Bisping ein. »In meiner landwirtschaftlichen Direktvermarktung verteile ich die Kosten für die Schweinehälften, die wir allerdings selbst nach Ökostandard produzieren, nach den Erlösen, die ich mit den Fleischsorten erziele. Für das Fleisch einer Hälfte erzielen wir gegenwärtig etwa 5,– DM je kg. Das sind bei 45 kg 225,– DM. Für die Aufzucht eines halben Schweins – wir ziehen die Schweine natürlich immer ungeteilt auf und teilen sie erst bei der Schlachtung – entstehen etwa 140,– DM an Kosten. Bezogen auf 1,– DM Erlös haben wir dann 140/225 = 0,6222 DM an Kosten. Wenn ich daher beim Verkauf von Filet je kg 15,– DM erziele, setze ich dafür 15 · 0,6222 = 9,33 DM an Kosten an.«

»Dieses Prinzip«, erklärt der Referent, »ist eine Variante des Tragfähigkeitsprinzips. Bei diesem Prinzip unterstellen Sie bei allen Produkten einen gleichen Gewinnaufschlag, und das ist auch Willkür.

Die Diskussion der drei Kalkulationsarten bei Kuppelproduktion hat, glaube ich, sehr deutlich gemacht, daß keines dieser Prinzipien logisch zu halten ist. Jedes Prinzip kommt für die Aufteilung der Gemeinkosten zu anderen Ergebnissen und schiebt auch die Gewinne wild zwischen den drei Fleischsorten hin und her. Alle drei Prinzipien sind für Entscheidungen völlig ungeeignet, denn alle Prinzipien versuchen, sich der Komplexität der Problemstellung zu entziehen. Sie versuchen Dinge, die sich logisch nicht teilen lassen, dennoch mit dem Schwert Alexanders des Großen zu trennen. Das ist kein erfolgversprechender Weg. Die Materialkosten der Wurstproduktion und die Kosten der geschilderten Teilprozesse sind allesamt variable bzw. z.T. auch fixe Gemeinkosten aller drei Fleischsorten.

Für Entscheidungszwecke ist es gar nicht notwendig, diese Kosten aufzuteilen, denn ausschlaggebend ist doch nur, ob wir mit den Schweinehälften insgesamt etwas verdienen. Eine Schweinehälfte können wir als ein Produktbündel auffassen. Jeder Schweinehälfte sind die variablen Materialkosten einschließlich des Transports zuzurechnen, und auch für die Prozesse – Entladen, Lagern, Auslagern, Zerlegen – sind aus den Prozeßkostensätzen die anteiligen variablen Kosten je Schweinehälfte bekannt, da Herr Lohmann zwischen fixen und variablen Kostensätzen in der Prozeßkostenrechnung unterschieden hat. Damit lassen sich die variablen Kosten einer Schweinehälfte bis einschließlich der Zerlegung berechnen. Diesen Kosten des Inputs sind die Rohdeckungsbeiträge aller drei Fleischsorten gegenüberzustellen. Von den Erlösen der einzelnen Fleisch- und Wurstsorten sind die speziellen variablen Kosten für Weiterverarbeitung und Vertrieb abzusetzen. Ist die Summe der Rohdeckungsbeiträge aller Fleisch- und Wurstsorten höher als die Kosten je Schweinehälfte, ist es vorteilhaft, so viele Hälften wie möglich zu beschaffen und zu verwursten, sofern der Absatzmarkt sie aufnimmt.

Ein spezielles Problem ergibt sich, wenn der Markt zwar noch die guten Fleischsorten wie Filet usw. aufnimmt, wir aber bei der Wurst auf Absatzgrenzen stoßen. Dann müssen wir u.U. versuchen, Fleisch der unteren Klassen zu verkaufen statt es zu verwursten. Die Erlöse werden dann geringer ausfallen.

Unsere Diskussion zeigt eines sehr deutlich: Man kann immer nur die Frage beantworten, was an einer Schweinehälfte insgesamt verdient wird. Es ist hingegen nicht möglich zu klären, welchen Gewinn 1 kg Filet oder Wurst bringt. Bezogen auf die Endprodukte läßt sich nur deren Rohdekkungsbeitrag bestimmen. Jeder Versuch, die Gemeinkosten bei Kuppelfertigung auf die Enderzeugnisse zu verteilen, führt nur zu unbrauchbaren Informationen. Werden die Gemeinkosten mit irgendeinem Verfahren dennoch auf die Produkte aufgeteilt, lassen sich aus den so kalkulierten Stückgewinnen der Produkte keine Entscheidungen ableiten. Produkte mit negativen Stückgewinnen oder auch negativen Deckungsspannen lassen sich bei Kuppelproduktion kaum vermeiden. Die Produktion dieser Artikel läßt sich nur einstellen, wenn die gesamte Produktion aufgegeben wird; daher ist auch eine isolierte Beurteilung einzelner Artikel im Controlling völlig sinnlos. Beurteilt werden kann immer nur das ganze Produktbündel der Kuppelfertigung als Ganzes.«

»Ich hatte doch noch ein zweites Problem«, erinnert Herr Lohmann. »Soll die zweite Fleischsorte direkt verkauft oder verwurstet werden? Mein Problem ist: Ich kenne keine Material- und Produktionskosten für diese Sorte. Ich bin nur in der Lage, den Rohdeckungsbeitrag der zweiten Sorte zu berechnen. Wie soll ich dann entscheiden, ob Direktverkauf oder Verwursten besser ist?«

»Das ist, glaube ich, nicht sehr schwer zu beantworten«, wirft Frau Bisping ein. »Sie müssen doch nur den Rohdeckungsbeitrag der beiden Alternativen miteinander vergleichen. Angenommen, mit den 5 kg der zweiten Sorte erzielen Sie beim Direktverkauf 30,– DM. Würden Sie die gleiche Menge verwursten, hätten Sie sicher etwas Gewichtsverlust. Sagen wir, es kommen nur 4,5 kg Wurst zustande, wenn Sie diese Alternative wählen – es sei denn Sie machen da noch Mehl oder andere Zusätze rein; dann können natürlich aus 5 Kilo Fleisch leicht 6 Kilo Wurst werden. Sie müssen sich dann nach dem Rohdeckungsbeitrag für 1 kg Wurst fragen. Wenn der bei Gewichtsverlust 30/4,5 = 6,67 DM je kg überschreitet, ist es besser zu wursten. Betreiben Sie aber die wundersame Wurstvermehrung auf 6 Kilo, dann wursten Sie schon, wenn die Wurst mehr als 5,– DM Rohdeckungsbeitrag bringt.«

»Das leuchtet ein«, stellt Herr Lohmann fest, ohne auf die provokante Frage nach der wundersamen Wurstvermehrung eingehen zu wollen. »Ich muß dann also prüfen, ob mein gesamter Deckungsbeitrag je Schweinehälfte steigt, wenn die zweite Fleischsorte nicht direkt verkauft, sondern verwurstet wird.«

»Herr Florian, wir wollen uns nunmehr Ihr Entsorgungsproblem ansehen. Bitte schildern Sie uns doch den Fall!«

»Ich will zunächst einmal klarstellen, daß die Gemeinsamkeiten zwischen einer Wurstfabrik und einem Entsorger nicht etwa darin bestehen, daß eine Wurstfabrik eine spezielle Form eines Entsorgungsunternehmens für zu fette Fleischsorten ist. Aber nun zu unserem Problem: Wir entsorgen alte Produkte, z.B. Autos. Die Altprodukte werden in einem mehrstufigen Demontageprozeß zerlegt. Ich will das Problem einmal allgemein schildern. Bei einem ersten Demontageschritt, für den wir pro Stunde genau wie Herr Lohmann unsere variablen und fixen Prozeßkostensätze bestimmt haben, fallen wie bei der Kuppelproduktion mit den Schweinen, gleichzeitig mehrere Fraktionen von Teilen in genau definierter Relation an. Wir kehren bei der Demontage den ursprünglichen Montageprozeß der Produkte gewissermaßen um. Während der Produzent ein Teil A mit zwei Teilen B und einem Teil C verbindet, gewinnen wir diese Teile durch die Demontage zurück. Die Kosten eines Demontageprozesses lassen sich genau wie bei den Schweinen keiner dieser drei Fraktionen zuordnen. Es sind variable bzw. fixe Gemeinkosten aller Fraktionen.

Die nach dem ersten Demontageschritt gewonnenen Teile können entsorgt werden, oder es kann sich bei einigen Teilen eine weitere Demontage anschließen. Beispielsweise ist B noch ein Teil, daß sich aus mehreren Einzelteilen zusammensetzt. Für den zweiten Demontageschritt sind wiederum unsere Prozeßkosten bekannt. Bei sehr komplexen Produkten schließen sich dann u.U. weitere Demontageschritte an. Bei einem Auto sind das bei uns gegenwärtig mehr als 10 Schritte. Wir haben nun ein Problem, das mit der zweiten Fleischsorte von Herrn Lohmann irgendwie vergleichbar ist: Wir können den Demontageprozeß z.B. nach der fünften Stufe abbrechen und die dann vorliegenden Fraktionen entsorgen oder verkaufen. Wir können aber auch bestimmte Teile noch weiter zerlegen, was dann zusätzliche Kosten verursacht. Aber die dann gewonnenen Teile sind eher sortenrein und lassen sich daher am Markt besser verwerten als die schwächer zerlegten Teile. Für uns stellt sich nun die Frage des optimalen Demontagegrades der Altprodukte. Sollen wir nach 3, 4 oder erst nach 10 Stufen mit der Demontage aufhören?«

»Eine interessante Frage der Kosten- und Leistungsrechnung, die uns vom Umweltproblem beschert wird«, meint der Referent. »Aber Sie haben schon ganz richtig gesehen, daß zwischen Ihrem Problem und der zweiten Fleischsorte von Herrn Lohmann eine innere Verwandtschaft besteht; denn auch hier geht es darum, zwei Strategien miteinander zu vergleichen. Wir wollen zunächst einmal annehmen, daß Sie die Demontageprozesse bereits alle eingerichtet haben. Ihre Fixkosten lassen sich dann durch die Wahl des optimalen Demontagegrads nicht mehr verändern. Relevant für die Entscheidung sind daher nur die variablen Teile Ihrer Prozeßkosten. Diese Prozeßkosten beziehen sich wie bei den Schweinehälften aber immer auf den Input; sie sind Einzelkosten des Inputs, aber variable Gemeinkosten des Outputs eines Demontageschritts.«

»In diesem Fall können wir doch das gleiche Kalkulationsprinzip anwenden wie bei der zweiten Fleischsorte«, wirft Frau Bisping ein. »Wenn wir bis zur dritten Demontagestufe zerlegt haben, müssen wir fragen, welche Kosten bis dahin angefallen sind. Diesen Kosten sind die Kosten für die Entsorgung der Teile oder die Erlöse aus der Verwertung der gewonnenen Teile gegenüberzustellen. Damit kennen wir den Gewinn, der anfällt, wenn 3 Demontagestufen durchgeführt werden. Wird eine 4. Stufe angefügt, erhöhen sich die Demontagekosten. Dafür sind weniger Mengen nach der 3. Stufe zu entsorgen oder zu verwerten; es entfallen dann Entsorgungskosten oder Erlöse nach dieser Stufe. Durch den 4. Schritt entstehen aber neue Mengen, die entsorgt bzw. verwertet werden müssen. Im allgemeinen werden die Entsorgungskosten der stärker zerlegten Teile niedriger und die Erlöse höher ausfallen als nach der 3. Demontagestufe. Man muß dann die durch die 4. Stufe entstandenen Demontagekosten mit den veränderten Entsorgungskosten und Erlösen vergleichen. Sind die zusätzlichen Demontagekosten geringer als die zusätzlichen Erlöse bzw. die vermiedenen Entsorgungskosten, lohnt sich die 4. Demontagestufe.«

»Richtig«, lobt der Referent; Frau Bisping errötet. »Diese Gewinnveränderungsrechnung ist dann für jede einzelne Stufe durchzuführen. Der Demontageprozeß ist im Prinzip abzubrechen, wenn mit einer weiteren Stufe Verluste verbunden sind.

In Abhängigkeit von den Verwertungspreisen und den Entsorgungskosten für die Fraktionen der einzelnen Stufen kann sich aber ein Zusatzproblem einstellen: Es kann durchaus sein, daß sich die 4. Demontagestufe – für sich gesehen – nicht lohnt; wird aber noch eine 5. Stufe angefügt, kann sich die 5. wiederum lohnen. Es ist dann zu fragen, ob der Gewinn nach 3 oder nach 5 Stufen höher ausfällt. Der Demontageprozeß ist folglich nicht zwingend abzubrechen, wenn sich eine weitere Stufe zunächst als nicht gewinnträchtig erweist.«

»Wie ist zu verfahren, wenn unsere Demontageprozesse noch nicht eingerichtet sind?« will Herr Lohmann wissen. »Dann entstehen mit der Einrichtung einer weiteren Stufe sprungfixe Kosten, die in das Kalkül einzubeziehen sind.« – »Sie müssen dann die bisherige Rechnung korrigieren«, erklärt der Referent. »Angenommen, ohne den Fixkostensprung wäre es vorteilhaft, die 4. Demontagestufe durchzuführen, da der Gewinn nach vier Stufen größer ist als jener nach drei. Von dieser Gewinndifferenz müssen sie dann die zusätzlichen Fixkosten der 4. Demontagestufe absetzen. Nur wenn der dann verbleibende Betrag noch positiv ist, lohnt sich die nächste Demontagestufe. Im Prinzip hat diese kostenorientierte Rechnung aber die gleichen Mängel, die wir früher bereits diskutiert haben. Denn es handelt sich bei dieser Fragestellung eigentlich um ein Investitionsproblem.

Meine Damen und Herren, die Diskussion der beiden Formen der Kuppelproduktion hat uns noch einmal vor Augen geführt, daß eine isolierte Kosten- und Leistungsrechnung für einzelne Produkte unmöglich ist. Wir müssen die Komplexität des Problems mit den Rechnungen abbilden und dürfen nicht willkürlich – wie bei den geschilderten Methoden der Kalkulation von Kuppelprodukten – versuchen, die Komplexität künstlich zu überwinden. Jede Kosten- und Leistungsrechnung, die eine derart willkürliche Komplexitätsreduktion betreibt, ist für Entscheidungszwecke untragbar, weil die willkürliche Komplexitätsreduktion zwar einfache, aber grob falsche Rechnungen zur Folge haben kann. Sinnvolles Controlling darf diese Fehler nicht begehen, weil die Kosten- und Leistungsrechnung sonst zum Instrument der Fehlsteuerung in einem Unternehmen wird. Controlling soll aber gerade zur richtigen und nicht zur falschen Steuerung beitragen.«

Was sich kuppelt, ist kaum zu trennen. Gemein, diese Kuppelproduktion...

1) Bei Kuppelproduktion ist es grundsätzlich nicht möglich, Material- und Fertigungskosten den einzelnen Produkten verursachungsgerecht zuzuordnen. In der Praxis sind aber drei Prinzipien entwickelt worden, die das Unlösbare dennoch lösen wollen. Es handelt sich um:
   - das Restwertverfahren, das die Erlöse von Nebenprodukten von den gemeinsamen Material- und Fertigungskosten absetzt und den verbleibenden Betrag zu Kosten des Hauptprodukts erklärt;
   - die Äquivalenzmethode, die die gemeinsamen Kosten nach technischen oder physischen Kriterien – z.B. kcal Energieverbrauch – auf Haupt- und Nebenprodukte verteilt;
   - das Tragfähigkeitsprinzip: Die Kosten werden z.B. proportional zu den Erlösen auf alle Produkte verteilt.

   Alle drei Prinzipien sind willkürlich. Die Kosteninformationen sind für Entscheidungen daher unbrauchbar; vielmehr müssen die Erlöse aller Kuppelprodukte, die aus einer bestimmten Inputmenge entstehen, mit den gesamten Kosten verglichen werden. Die Produktion ist vorteilhaft, wenn der gesamte Deckungsbeitrag des Produktbündels positiv ist.

2) Demontageprozesse haben die gleiche Grundstruktur wie die Kuppelproduktion. Die Demontagekosten eines Demontageschrittes sind Gemeinkosten aller mit einem Schritt entstehenden Fraktionen. Um einen optimalen Zerlegungsgrad von Altprodukten zu ermitteln, sind die (variablen und fixen) Kosten einer zusätzlichen Zerlegungsstufe den zusätzlich entstehenden Erlösen bzw. der Einsparung an Entsorgungskosten gegenüberzustellen.

24. Lektion:
Achtung! Komplexitätsfalle!
Eine neue Kostenrechnungserfahrung.

»Meine Damen und Herren! Mit dem nächsten Thema wenden wir uns einer Frage zu, die heute für viele Unternehmen zur Existenzfrage wird: der sogenannten Komplexitätsfalle. Wir wollen uns ansehen, welchen Beitrag die Kosten- und Leistungsrechnung zur Entschärfung – genau betrachtet allerdings eher zur Verschärfung – dieses Problems leistet. Lassen Sie mich Ihnen zunächst das Problem schildern:

Enger werdende Märkte führen heute zu einer starken Individualisierung von Produkten und Dienstleistungen. Die Zahl der Produkte in den Produktionsprogrammen wächst in vielen Unternehmen immer stärker an, um individuelle Bedürfnisse zu befriedigen. Gleichzeitig nimmt auch die Zahl sehr heterogener Kundengruppen zu, und der Umsatz mit jeder Produktart sinkt; u.U. nimmt auch der Umsatz mit einzelnen Kunden ab. Bei Industriebetrieben wächst damit in der Regel die Zahl der zu verwaltenden Teile und Komponenten, bezogen von immer mehr Zulieferern, die es zu koordinieren gilt. Betriebe brauchen für die sehr differenzierten Produkte außerdem häufig flexible Fertigungssysteme, auf denen sie Produkte im schnellen Wechsel fertigen können.

Die steigende Komplexität führt damit zu einem stark steigenden Koordinationsbedarf. Um die Koordinationsprobleme zu beherrschen, bauen die Unternehmen ihre Informations- und Managementkapazitäten aus, was zu einem überproportionalen Anstieg der Stückkosten führt. Diesen Zusatzkosten der Komplexität stehen häufig keine entsprechenden Zusatzerlöse gegenüber. Die mit der Individualisierung steigende Komplexität führt folglich zu sinkenden Erfolgen, was als Komplexitätsfalle bezeichnet wird.«

Bei dem Gehörten wird Felix hellwach. Ist das nicht auch sein zentrales Problem? Hatte nicht sein Controller Sebastian vor 3 Wochen gesagt, er könne nicht feststellen, ob es für die Erfolgslage des Unternehmens sinnvoll ist, weiter auf individuelle Kundenwünsche einzugehen? Felix nimmt sich vor, nun besonders gut aufzupassen.

»Insbesondere Unternehmen, die sich der Philosophie der Kundenorientierung verschrieben haben«, erklärt Herr Ilke, »sind in dieser Falle gefangen. Es gelingt ihnen häufig nicht, die Kundenwünsche zu befriedigen und gleichzeitig die eigene Erfolgslage zu verbessern. Für diese Unternehmen wird Komplexitätsmanagement zum zentralen Thema; sie müssen sich um einen optimalen Komplexitätsgrad bemühen, was in der Regel einen Abbau an Komplexität bedeutet.

Die Komplexitätsfalle ist häufig eine Folge des Entscheidungssystems und der Art der Kostenrechnung von Unternehmen. Unternehmen neigen bei großer Komplexität dazu, Entscheidungen zu dezentralisieren. Durch Dezentralisierung und Selbststeuerung werden Motivationskräfte freigesetzt, was sicher vorteilhaft auf die Gewinnlage wirkt. Mit der Zerlegung von Entscheidungsfeldern gehen aber gleichzeitig die Beziehungen zwischen den Entscheidungen der Teilbereiche verloren. Die Entscheidungen werden allein im Lichte der Bereichsziele gefällt. Entscheidungen über die Variantenzahl erscheinen dann beispielsweise im Lichte des Marketingziels ›Maximiere die Differenz zwischen Umsatz und Vermarktungskosten‹ als vorteilhaft. Diese Beurteilung zusätzlicher Varianten erfaßt aber die Kostenwirkungen in der Entwicklung, der Beschaffung und der Produktion nicht. Die Controlling- und Entscheidungssysteme verstoßen dann gegen das Subsidiaritätsprinzip. Dieses Prinzip verlangt, daß Entscheidungen dort zu treffen sind, wo noch ein ausreichender Überblick über die Gesamtwirkungen vorhanden ist. Die Dezentralisierung von Entscheidungen ist dann meistens komplexitätstreibend. Die mit der Komplexität steigenden Gemeinkosten zehren oftmals Teile des durch verbesserte Motivation zu erzielenden Erfolgszuwachses wieder auf.

Komplexität und Individualisierung sind ökonomisch nur vertretbar, wenn der Nachfrager bereit ist, die Kosten zunehmender Komplexität zu tragen. Die Anbieter müssen folglich deutlich machen, daß die Individualisierung nicht zum Nulltarif zu haben ist. Sie dürfen nicht danach sehen, welche weiteren extremen Wünsche Kunden noch äußern werden; sie müssen vielmehr ein Gespür dafür entwickeln, was Kunden für ihre Bedürfnisse zu zahlen bereit sind. Zahlungsbereitschaft für Wünsche und Kosten der Wünsche müssen aufeinander abgestimmt werden, wenn die Individualisierung auch für die Anbieter erfolgreich sein soll.

Eine erfolgreiche Umsetzung der Individualisierung kann nur gelingen, wenn sich das Denken und die Führungssysteme in den Unternehmen verändern. Die meisten heute noch praktizierten Führungssysteme stammen aus der Zeit des Taylorismus; sie sind Systeme für völlig fehlende Komplexität. Auch die Organisationsstrukturen abstrahieren vom Komplexitätsproblem, und die in der Praxis meistens eingesetzten Instrumente der Kosten- und Leistungsrechnung wirken gar kontraproduktiv, da sie das Problem durch fehlerhafte Rechnungen verstärken und nicht lindern. Um die richtigen Komplexitätsdimensionen -Kundenzahl, Variantenzahl, Zahl der Teile usw. – zurückzufahren oder auch auszubauen, muß an den Informationssystemen angesetzt werden. Es müssen die richtigen, die zur Beurteilung der Komplexitätswirkungen geeigneten Controllinginstrumente eingesetzt werden, die in der Lage sind, die ökonomischen Wirkungen steigender oder sinkender Komplexität transparent zu machen. In der Praxis sieht es heute leider vielfach so aus, daß Unternehmen blind in die Komplexitätsfalle stolpern und dann nachträglich versuchen, eine ungesunde Komplexität wieder zu reduzieren. Die ökonomischen Auswirkungen der Komplexität müssen aber vorher klar sein, da sich die Komplexitätskosten leider kaum mehr abbauen lassen, wenn sie erst einmal entstanden sind.

Die zur Beurteilung der Komplexitätswirkungen nötigen Informationen müssen alle Funktionsbereiche eines Unternehmens umfassen. Es muß sich um eine integrierte Informationsbasis handeln. Systeme, die nur funktionsspezifische Wirkungen aufzeigen, sind unzureichend, weil bei den Entscheidungen sonst Wirkungen in anderen Bereichen unbeachtet bleiben.

Allein mit verbesserten Informationssystemen läßt sich das Problem aber nicht bewältigen, denn eine Kernursache der Komplexitätsfalle liegt in den Strukturen der Entscheidungs- und Organisationssysteme. Diese Systeme sind so zu verändern, daß an die Stelle funktions- und stellenegoistischer Verhaltensweisen ein unternehmensübergreifendes Denken tritt. Funktionsspezifisches Optimieren führt leider nicht zum gesamtbetrieblichen Optimum. Prozeßorientierte Organisation mit einer Erfolgsbeteiligung am Prozeßerfolg ist eine mögliche, allerdings nicht generell erfolgversprechende Denkrichtung. Erfolgreich wird dieses Prinzip nur sein, wenn zwischen Prozessen keine oder nur geringe Abhängigkeiten bestehen. Das ist dann der Fall, wenn jeder Prozeß über eigene Ressourcen verfügt. Eine zweite Denkrichtung besteht darin, die komplexen Strukturen zu zerschlagen und kleine unabhängige Einheiten mit weitgehend eigenen Ressourcen zu bilden, die über Märkte koordiniert werden, wie wir das an früherer Stelle bereits bei den innerbetrieblichen Leistungen diskutiert haben.

Geeignete Informationssysteme und Organisations- bzw. Entscheidungsstrukturen sind die Basis, um die Qualität von komplexitätsreduzierenden Maßnahmen wie Abbau der Kunden-, Varianten- oder Teilezahl usw. zu verbessern. Wesentlich ist, daß Unternehmen durch die Informationssysteme besser in der Lage sind, die Wirkungen von Komplexität vorher zu beurteilen, und daß durch die Entscheidungsstrukturen ein übergreifendes Denken gefördert wird.« Der Referent unterbricht kurz, um einen Schluck Wasser zu trinken. Es scheint ein längerer Monolog zu folgen.

»Sehen wir uns einmal genauer an, wie steigende Komplexität auf Erlöse und Kosten wirkt. Das wollen wir am Beispiel der Variantenzahl eingehender betrachten. Mit steigender Variantenzahl ist in der Regel ein steigender Umsatz verbunden, da auf diesem Weg neue Kunden gewonnen werden können. Die Umsätze wachsen aber aus zwei Gründen nur unterproportional mit der Komplexität: Zum einen sinkt mit jeder zusätzlichen Variante die Zahl der zusätzlich akquirierbaren potentiellen Abnehmer; zum anderen setzen Kannibalisierungseffekte innerhalb der Produktpalette ein. In diesem Fall werden die neuen Varianten zu einem großen Teil von bisherigen Käufern von Standardprodukten bezogen, so daß die Absatzmengen der Spezialprodukte zwar ansteigen, die der Standardprodukte aber gleichzeitig zurückgehen. Im Extremfall kompensieren sich beide Effekte, so daß die Erlössteigerungen marginal ausfallen.

Komplexitätskosten haben einige betriebswirtschaftlich sehr unangenehme Eigenschaften. Sie treten zeitlich verzögert auf: Zunächst kommt es zu operativen Entscheidungen, die den Komplexitätsgrad schleichend erhöhen. Dabei sind die Wirkungen einzelner kleinerer Entscheidungen über eine weitere Variante oder einen weiteren zu beliefernden Kunden vordergründig gering. Eine Vielzahl derartiger Entscheidungen zieht aber zunehmend Koordinationsengpässe nach sich, was zu Totzeiten (Rüstzeiten, Lagerzeiten, Verzugszeiten) also sinkender Leistung oder unzufriedenen Kunden führt. Um die offensichtlich werdenden Kapazitätsengpässe im Managementbereich zu überwinden, kommt es dann zu Anpassungsentscheidungen bei den Management- und Informationskapazitäten. Beispielsweise werden leistungsfähige DV-Systeme für die Fertigungs- oder Bestandssteuerung installiert, und es werden zusätzliche Mitarbeiter in indirekten Funktionen – Konstruktion, technische Steuerung, Controlling usw. – eingesetzt. Entsprechend wird in der Produktion das Maschinenkonzept geändert: Es werden teure flexible Maschinen mit geringeren Rüstkosten und -zeiten angeschafft.

Die gerade beschriebenen Anpassungsmaßnahmen führen erst lange nach der eigentlichen operativen Variantenentscheidung zu sprungfixen Kosten. Als Folge dieses Timelags werden die Kostenwirkungen erhöhter Komplexität in der Praxis regelmäßig unterschätzt. Jede einzelne zusätzliche Variante scheint zunächst nur mit marginalen Zusatzkosten verknüpft zu sein, bis dann der Engpaß in der Koordinationskapazität zutage tritt und der nächste Quantensprung in den Informations-, Management- oder Maschinenkapazitäten erforderlich wird. Dieser Kostensprung führt für den bisherigen Komplexitätsgrad gewissermaßen nachträglich zu Kostensteigerungen. In der Regel sind das zusätzliche Gemeinkosten, insbesondere im indirekten Bereich. Die Unternehmen tappen – wie ich das vorher formuliert habe – blind in die Falle.

Sind Komplexitätskosten erst einmal entstanden, lassen sie sich durch einen verringerten Komplexitätsgrad nicht unmittelbar wieder abbauen.

24. Lektion

Weitet ein Unternehmen seine Variantenzahl drastisch aus und paßt seine Managementkapazitäten dem steigenden Koordinationsbedarf mit steigenden Gemeinkosten an, sinken diese Kosten nicht wieder, wenn der Komplexitätsgrad reduziert wird. Dazu bedarf es erst im Gefolge einer reduzierten Variantenzahl wieder kleinerer Managementkapazitäten und anderer, weniger aufwendigerer Informations- und Steuerungssysteme bzw. Produktionsanlagen. Es sind also erst erhebliche quantitative Anpassungen im Organisations- und Managementbereich nötig, um die Komplexitätskosten wieder abbauen zu können. Diese Kostenremanenz ist ein typisches Zeichen der Komplexitätskosten.

Aus der Schilderung können Sie entnehmen: Ein sehr großer Teil der Komplexitätskosten sind die Folge nötiger Investitionen in Informationssysteme, Koordinationskapazitäten und Maschinen. Sie wissen bereits, daß Investitionsentscheidungen nur schwach durch Kosten- und Leistungsrechnungen gestützt werden können. Es wird Sie daher später auch nicht verwundern, daß die Kosten- und Leistungsrechnung zur Beherrschung des Komplexitätsproblems nur sehr begrenzt beitragen kann. Das Grundproblem besteht wieder darin, daß die Kostenrechnungssysteme die Komplexität nicht abbilden, sondern wieder den Trick anwenden, durch Zurechnung von Gemeinkosten zu Varianten das Komplexitätsproblem zu umgehen. Die Kostenrechnung sozialisiert die Gemeinkosten gewissermaßen, d.h., sie verteilt sie auf alle Produkte. Sie rechnen die komplexitätsbedingten Kosten nicht nur den zusätzlichen Varianten zu, sondern sie verteilen diese Kosten auf alle Varianten; also auch auf jene, die bereits vor der komplexitätstreibenden Entscheidung im Programm waren. Dieser Weg ist – das haben Sie an anderen Verbundwirkungen bereits deutlich gesehen – nicht zielführend. Komplexität kann nur mit Rechnungssystemen richtig beurteilt werden, die sich der Komplexität stellen. Es ist auch völlig falsch, bestehende Varianten gewissermaßen nachträglich mit Kosten zu belasten, die durch die zusätzlichen Varianten bedingt sind. Im Grunde sind zur Beurteilung von Komplexitätsentscheidungen dynamische Investitionsrechnungen im Sinne von Veränderungsrechnungen notwendig. Es müssen also die zusätzlichen Kosten und zusätzlichen Erlöse im Zeitablauf analysiert werden. Die Kostenrechnung kann allenfalls die Kostenwirkungen dieser Investitionsentscheidungen hinterher nachzeichnen; sie ist aber nicht das geeignete Instrumentarium, die Komplexitätskosten zu gestalten.

Typisch für die Komplexitätskosten ist damit, daß zunächst viele kleine operative Entscheidungen den Komplexitätsgrad soweit erhöhen, bis strategische oder taktische Anpassungsentscheidungen bei den Informations- und Koordinationskapazitäten oder auch den Fertigungssystemen erforderlich werden. Bei den operativen Entscheidungen werden aber diese strategischen Rückwirkungen nicht bedacht.

Mit erhöhter Variantenzahl kommt es nicht nur zu einem Anstieg der gesamten Gemeinkosten des Unternehmens, sondern in der Regel auch zu steigenden Stückkosten. Diese mit zunehmender Komplexität steigenden Kosten resultieren aus zwei Effekten. Zum einen steigen mit jeder weiteren Variante die variantenproportionalen Komplexitätskosten – solche Kosten fallen z.B. für Forschung und Entwicklung oder auch für die Vermarktung der Produkte an. Zum anderen entstehen zusätzlich überproportional steigende Kosten, die auf eine Ausweitung von Engpässen im indirekten, steuernden Bereich und auf einen überproportional steigenden Koordinationsbedarf zurückzuführen sind. Diese überproportionalen Kostenzuwächse werden von sinkenden Auslastungsgraden der Produktionssysteme (ablaufbedingte Stillstandszeiten, Rüstzeiten) und sinkenden Stückzahlen bei den Aufträgen begleitet, die zu einer geringeren Auflagen- und u.U. auch Beschäftigungsdegression führen. Steigende Gesamtkosten bei gleichzeitig sinkendem Volumen der Aufträge führen dann zu überproportionalen Steigerungsraten der Durchschnittskosten. Bei den Stückkosten kann deshalb ein ›umgekehrter Erfahrungskurveneffekt‹ beobachtet werden: Eine Verdoppelung der Variantenzahl führt zu einem Anstieg der Stückkosten um 20–30%.

Stellt man die Kostenentwicklung bei steigender Variantenzahl der Erlösentwicklung gegenüber, ergibt sich daher vereinfacht folgendes Bild:

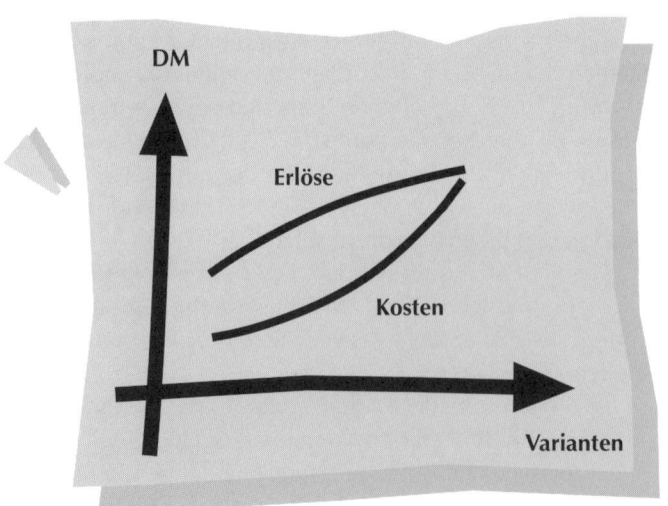

24. Lektion

Diese Darstellung ist nur eine Approximation der betrieblichen Wirklichkeit, da die zuvor beschriebene schleichende Entwicklung bzw. zeitliche Verzögerung nicht abgebildet wird. Zudem werden die entstehenden sprungfixen Kosten nicht dargestellt bzw. idealisiert. Die Abbildung hat damit nur einen didaktischen Wert, da sie die Tendenz der Kosten- und Erlösentwicklung andeutet. Sie zeigt deutlich die Ursache für die Komplexitätsfalle: Den überproportionalen Kostenerhöhungen stehen degressive Erlöszuwächse gegenüber. Ab einer kritischen Variantenzahl sinkt daher der Gewinn bei weiter steigender Komplexität.

Bei den Komplexitätskosten handelt es sich um sprungfixe Gemeinkosten, die in der Regel keiner einzelnen Produktart oder Variante zugerechnet werden können. Kurzfristig sind diese Kosten kaum zu beeinflussen; sie sind die Folge taktischer Anpassungsmaßnahmen. Die steigende Komplexität führt damit zu einer Verschiebung der Kostenstrukturen hin zu immer größeren Gemein- oder Fixkostenanteilen. Dadurch ergibt sich verstärkt das Problem, wie diese Kosten sinnvoll in einer operativen Kostenrechnung erfaßt und verarbeitet werden sollen. Die Art der Behandlung der Kosten in der Kostenrechnung darf nicht dazu führen, noch weiter in die Komplexitätsfalle zu geraten.

Die Mängel der Kostenrechnungssysteme zur Steuerung und Verwaltung der Komplexitätskosten will ich Ihnen an einem kleinen Beispiel verdeutlichen. Zunächst gehe ich auf die Zuschlagskalkulation ein:

Ein Unternehmen produziert bislang die Standardprodukte A und B, von denen zum Preis von 50,- (70,-) DM 500 (450) Stück pro Jahr abgesetzt werden können. Bei der Produktion von A (B) entstehen Materialeinzelkosten von 7.000,- (9.000,-) DM pro Jahr. Für die Lagerung des Materials und die Lagerverwaltung fallen pro Jahr Gemeinkosten in Höhe von 4.000,- DM an. Die Fertigungslöhne betragen für A (B) 4.000,- (6.000,-) DM. Zusätzlich entstehen für die Fertigungssteuerung Gemeinkosten in Höhe von 8.000,- DM pro Jahr. Vertrieb und die Verwaltung verursachen Gemeinkosten in Höhe von 9.500,- DM.
Auf Basis dieser Informationen ergeben sich folgende Zuschlagsätze:

1) Material-GK 25% auf die Einzelkosten,
2) Fertigungs-GK 80% auf die Einzelkosten sowie
3) V+V-GK 25% auf die Herstellkosten.

Das führt zu folgender Kalkulation:

	Produkt A:	Produkt B:
Mat.-EK	14,00	20,00
Mat.-GK (25%)	3,50	5,00
Fert.-EK	8,00	13,33
Fert.-GK (80%)	6,40	10,67
Herstellkosten:	31,90	49,00
V+V-GK (25%)	7,975	12,25
Selbstkosten:	39,875	61,25

Bei Preisen von 50,– bzw. 70,– DM ergibt sich ein Gewinn pro Stück in Höhe von 10,125 DM für Produkt A und 8,75 DM für Produkt B. Der Gesamtgewinn beläuft sich auf 9.000,– DM.

Im folgenden wollen wir einmal untersuchen, mit welchen Folgen die Einführung von 10 kundenindividuellen Varianten verbunden ist. Da sich diese Varianten nur geringfügig unterscheiden, werden sie zur Produktgruppe C zusammengefaßt.

Von C mögen zum Preis von 120,– DM insgesamt 200 Stück abgesetzt werden können. Die Material- bzw. Fertigungseinzelkosten von C betragen 25,– bzw. 15,– DM pro Stück. Für das erweiterte Programm muß die Flexibilität der gemeinsamen Produktionsanlage erhöht werden, und die Fertigungssteuerung ist auszubauen, was pro Jahr zusätzliche Kosten von 11.500,– DM verursacht. Des weiteren ist ein EDV-Lagerüberwachungssystem einzurichten, das 2.300,– DM pro Jahr kostet. Für die Koordination der Prozesse ist im indirekten Bereich eine neue Teilzeitkraft mit Jahreskosten von 5.450,– DM notwendig.

Auf Basis der neuen Informationen betragen die neuen Zuschlagsätze:

1) Mat.-GK: 30%,
2) Fert.-GK: 150% und
3) V+V-GK: 25%,

was zur folgenden Kalkulation führt:

	Produkt A	Produkt B	Produktgruppe C
Mat.-EK	14,00	20,00	25,00
Mat.-GK (30%)	4,20	6,00	7,50
Fert.-EK	8,00	13,33	15,00
Fert.-GK (150%)	12,00	20,00	22,50
HK	38,20	59,33	70,00
V+V-GK (25%)	9,55	14,8325	17,50
SK	47,75	74,1625	87,50
Stückgewinn:	2,25	–4,1625	32,50

Der Gesamtgewinn des Unternehmens sinkt auf 5.750,– DM (2,25 · 500 – 4,1625 · 450 + 32,50 · 200). Aus gesamtbetrieblicher Sicht ist C damit unvorteilhaft, weil der Gewinn gegenüber der Ausgangssituation um 3.250,– DM geringer ausfällt. Die Kalkulation läßt das neue Produkt aber als vorteilhaft – Stückgewinn 32,50 – erscheinen. Am unschönsten ist, daß durch die erhöhte Komplexität nunmehr auch die Standardprodukte A und B teurer werden, da die Zusatzkosten bei diesem Kalkulationsprinzip auch auf die Altprodukte verteilt – sozialisiert habe ich das früher genannt – werden. Die erhöhte Komplexität führt gar dazu, daß B nunmehr mit einem negativen Stückgewinn unvorteilhaft erscheint.

Die Ursache für die falsche Empfehlung der Zuschlagskalkulation liegt darin, daß die Zusatzkosten auch den Altprodukten angelastet werden, die für diese Kosten überhaupt nichts können. Es wäre auf jeden Fall besser, die zusätzlichen Gemeinkosten nur den 10 Varianten zuzuordnen. Dann müßten die Zuschlagssätze für die bisherigen Gemeinkosten gesenkt werden, da die 10 Varianten auch proportional zu ihren Einzelkosten an den alten Gemeinkosten partizipieren. Zusätzlich sind für die neuen Varianten Sonderzuschläge für die zusätzlichen Gemeinkosten zu bestimmen. Dieses Vorgehen hätte den Vorteil, daß über Beschäftigungsdegressionseffekte die bisherigen Produkte einen geringeren Gemeinkostenzuschlag erhalten und die zusätzlichen Varianten kräftig verteuert werden, weil sie sämtliche Zusatzkosten erwirtschaften müssen. Die Quersubventionierung der neuen Varianten durch Verteuerung der alten Produkte wird dann unterbunden und die Neigung, die Variantenzahl zu erhöhen, deutlich gebremst. Ganz im Gegenteil würde diese Art der Rechnung die Altprodukte entlasten. Diese modifizierte Zuschlagsrechnung kann als heuristisches Prinzip interpretiert werden, um der Komplexität gezielt entgegenzusteuern.

Ein zweiter Grund für die falschen Handlungsempfehlungen der Zuschlagskalkulation ist in der nicht beanspruchungsgerechten Kostenzurechnung zu sehen: Die Gemeinkosten werden nicht beanspruchungsproportional verrechnet, sondern proportional zu den Einzelkosten verteilt. Einzelkosten verursachen die Gemeinkosten aber nicht. Für alle Produkte gilt deshalb bei diesem Kalkulationsschema unabhängig von der tatsächlichen Beanspruchung der Managementkapazitäten die gleiche Relation von Einzel- und Gemeinkosten. Eine beanspruchungsgerechte Verteilung würde bedeuten, daß sich die Kostenschlüsselung an die zeitliche Beanspruchung der Kapazitäten anlehnen müßte. Die Zuschlagsrechnung verstößt daher gegen die finale Auslegung des Verursachungsprinzips. Die Folge ist eine weitere Quersubventionierung: Exoten werden zu billig angeboten und Standardprodukte, die die Kapazitäten im Managementbereich meistens schwächer beanspruchen, tendenziell aus dem Markt kalkuliert, was dann die Komplexität weiter fördert.

Wegen dieser beiden Defizite ist die Zuschlagsrechnung in vielen Betrieben mitverantwortlich für die Komplexitätsfalle.

Die offensichtlichen Mängel der Zuschlagskalkulation lassen sich durch die Prozeßkostenrechnung zum Teil beheben. Allerdings gelingt es der Prozeßkostenrechnung nur, dem zweiten Fehler – der nicht beanspruchungsgerechten Gemeinkostenzurechnung – entgegenzusteuern und damit Teile der Quersubventionierung abzubauen. Der Vorteil der Prozeßkostenrechnung gegenüber der Zuschlagskalkulation liegt darin, daß die Gemeinkosten nicht auf Basis der Einzelkosten, sondern nach der mengenmäßigen oder zeitlichen Beanspruchung der Ressourcen des Gemeinkostenbereichs auf die Produkte geschlüsselt werden. Durch die beanspruchungsorientierte Verteilung wird der Faktorverbrauch transparenter, da offengelegt wird, welche Produkte die Prozesse wie stark belasten. Durch dieses Kalkulationsprinzip wird die Quersubventionierung der Produkte zumindest teilweise verhindert, da die Varianten, die einen großen Teil der Managementkapazitäten beanspruchen, auch mit einem entsprechend großen Anteil der Gemeinkosten belastet werden. Der Vorteil der Prozeßkostenrechnung liegt mithin darin, daß für die Prozesse des Gemeinkostenbereichs Produktionskoeffizienten (Faktorverbräuche bei den Prozessen je Mengeneinheit der Leistung) und Prozeßkostensätze je Zeit- oder Mengeneinheit der Prozesse bestimmt werden, die Basis der Kostenträgerstückrechnung sind. Diese Produktionskoeffizienten liefern auch dann wertvolle Informationen für das Komplexitätsproblem, wenn gar keine Prozeßkostenrechnung angewendet wird.

Trotz dieser positiven Aspekte ist die Prozeßkostenrechnung für ein effektives Komplexitätskostenmanagement dennoch weitgehend ungeeignet, da dieses Kalkulationsprinzip einige Merkmale von Komplexitätskosten nicht adäquat abbilden kann:

24. Lektion

- Die Prozeßkostenrechnung kann allenfalls entstandene Komplexitätskosten besser verwalten als die Zuschlagsrechnung. Sie kann jedoch kaum benutzt werden, um die Komplexitätskosten proaktiv zu gestalten. Die Produktionskoeffizienten des Gemeinkostenbereichs können allenfalls dazu anregen, darüber nachzudenken, ob Prozesse besser gestaltet werden können, um Faktorverbräuche zu reduzieren. Das System liefert aber keine unmittelbaren Gestaltungshilfen.
- Die Prozeßkostenrechnung wird mit dem Phänomen des progressiven Verlaufs der Komplexitätskosten bei steigender Komplexität nicht fertig: Die Prozeßkostensätze müßten dazu mit zunehmender Komplexität steigen. Bei komplexitätstreibenden Entscheidungen darf daher nicht mit konstanten Prozeßsätzen gerechnet werden. Um diesen Effekt zu erfassen, müßte die Prozeßkostenrechnung erweitert werden und mit unterschiedlichen Prozessen und Kostensätzen für verschiedene Komplexitätsgrade arbeiten.
- Standarderzeugnisse werden auch beanspruchungsproportional mit Komplexitätskosten belastet, obwohl die neuen Informations- oder Steuerungssysteme für diese Produkte überhaupt nicht erforderlich sind. So wurden im Beispiel die Kosten für die neue Fertigungssteuerung, die Bestandsverwaltung und die neue Teilzeitkraft auch anteilig auf die Produkte A und B geschlüsselt, obwohl diese Systeme nur für die Produktion der zusätzlichen Varianten (C) nötig sind. Damit belastet die Prozeßkostenrechnung auch die Altprodukte mit Teilen der zusätzlichen Gemeinkosten, so daß es leider auch zu einer Quersubventionierung von C kommt, da Teile der zusätzlichen Kosten für Komplexität auch auf A und B verrechnet werden. Sämtliche Zusatzkosten der gestiegenen Komplexität dürften eigentlich nur den zusätzlichen Varianten zugerechnet werden. Im Beispiel würde dann deutlich, daß die Zusatzkosten die Deckungsbeiträge für C überschreiten.
- Bei der Prozeßkostenrechnung handelt es sich um eine Vollkostenrechnung, die Fixkosten eines Prozesses – nicht leistungsmengeninduzierte Kosten – proportionalisiert. Die Kostensätze der Prozeßkostenrechnung lassen damit nicht erkennen, wie und durch welche Entscheidungen die Komplexitätskosten zu beeinflussen sind; sie liefern keine entscheidungsunterstützenden Informationen. Es ist eben nicht so, daß durch Abbau der cost-driver das Gesamtvolumen der Komplexitätskosten zwingend sinkt, da diese Kostensätze nur der finalen Interpretation des Verursachungsprinzips, nicht aber der kausalen Interpretation genügen.
- Die Prozeßkostenrechnung setzt routinemäßige, repetitive Tätigkeiten voraus. Nur für derartige Tätigkeiten lassen sich gleichartig ablau-

fende Prozesse definieren. Komplexitätskosten entstehen im indirekten Bereich aber häufig nicht für routinemäßige, sondern für kreative Tätigkeiten. Für diese Arten von Komplexitätskosten lassen sich keine Prozesse definieren. Es bleibt dann meistens keine andere Möglichkeit, als diese Kosten wiederum über Zuschlagsätze in die Kostenträgerstückrechnung einzubeziehen. Ist der Anteil dieser nicht-prozeßfähigen Kosten hoch, wird wie bei der Zuschlagskalkulation massiv gegen das Prinzip beanspruchungsgerechter Schlüsselung verstoßen.«

An dieser Stelle meldet sich Frau Stark zu Wort: »Wenn die Prozeßkostenrechnung sowieso nur Anregungen liefern kann, und das eigentliche Problem bei der Komplexität darin liegt, daß Produkten Gemeinkosten zugerechnet werden, die diese nicht verursachen, wäre es dann nicht besser, nur mit Einzelkosten zu rechnen und auf die Deckungsbeitragsrechnung überzugehen?«

»Leider ist auch die Deckungsbeitragsrechnung nicht geeignet, die Komplexitätsproblematik adäquat abzubilden«, entgegnet Herr Ilke. »Sie beschäftigt sich allein mit der Verrechnung von Einzel- bzw. variablen Kosten bei kurzfristigen Beschäftigungsanpassungen. Das System gibt damit keinen Einblick in das Verbrauchsgerüst der Gemeinkosten und zeigt auch nicht auf, wie sich die Komplexitätskosten mit veränderter Komplexität verhalten. Diese Informationen sind jedoch für die Entscheidungen bedeutend. So ist ein hoher Deckungsbeitrag von Kunden oder Produkten bei Komplexität kein geeignetes Kriterium dafür, weitere Produkte oder Kunden in das Leistungsprogramm aufzunehmen, da die langfristigen Gemeinkostenwirkungen neuer Varianten oder Kunden nicht berücksichtigt werden.

Die Deckungsbeitragsrechnung ist allenfalls dann geeignet, wenn sie proaktiv zu einem System stufenweiser Fixkostendeckungsrechnung erweitert wird. In diesem Fall sind die zusätzlichen Deckungsbeiträge für neue Varianten um die mit diesen Varianten verbunden Komplexitätskostensprünge zu korrigieren. Vorteilhaft ist die steigende Komplexität nur, wenn die Summe der Deckungsbeiträge I der Zusatzprodukte größer ist als die Zusatzkosten gestiegener Komplexität, wenn also der Deckungsbeitrag II der neuen Produktgruppe positiv ausfällt. Diese Art der Veränderungsrechnung gibt bei konstanten Daten im Zeitablauf eine erste Hilfestellung zur Steuerung der Komplexität. Der Vorteil dieser Rechnung liegt darin, daß auf eine Proportionalisierung des Kostensprungs und auf eine Verteilung der Kosten auf alle – auch die bisherigen – Leistungen verzichtet wird. Damit erfaßt die Rechnung den Gemeinkostencharakter adäquat.

Eine derartige Form der Deckungsbeitragsrechnung ist dann nichts anderes als eine einperiodige Investitionsrechnung. Sie erfaßt aber leider nicht die meist langfristigen Auswirkungen von Komplexitätsentscheidungen. Es wird nicht deutlich, über welche Zeitspanne hinweg mit neuen Kunden oder Produkten die zusätzlichen Deckungsbeiträge erzielt werden müssen, damit sich Investitionen in Komplexität auszahlen.

Wird unterstellt, daß alle Zusatzkosten für steigende Komplexität im Beispiel sprungfix sind, also nicht von der Menge der Produktgruppe C abhängen, ergibt sich bei stufenweiser Fixkostendeckung folgende Rechnung:

	A	B	C
Erlöse:	25.000	31.500	24.000
var. Kosten:	11.000	15.000	8.000
DB I:	14.000	16.500	16.000
Σ Produktgruppe		30.500	16.000
Produktgruppen-Fixkosten:		21.500	19.250
DB II		9.000	–3.250

In dieser Rechnung sind alle Auswirkungen veränderter Komplexität – Erlöse wie Kosten – nur den zusätzlichen Varianten zugeordnet. Die Rechnung zeigt: Eine erhöhte Komplexität ist unvorteilhaft, da der Gewinn um 3.250,– DM sinkt. Der Vorteil dieser Art der Rechnung besteht darin, daß keinerlei Quersubventionierung mehr existiert.

Um das Konzept der stufenweisen Fixkostendeckung zumindest als heuristisches Prinzip zur Abbildung der Komplexitätsproblematik einsetzen zu können, sind einige Erweiterungen notwendig. Bei gegebenen, knappen Managementkapazitäten sind nicht die absoluten, sondern relative Deckungsspannen entscheidungsrelevant. Daher müssen Produktionskoeffizienten für Managementkapazitäten in die Rechnung integriert werden. Diese Koeffizienten könnten aus der Prozeßkostenrechnung gewonnen werden. Bei knapper Managementkapazität sind die relativen Deckungsspannen bezogen auf den Verbrauch an Managementkapazität zu bilden.

Vereinfachend könnte als Ausdruck für die beanspruchte Managementkapazität das in der Prozeßkostenrechnung erfaßte Gemeinkostenbudget angesetzt werden. Diese Gemeinkosten sind dann gewissermaßen ein globaler Ausdruck für die beanspruchten Kapazitäten. Aus dem Deckungsbeitrag eines Produktes oder auch einer Produktgruppe könnte dann ein relativer Deckungsbeitrag je DM Gemeinkosteneinsatz abgeleitet werden. Dieser Deckungsgrad zeigt an, welcher Deckungsbeitrag mit einer GE des Budgets im Gemeinkostenbereich bei bestimmten Produkten oder Produktgruppen verdient wird.

Ein derartiger Deckungsgrad könnte für die bisherigen Produkte A und B bestimmt werden, und es ist ein derartiger Deckungsgrad für die zusätzliche Produktgruppe C zu bestimmen:

DB_1 Deckungsbeitrag der zusätzlichen Varianten C (Deckungsspannen · Menge)
− B   sprungfixe Kosten für den Ausbau des Gemeinkostenbereichs
= DB_2 Gewinnverbesserung durch vergrößerte Komplexität
: B   Zusätzliches Budget an Gemeinkosten

= Deckungsgrad der neuen Produktgruppe

Der Deckungsbeitrag 2 der Produktgruppe C entspricht dem Zusatzgewinn durch die neuen Varianten. Der Deckungsgrad zeigt den zusätzlichen Deckungsbeitrag je zusätzlicher GE des Gemeinkostenbudgets an.

Dieser Deckungsgrad kann mit dem durchschnittlichen Deckungsgrad der bisherigen Variantenzahl verglichen werden. Der Vergleich macht deutlich, ob sich die Situation durch eine veränderte Komplexität relativ verbessert. Ist der Deckungsgrad erweiterter Komplexität größer als der bisherige durchschnittliche Deckungsgrad, führt der Ausbau zu einer Verbesserung des durchschnittlichen Deckungsgrads. Liegt er hingegen unter dem bisherigen Deckungsgrad, verschlechtert sich die Situation. Das Unternehmen kann dann mit großer Sicherheit davon ausgehen, daß eine vergrößerte Komplexität zu einer sinkenden durchschnittlichen Verzinsung des investierten Kapitals führt. Der Deckungsgrad kann als heuristische Entscheidungshilfe ausgelegt werden. Der Deckungsgrad überträgt das Prinzip relativer Deckungsspannen bei Kapazitätsengpässen in globaler Weise auf den Fall veränderter Komplexität.

Der Deckungsgrad ist insbesondere für Substitutionsentscheidungen von Kunden oder Varianten hilfreich, da zu erkennen ist, welche relative Deckungsspanne Zusatzkunden oder -produkte erwirtschaften müssen, um bei gegebenen Managementkapazitäten andere aus dem Leistungsprogramm verdrängen zu können. Es lassen sich so kalkulatorische Mindestanforderungen für neue Varianten festlegen.

Meine Damen und Herren! Mein langer Monolog hat sicher deutlich gemacht, daß keines der traditionellen Kostenrechnungsverfahren in der Lage ist, die Komplexitätskosten korrekt abzubilden und sinnvolle Entscheidungshilfen zu geben. Durch einige Erweiterungen kann die Eignung der Verfahren aber verbessert werden. Die Frage, ob sich eine veränderte Komplexität und die dafür erforderlichen Investitionen auszahlen, läßt sich theoretisch nur mit einer Investitionsrechnung beantworten. In einer derartigen Rechnung sind die Investitionszahlungen für Komplexität und die Wirkungen veränderter Komplexität auf die jährlichen Zahlungsüberschüsse abzubilden, und es ist der Kapitalwert veränderter Komplexität zu berechnen. Der Vorteil einer derartigen Rechnung gegenüber der modifizierten Deckungsbeitragsrechnung besteht darin, daß auch die dynamischen Wirkungen von Komplexitätsentscheidungen abgebildet werden können.

Zweckmäßige Controllinginstrumente sind eine Voraussetzung, um Maßnahmen über den Komplexitätsgrad sinnvoll beurteilen zu können. Komplexitätsentscheidungen sind zudem in einen sinnvollen Zuschnitt der Entscheidungskompetenzen einzubetten. Das Entscheidungssystem muß zu übergreifendem Denken anregen. Die Gewinnwirkungen komplexitätstreibender Entscheidungen müssen möglichst früh erkannt werden. Die Devise muß lauten: Krisenvermeidung, nicht Krisenmanagement. Ein gutes Komplexitätskostenmanagement antizipiert bzw. vermeidet Komplexitätskosten und versucht nicht nachträglich, die nicht erwarteten Kosten wieder in den Griff zu bekommen.

Komplexitätskosten lassen sich nur dann beherrschen, wenn Entscheidungen aus unternehmerischer Gesamtsicht getroffen werden. Dazu ist in der Organisation das Subsidiaritätsprinzip zu beachten. Danach dürfen Entscheidungen nicht soweit dezentralisiert werden, daß den Entscheidungsträgern der Überblick über die Gesamtfolgen ihrer Entscheidung fehlt. Es muß eine Organisation aufgebaut werden, die zu funktionsübergreifendem, vernetztem Denken zwingt. Die Entscheidungen über die Variantenzahl darf beispielsweise nicht durch die Marketingabteilung getroffen werden, sondern muß Chefsache sein. Nur bei einer übergreifenden Entscheidung ist gewährleistet, daß die mit ihr verbundenen Kosten in allen Bereichen beachtet werden. Eine Ausdehnung der Variantenzahl kommt somit nur dann in Frage, wenn die Zusatzerlöse die gesamten im Unternehmen anfallenden Zusatzkosten übersteigen.

Denkbar wäre ein hierarchisches Planungssystem, in dem die generelle Entscheidung über den Komplexitätsgrad Vorstandsentscheidung ist, und die Funktionsbereiche nur darüber befinden, mit welchen konkreten Varianten der Rahmenplan ausgefüllt wird. Um eine Informationsüberlastung der Unternehmensspitze zu vermeiden und um die besseren Kenntnisse und Fähigkeiten der Mitarbeiter vor Ort nutzen zu können, muß dann den nachgeordneten Hierarchieebenen die Entscheidung über die tatsächlich aufzunehmenden Varianten überlassen werden.«

Das Auditorium hat dem Referenten bisher aufmerksam und gebannt zugehört. Felix ist sich aber bislang noch nicht so richtig im Klaren darüber, was er aus dem Ganzen lernen soll, wie er beurteilen soll, ob er mehr oder weniger auf die Wünsche seiner Kunden eingehen soll. »Der Ausbau des Dienstleistungsangebots«, formuliert er, »war in meinem Unternehmen bisher immer Chefsache. Die Mitarbeiter haben sich dann zwar intensiv darum bemüht, die Qualität der Dienstleistungen zu verbessern und möglichst die Kosten zu senken, was ihnen auch vielfach gelungen ist. Aber soll ich nun noch mehr Dienstleistungen anbieten oder nicht?«

»Die Frage kann ich Ihnen leider auch nicht beantworten«, erwidert Herr Ilke. »Ich kann Ihnen nur erklären, welche Überlegungen Sie anstellen müssen und welche Informationen Sie benötigen. Ein Fehler beim Komplexitätsmanagement liegt in der Praxis darin, daß sich die neuen Leistungsangebote zwar an den Kundenwünschen, nicht aber an deren Zahlungsbereitschaft orientieren. Es hat keinen Sinn, an das Komplexitätsproblem mit der bekannten Mentalität heranzugehen: Ich kalkuliere meine Kosten, schlage dann einen Gewinnaufschlag darauf und das ist der Preis, den ich verlange. Sie müssen sich im Sinne des Target-Costing vielmehr fragen, was Ihre Kunden wohl für die Dienstleistungen zu zahlen bereit sind und mit welchen zusätzlichen Absatzmengen Sie rechnen können. Diese Informationen sind sicher nicht leicht zu bekommen, aber ohne sie wissen Sie überhaupt nicht, was Sie sich an Kosten maximal leisten dürfen, wenn Sie das Dienstleistungsangebot erfolgreich ausdehnen wollen.«

»Das sehe ich voll ein«, erklärt Felix. »Letztlich bin ich genau mit dieser Einstellung angetreten, als ich mein kleines Cateringunternehmen gegründet habe. Damals habe ich auch gefragt, was meinen Kunden denn wohl ein Eis oder ein Getränk auf einer Sportveranstaltung wert sein würde, was sie zu zahlen bereit sind. Wir haben später bei der Ausdehnung unseres Geschäfts auch unsere Kunden befragt, welchen Preis sie bei einer bestimmten mengenmäßigen und qualitativen Verbesserung unserer Leistungen zu zahlen bereit waren. So haben wir beispielsweise erkannt, daß wir uns für das Ausfahren der Getränke maximal auf eine Kiste einen Zuschlag von 1,– DM erlauben dürfen. Gehen wir darüber hinaus, holen die Kunden ihre Getränke selber ab. Aufgrund meiner Erfahrungen habe ich durchaus meine Vorstellungen darüber, welche Umsatzausweitung wir mit bestimmten Dienstleistungen erzielen können.«

»Die zweite Frage, die Sie sich vorlegen müssen, wenn Sie eine bestimmte mengenmäßige oder qualitative Verbesserung des Dienstleistungsangebots anstreben, ist, ob Sie das mit Ihren bisherigen Kapazitäten im Fuhrpark, beim Personal usw. schaffen können oder ob der zitierte Quantensprung bei den Kosten notwendig ist. Solange Sie nur die Dienstleistungen ausbauen, ohne sich auf Kapazitätserweiterungen einlassen zu müssen, ist das Ganze noch relativ leicht zu beurteilen, da dann nur variable Kosten für die Dienstleistungen dazukommen. Treffen Sie auf Kapazitätsgrenzen, sollten Sie die relativen Deckungsbeiträge je DM des Gemeinkostenbudgets als Hilfskenngröße für etwaige Umschichtungen des Dienstleistungsangebots heranziehen.

Müssen Sie Ihre Kapazitäten ausbauen, dann verteilen Sie die dafür erwarteten Kosten bitte nicht irgendwie auf die Dienstleistungen, sondern stellen Sie dem erwarteten Fixkostensprung die zu erwartenden zusätzlichen Deckungsbeiträge gegenüber. Wenn Sie die Kosten auf die Dienstleistungen verteilen, wie das bei der finalen Interpretation des Verursachungsprinzips erfolgt, liegt das Problem darin, daß auch die bisherigen Leistungen an diesen Kosten beteiligt werden. Gerade wegen dieser Verteilung auf alle – d.h. auch die bisherigen – Leistungen führen derartige Kostenrechnungen zu groben Entscheidungsfehlern. Machen Sie grundsätzlich Veränderungsrechnungen, d.h., untersuchen Sie, welche Zusatzerlöse zu erwarten sind und mit welchen zusätzlichen Kosten diese verbunden sein werden! Machen sie also eine Rechnung nach der modifizierten stufenweisen Deckungsbeitragsrechnung auf.

Das Problem derartiger Rechnungen liegt natürlich darin, daß Sie weder die zusätzlichen Deckungsbeiträge noch die zusätzlich erforderlichen Kosten mit Sicherheit angeben können. Aber diese Unsicherheiten bestehen auch, wenn Sie klassische Kostenrechnungssysteme anwenden, die die Kosten auf Einzelleistungen verteilen. Um der Unsicherheit zu begegnen, kann man versuchen, Alternativrechnungen mit jeweils unterschiedlichen Erwartungen über Kosten und Umsatz anzustellen. Diese Alternativrechnungen – z.B. bei pessimistischen oder optimistischen Schätzungen von Erlös- und Kostenwirkungen – decken das mit der Investition verbundene Risiko auf.

Der Nachteil einer derartigen einperiodigen Rechnung liegt natürlich darin, daß Sie aus dieser Rechnung nur erkennen können, ob die Zusatzkosten in einem einzelnen Jahr gedeckt werden. Sie sehen nicht, für wie viele Jahre Sie den zusätzlichen Umsatz benötigen, damit sich die Investition amortisiert. Diese Erkenntnis kann Ihnen nur eine Investitionsrechnung liefern. Sie sollten Ihre Veränderungsrechnungen daher als dynamische Investitionsrechnungen aufmachen, wenn dazu ihre Informationen ausreichen. Auf jeden Fall sollten Sie sich von der klassischen operativen Kostenrechnung verabschieden, wenn es um Komplexitätsentscheidungen geht.«

Das Komplexitätsproblem...

ist viel zu komplex, als daß es an dieser Stelle in der gebotenen Kürze dargestellt werden könnte. Trotzdem kann es nicht oft genug durchdacht werden. Es gilt ein Grundsatz: Komplexität ist nur gerechtfertigt, wenn dadurch die Kundenbedürfnisse besser befriedigt werden können **und** die eigene Erfolgslage verbessert wird. Das ›**Und**‹ vergessen leider viele Unternehmen bei ihrer marktorientierten Führung und geraten dann in die Mausefalle sinkender Gewinne. Komplexität ist nicht nach der Devise zu handhaben: Koste sie, was sie wolle – und sei es das eigene Leben.

25. Lektion:
Wenn es bei den Kosten dynamisch wird!
Lern- oder Erfahrungskurve.

»In der bisherigen Diskussion zur Kosten- und Leistungsrechnung wurden nur Probleme analysiert, bei denen die Kosten allein von Entscheidungen in einer Periode abhängig waren. Die variablen Kosten waren beispielsweise pro Mengeneinheit konstant, und die Gesamtkosten änderten sich allein mit der Ausbringungsmenge dieser Periode. Die Kostenzusammenhänge waren damit statisch, denn nur Größen einer Periode (Menge, Einsatzzeiten usw.) erklärten die Kostenhöhe der Periode.

Diese Sicht der Kosten vernachlässigt einen in der Praxis zu beobachtenden Effekt. Die Kosten einer Periode hängen nicht nur vom Ausbringungsniveau dieser Periode ab, sondern zusätzlich noch vom Ausmaß der bislang bei der Produktion gewonnenen Erfahrungen. Mit steigender Erfahrung kann die Arbeit effizienter gestaltet werden; durch Übung sinken die erforderlichen Produktionszeiten. Arbeitsabläufe können wirkungsvoller und damit kostengünstiger gestaltet werden; u.U. wird auch die Produktionstechnologie modifiziert, d.h., die Leistungsprozesse ändern sich. Die Kosten hängen damit nicht allein von der Produktionsmenge einer Periode ab, sondern werden auch durch den Zustand definiert, den ein Unternehmen aufgrund seiner Erfahrungen gewonnen hat. Mit weiter andauernder Produktion steigt die Summe der Erfahrungen, und durch laufende Verbesserungen lassen sich die Kosten je produzierter Mengeneinheit weiter senken. Das Ausmaß künftiger Lerneffekte ist dann mit ausschlaggebend für die Höhe der künftigen Kosten.

Der beschriebene Effekt wird als Lern- oder auch Erfahrungskurveneffekt bezeichnet. Analysen des Lerneffekts setzen voraus, daß in der Kostenrechnung von der statischen, einperiodigen Sichtweise abgerückt wird. Es müssen Kosten im Zeitablauf oder Kosten als Funktion von Lerneffekten betrachtet werden. Derartige dynamische Kostensichten wurden bislang immer am Beispiel von Einproduktunternehmen beschrieben. Der Lerneffekt muß sich aber nicht zwangsläufig nur auf ein einzelnes Produkt beziehen; er kann sich auch auf ein Produktionsverfahren erstrekken, mit dem mehrere Produkte erstellt werden. Eine Einproduktunternehmung eignet sich für die Analyse aber besonders gut, weil der Lerneffekt in der Literatur üblicherweise nicht als Funktion der Zeit, sondern als Funktion der kumulierten Ausbringungsmenge eines Produkts behandelt wird. Wird nur ein im Zeitablauf homogenes Erzeugnis betrachtet, läßt sich mit der über die Zeit kumulierten Menge dieses Produktes ein einfacher Maßstab für den Lerneffekt angeben.

Üblicherweise wird der Lerneffekt als Entwicklung der Stückkosten in Abhängigkeit von der bislang erreichten kumulierten Produktionsmenge beschrieben.« Herr Ilke legt zur Veranschaulichung eine Folie auf.

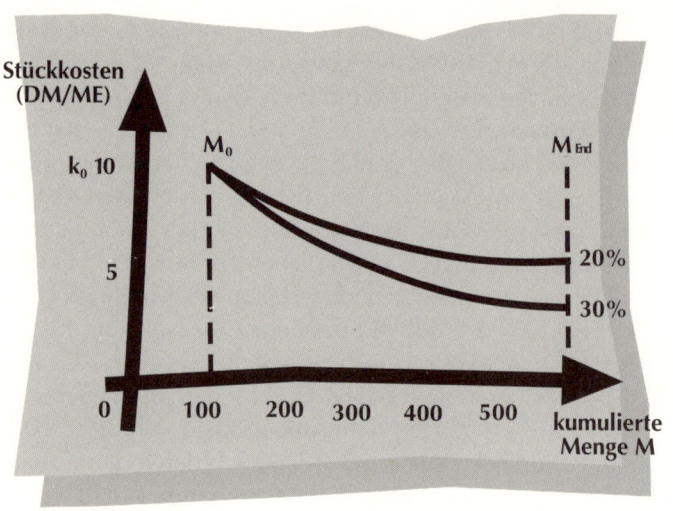

Empirische Untersuchungen haben in einer Reihe von Industriezweigen folgenden Zusammenhang bestätigt: Insbesondere wenn nur die Kosten der eigenen Wertschöpfung betrachtet werden (Löhne, Anlagenkosten), lassen sich Rationalisierungspotentiale von 20 bis 30% bei Verdopplung der kumulierten Produktionsmenge beobachten. Rationalisierungspotentiale lassen sich aber auch bei Fremdleistungen (Material) erzielen, wenn es durch Lerneffekte in der Produktion gelingt, die Materialausbeute zu erhöhen bzw. die Abfall- oder Ausschußquote zu senken.

Betragen die anfänglichen Stückkosten 10,– DM/ME bei einer Startmenge von M_0 = 100 ME, können sie bei 20%igem Lernpotential auf 8,– DM/ME reduziert werden, wenn sich die kumulierte Ausbringung auf 200 ME erhöht. Der Lerneffekt ist so zu interpretieren, daß dann die zweiten 100 ME laufend billiger werden, bis bei genau 200 ME ein Kostenniveau von 8,– DM/ME erreicht ist. Erhöht sich die kumulierte Ausbringung auf 400 ME, ist wieder ein Kostensenkungspotential auf 80% von

8,– DM/ME, also 6,40 DM/ME bei der 400. ME möglich. Die Mengeneinheiten zwischen den Ausbringungen von 200 und 400 ME werden wieder entsprechend billiger. Die in der Abbildung eingetragene Lernkurve ist also stets das Ergebnis einer Art Grenzbetrachtung. Die Kurve gibt die zusätzlichen Kosten pro Stück bei einer bestimmten kumulierten Menge an.

In der Realität wird sich die Kostensenkung allerdings nicht so kontinuierlich vollziehen wie in der Abbildung gezeigt. Die Kosten werden vielmehr in kleinen Sprüngen ein jeweils neues Niveau annehmen, da nicht von ständigen, kontinuierlichen Lerneffekten und Verbesserungen auszugehen ist. Die Kurve in der Zeichnung bildet den Erfahrungskurveneffekt daher idealisiert ab. In der Realität bleiben die Kosten pro Stück dann beispielsweise zwischen 200 und 300 ME auf einem konstanten Niveau, um dann nach einer Verbesserungsmaßnahme auf ein niedrigeres Niveau zu sinken.

Der Lernkurveneffekt beschreibt zudem lediglich Kostensenkungspotentiale, d.h., die beschriebenen Kostensenkungen treten nicht automatisch mit zunehmender Erfahrung ein, sondern der Betrieb muß spezielle Verbesserungsmaßnahmen durchsetzen, wenn die Stückkosten mit steigender Erfahrung abnehmen sollen. Lernen allein senkt die Kosten nicht, wenn aus den Lerneffekten nicht die nötigen Rationalisierungskonsequenzen gezogen werden.

Die Kostensenkungspotentiale haben unterschiedliche Ursachen, bzw. sie sind auf unterschiedliche Maßnahmen zurückzuführen: Bei Produktion größerer Stückzahlen sind über verstärkte innerbetriebliche Arbeitsteilung, verbesserte Produktionsverfahren und Übungseffekte bei den Arbeitskräften Produktivitätsfortschritte erreichbar. Der Zeitbedarf pro Mengeneinheit oder der Rohstoff- und Energiebedarf je Ausbringungseinheit sinken dann beispielsweise. Zum Teil beruht der Lerneffekt auch darauf, daß die vorhandenen Fixkosten (Abschreibungen) auf eine steigende Jahresausbringung verteilt werden. Ist in den ersten Produktionsjahren die Anlagenkapazität noch nicht ausgeschöpft, verteilen sich die periodenfixen Kosten auf eine kleine Menge pro Jahr. Steigt gleichzeitig mit der kumulierten Menge auch die Produktionsmenge eines Jahres, verteilen sich die Fixkosten auf eine größere Menge. Es treten also Beschäftigungsdegressionseffekte – auch ohne Lerneffekte – auf.

Der Einfluß einer derartigen Beschäftigungsdegression auf die Stückkosten müßte eigentlich aus dem Lerneffekt ausgeblendet werden, da sonst zwei Effekte mit völlig unterschiedlichen Ursachen vermischt werden. Beschäftigungsdegressionseffekte sind nur in Sonderfällen auf Lerneffekte zurückzuführen. Nehmen wir z.B. an, im ersten Jahr ist die Kapazität voll ausgelastet, aber die Maschinen werden wegen fehlender Erfahrung sehr ineffizient eingesetzt. Die Maschinen benötigen dann für die Produktion einer Mengeneinheit viel Kapazitätszeit. Sinkt infolge von Lerneffekten der Zeitbedarf pro Mengeneinheit und ist es deshalb möglich, mit der vorhandenen Kapazität mehr zu produzieren als vordem, dann ist wirklich ein Zusammenhang zwischen Lerneffekt und Beschäftigungsdegression vorhanden.

Beschäftigungsdegressionseffekte und Lerneffekte lassen sich in einer kostenorientierten Rechnung grundsätzlich nicht trennen. Ein Nachteil einer kostenorientierten Rechnung besteht darin, die Investitionsausgaben zeitlich verteilen zu müssen. Diese Ausgaben gehen – wie Sie gesehen haben – über Abschreibungen in die Kostenrechnung ein. Die kostenorientierte Betrachtung des Lernkurveneffekts erfaßt deshalb auch immer Fixkostenelemente, und zwar unabhängig davon, ob deren Zahlungswirkung in der Vergangenheit liegt oder in die jeweilige Periode fällt. Die Zusatzkosten bei steigender kumulierter Menge setzen sich damit immer aus periodenfixen und variablen Bestandteilen zusammen. Steigt daher von einem zum nächsten Jahr die Jahresproduktionsmenge, führt allein dieser Effekt über die Beschäftigungsdegression zu sinkenden Stückkosten, selbst wenn gar kein Lerneffekt vorliegen sollte.

Eine Vermengung von Beschäftigungsdegression und Lerneffekt kann mit einer ausgabenorientierten Rechnung vermieden werden. Eine solche Rechnung erfaßt die Investitionsausgaben im Zeitpunkt der Investitionsentscheidung und bezieht den Lerneffekt allein auf die jährlichen Betriebsausgaben.

Die Betriebsausgaben sollten dabei nach variablen – d.h. stückabhängigen – und fixen Bestandteilen (Gehälter, Löhne) differenziert werden. Kann durch Erfahrungseffekte die Zahl benötigter Arbeitskräfte reduziert werden oder läßt sich der Material- oder Energieeinsatz pro Mengeneinheit verringern, können diese Wirkungen isoliert in den variablen Ausgaben (Material- und Energieersparnisse) je ME und den periodenfixen Ausgaben (Löhne) erfaßt werden. Eine derartige ausgabenbezogene Rechnung verzichtet dann auf eine Proportionalisierung, d.h., man kann den Effekt nicht mehr so schön mit einer Zeichnung sichtbar machen.

Ein weiterer Nachteil der kostenorientierten Betrachtung des Lernkurveneffekts ist darin zu sehen, daß die unterschiedliche zeitliche Struktur von Ausgaben und Kosten (Zinseszinseffekt) nicht in der Rechnung erfaßt wird. Soll z.B. eine Eigenfertigung mit Lerneffekten mit der Alternative ›Fremdbezug mit Lerneffekten‹ verglichen werden, fällt bei Eigenfertigung ein erheblicher Anteil der Ausgaben im Zeitpunkt der Investition in eigene Anlagen an, während bei Fremdbezug die laufenden jährlichen

25. Lektion

Ausgaben höher sind als bei Eigenfertigung. Diese strukturellen Unterschiede in den Ausgaben lassen sich nicht mit einer Kostenrechnung, sondern nur mit einer zahlungsorientierten Rechnung abbilden, in der Zeitpräferenzen erfaßt werden.

Der durch die Erfahrungskurve beschriebenen Kostenentwicklung kommt insbesondere in der strategischen Planung Bedeutung für die Wahl der Fertigungstiefe sowie für Entscheidungen zur Grundausrichtung der Marktstrategie zu. Die Strategie der Kostenführerschaft geht beispielsweise davon aus, daß durch den Erfahrungskurveneffekt die Marktposition eines Unternehmens gegenüber den Konkurrenten verbessert werden kann, wenn ein Unternehmen durch ein starkes Mengenwachstum Erfahrungseffekte schneller realisieren kann als die Konkurrenz. Kann Erfahrung schneller akkumuliert werden als bei der Konkurrenz, erlangt das schneller lernende Unternehmen relative Kostenvorteile. Seine Gewinnposition verbessert sich dann im Vergleich zur Konkurrenz.

Die Wirkungen des Erfahrungskurveneffekts auf Entscheidungen sollen an einem Beispiel demonstriert werden: Ein Zulieferbetrieb nimmt im Jahr 1997 die Produktion eines neuen Teils auf und erreicht im ersten Jahr eine Produktionsmenge von 1.000 Stück bei Gesamtkosten von 10.000,– DM. Bis Ende 1998 wird eine kumulierte Produktionsmenge von 2.000 Stück erwartet. Für die Produktionsmenge des zweiten Jahres von 1.000 Stück wird aufgrund des Lernkurveneffekts nur mit weiteren Kosten von 8.000,– DM gerechnet. Durch die Verdopplung der kumulierten Produktionsmenge sinken die Stückkosten der zusätzlichen Mengeneinheiten damit um 20% auf 8,– DM/ME. Die weitere Entwicklung der Stückkosten und der Gesamtkosten der zusätzlichen Produktionsmengen bei einem 20%igen Lerneffekt sind dem linken Teil der folgenden Tabelle zu entnehmen.«

Jahr	Zulieferer			Eigenfertigung		
	kumulierte Menge	Stückkosten	Gesamtkosten	kumulierte Menge	Stückkosten	Gesamtkosten
1997	1.000	10	10.000	–	–	–
1998	2.000	8	8.000	100	9	900
1999	4.000	6,4	12.800	200	7,2	720
2000	5.000	5,96	5.960	400	5,76	1.152
2001	6.000	5,6165	5.616	800	4,608	1.843

»Einen kleinen Moment, bitte«, wirft Felix ein. »Ich dachte, der Erfahrungskurveneffekt wird in einer Art Grenzbetrachtung dargestellt. Dann müßte nur die 2000. Mengeneinheit um x% günstiger als die 1000. Einheit sein. Sie unterstellen in Ihrer Tabelle aber einen Effekt bei den Durchschnittskosten: Die zweiten tausend Mengeneinheiten sind alle um 20% günstiger zu produzieren als die ersten tausend. Das ist doch nicht das Gleiche!«

»Da haben Sie völlig recht, deshalb habe ich vorhin darauf verwiesen, daß der Erfahrungskurveneffekt in der Abbildung idealisiert dargestellt wird. In der Realität läßt sich der Erfahrungskurveneffekt zumeist nicht in Form der Grenzbetrachtung beobachten, da nicht laufend, sondern immer nur in zeitlichen Abständen Verbesserungen durchgesetzt werden. In meinem Beispiel habe ich vereinfachend unterstellt, immer mit Jahresbeginn wird durch eine Verbesserung eine Kostensenkung für alle Stücke eines Jahres erreicht. Es handelt sich insofern um eine leichte Vereinfachung. Zu Ihrer Beruhigung kann ich Ihnen aber sagen, daß ein 20%iger Erfahrungskurveneffekt bei den jährlichen Stückkosten meiner Tabelle einem 10%igen Effekt in der Grenzbetrachtung entspricht.« Felix nimmt sich vor, das einmal nachzurechnen, und gibt sich zunächst mit der Antwort zufrieden.

»Zurück zu unserem Beispiel: Ein Montageunternehmen steht 1998 erstmals vor der Wahl, das betrachtete Teil vom Zulieferer zu beziehen oder selbst zu produzieren. Bei dieser Entscheidung muß es die Kostenentwicklung aufgrund des Lerneffekts für beide Varianten vergleichen. Angenommen, das Unternehmen wählt 1998 Eigenfertigung, und weiter angenommen, in der Zwischenzeit gibt es auf dem Markt eine verbesserte Fertigungstechnologie, die es erlaubt, die eigene Bedarfsmenge von zunächst nur 100 ME 1998 zu Stückkosten von 9,– DM/ME zu produzieren, dann ergeben sich bei der geschätzten Entwicklung der kumulierten eigenen Bedarfsmengen und wiederum 20%igem Lerneffekt Stückkosten, die Sie dem rechten Teil der Tabelle entnehmen können.

Um die Alternativen vergleichen zu können, benötigen wir eigentlich nicht die Kosten des Zulieferers, sondern die Einstandspreise bei Fremdbezug. Vereinfachend unterstellen wir hier einmal, daß der Zulieferer Preise in Höhe der Stückkosten verlangt, die er aufgrund des Lerneffekts in den einzelnen Jahren erreicht. Wir könnten, um es realistischer zu machen, theoretisch auf diese Kosten auch noch einen Gewinnzuschlag ansetzen. An der grundsätzlichen Vorgehensweise beim Kalkül ändert das nichts. Für beide Alternativen fallen über die Jahre hin folgende kumulierte Kosten beim Montageunternehmen an:

Jahr	Bedarfs-menge	Kosten bei Eigenfertigung		Kosten bei Fremdbezug	
		im Jahr	kumuliert	im Jahr (Menge · Preis)	kumuliert
1998	100	900	900	100 · 8 = 800	800
1999	100	720	1.620	100 · 6,4 = 640	1.440
2000	200	1.152	2.772	200 · 5,96 = 1.192	2.632
2001	400	1.843	4.615	400 · 5,6165 = 2.247	4.879

Bis zum Jahr 2000 einschließlich ist der Fremdbezug bei kostenorientierter Betrachtung vorteilhaft, da die bis zu diesem Zeitpunkt anfallenden Kosten bei Fremdbezug mit 2.632,– DM geringer sind als die bei Eigenfertigung (2.772,– DM). Wird die Betrachtung um ein Jahr verlängert, ist die Eigenfertigung insgesamt vorteilhaft. Benötigt das Unternehmen das betrachtete Teil also über das Jahr 2000 hinaus, ist sofortige Eigenfertigung sinnvoll. Das Unternehmen muß dann zwar bis 2000 zunächst Nachteile hinnehmen, die aber bis 2001 wieder kompensiert sind. Diese Rechnung berücksichtigt natürlich die unterschiedliche Zahlungsstruktur beider Alternativen nicht und kann deshalb wieder nur als Näherungsrechnung verstanden werden.

Wird nicht bereits 1998 eigengefertigt, sondern wegen der kurzfristigen Kostenvorteile ›kurzsichtig‹ zunächst fremdbezogen, erhöht sich insgesamt der kumulierte Kostennachteil einer späteren Eigenfertigung, da der eigene Lerneffekt erst später einsetzt. Der Zulieferer zieht dann aufgrund größerer kumulierter Erfahrung uneinholbar davon.

Eine derartige Vergleichsrechnung wird nur selten ein so positives Ergebnis für die Eigenfertigung ergeben wie im Beispiel. Das positive Resultat ist in erster Linie auf den unterstellten technischen Fortschritt zurückzuführen, den die beiden Produzenten realisiert haben. Dieser führt bereits ein Jahr, nachdem der Zulieferer eine Technologie mit 10,– DM/ME bei 1.000 produzierten Stücken eingeführt hat, zu einer Technologie mit 9,– DM/ME bei nur 100 Stück. Im allgemeinen führt der technische Fortschritt zu Anlagen mit größeren Kapazitäten und steigenden Fixkosten. Bei dieser Art des Fortschritts ist es dann kaum mehr möglich, bei geringen Anfangsmengen bereits so niedrige Stückkosten zu erzielen wie im Beispiel. Der eigene Lerneffekt reicht dann häufig nicht aus, die Kosten des Zulieferers zu erreichen, zumal sich auf den Zulieferer meistens größere Mengen konzentrieren, so daß er schneller lernt.

Die Vergleichsrechnung muß grundsätzlich die Technologieunterschiede berücksichtigen, wenn die Produktionsanlagen der Vergleichsalternativen nicht zum gleichen Zeitpunkt errichtet werden. Die Kostenunterschiede sind daher im Beispiel nicht allein auf die unterschiedlichen kumulierten Lerneffekte bei beiden Strategien in einem Zeitpunkt zurückzuführen, sondern auch auf den unterschiedlichen technischen Fortschritt, der sich in den Anlagen beider Unternehmen manifestiert. In den Kostendifferenzen kommt aber auch zum Tragen, daß der Zulieferer Mengen von mehreren Montageunternehmen bündeln kann und deshalb schneller zu einer verdoppelten Ausbringung kommen wird als das Montageunternehmen mit seinen geringen Mengen.«

Die Seminarteilnehmer haben sich die Ausführungen zum Erfahrungskurveneffekt wieder geduldig und interessiert angehört. Herr Sebastian als Controller in einem Dienstleistungsunternehmen möchte aber wissen, ob er das Ganze vergessen kann, da der Effekt doch nur für die industrielle Produktion nachgewiesen wurde. »Sicherlich nicht«, erwidert Herr Ilke. »Im übertragenen Sinn treten Erfahrungskurveneffekte auch bei Dienstleistern auf. Ich will Ihnen das am Beispiel der Mikrochirurgie im Krankenhaus erklären: Ein befreundeter Arzt hat mir berichtet, daß er für die ersten Operationen von abgetrennten Fingern sehr, sehr lange gebraucht hat. Mit zunehmender Erfahrung erledigt er die gleichen Operationen heute in einem Bruchteil der ursprünglichen Zeit.«

»Dieser Fall ist einsichtig«, meint Felix und hofft innerlich, niemals der erste bei einer derartigen Operation zu sein, »aber wo in meinem Cateringgeschäft tritt Vergleichbares auf?«

»Nun, mit zunehmender Erfahrung werden Sie beispielsweise die Organisation Ihrer Abläufe verändern. Die Erfahrung hat Sie z.B. gelehrt, daß es für die Großveranstaltungen sinnvoll ist, Müllbehälter mitzunehmen, da Sie die Sportanlagen später viel schneller säubern können. Oder Sie haben mir berichtet, daß Sie für die Auftragsabwicklung bei den Getränkelieferungen an die privaten Haushalte ein effizientes Bestellwesen über Anrufbeantworter eingerichtet haben, was vorher über Ihren Disponenten abgewickelt wurde. Das erspart Ihnen Arbeitszeit und Kosten. All das sind kleine Beispiele für Lerneffekte. Sie treten natürlich in Dienstleistungsunternehmen nicht so kontinuierlich auf wie in der Zeichnung der Erfahrungskurve dargestellt, und es ist auch fraglich, ob man die Lerneffekte immer als Funktion der kumulierten Ausbringung darstellen kann. Aber das ist letztlich nur eine spezielle Darstellungsform der Kostenwirkung von Lerneffekten. Ich glaube, daß insbesondere im Dienstleistungsbereich heute noch erhebliche Rationalisierungsreserven durch Lernef-

fekte existieren, die man sich durch Erfahrung und laufende Verbesserung – Kaizen, wie die Japaner sagen – erschließen kann.«
»In unserem Unternehmen«, ergänzt Herr Lohmann, »haben wir insbesondere durch die prozeßorientierte Sicht der Dinge im Verwaltungs- und Managementbereich erhebliche Kostensenkungspotentiale freigesetzt – natürlich auch nicht in der kontinuierlichen Form, wie es uns die Erfahrungskurve vereinfachend weismachen will. Wir haben durch Neuorganisation eher Quantensprünge an Reserven statt kleiner Rationalisierungspotentiale aufgedeckt.«
»Die Darstellung der Kostenwirkung von Erfahrung in kontinuierlichen Kostenkurven als Funktion der kumulierten Ausbringung ist sicherlich nur ein didaktischer Trick«, ergänzt der Referent. »Entscheidend ist die Sichtweise: Kosten sind nicht gottgegeben, sondern durch Erfahrung und darauf beruhende Verbesserungsvorschläge langfristig zu beeinflussen. Hinter dem Erfahrungskurveneffekt steht daher nur eine spezielle Aufbereitung der Wirkungen von kontinuierlichen kleinen oder auch größeren Verbesserungen. Diese Sichtweise verträgt sich beispielsweise sehr gut mit dem Target-Costing. Wenn die erlaubten unter den momentan erreichbaren Kosten liegen, müssen halt kleine oder auch große Verbesserungen gefunden und realisiert werden, um das Kostenziel zu erreichen.«
»Zu Ihrer Rechnung über Eigenfertigung und Fremdbezug«, meldet sich Frau Müller zu Wort, »habe ich noch eine Frage. Die in den einzelnen Jahren erreichbaren Kosten bei den beiden Strategien hängen doch von einer ganzen Reihe von Annahmen ab. Wie schnell verdoppelt sich meine Menge? Wie schnell erreicht der Zulieferer die Verdopplung? Mit welchen Lernsätzen ist zu rechnen – 20 oder 25% – und so weiter und so weiter? Je nachdem welche Annahmen ich meiner Rechnung zugrunde lege, kommen andere jährliche und damit auch kumulierte Kosten heraus. Es kann doch sein, daß ich mich mit diesen Annahmen irre und nachträglich gesehen eine Fehlentscheidung treffe.«
»Keine Planung schützt Sie vor Fehlentscheidungen die in Datenunsicherheiten begründet liegen«, antwortet der Referent lächelnd. »Um sich etwas abzusichern, sollten Sie eine derartige Rechnung nicht nur mit einem Satz von Voraussetzungen machen, sondern prüfen, ob die Entscheidung stabil bleibt, wenn Sie nicht eine Lernrate von 25%, sondern nur eine von 20% ansetzen oder wenn die Verdopplung der Menge länger dauert. Durch derartige Sensitivitätsrechnungen können Sie sich das Risiko einer Entscheidung verdeutlichen. Merken Sie auf diese Weise, daß sich Eigenfertigung nur lohnt, wenn besonders günstige Annahmen zutreffen, sollten Sie sich vielleicht doch für die andere Alternative entscheiden.«

Aus Erfahrung gut ...

1) Der Erfahrungskurveneffekt beschreibt die Entwicklung der zusätzlichen Kosten der letzten produzierten Einheit, wenn sich die kumulierte Ausbringung erhöht. Es ist empirisch festgestellt worden, daß eine Verdopplung der kumulierten Ausbringungsmenge eine Reduktion der zusätzlichen Stückkosten der letzten produzierten Einheit um ca. 20–30% nach sich zieht. In der Praxis kann dieser Effekt aber in der Regel nicht in einer Grenzbetrachtung, sondern nur in einer Durchschnittsbetrachtung beobachtet werden, d.h., die Kosten sinken zumeist nicht kontinuierlich, sondern sprunghaft mit steigender Erfahrung.

2) Gründe für den Erfahrungskurveneffekt können sein:
   – Lerneffekte (Ansammlung von Know-how bei den Mitarbeitern)
   – technischer Fortschritt, der zu verbesserten, produktiveren Anlagen führt,
   – Rationalisierung der Fertigung, z.B. durch verbesserte Abläufe.
   Aber auch Fixkostenwirkungen können sich in der Lernkurve niederschlagen. Dabei handelt es sich um Kostenwirkungen einer steigenden jährlichen Produktionsmenge (Beschäftigungsdegressionseffekte).

3) Eine kostenbezogene Darstellung von Erfahrungskurveneffekten hat den Nachteil, daß Kostenwirkungen, die auf Lerneffekten beruhen, und solche, die auf die Beschäftigungsdegression zurückgehen, nicht getrennt werden können. Eine ausgabenbezogene Rechnung erlaubt diese Trennung.

4) Insbesondere bei Make-or-buy-Entscheidungen ist der Erfahrungskurveneffekt zu beachten. Stellt sich die Frage, ein Teil selbst zu produzieren oder es von einem Zulieferer zu beziehen, ist der zu realisierende eigene Erfahrungskurveneffekt dem Lerneffekt des Zulieferers bzw. den daraus resultierenden Preissenkungen gegenüberzustellen. Da derartige Entscheidungen meistens über mehrere Perioden wirken, ist eine Investitionsrechnung statt einer kostenorientierten Rechnung sinnvoll, da beide Strategien zu Auszahlungsreihen mit starken Strukturunterschieden im Zeitablauf führen. Diese Unterschiede können nur in einer Rechnung mit Zeitpräferenzen berücksichtigt werden. Zudem muß das Risiko fehlgeschätzter Datenentwicklungen z.B. über Sensitivitätsanalysen berücksichtigt werden.

IX.
KOSTENKONTROLLE

26. Lektion:
Über den Sinn von Kostenkontrollen.

27. Lektion:
Wann und wo sollten Kosten »controlliert« werden?
Da, wo sie entstehen –
nur dort lassen sie sich auch vermeiden!

28. Lektion:
Soll-Ist-Abweichungsanalyse.
Oder: Wenn nicht einmal Spatzen satt werden.

26. Lektion:
Über den Sinn von Kostenkontrollen.

»Meine Damen und Herren! Wir haben uns bislang intensiv mit der Kosten- und Leistungsplanung beschäftigt. Nunmehr wollen wir uns dem zweiten Zweck der Kostenrechnung, der Kontrolle zuwenden.

Klassische Kostenkontrollen sind von folgender Grundidee getragen: Für ein bestimmtes Leistungsvolumen eines Produkts, das in einer Kostenstelle hergestellt wird, existiert ein möglichst objektiver Sollwert der Kosten, der durch Planung der Faktoreinsatzmengen und der Faktorpreise abzuleiten ist. Diesen geplanten Kosten sind die tatsächlichen Kosten gegenüberzustellen. Abweichungen sind Indizien für externe Preisänderungen oder Unwirtschaftlichkeiten, die es abzustellen gilt. Dieses Weltbild der Kostenkontrolle geht von einer sehr vereinfachten Sicht der Realität aus. Für die Kostenplanung wird von folgenden vereinfachenden Annahmen ausgegangen:

– Das Leistungsvolumen einer Kostenstelle setzt sich aus homogenen Teilleistungen zusammen oder kann auf einen homogenen Maßstab wie z.B. die Beschäftigungszeit zurückgeführt werden. Bei einem Produktionsbetrieb ist ein Stück der Ausbringung dann wie das andere und erfordert immer den gleichen Einsatz an Produktionsfaktoren, bzw. je Zeiteinheit entstehen die gleichen Kosten. Die Planung des Mengengerüsts der Kosten schließt damit Unterschiede im Faktoreinsatz aus, die in Inhomogenitäten der Leistungen begründet sind. Wenn Leistungen inhomogen sind, ist eigentlich für jede Leistungsart eine gesonderte Planung der Kosten durchzuführen. Fertigt ein Autohersteller beispielsweise mehrere Autotypen oder Varianten, ist eine spezielle Kostenplanung für jeden Typ und jede Variante erforderlich.
– Für die Mengenplanung der Produktionsfaktoren wird von beherrschten, im Zeitablauf immer gleichartig reproduzierbaren Produktionsprozessen ausgegangen. Dann besteht eine deterministische Beziehung zwischen den Einsatzmengen der Produktionsfaktoren und der Ausbringung. Deterministische Produktionsfunktionen sind für die Produktionstheorie typisch. Durch diese Annahme sind zufällige Unterschiede im Faktoreinsatz ausgeschlossen, die auf nicht identisch reproduzierbare Prozesse zurückgehen.
– Die Umwelt ist als Kostenfaktor ausgeschlossen. Es darf nicht auftreten, daß der Faktoreinsatz auch von zufälligen Umwelteinflüssen wie Temperatur, Feuchtigkeit, Verschmutzungsgrad der Luft oder des Wassers usw. abhängt.

Die Kostenplanung unterstellt damit eindeutige, deterministische Verhältnisse. Zu einer bestimmten Ausbringungsmenge, die auf einer Maschine mit einer bestimmten Leistung pro ZE hergestellt wird, gehört ein bestimmter fester Faktoreinsatz. Diese deterministische Sichtweise rührt historisch daher, daß Kostenrechnungen erstmals am Beispiel der Massenfertigung perfektioniert wurden. Für diesen Fertigungstyp ist der Bedingungssatz realistisch, wenn nur die Fertigungskosten betrachtet werden. Und das ist wiederum für die Kostenrechnung typisch, denn sie ist am Beispiel der Produktion entwickelt worden. Die Erkenntnisse der produktionsorientierten Kostenrechnung lassen sich aber nur bedingt auf andere Funktionsbereiche – wie F&E, Logistik usw. – oder andere Anwendungsbereiche wie den Dienstleistungssektor übertragen.

Die Welt ist real viel komplizierter als es in dem Prämissensatz der Produktionstheorie zum Ausdruck kommt. Als Folge ist die reale Kostenplanung viel unperfekter als es die reine Theorie wahrhaben will. Die unperfekte Kostenplanung führt bei der Kostenkontrolle zu Problemen, da nicht mehr jede Abweichung als Unwirtschaftlichkeit deklariert werden kann. Viele Abweichungen sind vielmehr auf Zufälligkeiten zurückzuführen, für die häufig keiner im Betrieb verantwortlich gemacht werden kann.

Das will ich Ihnen an einigen Beispielen deutlich machen. Krankenhäuser erbringen für sehr inhomogene Patienten Dienstleistungen wie Blinddarm- oder Gelenkoperationen. In Abhängigkeit vom Alter der Patienten, der allgemeinen gesundheitlichen Verfassung und dem Willen, schnell wieder gesund zu werden, ist die Verweildauer der Patienten recht unterschiedlich, und auch die erforderlichen Kosten für Medikamente sowie diagnostische und therapeutische Zusatzleistungen weisen erhebliche Streuungen auf. Einem Krankenhaus wird es kaum möglich sein, eine Leistungsart wie Blinddarmoperationen noch sehr stark zu differenzieren, um mit homogeneren Klassen von Leistungen in der Kostenrechnung arbeiten zu können. Im allgemeinen werden deshalb nur zwei Fälle – Operationen mit und ohne Blinddarmdurchbruch – unterschieden. Krankenhäuser planen ihre Kosten heute überwiegend noch sehr grob auf der Basis von Pflegetagen. Das ist ein ziemlich schlechter Maßstab für die außerordentlich inhomogenen Dienstleistungen eines Krankenhauses. Die Folge sind ganz erhebliche Streuungen der Kosten pro Pflegetag und der Verweilzeiten der Patienten.

Derartige Inhomogenitäten ergeben sich generell bei kundenindividuellen Dienstleistungen. Wenn Herr Felix seine Getränke an Privathaushalte ausfährt, wird er feststellen, daß eine ausgelieferte Kiste je nach Entfernung unterschiedlich hohe Kosten verursacht. Er wird aber in der

Kostenrechnung aus Wirtschaftlichkeitsgründen nicht in der Lage sein, für unterschiedliche Entfernungen Klassen von Getränkeauslieferungen zu unterscheiden.

In der industriellen Massenfertigung sind Inhomogenitäten fast bedeutungslos. Wenn Industrieunternehmen aber ihre Leistungsprogramme stark ausdifferenzieren und viele Varianten eines Grundprodukts fertigen, steigt das Ausmaß der Inhomogenitäten, da nicht für jede Variante in der Kostenrechnung ein eigenes Produkt geführt werden kann. Die Kosten für die Kostenrechnung wären dann nicht zu verkraften. In der Realität werden die Leistungsmaßstäbe daher immer ein gewisses Maß an Inhomogenitäten aufweisen. Man kann dann keine Abweichungsanalyse von Kosten durchführen, als gäbe es diese Inhomogenitäten nicht.

Unbeherrschte Produktionsprozesse führen zu Zufallsabweichungen beim Faktorverbrauch. Werden beispielsweise Halbleiter oder hochintegrierte Chips gefertigt, schwankt die Ausbeute – das ist der Anteil guter Produktion – z.T. erheblich. Folglich treten bei den Stückkosten erhebliche Streuungen von einer zur nächsten Produktionscharge auf. Derartige Situationen ergeben sich auch bei der Papierproduktion: Die Nutzungsdauer der Siebe hängt nur z.T. von der Produktionsmenge oder den täglichen Laufzeiten der Kalander ab. Zufallseinflüsse haben für die Haltbarkeit der Siebe ganz nachhaltige Bedeutung. Je besser ein Produktionsprozeß in gleicher Form reproduzierbar ist, je besser also der Prozeß beherrscht wird, um so geringer sind die Zufallseinflüsse auf die Produktion und den Faktorverbrauch. Die Abweichungsanalyse der Kosten darf dann nicht so tun, als gäbe es das Problem der Zufallsschwankungen nicht.

Letztlich können auch zufällige Schwankungen von Umweltzuständen Kostenschwankungen nach sich ziehen. Fällt ein Winter beispielsweise kälter als gewöhnlich aus, werden die Heizkosten steigen. Je nach Luftfeuchtigkeit und Temperatur dauert die Trocknung von Lackierungen länger.

Zufällige Umweltzustände können auch die Kosten für die Aufbereitung von Materialien beeinflussen: In Bäckereien beispielsweise hängt der Gärprozeß für Teig von der Luftfeuchtigkeit, der Wärme und dem Luftdruck ab. In Abhängigkeit von unterschiedlichen Wetterlagen müssen den Teigen dann andere Stoffe oder andere Mengen dieser Stoffe zugegeben werden, um einen gleichmäßigen, zeitlich stabilen Gärprozeß zu garantieren. Derartige Umwelteinflüsse müssen, wenn sie ein gravierendes Ausmaß erreichen, auch bei der Abweichungsanalyse berücksichtigt werden.

Die Beispiele zeigen: Die Annahmen der Produktions- und Kostentheorie für die Kostenplanung sind häufig wenig wirklichkeitsnah. Mit der Inhomogenität von Leistungen und den zufälligen Kostenschwankungen tritt aber ein Problem auf, von dem in der Kostenrechnung üblicherweise völlig abstrahiert wird. In der Kostenrechnung bzw. der Kostenkontrolle müßte dann eigentlich zwischen Zufallseinflüssen, Einflüssen der Inhomogenität und Unwirtschaftlichkeiten unterschieden werden bzw. müßten die Zufallseinflüsse und die Inhomogenitäten erst neutralisiert werden. Das aber heißt, Soll- und Istkosten dürfen nicht einfach verglichen werden, da sich dahinter unterschiedliche Ausprägungen der Zufallsprozesse und der Zusammensetzung des Leistungsmix verbergen können.

Denkbar wären zwei Wege, um Vergleichbarkeit sicherzustellen:

- Die Plankosten werden auf den Satz von Einflüssen umgerechnet, der sich hinter den Istkosten verbirgt. Nur bei gleichen Ausprägungen der Zufallsgrößen und des Leistungsmix bei Soll- und Istkosten sagt die Kostendifferenz wirklich etwas über Unwirtschaftlichkeiten aus.

- Existieren Kostenstreuungen, wird in der Kostenplanung üblicherweise mit Durchschnitts- oder Erwartungswerten der Kosten gearbeitet. Hinter den Plankosten verbirgt sich dann eine mittlere Ausprägung der Zufallsgrößen bzw. des Leistungsmix. Dieser Mittelwert ist mit den Istkosten einer speziellen Zufallskonstellation nicht zu vergleichen. Sinnvoll wäre allenfalls ein Vergleich einer mittleren Sollgröße mit einer mittleren Istgröße. Dieser zweite Weg scheitert, wenn es nur eine Istgröße gibt. Selbst bei mehreren Istgrößen im Zeitablauf wird die Anzahl der Beobachtungswerte nicht ausreichen, um auf den Erwartungswert der Istgröße schließen zu können.

Auf eine spezielle Umrechnung der Soll- oder Istgrößen wird in der Kostenrechnung verzichtet. Es wird beispielsweise unterstellt, der Istwert sei für die unterschiedlichen Zufallsausprägungen bzw. für andere Zusammensetzungen des Leistungsmix repräsentativ. Diese These wird aber nicht überprüft. Als Folge dessen werden in der Kostenkontrolle auch Zufallsabweichungen oder systematische Einflüsse einer geänderten Zusammensetzung der Leistungsanteile als Unwirtschaftlichkeiten interpretiert.

Die Darstellung zeigt, daß die Kostenkontrolle bei großen Streuungen erhebliche Mängel aufweisen kann. Diese Mängel verschwinden, wenn es weitestgehend gelingt, die Zufälle auszuschließen bzw. den Leistungsmix konstant zu halten.

Bei Schwankungen der Kosten tritt ein Problem auf, das mit der Qualitätskostenfunktion nach Taguchi große Ähnlichkeit aufweist. Taguchi geht von einer u-förmigen, nach oben geöffneten Verlustfunktion aus, wenn die Qualität nicht dem Kundenwunsch entspricht. Sollen die Qualitätskosten minimiert werden, kommt es auf zwei Aspekte an: Erstens muß angestrebt werden, daß der Mittelwert der erreichten Qualität genau dem vom Kunden gewünschten Standard entspricht, und zweitens muß die Streuung der Qualitätsausprägungen minimiert werden.

Die Ähnlichkeiten zur Kostenplanung und -kontrolle sind dabei in Folgendem zu sehen: Kostenmanagement darf nicht allein als Management der Durchschnittskosten verstanden werden; vielmehr sind systematische Überlegungen zum Abbau von Streuungen erforderlich. Auf ein Krankenhaus bezogen heißt das beispielsweise: Es reicht nicht aus, wenn die durchschnittlichen Istkosten pro Pflegetag mit den Plankosten pro Tag übereinstimmen. Zusätzlich muß die Kostenstreuung verringert werden.

Die Kontrollphilosophie, Soll- und Istkosten zu vergleichen, geht auf den Taylorismus zurück. Aus dem diesem zugrundeliegenden Menschenbild ergibt sich folgende Denkweise: Das Management plant, wie die Ausführenden bestimmte Tätigkeiten sinnvoll ausführen sollen. Die Ausführenden haben aber die dumme Eigenschaft, nicht richtig zu parieren. Sie müssen daher durch die Analyse der Ursachen für Kostenabweichungen wieder zur Ordnung gerufen und auf den rechten Pfad des Arbeitens zurückgeführt werden; dieser Ansatz basiert damit auf nachträglichen Fremdkontrollen. Der Kontrollstil erfreut sich in der Praxis so ›großer‹ Beliebtheit, weil er mit der Mentalität von internen Revisionsabteilungen bzw. von Scharfrichtern durchgeführt wird. Überbringer schlechter Nachrichten – ungeplanter Kostenüberschreitungen – werden geköpft. Wenn Mitarbeitern die standrechtliche Erschießung – Sanktion – bei Kostenüberschreitungen droht, werden sie lernen, wie sie bei der Kostenplanung vorgehen müssen, um Kostenüberschreitungen möglichst zu vermeiden. Wo immer es geht, werden sie bei der Kostenplanung, an der sie über zu liefernde Informationen mitwirken, dazu neigen, ›stille Reserven‹ anzusetzen. Sie überschätzen die erforderlichen Zeiten oder Faktoreinsatzmengen etwas und haben dann gewisse Polster, mit denen sie Unwirtschaftlichkeiten überdecken können. Diese Reaktionsform der Mitarbeiter als Folge des Kontrollstils führt dazu, daß die Kostenplanung weitere Defizite aufweist. Der Nachteil dieses Kontrollstils ist, daß die in den Sollgrößen steckenden Reserven nicht mobilisiert werden können.

Kostenkontrollrechnungen, die Ist- und Plankosten miteinander vergleichen und nach den Ursachen für die Kostenabweichung fragen, haben einen dritten Mangel: Sinn von Kontrollen kann es nicht sein, Leute zu bestrafen. Sinn der Abweichungsanalysen sollte es vielmehr sein, Verhaltensänderungen zu bewirken. Am besten ist es, wenn Abweichungen möglichst erst gar nicht entstehen. Die durch Soll-Ist-Vergleiche gewonnenen Erkenntnisse können aber immer erst in der nächsten Periode genutzt werden. Klassische Kostenkontrollrechnungen sind damit immer reaktiv. Nachträglich, wenn es für die jetzige Periode schon zu spät ist, um noch steuernd eingreifen zu können, liegen bessere Erkenntnisse vor. Eine zeitnahe Steuerung ist aber nur durch einen proaktiven Kontrollstil möglich, und der läßt sich nur in Form einer Selbstkontrolle einrichten. Bereits bevor es zu Abweichungen kommt, müssen Mitarbeiter ihr Verhalten ändern, um die Abweichungen möglichst gar nicht erst auftreten zu lassen. Ich bin daher der Überzeugung, daß die nachträglichen Ursachenanalysen bei dynamischer Wirtschaft und Komplexität zunehmend in den Hintergrund treten werden. Das aber würde bedeuten: Die klassischen Kostenkontrollen verlieren zunehmend an Bedeutung, da diese Informationen ohnehin zu spät kommen. Kostenbewußtsein muß an die Stelle zu analysierender Kostenabweichungen treten!«

»Herr Ilke! Soll das heißen«, will Herr Sebastian wissen, »Sie empfehlen uns, derartige Kontrollrechnungen erst gar nicht aufzubauen? Denn in unserem Unternehmen haben wir bislang nur eine Istkostenrechnung.«

»Eine Istkostenrechnung ist sicherlich unzureichend, weil diese Informationen nur sehr bedingt für Planungszwecke eingesetzt werden können. Sie sollten sich schon um Kostenplanung bemühen. Ich halte aber relativ wenig von Kontrollrechnungen mit Soll-Ist-Abweichungen, die am Ende eines Jahres durchgeführt werden. Wenn im laufenden Jahr etwas schiefläuft, merken Sie das bei diesem Vorgehen erst nach Abschluß des Jahres und können nicht mehr eingreifen. Was Sie aber brauchen, ist eine Information im Januar, die Ihnen sagt: Es läuft nicht wie geplant! Dann können Sie spätestens im Februar bereits eingreifen und sicher eine ganze Menge der Abweichungen vermeiden, die Sie beim anderen Kontrollstil erst am Jahresende feststellen würden. Und am besten ist es, diese Informationen erhalten Sie vor Ort – ohne Kostenrechnung.

Sie werden es sich aus Wirtschaftlichkeitsgründen kaum leisten können, monatliche Soll-Ist-Vergleiche für einzelne Kostenstellen oder Produkte durchzuführen. Sie werden sich daher vielleicht mit der globaleren Information einer monatlichen Erfolgsrechnung für die einzelnen Geschäftszweige zufrieden geben. Nur wenn Sie erkennen, daß Ihre monatlichen Gewinnerwartungen von den realisierten Gewinnen abweichen, werden Sie fallweise die Gründe hinterfragen. Daß etwas schiefläuft, merken Sie vor Ort meistens auch, ohne auf die Informationen der Kostenrechnung angewiesen zu sein. Kostenrechnungssysteme haben den Nachteil, daß man sich leicht auf sie verläßt und auf die Informationen der Rechnung wartet, um seine Schlüsse daraus zu ziehen. Häufig sind es aber unmittelbare, täglich zu beobachtende Phänomene, die zu Kostensteigerungen führen. Man sollte daher auch ohne Kostenrechnungsinformationen sensibel für solche Dinge sein.«

Herr Jacob, der sich unter einer ›Kontrolle ohne Ermittlung von Kostenabweichungen‹ kaum etwas vorstellen kann, fragt: »Wie sollte denn eine solche ›Kontrolle vor Ort‹ konkret aussehen, auf welche Signale ist denn dabei zu achten?«

»Ich will Ihnen das an einem Beispiel – wiederum aus dem Krankenhaus – deutlich machen«, meint der Referent. »Bei bildgebenden Verfahren, z.B. Röntgenaufnahmen, kommt es leider relativ häufig vor, daß mehr Aufnahmen als nötig gemacht werden. Die Ursache dafür liegt darin, daß die MTR das Gerät zunächst falsch einstellt oder den Patienten nicht richtig vorbereitet und positioniert. Als verantwortlicher Arzt brauchen Sie nun nicht erst auf die Abweichungsanalyse aus der Kostenrechnung zu warten, wenn Sie eine tägliche Statistik über die Anzahl der Aufnahmen pro Patient führen. Aus diesen Aufzeichnungen erkennen Sie, ob sich die Aufnahmezahl pro Patient von dem entfernt, was medizinisch nötig ist, und können unmittelbar eingreifen. Am besten ist es, Sie haben eine kostenbewußte MTR, die sich selbst zur Ordnung ruft.«

»Ihre Ausführungen zu dem proaktiven Kontrollstil haben mir sehr gefallen«, ergänzt Herr Lohmann. »Wir haben das bei uns auch schon versucht, allerdings mit wenig Erfolg. Der mangelnde Erfolg hatte – glauben wir – seine Ursache darin, daß unsere Leute als Folge unseres früheren Führungsstils kein Kostenbewußtsein haben. Wir haben ihnen früher in der Fertigung immer genau gesagt, was sie wie tun müssen. Denken und Problembewußtsein war bei den Leuten nicht erforderlich. Genau das setzt der proaktive Kontrollstil – wie nannten Sie das? Ich glaube, Selbststeuerung – aber voraus. Wir haben einfach die falschen Leute oder besser: Wir haben die Leute durch unseren früheren Führungsstil versaut.«

»An früherer Stelle haben wir uns über die Denkstile des Kostenmanagement unterhalten. Was Sie beschreiben, ist genau die Auswirkung des alten Denkstils; was wir aber brauchen, ist der Denkstil der Verbesserungskultur. Nur wer Mitarbeiter hat, die nach diesem Stil arbeiten können, kann vom reaktiven auf den proaktiven Kontrollstil umschwenken. Der reaktive Kontrollstil ist gewissermaßen das Pendant zum alten Kostenmanagement. Für viele Unternehmen wird es sicher ein langer Weg sein, bis diese Umorientierung geschafft ist. Häufig ist es aber auch gerade das Management, das mit seiner neuen Rolle und den dann auch selbstbewußt auftretenden Mitarbeitern nicht zurecht kommt.«

Vertrauen ist gut, Kontrolle ist besser ...

1) Klassische Kostenkontrollsysteme bestimmen einen »objektiven« Sollwert für die Kosten einer Kostenstelle und ermitteln dann die Abweichung zwischen Ist- und Sollwert. Abweichungen, die nicht auf Preisänderungen zurückzuführen sind, werden als Unwirtschaftlichkeiten angesehen, die der Verantwortliche einer Kostenstelle zu vertreten hat.

2) In den meisten Fällen lassen sich in der Realität keine eindeutigen Sollgrößen bestimmen, weil:
   - die Leistungen einer Kostenstelle inhomogen sind und sich der Leistungsmix von Ist- und Planbeschäftigung unterscheiden kann,
   - Produktionsprozesse nur unvollkommen beherrscht werden, so daß es zu Zufallsabweichungen beim Faktoreinsatz kommen wird,
   - auch zufällige externe Umweltzustände (z.B. Temperatur, Luftfeuchtigkeit) Einfluß auf die Kosten haben können.

3) Eine problemadäquate Kostenkontrolle muß:
   - die geschilderten Einflüsse in das Kalkül einbeziehen und darf nicht vom Erwartungswert der Kosten ausgehen,
   - Verhaltensänderungen der Mitarbeiter anstreben und nicht mit Sanktionen bei Abweichungen drohen,
   - nicht reaktive Kostenkontrolle (am Ende eines Jahres) betreiben, sondern proaktiv die Prozesse kontinuierlich beobachten und rechtzeitige Eingriffe sicherstellen,
   - bei den Mitarbeitern Kostenbewußtsein erzeugen, so daß Abweichungen möglichst gar nicht erst auftreten.

27. Lektion:
Wann und wo sollten Kosten »controlliert« werden? Da, wo sie entstehen – nur dort lassen sie sich auch vermeiden.

Kaffeepause – Zeit für alle, sich etwas von der Informationsflut zu erholen. Felix ist der letzte Abend an der Bar etwas auf den Magen geschlagen, so daß er sich anstatt Kaffee einen Kamillentee gönnt. Die 15 Minuten sind allerdings im Nu vorüber, und Herr Ilke bittet die Seminarteilnehmer mit fürsorglicher Strenge zurück in den Seminarraum.

»Zwei Fragestellungen sollen uns im folgenden beschäftigen: Wann ist der rechte Zeitpunkt für Kostencontrolling, und wo innerhalb des Unternehmens sollte dieses Controlling ansetzen? Anders formuliert: Kostencontrolling kann als Kostensteuerung oder als Kostenkontrolle interpretiert werden. Kontrolle ist allenfalls die drittbeste Lösung. Drittbeste Lösung, weil sich hinter der Kontrollmentalität eine Geisteseinstellung des Mißtrauens verbirgt. Mit den Informationen aus der Kontrolle werden häufig die beabsichtigten Verhaltensänderungen bei den Mitarbeitern nicht erreicht. Ganz im Gegenteil werden unabhängige, selbstdenkende Mitarbeiter durch Kontrollinformationen eher demotiviert als zu sparsamem Verhalten angeregt.

Das beste Kostencontrolling ist das Bemühen, die geplanten Kosten zu senken. Was will uns dieser Satz sagen? Die geplanten Kosten sind als Maßstab für Wirtschaftlichkeitskontrollen hochgradig ungeeignet, weil sie als Meßlatte den Eindruck objektiver Richtigkeit vermitteln. Die entscheidenden Rationalisierungspotentiale in Unternehmen liegen aber heute nicht in der Analyse der Ursachen – warum weichen die Istkosten von den geplanten Kosten ab? –, sondern im Bestreben, die Plankosten durch Verbesserung von Produkten, Verfahren oder Organisationsformen usw. zu senken. Der Erfolg, der auf die Analyse von Abweichungen von den geplanten Kosten zurückgeht, ist meistens so klein, daß sich nicht einmal Spatzen davon ernähren können.

Die gesamte Denkstruktur des Kostencontrolling ist bereits im Ansatz verfehlt, wenn die Abweichungsanalyse zum Kern von Verhaltensänderungen und Verbesserungpotentialen gemacht wird. Diese Sicht wäre nur dann zu rechtfertigen, wenn die geplanten Kosten etwas Gottgewolltes, Unveränderliches darstellen würden. Unveränderlich sind diese Kosten aber nur bei sehr kurzfristiger – besser kurzsichtiger – Betrachtung. Durch laufende kleinere oder auch größere Verbesserungen können sie deutlich verändert werden. Der klassischen Abweichungsanalyse liegt also eine statische Sichtweise mit eindeutigen, in einer Periode unveränderlichen Plankosten zugrunde. Je größer aber das Ausmaß laufender Verbesserung in einer Periode ist, um so weniger sind die bei der Kostenplanung fixierten Ansätze als Meßlatte für Abweichungen geeignet.

Die Abweichungen zwischen geplanten und tatsächlichen Kosten sagen heute vielfach über Unwirtschaftlichkeiten überhaupt nichts aus, da die geplanten Kosten die Rationalisierungspotentiale verdecken. Ich will Ihnen das wieder am Beispiel von Krankenhäusern erläutern: Analysieren Sie die Abweichungen zwischen dem geplanten Budget und den Istkosten auf die Abweichungsursachen hin, sind Sie allenfalls in der Lage, künftig Kosteneinsparungen von ca. 1 % zu realisieren. Bei dem Leistungsmaßstab ›Pflegetage‹ sind die meisten Abweichungen ohnehin auf eine gegenüber der Planung veränderte Patientenstruktur oder auf Zufälligkeiten wie dem Alter der Patienten oder dem allgemeinen Gesundheitszustand derselben zurückzuführen.

Die Unwirtschaftlichkeiten im Krankenhaussektor liegen heute auf einer ganz anderen Ebene; sie verstecken sich in den Budgets. Die Budgets sind das Resultat tradierter Verhaltensweisen. Hinter den Budgets verbergen sich die Konsequenzen einer völlig unzureichenden Strukturorganisation mit drei praktisch nebeneinander arbeitenden, unkoordinierten Säulen ›Medizin, Pflege und Verwaltung‹. Sie sind zudem die Folge liebgewordener Ablaufprinzipien, die letztlich zu nicht abgestimmten, teuren Koordinationsdefiziten zwischen den Fachabteilungen eines Krankenhauses führen. Hinter den Budgets verbergen sich zu große Kapazitäten und zu lange Verweildauern, aber auch zu große ›Fertigungstiefen‹ und eine zu geringe Spezialisierung. An all diese Wurzeln von Unwirtschaftlichkeiten kommen Sie mit Analysen von Abweichungen zwischen Soll- und Istkosten überhaupt nicht heran. Experten schätzen, daß über diese Ursachen etwa 20–30% der Kosten im Krankenhaus langfristig abgebaut werden können. Es ist daher ein Witz, wenn die Rechtsverordnungen für Krankenhäuser verlangt haben, daß Kostenrechnungen mit dem Ziel von Wirtschaftlichkeitskontrollen eingeführt werden. Das können diese Rechnungen überhaupt nicht leisten, denn die Verbesserung von Strukturen und Abläufen ist kein Problem der Kostenrechnung. Sie kann allenfalls nachträglich aufzeigen, welche Einsparungen mit bestimmten Strukturänderungen erreicht wurden.

Ein Controlling sollte sich auf diese nachhaltigen Rationalisierungspotentiale stürzen und nicht die kostbaren Controllingkapazitäten mit unfruchtbaren Abweichungsanalysen vertändeln. Abweichungsanalysen haben erst dann einen Sinn, wenn die anderen Ursachen für Unwirtschaftlichkeiten weitgehend ausgeschöpft sind. Das Controlling sollte daher auch für die eigene Arbeit das Opportunitätsprinzip anwenden und die knappe Kapazität oder die knappen Controllingbudgets in die Richtung mit der größten Erfolgschance je eingesetzter Kapazitätseinheit lenken. Würde dieses Prinzip in den Unternehmen verfolgt, könnte der Aufwand für Kostenrechnung in den meisten Unternehmen stark reduziert und auf wichtigere Felder des Kostencontrolling umgelenkt werden.

Das Problem besteht nur darin, daß Sie Kostenrechner für diese weitergehenden Aufgaben meistens überhaupt nicht gebrauchen können, weil diese von ihren Denkstrukturen her verdorben sind. Sie sind meistens im Klein-Klein der Zahlen gefangen und können oftmals nicht strategisch in komplexen Zusammenhängen denken. Das ist wahrscheinlich die negative Auswirkung des Bestrebens der Kostenrechnung, die Welt zu vereinfachen und möglichst alle Dinge isoliert zu sehen. Dieser Denkstil ist für das proaktive Kostenmanagement völlig ungeeignet – übergreifendes Denken ist erforderlich. Nicht willkürliche Vereinfachung ist gefragt; vielmehr muß man sich bei den Überlegungen zur rechnerischen Abstützung von Entscheidungen der Komplexität des Lebens stellen und die Welt nicht schön rechnen. Es hat keinen Sinn, in der Kostenrechnung so zu tun, als könne man durch Tricks ins Paradies der heilen Welt des Controlling zurückfinden. Das Paradies ist zu oder verschollen; zumindest wird es nicht wieder eröffnet. Verabschieden wir uns daher von diesem Traum, wachen wir auf! Für die Kostengestaltung ist die Kostenrechnung mit ihrer künstlichen Komplexitätsreduktion ein völlig ungeeignetes Instrument.«

Felix erinnern die letzten Sätze von Herrn Ilke etwas an die Rede eines Politikers. Offenbar bemerkt dies auch Herr Ilke selbst und findet schnell zu seinem sachlichen Stil zurück:

»Mit den letzten Ausführungen soll nicht der Eindruck aufkommen, daß ich von Abweichungsanalysen in der Kostenrechnung gar nichts halte. Ich wollte die Welt nur etwas zurechtrücken und Wichtiges von weniger Wichtigem trennen. In einem bestimmten Maße und mit der richtigen Einstellung können Abweichungsanalysen durchaus hilfreich sein. Voraussetzung ist allerdings, daß es sich um Informationen zur Selbsthilfe und nicht für Sanktionen oder unerwünschte Belehrungen handelt. Wir wollen uns daher ansehen, wie Kontrollen gestaltet sein sollten, wenn sie diesem Zweck dienen sollen.

Dazu müssen wir uns zunächst einmal den Zug der Kosten durch die Instanzen der Kostenrechnung ansehen. Kosten werden in der Kostenartenrechnung zunächst getrennt nach möglichst homogenen, trennenden Kriterien erfaßt. Soweit diese Kosten Gemeinkostenanteile enthalten, werden diese über Schlüssel auf Kostenstellen verteilt. Einzelkosten können den Kostenträgern direkt zugeordnet werden. Kosten in Hilfsstellen werden im Wege der innerbetrieblichen Leistungsverrechnung auf Hauptstellen umgelegt, aus den Kosten der Hauptstellen können dann die Kalkulationssätze für die Kostenträger abgeleitet werden. Alle Kosten werden damit letztlich auf die Kostenträger durchgerechnet, wie wir das bei der finalen Interpretation des Verursachungsprinzips kennengelernt haben.

Es fragt sich nun: Wo auf diesem Instanzenzug der Kosten sollten Kostenkontrollen ansetzen? Hier gilt grundsätzlich der Satz: Dort, wo sie entstehen; dort, wo sie beeinflußt werden können. Kostenkontrollen sollten sich daher immer nur auf beeinflußbare Kosten erstrecken; denn nur diese Kosteninformationen können sinnvoll zur Verhaltensbeeinflussung genutzt werden. Es ist völlig unsinnig, beispielsweise einen Kostenstellenleiter, einen process-owner oder den Leiter einer Division für Kosten verantwortlich zu machen, die nicht er, sondern andere zu vertreten haben. Kostenkontrollen sollten sich daher immer nur auf die im Hinblick auf eine bestimmte Bezugsgröße – Produkt, Kostenstelle, Division, Gesamtunternehmen – beeinflußbaren Kosten beziehen.

Ist der Leiter einer Division nicht für Investitionsentscheidungen zuständig, sondern behält sich die Zentrale die Entscheidung über Art und Größe der Ausstattung mit langfristigen Ressourcen vor, ist es sinnlos, den Leiter der Division für die Abschreibungen verantwortlich machen zu wollen. Für sie trägt die übergeordnete Zentrale mit ihren Investitionsentscheidungen die alleinige Verantwortung, und dort sind die Abschreibungen auch zu kontrollieren.

Gegen das Prinzip der Analyse nur beeinflußbarer Kosten wird in der Kostenrechnung nach der finalen Auslegung des Verursachungsprinzips durch die Schlüsselung der Kosten verstoßen. Abweichungen zwischen den Soll- und den Ist-Stückkosten sind dann nicht in vollem Umfang auf Entscheidungen in den Hauptkostenstellen zurückzuführen; sie sind vielmehr teilweise durch vorgelagerte Dispositionen bedingt. Eine Kostenrechnung auf Vollkostenbasis ist deshalb nur sehr beschränkt für eine sinnvolle Kostenkontrolle geeignet, weil die Verantwortungen vermischt werden bzw. aus den Abweichungen nicht deutlich wird, auf wen sie zurückzuführen sind. Sie werden dann u.U. Leuten oder Stellen angelastet, die für diese Abweichungen überhaupt nichts können. Werden aber Stellen für derartige Abweichungen zur Rechenschaft gezogen, wird sie das verärgern. Zumindest wird das Vertrauen in die Sinnhaftigkeit der Managementsysteme nicht gerade gefördert, da diese Systeme zu ungerechten Behandlungen führen.

Sinnvoll für Kontrollen sind daher immer nur Systeme der Kostenrechnung, die die Kosten nicht voll auf die Kostenträger durchrechnen. Im

Grunde sind das genau jene Rechnungen, die auch für die Abstützung von Entscheidungen benötigt werden. Zu kontrollieren sind daher immer die relativen Einzelkosten im Hinblick auf eine bestimmte Bezugsgröße. Das aber bedeutet, die Gemeinkosten einzelner Stufen einer Bezugsgrößenhierarchie werden nicht auf nachfolgende Stufen verteilt; sie werden dort überwacht, wo sie entstehen. Gemeinkosten des Gesamtunternehmens werden folglich in der Zentrale überwacht, Gemeinkosten einer Division werden in der Geschäftsleitung der Division überwacht. Gemeinkosten von Produktgruppen werden nicht einzelnen Artikeln zugerechnet, und Gemeinkosten einer Produktart werden nicht auf die Mengen dieses Produkts verteilt.

Letztlich werden auf diese Weise alle Kosten überwacht, aber im Gegensatz zu einer Vollkostenrechnung differenziert an den Orten der Entstehung und nicht an irgendwelchen Orten der Kostendurchrechnung. Diese Durchrechnung verhindert eine effiziente Kontrolle und Verhaltensbeeinflussung.

Kostencontrolling statt Kostenkontrolle...

1) Zweck eines Kostencontrolling sollte nicht so sehr die reine Kostenkontrolle und -überwachung, sondern vielmehr eine proaktive Kostensteuerung sein.

2) Ein effizientes Kostencontrolling konzentriert sich nicht auf Abweichungsanalysen, da die Kostensenkungspotentiale in diesem Bereich eher gering sind, sondern zielt darauf ab, Rationalisierungspotentiale im Unternehmen zur Senkung der geplanten Kosten aufzudecken.

3) Kostencontrolling in diesem Sinn ist nur möglich, wenn die Komplexität der Welt akzeptiert und beachtet wird. Statt einer mehr oder weniger willkürlichen Vereinfachung der Welt durch willkürliche Kostenaufteilung ist ein übergreifendes, vernetztes Denken notwendig.

4) Abweichungsanalysen können ein so verstandenes Controlling sinnvoll ergänzen. Dabei sind die Fixkosten bzw. Gemeinkosten nicht nach komplizierten Schlüsseln zu verteilen, sondern dort zu kontrollieren, wo sie durch Entscheidungen entstanden sind. Eine solche Kostenkontrolle muß sich somit hierarchisch über das gesamte Unternehmen erstrecken.

28. Lektion:
Soll-Ist-Abweichungsanalyse.
Oder: Wenn nicht einmal Spatzen satt werden.

»Jede Kontrolle der Abweichungen zwischen Soll- und Istkosten setzt in bezug auf die Zeit zwei Kostenrechnungssysteme voraus: Einmal sind das Mengengerüst der Kosten und die Preise der Faktoren zu planen, zum zweiten sind die Istmengen und die Istpreise zu erfassen. Die Mengenplanungen werden durch produktionstheoretische Überlegungen unterstützt, d.h., es wird die Relation von Faktoreinsatzmengen und Leistungsmengen in Form von Produktionskoeffizienten ermittelt.

Bei der Planung der Preise arbeitet die Kostenplanung mit Vereinfachungen. Ist zu erwarten, daß sich in der Planungsperiode unterschiedliche Preisniveaus einstellen, wird von einem konstanten, mittleren Preis ausgegangen. Gleiche Vereinfachungen werden bei den Istpreisen vorgenommen. Wenn in einer Periode Materialien eingesetzt worden sind, die zu vier verschiedenen Preisen gekauft wurden, wird der Durchschnittspreis für die Kostenanalysen verwendet.

Die Plan- bzw. Istkosten können für Kostenträger, für Kostenstellen oder auch für Kostenarten gegenübergestellt und auf Abweichungen untersucht werden. Welche Betrachtungsweise gewählt wird, hängt vom gewünschten Detaillierungs- oder Aggregationsgrad ab. Üblich sind meistens kostenstellenbezogene Analysen.

Die Kosten einer Stelle können wiederum global oder differenziert betrachtet werden. Bei einer globalen Betrachtung unterscheidet die flexible Plankostenrechnung je Kostenstelle nur zwischen fixen und variablen Kosten in bezug auf die Leistung der Stelle. Bei differenzierterem Vorgehen werden beide Kostengruppen weiter untergliedert. Bei den variablen Kosten kann der gesamte Betrag variabler Kosten beispielsweise nach einzelnen Kostenarten unterteilt werden, oder es können bei innerbetrieblichen Leistungen, die eine Stelle von einer anderen empfängt, auch die Kosten von Hilfsstellen separat ausgewiesen werden. Auch bei den Fixkosten kann nach Kostenarten – z.B. Abschreibungen, Zinsen, Gehältern, fixem Verbrauch innerbetrieblicher Leistungen usw. – differenziert werden.

Fixe wie variable Kosten lassen sich zusätzlich nach dem Zeitpunkt von Zahlungen unterscheiden: Wenn die Zahlungen in der Vergangenheit erfolgten, dann sind die Preise dieses Verbrauchs im Planungszeitpunkt bekannt, Plan- und Istpreise können nicht voneinander abweichen. Erfolgt die Zahlung erst in der Planungsperiode oder gar noch später,

28. Lektion

können sowohl bei fixen wie auch bei variablen Kosten Differenzen zwischen Plan- und Istpreis auftreten. So ungewöhnlich das auch klingen mag, es sind dann Kostenabweichungen bei Fixkosten möglich. Die Kostenkontrollrechnungen berücksichtigen diese Fixkostendifferenzen allerdings in der Regel nicht.

In einer allgemeinen Schreibweise können die Istkosten bei Istbeschäftigung bzw. Plankosten bei Planbeschäftigung einer Stelle durch den Ausdruck

$$\text{Istkosten} = \sum_r p_r^i \cdot FV_r^i + \sum_r p_r^i \cdot PK_r^i \cdot L^i$$

$$\text{Plankosten} = \sum_r p_r^s \cdot FV_r^s + \sum_r p_r^s \cdot PK_r^s \cdot L^s$$

beschrieben werden.«

Felix schluckt. Diese verdammten Formeln der Akademiker. Im Grunde steckt meistens wenig dahinter, es sieht aber für Nicht-Eingeweihte in dieser Geheimsprache furchtbar wichtig aus. Zum Glück erläutert der Referent die Formeln:

»Mit p werden die Preise der Faktoren bezeichnet. Der Index r symbolisiert, für welchen Produktionsfaktor r die Informationen gelten. Mit dem hochgestellten i bzw. s wird angedeutet, ob es sich um Ist- oder Plan- bzw. Sollgrößen handelt. FV steht für den fixen Verbrauch einer Kostenstelle bei einem bestimmten Faktor. Mit PK wird der Produktionskoeffizient also die Faktormenge je Leistungseinheit der Stelle abgekürzt. L steht für die Leistung, die Bezugsgröße der betrachteten Stelle. Bei Fixkosten – beispielsweise Abschreibungen – kann es vorkommen, daß nicht zwischen Einsatzmengen und Preisen differenziert werden kann. In diesem Fall ist die Gesamtwertgröße für diese Faktoren in die Formel einzusetzen.

Wie aus den Formeln zu erkennen ist, können sich im allgemeinen Fall Differenzen zwischen Soll- und Istkosten sowohl bei den fixen als auch bei den variablen Kosten ergeben.« Felix ist erstaunt über sich selbst, da er dies sogar nachvollziehen kann.

»Abweichungen bei den Fixkosten können sich einmal ergeben, wenn die Planpreise von den Istpreisen abweichen. Abweichungen bei den Preisen fixer Kosten ergeben sich z.B. für feste Abnahmemengen innerbetrieblicher Leistungen. Im Falle der früher diskutierten Schnapsfabrik entsprechen die geplanten Preise für Energie oder Dampf u.U. nicht den Istpreisen.

Auf echte Mengenänderungen können bei den Fixkosten eigentlich keine Kostendifferenzen zurückgeführt werden, da es gerade das Merkmal fixer Kosten ist, daß die Verbrauchsmengen fix sind. Dennoch kann durch die Verteilung der Kosten vorgelagerter Stellen auf nachgelagerte Stellen auch eine Mengenänderung möglich sein. Dazu ein Beispiel: Die Abteilung F&E hat fixe Kosten von 1.000,– DM, die beanspruchungsorientiert in der Kostenrechnung auf zwei Hauptstellen verteilt werden sollen. Maßstab der Kostenverteilung ist die von den Hauptkostenstellen beanspruchte Zeit der Entwicklungsabteilung. In der Planung kann vorgesehen sein, daß jede der beiden Hauptkostenstellen 50% der Zeit beansprucht; die geplanten, auf die Stellen verrechneten fixen Kosten betragen daher je 500,– DM. Im Lauf des Jahres stellt sich aber heraus, daß die Istbeanspruchung 60% bei der einen und 40% bei der anderen Stelle beträgt. Die geplante Kostenverteilung weicht dann von der tatsächlichen Kostenverteilung ab. Obwohl es sich bei den anteiligen F&E-Kosten einer Stelle um fixe Kosten in bezug auf die Leistung der Hauptkostenstelle handelt, weichen damit die geplanten von den tatsächlich beanspruchten Stunden der F&E-Abteilung ab, was Abweichungen bei den fixen Kosten der Hauptkostenstellen nach sich zieht.

Bei den variablen Kosten existieren generell drei Einflußgrößen, auf die Kostenabweichungen zurückgehen können:

– Die geplante Leistungsmenge L einer Kostenstelle kann von der tatsächlichen Leistung abweichen. Derartige Abweichungen werden als Leistungsmengenabweichungen bezeichnet.
– Die geplanten Produktionskoeffizienten PK entsprechen nicht dem tatsächlichen Verbrauch pro Leistungseinheit, weil z.B. der Ausschuß höher als geplant ausgefallen ist.
– Die geplanten Preise der Faktoren stimmen nicht mit den Istpreisen überein.

Das Problem besteht darin, daß diese drei Einflußgrößen für Abweichungen multiplikativ miteinander verknüpft sind. Die Gesamtabweichung zwischen variablen Plan- und Istkosten, die noch einmal in der folgenden Gleichung dargestellt ist, läßt sich damit eigentlich nicht auf die einzelnen Determinanten aufspalten.

$$\Delta K = \sum_r p_r^i \cdot PK_r^i \cdot L^i - \sum_r p_r^s \cdot PK_r^s \cdot L^s$$

Das aber stört Kostenrechner wenig; sie spalten die Abweichung dennoch auf. Ich will Ihnen nur das Grundprinzip deutlich machen. Dazu schreiben wir statt p·PK kurz k. Die Größe k beschreibt damit die Kosten für eine Leistungseinheit. Durch diese Vereinfachung können wir nicht mehr erkennen, ob eine Differenz zwischen den geplanten Kosten pro

Mengeneinheit auf echte Preisänderungen der Faktoren oder auf Veränderungen der Produktionskoeffizienten zurückgeht. Durch diese Vereinfachung wird damit gleichzeitig von einer differenzierten Betrachtungsweise der Kosten einer Stelle zu einer globalen Sicht übergegangen. Die Abweichung der variablen Kosten ergibt sich damit zu:

$$\Delta K = k^i \cdot L^i - k^s \cdot L^s$$

Statt k^i bzw. L^i schreiben wir:

$k^i = k^s + \Delta k$
$L^i = L^s + \Delta L$

Der Ausdruck für die gesamte Abweichung geht dann über in die Schreibweise:

$$\Delta K = \underbrace{(k^s + \Delta k) \cdot (L^s + \Delta L)}_{\text{Istkosten}} - \underbrace{k^s \cdot L^s}_{\substack{\text{Plankosten bei} \\ \text{Planbeschäftigung}}}$$

$$= \underbrace{\Delta L \cdot k^s}_{\substack{\text{Leistungsmengen-} \\ \text{abweichung}}} + \underbrace{\underbrace{L^s \cdot \Delta k}_{\substack{\text{Preisabweichung bei} \\ \text{Planbeschäftigung}}} + \underbrace{\Delta k \cdot \Delta L}_{\substack{\text{kombinierte} \\ \text{Abweichung}}}}_{\text{Verbrauchsabweichung}}$$

Die Abweichung K ist damit in drei Einzelabweichungen aufgeteilt: Der 1.Term wird als Leistungsmengenabweichung bezeichnet. Wird dieser Term von den Plankosten bei Planbeschäftigung abgezogen, ergeben sich die geplanten Kosten bei Istbeschäftigung. Der 2.Term wird als Preisabweichung bezeichnet. Er gibt an, welche zusätzlichen Kosten sich bei der Planbeschäftigung ergeben hätten, wenn die Planmenge zu den Istbedingungen hergestellt worden wäre. Der 3.Term erfaßt die multiplikative Wirkung von Preis- und Mengenabweichung. Die Summe des 2. und 3. Terms entspricht der Abweichung zwischen den Istkosten und den Plankosten bei Istbeschäftigung. Die Summe dieser beiden Abweichungen wird Verbrauchsabweichung genannt.

Üblich sind in der Kostenanalyse aber auch andere Formen der Aufspaltung der gesamten Kostenabweichung auf Teilabweichungen. Beispielsweise wird eine dritte Kostengröße in die Analyse eingeführt. Hierfür wird wahlweise der Term $L^i \cdot k^s$ oder $L^s \cdot k^i$ benutzt. Die Gesamtabweichung wird dann im ersten Fall in folgende Preis- und Mengenabweichungen aufgeteilt:

$$\Delta K = \underbrace{L^i \cdot k^i - L^i \cdot k^s}_{\text{Verbrauchs-}\atop\text{abweichung}} + \underbrace{L^i \cdot k^s - L^s \cdot k^s}_{\text{Leistungsmengen-}\atop\text{abweichung}}$$

Der 2.Term dieser Formel entspricht inhaltlich der Leistungsmengenabweichung der ersten Formel; der 1.Term entspricht der Verbrauchsabweichung der ersten Formel. Die erste Formel spaltet diese Verbrauchsabweichung nur noch einmal auf.

Wird zwischen die Ist- und Plankosten die Größe $L^s \cdot k^i$ (Soll-Leistungsmenge bewertet zu Istkosten) geschaltet, indem dieser Term vom ersten Term subtrahiert und gleichzeitig zum zweiten Term addiert wird, ergibt sich folgende Abweichung:

$$\Delta K = \underbrace{L^i \cdot k^i - L^s \cdot k^i}_{\text{Leistungsmengen- und}\atop\text{kombinierte Abweichung}} + \underbrace{L^s \cdot k^i - L^s \cdot k^s}_{\text{Preisabweichung}}$$

Der 2.Term der dritten Formel ist mit der Preisabweichung der ersten Formel identisch, während der 1.Term der Summe aus Leistungsmengen- und kombinierter Abweichung der ersten Formel entspricht.

In der flexiblen Plankostenrechnung – sie wird so genannt, weil sie die variablen Kosten als Funktion der Leistungsmenge darstellt – wird üblicherweise eine sehr vereinfachte Form der Abweichungsanalyse betrieben. Es wird unterstellt, daß es bei den fixen Kosten zwischen Plan- und Istgrößen keine Differenzen gibt, und es wird von einer linearen Funktion der variablen Kosten bei Änderungen der Leistungsmenge L ausgegangen. Basiert die Abweichungsanalyse auf einer flexiblen Plankostenrechnung einschließlich der Fixkosten, ergibt sich die folgende Abbildung:

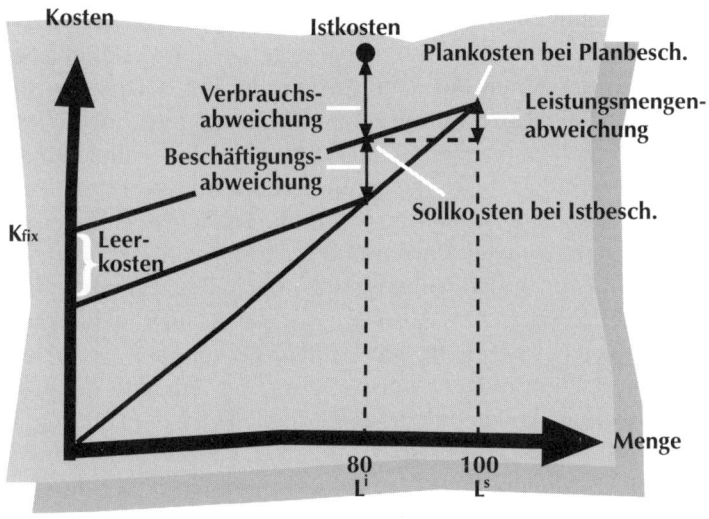

Für die Planleistungsmenge $L^s = 100$ ist das Budget festgelegt. Wird das Budget durch die Planmenge $L^s = 100$ dividiert, ergibt sich die Kurve der verrechneten Plankosten nach der finalen Interpretation des Verursachungsprinzips. Die Steigung dieser Kurve entspricht den Durchschnittskosten pro Stück bei Planbeschäftigung. Sie unterstellt implizit, daß auch sämtliche Fixkosten bei einer Änderung der Leistungsmenge abbaubar sind.

Zusätzlich wird das Planbudget in seine fixen und variablen Bestandteile zerlegt. Auf diese Weise erhält man die Sollkostenkurve, die angibt, welche Kosten bei wirtschaftlichem Verhalten bei einer bestimmten Leistungsmenge anfallen sollen. Sie hat die Form: $K^{Soll} = K_{fix} + k_{var} \cdot$ Leistungsmenge.

Unterstellen wir nun einmal, die tatsächliche Leistung belaufe sich auf nur 80 ME. Die Abweichung zwischen den Istkosten und den Sollkosten bei einer Leistungsmenge von 80 entspricht dann der Verbrauchsabweichung. Diese Abweichung geht auf Preisabweichungen und auf Abweichungen der Produktionskoeffizienten zurück.

Die Leistungsmengenabweichung der Formeln wurde auch in die Abbildung eingetragen. Sie entspricht der Differenz geplanter Kosten bei einer Leistung von 80 und 100 ME. Zusätzlich wurde in die Zeichnung die Beschäftigungsabweichung aufgenommen. Diese Abweichung ist darauf zurückzuführen, daß bei einer Kalkulation der Istausbringung mit verrechneten Plankosten ein Teil der fixen Kosten nicht verrechnet wird.

Die Beschäftigungsabweichung entspricht dann den Leerkosten. Werden die Leerkosten von den Fixkosten abgesetzt, errechnen sich die Nutzkosten. Das ist der Anteil der fixen Kosten, der bei Kalkulation mit den verrechneten Plankosten für die Istbeschäftigung verrechnet wurde.

Verantwortlich zu machen ist ein Kostenstellenleiter allein für die Verbrauchsabweichung, sofern diese Abweichung auf veränderte Produktionskoeffizienten zurückzuführen ist. Für die Preisabweichungen kann er nichts; sie folgen entweder aus erhöhten Kosten innerbetrieblicher Leistungen, die er von anderen übernimmt, oder in ihnen kommen Beschaffungspreisänderungen zum Ausdruck, für die er auch nichts kann. Die Leistungsmengenabweichung hat er nicht zu vertreten, wenn er nicht über die Produktionsmengen entscheiden kann. Auch für die Beschäftigungsabweichung kann er nichts, weil sie die Folge der Leistungsabweichung ist und zudem auf Kosten basiert, die der Kostenstellenleiter in der Regel nicht zu verantworten hat. Diese Kosten hat er nur zu vertreten, soweit er selbst über das Entstehen der Fixkosten entscheiden kann, also beispielsweise die Befugnis für Investitionsentscheidungen besitzt.«

»Zu der letzten Abbildung habe ich eine Frage«, meldet sich Herr Lohmann zu Wort. »Was nützt mir die Information der globalen Analyse, daß Verbrauchsabweichungen existieren. Damit erkenne ich doch die Ursachen für diese Abweichungen nicht.«

»Das ist zweifellos richtig. Die gesamte Verbrauchsabweichung müßte im Sinne einer differenzierteren Analyse auf die einzelnen Kostenarten heruntergebrochen werden, und bei jeder Kostenart ist zu untersuchen, ob Preisabweichungen bestehen und ob zusätzlich die Produktionskoeffizienten andere sind als in der Planung. Dann kann man zumindest erkennen, auf welche Einflüsse die gesamte Verbrauchsabweichung zurückzuführen ist.«

»Weshalb brauchen wir dafür die Kostenrechnung?« faßt Herr Lohmann nach. »Es reicht doch eine Aufzeichnung der Ist-Verbrauchsmengen und eine Information, welche Produktionskoeffizienten in der Planung benutzt wurden. Wenn ich die Plan- und Istproduktionskoeffizienten vergleiche, weiß ich doch schon, was los ist. Wenn ich einen derartigen Vergleich in bestimmten zeitlichen Abständen mache, sehe ich doch, ob an der Kostenstelle etwas aus dem Ruder läuft.«

»Da haben Sie ganz sicher recht«, erwidert ihm Herr Ilke. »Letztlich werden diese Statistiken auch in der Kostenrechnung benutzt und zur Kosteninformation verdichtet. Sie brauchen daher eigentlich die Kostenabweichung gar nicht zu berechnen, da sie die relevanten Informationen bereits aus dem Mengenvergleich gewinnen können. Die Kostenrechnung verdichtet die Informationen nur.«

»Herr Ilke! Das ist mir alles unbegreiflich«, mischt sich Herr Sebastian ein. »Von dieser Verdichtung der Informationen habe ich doch gar nichts; sie verschleiert mehr als sie aussagt. Was soll die Erkenntnis in der globalen Analyse, daß Verbrauchsabweichungen vorhanden sind? Die Informationen über abweichende Produktionskoeffizienten sind doch viel informativer!«

»Das läßt sich nicht bestreiten. Für die unmittelbare Steuerung in einer Kostenstelle sind die Produktionskoeffizienten viel interessanter. Sie müssen aber die Informationsrichtung bei der Kostenrechnung anders sehen. Diese Informationen dienen weniger dem steuernden Eingriff in einer Kostenstelle; sie informieren vielmehr übergeordnete Organisationsstellen in verdichteter Form darüber, daß die Dinge anders als geplant gelaufen sind.«

Mit dieser Antwort kann sich Herr Sebastian zufriedengeben, so daß Herr Ilke fortfährt:

»Meine Damen und Herren! Die Abweichungsanalyse ging bislang von homogenen Leistungen aus. Als Folge dieser Annahme gibt es eine eindeutige Funktion der geplanten Kosten. Wir wollen uns die zusätzlichen Probleme verdeutlichen, wenn es sich nicht um homogene Leistungen handelt. Dazu will ich auf ein Beispiel aus dem Krankenhaus zurückgreifen.

Leistungsmaßstab sei der Pflegetag. Die durchschnittlichen variablen Kosten pro Pflegetag hängen u.a. vom Patientenmix und der Verweildauer ab. Wir sehen uns nur einmal den Einfluß des Mixes an. Bei Planbeschäftigung will das Krankenhaus 1.000 Pflegetage erbringen. Behandelt werden zwei Arten von Krankheiten: Bei der ersten Krankheit ergeben sich bei einer bestimmten Verweildauer variable Kosten pro Tag von 300,– DM und bei der zweiten Krankheit von 400,– DM. Das Krankenhaus geht davon aus, jeweils 500 Pflegetage für jede der beiden Krankheiten zu erbringen. Es ergibt sich dann für die Kostenplanung bei diesem Mix ein durchschnittlicher Satz variabler Kosten von 350,– DM je Pflegetag.

Die bisherige Abweichungsanalyse unterstellt, daß die variablen Plankosten je Leistungseinheit sowohl bei Ist- als auch bei Planbeschäftigung gelten. Werden tatsächlich nur 900 Pflegetage erbracht, müßten damit je 450 Pflegetage auf beide Krankheitsbilder entfallen, um zum gleichen Durchschnittssatz zu gelangen. Es muß also die gleiche Relation an Pflegetagen bei Plan- und Istbeschäftigung herrschen. Weicht der Istmix vom Planmix ab – werden etwa nur 30% der Tage für die billigere Krankheit, aber 70% für die teurere Krankheit geleistet –, dann muß ein neuer Plansatz mit $0{,}3 \cdot 300 + 0{,}7 \cdot 400 = 370{,}-$ DM bestimmt werden. Belaufen sich die tatsächlichen variablen Istkosten auf 385,– DM pro Tag, ist nur die

Abweichung von 15,– DM, und nicht die von 385 – 350 = 35,– DM, als Verbrauchsabweichung zu deklarieren.

Gleichartige Überlegungen sind anzustellen, wenn sich zudem auch noch die Verweildauer bei den einzelnen Krankheitsbildern verändert; denn mit einer Verweildauerkürzung steigen im allgemeinen die durchschnittlichen variablen Kosten je Tag und Krankheitsart. In den ersten Tagen liegen die Kosten für Diagnose und Therapie meistens höher als gegen Ende der Verweilzeit.«

Herr Lohmann schüttelt wieder den Kopf: »Mein Unverständnis reißt nicht ab. Was soll das Ganze mit der Korrektur des Mix? Was ich zur Steuerung in der Kostenstelle brauche, ist doch auch wieder nur die Information, mit welchen Verbrauchsmengen wir bei einer bestimmten Krankheit rechnen, und diese Plangröße ist dann der Istgröße gegenüberzustellen. Wenn ich die Information erzeugen will, daß bei der ersten Krankheit 300,– DM pro Tag an Kosten anfallen, brauche ich doch diese Planverbräuche. Wenn ich dann wiederum die tatsächlichen Verbräuche krankheitsspezifisch erfasse, sehe ich doch auch wieder viel besser, wo was aus dem Ruder läuft!«

»Da kann ich Ihnen nicht widersprechen. Nur, Krankenhäuser erfassen den Istverbrauch meistens nicht krankheitsspezifisch, weil das zu teuer ist. Sie sind nur über Gesamtverbrauchsmengen in einer bestimmten Periode über alle Krankheitsbilder einer Kostenstelle informiert. Weil ihnen detaillierte Ist-Informationen fehlen, bleibt dann kein anderer Weg als der der Verdichtung der Sollgrößen zu durchschnittlichen Tageskosten. Wenn die Abweichungsanalyse dann aber nicht grob falsch werden soll, müssen die Plansätze an Strukturveränderungen angepaßt werden.«

»Tritt ein derartiger Anpassungsbedarf an veränderte Strukturen auch für meine Cateringunternehmen auf?« will Felix wissen. »Ich habe mir gerade überlegt, daß ich beispielsweise die Kundenzahl als Bezugsgröße für meine Kostenstelle ›Privat-Verkauf von Getränken‹ wählen könnte.«

»Sicherlich«, erklärt der Referent, »wenn Sie sich als Beispiel einmal Ihre Transportkosten ansehen, werden die durchschnittlichen variablen Transportkosten je Kunde von der Verteilung der Kunden auf unterschiedliche Entfernungsstufen abhängen. Planen Sie die Transportkosten auf der Basis einer mittleren Entfernung von 3 km, müssen aber am Ende der Periode feststellen, daß es im Durchschnitt 5 km sind, ist Ihr Plansatz je Kunde unzutreffend.«

»Herr Ilke! Das Problem tritt doch noch viel stärker bei den Einstandspreisen auf«, ergänzt Herr Sebastian. »Wenn wir auf der Basis Kundenzahl eine Kostenplanung machen wollen, brauchen wir eine Information über den mittleren Warenwert, den wir mit einem Kunden umsetzen. Meine

Erfahrung zeigt, daß wir uns bei dieser Schätzung meistens übel verhauen; denn der Warenwert je Kunde schwankt sehr stark, und mit einer veränderten Kundenstruktur – so haben meine Untersuchungen ergeben – verändert sich dann der durchschnittliche Warenwert je Kunde erheblich. Insbesondere schwankt er bei uns im Verlauf der einzelnen Monate des Jahres, da die Kaufgewohnheiten der Kunden sehr stark jahreszeitbedingt sind.«

»Meine Damen und Herren! Ich sehe, Sie sind mit den Abweichungsanalysen alles in allem nicht sehr zufrieden. Wenn ich einige Ihrer Fragen richtig interpretiere, halten Sie den Kostenrechnungsaufwand für überzogen. Da haben Sie sicherlich recht. Ich würde auch einem kleineren Unternehmen nicht empfehlen, derartige Kostenanalysen anzustellen. Das ist für Sie zu teuer und ohne großen Nutzen. Sie sollten dann aber die Verbrauchsstatistiken führen, um erkennen zu können, bei welchen Kostenarten und in welchen Kostenstellen etwas anders als geplant läuft. Sie sollten für diese Kostenarten auch Preisinformationen führen, weil Sie sonst nicht erkennen können, wie sich Ihre Deckungsspannen für die Artikel entwickeln. Ohne diese Informationen können Sie nicht beurteilen, ob sich bestimmte Artikel für Sie überhaupt lohnen. Es gilt generell der Satz: Kostenrechnung ist zwar ganz schön, aber häufig auch nicht in aller Detaillierung für die Unternehmenssteuerung nötig. Häufig reichen auch die Basisinformationen über Mengen und Mengenänderungen. Auf eine Verdichtung der Informationen durch die Kostenrechnung kann häufig guten Gewissens verzichtet werden, wenn die Mitarbeiter vor Ort aus den Mengeninformationen bereits ihre Schlüsse ziehen und ihr Verhalten verändern.«

»Mir scheint« gibt Herr Lohmann abschließend zu bedenken, »das ganze Kostenrechnungsdenken stammt noch aus einer Zeit zentraler Unternehmensführung. Für zentrale Entscheidungen ist es sicher erforderlich, die vielen dezentralen Mengeninformationen zu verdichten, weil die Zentrale sonst in den Detailinformationen untergeht. Je stärker aber Entscheidungskompetenzen dezentralisiert werden, um so geringer ist der Stellenwert der Kostenrechnung einzuschätzen, weil dezentral die Situation meistens sehr gut an Hand der Mengenabweichungen zu beurteilen und zu steuern ist.«

»An dieser Einschätzung ist sicherlich etwas dran«, bemerkt der Referent abschließend. »Nur sollte man das Kind nicht gleich mit dem Bade auskippen. Jedes Führungssystem wird künftig zentrale und dezentrale Entscheidungskompetenzen haben. Für viele sehr weit in der Organisation nach unten verlagerte Entscheidungen und Abweichungsanalysen wird man mit Mengeninformationen völlig auskommen. Verdichtete Kosteninformationen werden aber stets für höhere Instanzen des Organisationssystems erforderlich bleiben.«

Wie war das noch mit den Abweichungen ...?

1) Die Abweichungsanalyse der Kostenrechnung beruht auf drei Kostengrößen: Den Istkosten, den Sollkosten und den Plankosten. Die Istkosten sind die in der betrachteten Periode tatsächlich entstandenen Kosten; die Sollkostenkurve gibt an, wie die geplanten Kosten in Abhängigkeit von der Beschäftigung reagieren. Bei der Plankostenkurve wird die Beschäftigung mit den durchschnittlichen geplanten Kosten bei Planbeschäftigung multipliziert.

2) Die Differenz zwischen Plankosten und Sollkosten bei Istbeschäftigung wird als Beschäftigungsabweichung bezeichnet. Sie ist darauf zurückzuführen, daß die geplante Menge nicht erreicht wurde, so daß Teile der fixen Kosten nicht auf die Menge verteilt werden. Verantwortung für diese Abweichung trägt entweder derjenige, der für die Mengenabweichung zuständig ist (das wird nur in Ausnahmefällen der Kostenstellenleiter sein), oder derjenige, der die Fixkosten durch Entscheidungen verursacht hat.

3) Die Differenz zwischen Sollkosten und Istkosten ist die Verbrauchsabweichung. Sie geht auf Preisänderungen oder auf Abweichungen bei den Produktionskoeffizienten zurück. Die Verbrauchsabweichung zeigt Unwirtschaftlichkeiten an, soweit sie auf veränderte Produktionskoeffizienten zurückzuführen sind.

4) Probleme ergeben sich für die Abweichungsanalyse, wenn eine inhomogene Bezugsgröße für die Kosten gewählt wird. In diesem Fall sind die geplanten variablen Kosten vom Anteil der hinter der Bezugsgröße steckenden inhomogenen Leistungen abhängig. Verbirgt sich hinter der Istbeschäftigung eine andere Leistungsstruktur als bei der Planbeschäftigung unterstellt wurde, dann ist die Verbrauchsabweichung z.T. auf eine Veränderung der Leistungsstruktur – und nicht auf Unwirtschaftlichkeiten – zurückzuführen.

5) Grundsätzlich sind nur Abweichungen bei den Produktionskoeffizienten für die Aufdeckung von Unwirtschaftlichkeiten interessant. Für kleinere Unternehmen reicht es deshalb, nur diese Koeffizienten bei den einzelnen Produktionsfaktoren zu überwachen. Dazu aber ist keine Abweichungsanalyse im Rahmen der Kostenrechnung notwendig; reine Mengenaufzeichnungen sind viel wertvoller, da sie die Ursachen für die Abweichung unmittelbar erkennen lassen.

28. Lektion

Mit dieser letzten anstrengenden Lektion beendet der Referent das Seminar und lädt alle Teilnehmer auf einen Abschiedstrunk in die Hotelbar ein. Nach zwei Gläsern Wein läßt Felix das Seminar noch einmal gedanklich Revue passieren und kommt zu dem Schluß, daß es ihm eine Menge gebracht hat. Er beschließt, möglichst viel des Gelernten in seinem Unternehmen umzusetzen und das Ganze mit seinem Controller zu diskutieren. Da dieser jedoch an diesem Abend nicht mehr ansprechbar ist (er hat sich mit Dorle Müller und einer Flasche Wein an einen Ecktisch gesetzt, wo sich beide sehr intensiv unterhalten), läßt auch Felix den Abend gemütlich ausklingen.

X.
UND WENN SIE NICHT GESTORBEN IST, DANN LEBT SIE NOCH HEUTE: DIE KOSTENRECHNUNG.

29. Lektion:
Die 10 Leitsätze des Unternehmens Florian S. Felix.

30. Lektion:
Und das soll es gewesen sein?

29. Lektion:
Die 10 Leitsätze des Unternehmens Florian S. Felix.

Vier Wochen nach dem Seminar setzen sich Felix und sein Controller zusammen, um für sich aus den Erkenntnissen des Seminars Grundsätze für die zukünftige Unternehmenspolitik zu entwickeln.
Sie vereinbaren mit der gesamten Mannschaft, nach 10 Prinzipien zu arbeiten.
Daß diese Grundsätze gut und die Vereinbarungen nicht ein bloßes Lippenbekenntnis waren, hat bereits die Einleitung zu diesem Buch gezeigt. Sie hatten – natürlich nicht nur wegen dieser Grundsätze des Kostenmanagement – in der Zukunft durchschlagenden Erfolg und sind heute – im Jahr 2022 – eines der größten und erfolgreichsten Dienstleistungsunternehmen in Europa mit einer eigenen Fluglinie – Paradise Airlines –, die von Herrn Wolfgang, dem Onkel und Paten von Herrn Florian S. Felix, betrieben wird. Das Cateringunternehmen betreut die Fluglinie in allen Belangen kundenorientiert. Hinzugekommen ist später auch noch eine Firma zur Materialprüfung mit Röntgengeräten, die von einem weiteren Onkel von Felix betrieben wird. Nach 10 Jahren hat Felix auch das Hotel von Herrn Günther übernommen und eine Mehrheitsbeteiligung an einer Wurstfabrik erworben. Alle verbundenen Unternehmen halten sich an die inzwischen berühmt gewordenen 10 Leitsätze:

Leitsätze

1) Kostenbewußtsein ist wichtiger als Kostenrechnung – glaube nie an geplante Kosten, senke sie!

2) Proaktive Kostengestaltung aller im Unternehmen geht vor reaktiver Kostenrechnung. Informationen über Kostenabweichungen kommen meistens ohnehin zu spät, um noch steuernd eingreifen zu können.

3) Selbststeuerung ist wichtiger als Nachsteuerung durch Analyse von Kostenabweichungen. Der Erfolg von Abweichungsanalysen ist häufig so klein, daß nicht einmal Spatzen davon satt werden. Kostencontrolling soll da ansetzen, wo die Kosten nachhaltig beeinflußt werden können.

4) Kundenorientierung ist eine notwendige, aber keine hinreichende Bedingung für Unternehmenserfolg. Erfülle Kundenwünsche

nur dann, wenn das auch zur Verbesserung des eigenen Unternehmenserfolgs beiträgt! Kalkuliere vom Markt und nicht zum Markt. Frage, was Deine Kunden bereit sind zu zahlen, und nicht: Was müssen wir haben, wenn wir eine bestimmte Dienstleistung anbieten?

5) Du sollst keine Kosten umlügen (umlegen), sonst wirst Du mit schizophrenen Entscheidungen bestraft, d.h., rechne Dir die Welt durch Kostenschlüsselung nicht willkürlich einfach, sondern stelle Dich bei Deinen Entscheidungen der Komplexität des Lebens.

6) Vermeide möglichst Verbundeffekte und damit Gemeinkosten, schaffe kleine schlagkräftige Einheiten – möglichst mit eigenen Ressourcen, dann verbessern sich die Möglichkeiten der Erfolgsbeurteilung für Einzelentscheidungen.

7) Übergreifendes Kostendenken steht immer vor isolierter Kostenoptimierung in bestimmten Teilbereichen des Unternehmens. Wenn alle in ihren Bereichen sparen, wird das für das gesamte Unternehmen meistens sehr teuer.

8) Die Kostenrechnung ist immer ein vereinfachtes statisches Abbild der Realität und kann als Folge der Vereinfachung zu Fehlentscheidungen führen. Führe, wann immer es geht, dynamische, zahlungsorientierte Rechnungen und keine Kosten- und Leistungsrechnungen durch.

9) Die Kostenrechnung kennt keine Unsicherheit. Verschaffe Dir ein Bild über die Risikostruktur durch alternative Rechnungen mit unterschiedlichen Bedingungssätzen. Sei Dir auch bei Kostenabweichungen bewußt, daß sie nicht Indizien für Unwirtschaftlichkeit sein müssen, sondern das Resultat unzulänglicher Voraussetzungen bei der Kostenplanung sein können.

10) Die Kostenrechnung ist die Hure der BWL, sie ist für viele ... Zwecke da. Für jeden Zweck arbeitet sie mit anderen Prinzipien. Wirf die Prinzipiensätze nie durcheinander!

30. Lektion:
Und das soll es gewesen sein?

Dieses Buch hat sich mit den Konstruktionsprinzipien bzw. der Philosophie der Kostenrechnung beschäftigt. Dabei sind die Verfahren und Methoden der Kostenrechnung viel zu kurz gekommen. Das Buch endet aber an dieser Stelle, weil es zu den Verfahren ausreichend gute Literatur gibt. Informieren Sie sich daher beispielsweise in Büchern wie

Kilger, W.: Einführung in die Kostenrechnung, 3. Aufl., Wiesbaden 1987;
Haberstock, L.: Kostenrechnung, Bd.1+2, 7. Aufl., Hamburg 1986;
Coenenberg, A.G.: Kostenrechnung und Kostenanalyse, 2. Aufl., Landsberg 1993

eingehender über Fragen wie:

1) Wie arbeitet eine Äquivalenzziffernrechnung?
2) Wie funktioniert eine differenzierte Zuschlagsrechnung?
3) Was ist ein BAB, und wie ist er aufgebaut?
4) Wie wird mit Maschinenstundensätzen kalkuliert?
5) Wie werden Prozeßkostensätze bestimmt?
6) Welche Formen des Target-Costing gibt es?
7) Wie werden im Target-Costing die Zielkosten auf die Einzelteile eines Produkts verteilt?
8) Welche Formen konstruktionsbegleitender Kalkulation gibt es?
9) Was können diese Kalkulationsarten leisten?
...
...
...
...
101) Welche Formen der Plankostenrechnung gibt es?
102) Wie lassen sich die wertmäßigen Kosten in verschiedenen Entscheidungssituationen ableiten?
103) ...
104) ...
usw. usw.

Lesen Sie sich die Verfahren und Methoden nicht nur an. Fragen Sie immer nach dem Sinn und üben Sie an Beispielen. Begreifen kommt von »be-greifen«! Nehmen Sie die Dinge daher selbst in die Hand, dann werden Sie die Zusammenhänge auch verstehen – »begreifen«.

Der Verlag Schäffer-Poeschel sieht die Berücksichtigung von Umweltgesichtspunkten als Teil seiner Unternehmenskultur und bezieht sie in besonderer Weise in seine Entscheidungen mit ein.

Bei der Produktion unserer Bücher verwenden wir ausschließlich aus chlorfrei gebleichtem Zellstoff hergestelltes und im pH-Wert neutrales Papier.

Die zur Verpackung und zum Schutz der Umschläge eingesetzten Folien sind aus recyclefähigem Polyethylen und schneiden gegenüber anderen Verpackungsmaterialien in der Umweltbilanz positiv ab.

Wir haben zusammen mit unserem Produktions-Partner - der Franz Spiegel Buch GmbH in Ulm - ein Verfahren entwickelt (Spiegel-ProPrint), das eine besonders umweltschonende Herstellung unserer Bücher ermöglicht:

- Durch filmlosen Druck (computer-to-plate) werden Ressourcen gespart und kann auf umweltbelastende Chemikalien verzichtet werden.
- Durch Standardisierung der Formate und gemeinsame Fertigung gleichartiger Titel wird das zum Einrichten der Maschinen erforderliche Material minimiert und Abfall reduziert.
- Durch bedarfsgerechte Produktion (Printing-on-demand) werden Überdrucke und ihre Entsorgung vermieden.